编委会及编辑部成员名单

本书获国家社会科学基金项目（09XJL015）、中国博士后基金特别资助项目资助。

序　一

博士后制度是19世纪下半叶首先在若干发达国家逐渐形成的一种培养高级优秀专业人才的制度，至今已有一百多年历史。

20世纪80年代初，由著名物理学家李政道先生积极倡导，在邓小平同志大力支持下，中国开始酝酿实施博士后制度。1985年，首批博士后研究人员进站。

中国的博士后制度最初仅覆盖了自然科学诸领域。经过若干年实践，为了适应国家加快改革开放和建设社会主义市场经济制度的需要，全国博士后管理委员会决定，将设站领域拓展至社会科学。1992年，首批社会科学博士后人员进站，至今已整整20年。

20世纪90年代初期，正是中国经济社会发展和改革开放突飞猛进之时。理论突破和实践跨越的双重需求，使中国的社会科学工作者们获得了前所未有的发展空间。毋庸讳言，与发达国家相比，中国的社会科学在理论体系、研究方法乃至研究手段上均存在较大的差距。正是这种差距，激励中国的社会科学界正视国外，大量引进，兼收并蓄，同时，不忘植根本土，深究国情，开拓创新，从而开创了中国社会科学发展历史上最为繁荣的时期。在短短20余年内，随着学术交流渠道的拓宽、交流方式的创新和交流频率的提高，中国的社会科学不仅基本完成了理论上从传统体制向社会主义市场经济体制的转换，而且在中国丰富实践的基础上展开了自己的伟大创造。中国的社会科学和社会科学工作者们在改革开放和现代化建设事业中发挥了不可替代的重要作用。在这个波澜壮阔的历史进程中，中国社会科学博士后制度功不可没。

值此中国实施社会科学博士后制度20周年之际，为了充分展示中国社会科学博士后的研究成果，推动中国社会科学博士后制度进一步发展，全国博士后管理委员会和中国社会科学院经反复磋商，并征求了多家设站单位的意见，决定推出《中国社会科学博士后文库》（以下简称《文库》）。作为一个集中、系统、全面展示社会科学领域博士后优秀成果的学术平台，《文库》将成为展示中国社会科学博士后学术风采、扩大博士后群体的学术影响力和社会影响力的园地，成为调动广大博士后科研人员的积极性和创造力的加速器，成为培养中国社会科学领域各学科领军人才的孵化器。

创新、影响和规范，是《文库》的基本追求。

我们提倡创新，首先就是要求，入选的著作应能提供经过严密论证的新结论，或者提供有助于对所述论题进一步深入研究的新材料、新方法和新思路。与当前社会上一些机构对学术成果的要求不同，我们不提倡在一部著作中提出多少观点，一般地，我们甚至也不追求观点之“新”。我们需要的是有翔实的资料支撑，经过科学论证，而且能够被证实或证伪的论点。对于那些缺少严格的前提设定，没有充分的资料支撑，缺乏合乎逻辑的推理过程，仅仅凭借少数来路模糊的资料和数据，便一下子导出几个很“强”的结论的论著，我们概不收录。因为，在我们看来，提出一种观点和论证一种观点相比较，后者可能更为重要：观点未经论证，至多只是天才的猜测；经过论证的观点，才能成为科学。

我们提倡创新，还表现在研究方法之新上。这里所说的方法，显然不是指那种在时下的课题论证书中常见的老调重弹，诸如“历史与逻辑并重”、“演绎与归纳统一”之类；也不是我们在很多论文中见到的那种敷衍塞责的表述，诸如“理论研究与实证分析的统一”等等。我们所说的方法，就理论研究而论，指的是在某一研究领域中确定或建立基本事实以及这些事实之间关系的假设、模型、推论及其检验；就应用研究而言，则指的是根据某一理论假设，为了完成一个既定目标，所使用的具体模型、技术、工具或程序。众所周知，在方法上求新如同在理论上创新一样，殊非易事。因此，我们亦不强求提出全新的理论方法，我们的最低要求，是要按照现代社会科学的研究规范来展开研究并构造论著。

我们支持那些有影响力的著述入选。这里说的影响力，既包括学术影响力，也包括社会影响力和国际影响力。就学术影响力而言，入选的成果应达到公认的学科高水平，要在本学科领域得到学术界的普遍认可，还要经得起历史和时间的检验，若干年后仍然能够为学者引用或参考。就社会影响力而言，入选的成果应能向正在进行着的社会经济进程转化。哲学社会科学与自然科学一样，也有一个转化问题。其研究成果要向现实生产力转化，要向现实政策转化，要向和谐社会建设转化，要向文化产业转化，要向人才培养转化。就国际影响力而言，中国哲学社会科学要想发挥巨大影响，就要瞄准国际一流水平，站在学术高峰，为世界文明的发展作出贡献。

我们尊奉严谨治学、实事求是的学风。我们强调恪守学术规范，尊重知识产权，坚决抵制各种学术不端之风，自觉维护哲学社会科学工作者的良好形象。当此学术界世风日下之时，我们希望本《文库》能通过自己良好的学术形象，为整肃不良学风贡献力量。

李扬

中国社会科学院副院长

中国社会科学院博士后管理委员会主任

2012 年 9 月

序　二

在21世纪的全球化时代，人才已成为国家的核心竞争力之一。从人才培养和学科发展的历史来看，哲学社会科学的发展水平体现着一个国家或民族的思维能力、精神状况和文明素质。

培养优秀的哲学社会科学人才，是我国可持续发展战略的重要内容之一。哲学社会科学的人才队伍、科研能力和研究成果作为国家的“软实力”，在综合国力体系中占据越来越重要的地位。在全面建设小康社会、加快推进社会主义现代化、实现中华民族伟大复兴的历史进程中，哲学社会科学具有不可替代的重大作用。胡锦涛同志强调，一定要从党和国家事业发展全局的战略高度，把繁荣发展哲学社会科学作为一项重大而紧迫的战略任务切实抓紧抓好，推动我国哲学社会科学新的更大的发展，为中国特色社会主义事业提供强有力的思想保证、精神动力和智力支持。因此，国家与社会要实现可持续健康发展，必须切实重视哲学社会科学，“努力建设具有中国特色、中国风格、中国气派的哲学社会科学”，充分展示当代中国哲学社会科学的本土情怀与世界眼光，力争在当代世界思想与学术的舞台上赢得应有的尊严与地位。

在培养和造就哲学社会科学人才的战略与实践上，博士后制度发挥了重要作用。我国的博士后制度是在世界著名物理学家、诺贝尔奖获得者李政道先生的建议下，由邓小平同志亲自决策，经国务院批准于1985年开始实施的。这也是我国有计划、有目的地培养高层次青年人才的一项重要制度。二十多年来，在党中央、国务院的领导下，经过各方共同努力，我国已建立了科学、完备的博士后制度体系，同时，形成了培养和使用相结合，产学研相结合，政府调控和社会参与相结合，服务物质文明与精神文明建设的鲜明特色。通过实施博士后制度，我国培养了一支优秀的高素质哲学社会科学人才队伍。他们在科研机构或高等院校依托自身优势和兴趣，自主从事开拓性、创新性研究工作，从而具有宽广的学术视野、突出的研究能力和强烈的探索精神。其中，一些出站博士后已成为哲学社会科学领域的科研骨干和学术带头人，在“长江学者”、“新世纪百千万人才工程”等国家重大科研人才梯队中占据越来越大的比重。可以说，博士后制度已成为国家培养哲学社会科学拔尖人才的重要途径，而且为哲学社会科学的发展造就了一支新的生力军。

哲学社会科学领域部分博士后的优秀研究成果不仅具有重要的学术价值，而且具有解决当前社会问题的现实意义，但往往因为一些客观因素，这些成果不能尽快问世，不能发挥其应有的现实作用，着实令人痛惜。

可喜的是，今天我们在支持哲学社会科学领域博士后研究成果出版方面迈出了坚实的一步。全国博士后管理委员会与中国社会科学院共同设立了《中国社会科学博士后文库》，每年在全国范围内择优出版哲学社会科学博士后的科研成果，并为其提供出版资助。这一举措不仅在建立以质量为导向的人才培养机制上具有积极的示范作用，而且有益于提升博士后青年科研人才的学术地位，扩大其学术影响力和社会影响力，更有益于人才强国战略的实施。

今天，借《中国社会科学博士后文库》出版之际，我衷心地希望更多的人、更多的部门与机构能够了解和关心哲学社会科学领域博士后及其研究成果，积极支持博士后工作。可以预见，我国的博士后事业也将取得新的更大的发展。让我们携起手来，共同努力，推动实现社会主义现代化事业的可持续发展与中华民族的伟大复兴。

人力资源和社会保障部副部长
全国博士后管理委员会主任
2012 年 9 月

摘 要

改革开放以来，中国经济发展取得了举世瞩目的成就，成为继美国之后的第二大经济体。然而，我国西部与东部的发展差距日益扩大，也已经成为世界上地区差距矛盾最为尖锐的少数国家之一。为了缩小我国西部与东部之间发展的差距，我国在世纪之交启动实施了西部大开发战略。西部大开发战略实施，有效地促进了西部产业基础建设，但大工程大项目没能有效地促进西部优势产业发展。尽管中央即时调整了政策方向，把政策重心转向促进西部特色优势产业发展，印发了《关于促进西部地区特色优势产业发展的意见》。但是，西部特色优势产业概念仍然模糊，也没有针对西部各地区的实际情况，且缺乏行之有效的促进政策，东西发展差距尚未缩小。因此，如何将产业政策与西部大开发战略有机结合起来，切实制定西部优势产业发展的促进政策，有效推进西部优势产业发展，以缩小东西发展之间的差距，是本书力图解决的问题。

本书首先对西部大开发的产业发展效应进行客观评价。其次是以产业生命周期中位置界定优势产业，根据主导产业理论和动态比较优势建立了地区优势产业二维选择指标体系，并对西部地区优势产业进行识别。国家先后出台了与西部地区产业发展的系列政策，如承接产业转移、产业转移指导目录和外商投资优势产业目录等，但东部产业和国际产业并没有成规模向西部地区转移，这可能与空间力量阻滞有关。为此本书把空间因素纳入分析框架，以空间计量检证东部内资产业与 FDI 产业难以向西部地区优势产业转移的假设。最后，对西部地区优势产业进行空间布局，并以波特—邓宁产业集聚模型为基础提出系统的促进政策。

本书识别出的西部优势产业主要包括能源、石油、化工、冶金、食品、高端制造业六大产业群，其涵盖23个大类产业。其中，高端制造业尤其是装备制造业主要分布在四川、重庆、广西、陕西；冶金工业主要分布在内蒙古、四川、云南、广西、甘肃；能源化工产业分布在内蒙古、陕西、四川、新疆、贵州；石油化工产业集中在四川、陕西、新疆、甘肃。由于内资产业与FDI产业集聚在东部，已形成中心—外围结构，且FDI产业对空间结构形成起转化作用，受近中心的中部外围地带拦截，同时空间集聚力抵消了部分国家促进西部产业发展的政策效应，因此，在现有的政策框架下东部内资产业，尤其是FDI产业向西部地区优势产业大规模转移，以外置式产业促进西部地区优势产业集聚发展的可能性较小。为此，在西部大开发向纵深推进过程中，西部地区优势产业发展应该强化资源禀赋的特殊性和不可替代性，但不能走过去点状分散发展的老路，而是应该立足资源优势，走集聚和集群发展道路，培育在国内和国际市场上都具竞争力的优势产业体系。

为此，本书认为，首先国家要支持成渝、关中—天水和广西北部湾经济区高端产业集群发展，支持呼和浩特、包头、银川，新疆天山北坡，兰州、西宁、格尔木，陕甘宁等优势产业带发展，培育滇中、黔中、西江上游、宁夏沿黄、西藏“一江三河”等优势产业集聚区，形成点线面的立体型优势产业集聚的战略高地，培育增长极。其次中央政府要通过制定财政、货币、能源消耗、土地等政策手段诱导资源向西部地区优势产业定向富集。再次国家必须加大政策支持力度，采取切实有效的具体措施，提升西部地区的优势产业配套能力，增强西部地区的科技支撑能力，加强西部地区人才队伍建设，积极扩大西部地区的对内对外开放。最后，也是重要的政策，就是国家密集出台促进西部地区优势产业发展的政策法规。主要是在西部建立一批边境自由贸易区或经济特区，在部分重点城市设立内陆航空港口保税区、料加工区和出口加工区。作者还建议由国务院西部办牵头，联合有关部门共同编制《西部地区优势产业发展规划》，有关部门还要制定《西部地区优势产业发展目录》和《西部地区外商投资优势产业目录》。

关键词：中国西部地区　优势产业　产业发展　促进政策

Abstract

Thanks to the opening and reforming policy, China has made a miraculous achievement in economic development, becoming the world's second largest economy, behind only the U. S. Meanwhile, the widening discrepancy between the east and the west of China has given this country one of few with the most notable regional contradictory relations. The government has implemented a strategic project to boost the western development since the new century started. This project, on the one hand, has effectively promoted the western industrial infrastructure, one the other hand, been mild on developing the western advantage industries. The central of government has made an immediate adjustment by issuing "Guidance on Promoting the Development of Western Regional Special Advantage Industries", marking the changing focus on promoting the development of the western special advantage industries. Still, with the vague notion of the concept of special advantage industries in western, the lack of consideration about the reality there as well as effective promotion policies, the development situations of eastern and western China continues to diverge. Based on the above analysis, this book is aimed to explore how to integrate industrial policies and western development strategies and work out the effective promotion policies for the western advantage industries, so as to offer constructive suggestions about bridging the gap between eastern and western China.

The book begins by giving an objective evaluation about the effects of industrial development in the west. The second part defines competitive industries based on their positions in the life cycle. A two – dimensional region advantage industry selection index system is established by the leading industry and dynamic advantage theory. Then the western region advantage industries are also categorized. The state has promulgated a series of policies concerning industrial development in western regions, such as undertaking industrial transfer, the transfer of industries guidance catalogue and the catalog of foreign – funded advantage industries, etc. The reason why eastern and international industries have failed to be transferred to the western region in large scale may be related to space power block. Therefore, the spatial factors are included into the analytic framework, spatial econometric is used for checking the hypothesis that the eastern domestic industries and FDI industries have difficulty transfer to the western advantage industries. Finally, spatial layout is made to develop the advantage industries in the western region, and system promotion policies are put forward on the basis of Porter – Dunning industry agglomeration model.

This book identifies the main advantage industries in western China including energy, petrochemical, metallurgy, food, high – end manufacturing six industries, covering 23 categories of industry. Among them, high – end manufacturing industry especially the equipment manufacturing industry are mainly distributed in Sichuan, Chongqing, Guangxi, Shaanxi, metallurgy industry are mainly distributed in Inner Mongolia, Sichuan, Yunnan, Guangxi, Gansu, energy and chemical industry distribution in Inner Mongolia, Shaanxi, Sichuan, Xinjiang, Guizhou, petrochemical industry are concentrated in Sichuan, Shaanxi, Xinjiang, Gansu. Because the domestic industries and FDI industries clustered in the East has formed a center—peripheral structure, and the FDI industries play a transformation role in forming this space structure, by the middle of the outlying regions near the center of the intercept, at the same time, spatial agglomeration force offsets some of the national policy effect to promote the development of western industry, and eastern industries under the policy framework of the existing, especially the FDI industries to the large – scale transfer of advantage industries in western region of China, is less likely to promote the agglomeration development of advantages industries in western region. Therefore, in the process of the development of the western region to further push, development of advantage industries in western China should strengthen the particularity and irreplaceability of resources endowment, we can't walk past the old road of point dispersed development, but should be based on advantage resource, go agglomeration and clustering development road, to cultivate competitive advantage industry system both in domestic and international market.

There are some suggestions in the book. Firstly, the country should support the high – end industry cluster development in Chengdu—Chongqing, Guanzhong—Tianshui and Guangxi Beibu Gulf Economic Zone, Support advantage industries development in Hohhot, Baotou, Yinchuan, the northern slope of the Tianshan Mountains of Xinjiang, Lanzhou, Xining, Golmud, Shaanxi Gansu Ningxia, cultivate some agglomeration areas of advantage industries in Yunnan, Guizhou, in the upper reaches of the Xijiang River, Ningxia along the Yellow River, Tibet "three rivers", in order to make the strategic heights of three – dimensional formation of advantage industries agglomeration and nurture the growth pole. The second is the central government should promulgation fiscal, monetary, energy consumption, land policy to induce resources to directional enrichment in western advantage industries. The third is that our country must intensify policy support, and take concrete and effective measures, promote to form a complete set of capacity in the advantages industries in the western region, enhance the supporting ability of science and technology in the west, strengthen talent team construction in the west, and actively expand the opening to the domestic regions and international. Finally, it is also important policy that our government should carry out policies and regulations to promote the development of advantage industries in western region, such as the establishment of a number of border free trade area or special economic zone in west, in some major cities setting up inland aviation port bonded zones, processing zones and export processing zones. The authors also suggest that the State Council western office, jointly with other relevant departments compiled "western advantage industry development planning", and relevant departments also should formulate "advantage industries development catalogue in western area", and "advantage industries directory for foreign investment in western area".

Key Words: The Western Region in China; Advantage Industry; Lndustry Development; Promotion Policy

目　录

Contents

第一章　导　论

第一节　问题的提出及意义

一、问题的提出

改革开放以来，我国经济发展取得了令人瞩目的成就。1978～2008年，年均GDP增长率高达9.798%，人均GDP增长率为8.611%，我国GDP已位居世界第二，成为继美国之后的第二大经济体。然而，在经济高速增长的同时，也带来了一系列问题，其中重要问题之一就是区域收入和发展不平衡。由于历史的、地理区位的和政策的原因，相比东部地区而言，中部和西部地区人均收入增速较慢，相对比较落后。① 图1－1显示，20世纪90年代以前，我国区域之间的人均GDP差距不大，进入90年代中期后，区域人均GDP差距开始拉大，中部和西部发展已明显低于全国平均水平；2000年以后，中部和西部的人均GDP差距比较稳定，但与东部的差距仍比较大；2011年东部人均GDP分别是中部、西部的1.854倍和1.990倍。显然，我国各区域具有明显的发展梯度，但由于中部与西部的人均GDP相近，实际上我国具有比较突出的空间二元特征，并且这种趋势在短期内还难以逆转。②

① 我国区域划分为西部大开发以来的划分，东部11个省市，中部8个省，西部12个省市区。

② 根据《新中国55年统计》和2005～2012年《中国统计年鉴》数据计算。

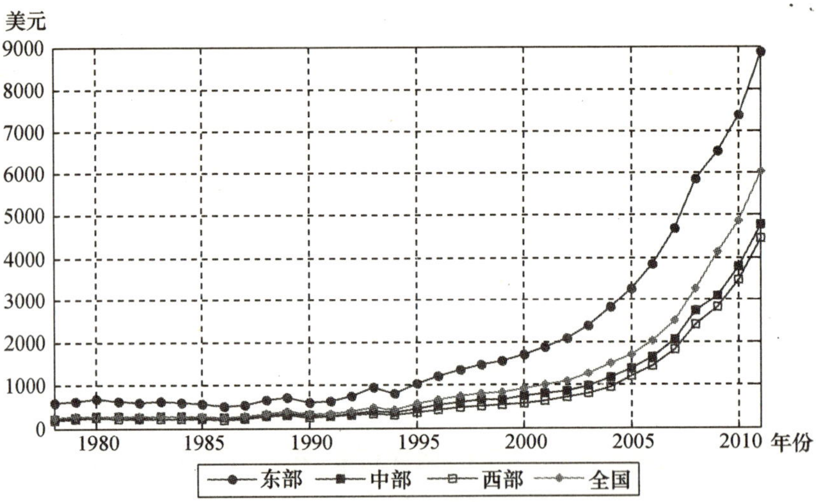

图1-1　改革开放以来中国及区域人均GDP差距演化

区域发展的不平衡会产生严重的社会问题，给我国经济安全、社会稳定和民族团结带来严峻挑战，并进一步阻碍未来我国的持续发展动力。对我国来说，区域发展差距成为一件极为重要的事情。如何缩小区域之间的差距，已成为我国统筹区域协调发展，实现全面建设小康社会、发挥我国社会主义制度优越性、促进社会和谐稳定、保持社会经济可持续发展的重大问题。中国的地理面积大、经济多样性、多民族性和发展差距决定了在经济发展中必须促进落后区域的发展。缩小区域发展差距成为区域政策的核心。为了缩小区域之间的发展差距，中国先后启动了跨世纪的西部大开发、中部崛起、振兴东北老工业基地和东部率先发展战略，形成了全域发展战略体系。这表明，自1999年以来，中国已经逐步进入促进区域协调发展战略全面实施的新阶段。区域政策实施的目标在于改变经济活动的空间分布，进而改变经济发展的空间布局，最终达到缩小区域之间发展差距的愿望。显然，这种区域战略的成效不仅体现出区域政策本身的成效，而且关系到未来区域发展政策调节和东西部差距改善程度。

2010年，在西部大开发战略实施十周年之际，中共中央、国务院多次召开西部大开发相关工作会议，总结西部大开发的经验，部署西部大开发战略下一步的实施重点；指出实施西部大开发战略，是党中央、国务院在世纪之交做出的重大决策，是贯彻落实邓小平同志“两个大局”战略构想、

“三个代表”重要思想和科学发展观生动而具体的实践，是对中国特色社会主义理论的丰富和发展，是中国改革开放和社会主义现代化建设全局的重要组成部分（胡锦涛，2010）。与此同时，西部大开发战略的成果与未来发展方向再次引起了国内外学术界的广泛关注与讨论。

今后十年是深入推进西部大开发承前启后的关键时期，以科学发展观实施西部大开发战略是关系我国发展全局的一个重大问题。这就需要我们牢牢抓住经济社会发展中的主要矛盾和矛盾的主要方面，集中力量解决全局性、战略性、关键性问题。

大量的实践总结与研究结果表明，西部大开发战略全面实施十年来，在国家资金和政策的有力支持下，西部地区的经济发展取得了举世瞩目的成就，不仅从整体上改变了贫穷、落后、闭塞的面貌，人民的生活水平也实现了质的飞跃。但是，从区域经济的战略发展目标以及资源空间分配的角度看，一方面，西部地区整体经济发展水平与其国土和人口所占全国的比重形成鲜明的反差，发展不平衡状态持续放大，西部地区的发展不仅没有表现为向东部地区“俱乐部趋同”，而且其内部也没有显示出明显的富裕趋同收敛趋势，城乡差距、区域差距、居民收入差距不断扩大。另一方面，与经济发达的东部地区相比，西部地区长期以来一直把对自然资源的开发、发挥自然资源的优势作为重要的发展战略，虽取得了一定的成效，但终因其粗放型增长模式、资源密集型与劳动力密集型的产业特征，整体经济基础仍然薄弱，增值能力较低、产业结构不合理、技术水平落后的问题仍然突出，西部多数地区也仍然属于欠发达地区。同时，由于资源开发补偿机制的缺失，西部地区原本脆弱的生态环境进一步恶化，人口增长、经济发展与生态环境、自然资源的矛盾只有局部改善，整体恶化的趋势未得到根本改善，再加上就业和社会保障压力巨大，教育、医疗、文化等社会事业发展滞后等传统问题依然存在，我国西部地区的持续发展依然面临挑战。

在全球化和中国改革的进程中，中国东西部发展差距进一步扩大。其根本原因是中国地区比较优势产业发生了较大重组，东部优势产业向高端制造业集聚，而西部高端制造业大幅度衰退，资源导向型产业的比较优势日益凸显，呈现出“西部开发输出资源、东部加工制造”的垂直分工格局，东西产业极差日益扩大。西部地区究竟靠什么来缩小与东部的差距并支撑自身持续强劲的增长？除了依靠国家转移支付和经济刺激政策外，那就是西部地区必须加强优势产业发展，形成西部优势产业集群，提升西部地区核心竞争力。这已成为加快西部地区发展的必要途径，并且这一点已形成共识。

在邓小平“两个大局”的思想指导下，党中央正式宣布实施西部大开发战略。起初阶段，国务院先后颁布了《关于实施西部大开发若干政策措施》、《关于进一步做好退耕还林还草试点工作的若干意见》、《关于进一步完善退耕还林政策措施的若干意见》和《西部地区人才开发十年规划》等，并建设了青藏铁路等一批基础设施，组织了“西电东送”、“西气东输”等重大工程，虽然西部基础设施有了大的改善，一批大工程已建设完工，但西部优势产业竞争力仍未凸显。中央即时把政策聚焦西部优势产业发展，已把能源、矿产、装备制造等六类特色优势产业列入西部大开发“十一五”总体规划，同时印发《关于促进西部地区特色优势产业发展的意见》，并适时修改了《中西部地区外商投资优势产业目录》，更是对西部优势产业发展给予政策支持。西部优势产业面临前所未有的发展机会。在新的形势下，如何细化、梳理中央政策，同时强化西部地区配套政策，形成有机的促进政策体系，加速西部地区优势产业发展，以缩小东西部发展差距，这是一个重要的研究课题。

西部大开发本质上是促进西部地区实现社会经济赶超的过程。国内外发展史表明，一个国家或地区的赶超只有在下列三个条件下实现：自然资源的存在、适度的社会能力和由此决定的适宜技术（Abramovitz，1986、1995；联合国工业发展报告，2005）。与经济发达的东部地区相比，西部地区长期以来一直将自然资源比较优势的发挥与资源型产业作为其发展的重点，并取得显著的成效，但是，由于优势产业发展机制的其他因素缺失，没有形成优势产业的集聚机制，这是我国西部与东部发展差距扩大的根本性因素。如何形成促进西部地区优势产业集聚集群发展的长效机制？既是西部大开发纵深扩展的推进器，也是促进地区优势产业发展的核心问题。

二、理论价值

西部大开发是中国跨世纪的宏伟事业。20 世纪初，孙中山先生的《实业计划》提出发展西部铁路和工矿业的设想。新中国成立后，国家三代领导人都十分关心西部发展，我国掀起“一五”、“三线”和世纪之交的西部大开发三个高潮，较大地促进了西部产业基础建设，西部产业有了较大发展，特别是石油、天然气、水电、有色金属等产业得到了长足的发展，已形成了包括装备产业在内的一批优势产业。但由于西部受区位劣势制约，人才、资金和技术等资源不足，优势产业未能形成产业集群，竞争优势还比较弱，发展后劲不足，还不能肩负带动西部产业技术创新，推进产业升级和核心竞争力形成的重任，东西部发展差距尚未得到有效抑制。显然，为了加快西部地区社会经济全面发展，制定系统可行的优势产业促进政策已十分迫切。

优势产业发展是优势产业的产生、培育、成长、成熟的演化过程。国内外成功经验与产业发展理论一致表明，优势产业的发展离不开有效的产业政策支持。目前，国家尚未出台专门的西部优势产业发展政策，西部大开发的政策基本上属于区域优惠政策，对优势产业发展的支持力度还相对较小。尽管西部具有发展优势产业的一些基础条件，也具有一些产业基础，但西部优势产业仍有发展瓶颈，一方面西部优势产业发展的系统条件较差，如人才、资本和技术不足，运输成本高；另一方面体制落后，西部优势产业还是以国有企业为主导，而国有企业效率低。在这种情况下，目前的产业政策已难以推进西部优势产业加速发展。因此，只有面对西部优势产业发展环境、条件和面临的困难的特殊性，从实际出发，采取强劲的、系统且切合实际的产业政策才能把西部比较优势有效地转化为优势产业的竞争优势，促进西部优势产业集群形成，以带动西部区域经济以及社会的全面发展，缩小东西部差距，实现区域和谐发展，实现国家与西部多民族人民共发展的意愿。

在国家实施以主体功能区化进行空间发展管制和西部大发的双重背景下，制定西部优势产业发展的促进政策，利用优势资源发展优势产业，有效促进西部优势产业发展，逐步形成具有核心能力的、优势产业融合的产业集群，推动西部产业结构升级和合理化，这对我国缩小东西部发展差距、统筹区域协调发展、科学推进西部地区发展、全面建设小康社会具有理论价值。此外，全面系统研究西部优势产业及促进政策，对于深化西部大发展战略，加强次区域合作、促进东部产业转移和东西产业合作，优化全国资源空间配置，保护西部生态安全，促进西部生态文明建设等方面政策同样具有十分重要的意义，同时对促进国家《西部优势产业规划》出台和相关专项产业政策制定，也将会产生基础性的支持作用。

实现西部大开发战略由“输血”功能向“造血”功能的转换，从根本上就是要培育西部地区优势产业，将西部地区发展建立在优势产业自身能力构建的长效发展机制形成上，这是国家和西部地区政府追求的目标，也是继续实施西部大开发战略所必须关注的重大问题。大量的经验和实证研究也表明，西部优势产业已经成为构成东部与西部地区的发展差异以及影响西部大开发战略实施效果的关键因素。在西部发展进程中，一方面，优势产业具有产业结构演化方向的规定性和产业要素集聚的含义与特性。因此，西部大开发战略的调整必须从整体上提高西部地区优势产业发展能力水平，优化西部地区的产业结构，弥补西部地区的优势产业能力“缺口”，这既是促进西部优势产业发展的政策目标，也是缩小西部与东部发展差距，实现统筹区域协调发展的基础。另一方面，产业政策也具有强烈的阶段性内涵，在产业生命周期的不同阶段具有明显不同的效应。只有通过西部优势产业的政策促进，才能培育西部地区优势产业集聚、集群能力与产业结构的提升力。

此外，产业结构调整也是西部地区优势产业发展中的重要问题。针对西部产业结构特征与内外发展环境的变化进行优化方向选择与内容的调整，也是促进西部地区优势产业发展的客观需要。逐步形成以优势产业为导向、以核心能力为基础、以增强优势资源向增强优势产业集聚为目的西部地区产业结构调整长效机制，并以此对西部优势产业发展的方向与内容进行适时的调整，根据优势产业发展目标对未来战略进行选择，有助于在新的历史起点上推动西部优势产业集聚与集群发展，促进西部地区承接的国内外转移产业和优势产业的配套能力跨越式发展。如何调整产业结构，把承接转移产业和优势产业集群结合起来，构建指向西部地区优势产业的政策体系，同样不失理论意义。

三、实际意义

西部地区优势产业是西部竞争力的支撑，是西部实体生产力的主要代表，其不仅为西部地区的经济发展模式转型、增长质量提升提供动力，而且也为西部产业集聚、产业空间布局提供了一个全新的方向，深化了西部优势产业发展模式的动态内涵，具有很强的实际意义。

1. 有利于西部地区产业结构的优化调整

目前，西部地区优势产业在经济结构中所占比重较小，层次偏低。集中力量发展优势产业，将有利于充分发挥西部地区的资源优势，延长产业链，形成有机的、完整的产业链经济。充分利用西部丰富的矿产资源和生物资源，大力发展新材料产业，逐步形成采掘、冶炼加工、新材料和金属制品等相互融合的完整产业链；利用丰富的能源资源，尤其是煤炭资源，大力发展煤炭资源的精深加工，走煤、电、化、材等一体化的道路。此外，顺应西部的实际情况和发展趋势，在西部地区集中力量发展一批优势制造业，尤其是装备制造业，形成较长的产业链以及大、中、小企业相互配合的专业化集群体系，逐步消除西部历史上形成的传统分散发展模式。因此，通过优势产业的不断发展壮大，可以调整和优化西部地区产业结构，促进产业结构的高度化和合理化。

2. 有利于提升西部地区的产业竞争力

由于西部地区的工业化进程尚未完成，且西部的总体经济发展水平较低，与东部尚有很大的差距。这就决定了西部经济的发展不可能主要靠第三产业来获得。也可以说，没有优势工业的发展作为坚实的基础，西部经济不可能有较快、较好的发展。一个区域的综合实力和竞争力，具有系统性和综合性的特点，而不是一两项产品或一两个企业所能体现的。西部地区优势产业具有良好的发展前景和区域性的优势。西部地区以优势产业为载体，可以最大限度地整合各方面的优势资源，充分发挥集聚整合优势，形成包括产品的研发、成果转化、产品大规模产业化以及产品推广等在内的优势产业集群体系。因此，西部地区应进一步推进工业化与城市化，通过加强产业基础来提高竞争力，而优势产业发展是西部经济增长最直接的动力，也是提高西部经济在全国经济中的地位的重要支撑手段。

3. 有利于区域统筹协调发展

目前，我国区域经济发展极不平衡，东西部差距逐步拉大，由此引发的经济社会矛盾日益突出。充分发挥比较优势，就是把比较优势转化为产业竞争优势，把资源优势转化为发展优势，就是要大力发展优势产业，使优势资源产业化，实现核心价值，逐步形成以优势产业为主导的西部优势动力体系，最终实现以优势产业集群体系带动整个西部地区经济的发展。显然，促进西部地区优势产业发展，也是加快西部地区经济发展，缩小与东部地区差距，纵深推进西部大开发战略，实现区域统筹协调发展的可靠选择。

第二节 研究现状及研究思路

一、研究现状述评

自国家实施西部大开发战略以来，许多学者对西部产业发展问题，尤其是如何促进西部地区特色优势产业发展做了较多的研究。集中体现在以下几方面：①从省市区角度，张前进和刘小鹏（2006）、向君（2007）分别对宁夏和甘肃培育特色优势产业提出对策建议。②从个别产业角度，张平军和张益友（2002）、宋乐伟（2007）分别研究了农业优势产业带和旅游优势产业发展的相关对策。③从单项政策角度，侯士国（2000）、郭少新（2006）、郁鹏和树伟（2008）、王娟熔（2006）、何红岩（2007）分别研究了外资、区域产业转移、主体功能区、科学发展观和金融对西部特色优势产业发展的作用和影响。④从整体上，孔祥智（2003）、马建会（2006）探讨了西部地区优势产业和特色优势产业的发展对策；国家社科基金项目"西部地区发展优势产业和特色经济研究"（06BJL072、06BYJ062、06XJY007）已产生了一批成果（郁鹏、安树伟，2007，2008）。⑤在国家层面上研究西部大开发政策时涉及西部产业发展及政策，这方面以王洛林和魏后凯（2003）的研究为代表，《中国西部经济发展报告》（2005～2008）也涉及西部产业政策的部分相关内容。这些研究为西部优势产业发展提供了有价值的参考。

虽然学术界从多角度、多层次对西部特色优势产业发展及对策问题进行了广泛而深入的研究，丰硕的研究成果中涉及西部特色优势产业的一些政策问题，但目前研究更多的是在关注西部特色优势产业的发展问题，对西部优势产业政策的研究不仅比较薄弱，而且还有不足之处，主要体现在：①没有把西部优势产业政策从西部大开发的区域性政策中分离出来，进行分类研究；②没有区分优势产业与特色产业，导致政策取向模糊；③对现有的产业政策效果没有进行定量评价和实证研究。

目前，我国面临一个困局，一方面，东西部发展差距进一步扩大；另一方面，中央治理东西部发展不平衡的政策缺乏相应的效果。这主要是西部优势产业发展较慢。关于西部优势产业发展不足，业内尚未有一致的看法，但总的来看有两种观点：一种观点认为这是政策本身的问题；另一种观点则认为这是政策执行中的问题。由于对什么是优势产业，如何有效识别优势产业等基础问题还没有认真研究，优势产业政策本身的问题较为突出，主要是目前西部地区优势产业政策目标不明确，措施不到位，导致现有产业政策没能有效地促进西部优势产业的发展。因此，西部优势产业政策研究还需在现有研究的基础上进一步深化、创新与完善。在西部大开发向纵深推进的新形势下，根据西部各地实际情况有效识别优势产业，找到适合的发展模式，同时提出相应的配套政策，以加速西部优势产业发展，这正是解决困局的出路所在。

二、西部大开发新阶段与西部优势产业发展的新挑战

1. 西部发展面临的问题与优势产业发展

金融危机爆发以来，国内外的经济形势和环境发生了很大的变化，西部地区产业发展的外部环境和条件与过去不同，西部大开发新阶段的发展思路和模式必然要求资源型优势产业转型，探索更加具有可持续性、更具竞争力的发展模式。因此，西部未来的发展必须建立在优势产业核心竞争力的基础上，这就对西部优势产业的培育和发展提出了更高的要求。

在经历了十年西部大开发之后，西部产业面临的转型压力越来越大。原因是，西部地区制造业大面积衰退后，西部产业增长对资源、环境的依赖不断增强。因此，环境压力增大、综合成本上升、国际经济周期带来的冲击等问题都要求西部地区产业转变发展模式。在新形势下，特别是在国家实施能源“双控”的形势下，西部大开发面临的新约束条件，重点是逐步解除资源和环境问题对西部产业可持续发展的约束，资源型优势产业转型压力较大，对高等要素和产业结构调整与优化有更高预期。

2. 西部大开发新阶段产业转移与优势产业发展

区域协调发展是缩小地区差距、扩大内需、增强我国经济稳定性与可持续性的重要途径。虽然区域协调发展受到重视，国家建立了多个东西部区域经济合作机制，但是效果并不理想。关键的原因在于东部产业产生的集聚效应与西部自身的承接能力缺口使得合作的范围和深度受到限制，现

实中的东西部区域经济合作更多地还是采用对口帮扶等形式。扩大东部与西部地区的产业合作对西部优势产业发展有更强烈的内在要求。这对如何通过政策促进西部优势产业成为国际、国内产业转移目标地也提出了更高的要求。关键是在资源环境约束下，西部地区实现资源型优势产业的转型，调整和优化产业结构，对传统产业进行改造，建立承接转移产业的实现机制，促进优势产业集群发展，这就要求西部地区要提升产业结构的转换能力和西部承接国内外转移产业的能力。

资源型产业发展方式转型需要西部地区切实转换产业结构，而西部地区制造业基础普遍薄弱，地区间产业同构现象比较严重。西部地区之间、西部地区与发达地区之间的产业合作模式对西部地区产业结构转换能力提升有直接影响。西部大开发新阶段的区域产业合作应以产业转移为主，既要承接国内外产业转移，促进西部地区优势产业发展，又要把西部地区边际产业向周边国家转移，优化产业结构。其主要还是要实现东部产业、国际产业向西部优势产业集聚的优势区位转移，加速西部优势产业集群发展，这是西部地区优势产业中具有全局性的重要问题。

3. 生态环境约束与优势产业发展

开放与改革滞后使西部经济发展难以获得对外开放的直接拉动和溢出效应。改革开放以来，东部吸引了全国87%的国际直接投资（FDI），大量FDI产业集聚东部，加强了东部产业能力与产业集聚，引发东部产业发展模式发生战略性转变，而西部吸引的FDI不到5%，FDI未能有效加速西部产业资本形成和技术创新。西部优势产业在贸易、引进投资、技术合作等方面的能力不足以优化和提升西部产业结构和产业集聚水平而带来发展效应。这使得西部优势产业对西部自然优势资源的依赖日益加深，西部地区在优势产业发展的同时，生态环境付出了高昂的代价和成本。对于作为我国天然生态屏障，同时又生态脆弱的西部地区来说，生态环境已对西部优势产业发展产生约束。

西部的生态脆弱性决定了生态环境与优势产业的协调发展是西部可持续发展的关键。在西部大开发新阶段，不仅要修复原来造成的生态环境破坏，还需要建立新的生态经济协调发展机制，以消除经济发展与生态破坏的矛盾。在西部大开发新阶段，西部产业发展客观上要求加速西部优势产业集聚发展，以全力实现产业结构升级，走集约型、低碳型集聚循环的优势产业发展新路子，切实推进西部的生态文明建设。

4. 产业能力发展与优势产业发展

十年西部大开发极大地改善了西部的产业发展硬件，在此基础上新一轮西部大开发政策必须把着力点放在提升西部的优势产业能力上，通过政策促进，提升西部优势产业的集群发展能力。而西部优势产业能力是一个复杂的系统，优势产业各方面的能力建设也需要较长的时间，尤其是西部不同地区产业能力结构的不平衡发展也给西部优势产业发展的政策制定带来了困难，难以兼顾西部各地区实际。因此，以优势产业发展为核心的政策与传统政策不同，对政策制定的系统性、决策信息的掌握程度、政策的动态化以及政策的延续性的要求都较高。

构建西部优势产业创新系统是增强西部地区优势产业发展、技术引进和吸收能力的重要途径。西部作为落后地区，技术基础薄弱，其区域性产业创新系统的建设更加重要。如何以西部优势产业适宜技术的发展为目标，进行优势产业创新系统基础性能力建设，在此基础上提升西部大开发新阶段的优势产业创新系统建设，可以说是西部优势产业发展政策的一个重要方面。

5. 西部开放战略与优势产业发展

资源条件、产业基础、交易成本等因素也制约着西部的优势产业发展。西部地区需要加强区域合作和次区域合作，全面提升开放水平，以实现在更大范围内的资源优化配置。根据西部沿边开放和内陆开放的不同特点，建设内陆出口基地与跨境经济区，出台投资激励、贸易等一系列政策。在实施西部大开发新阶段的沿边、内陆开放战略和桥头堡建设时，要把西部优势产业发展的促进政策放在优先的战略位置上。没有西部优势产业的充分发展，就没有桥头堡的根基。

三、研究思路

优势产业政策包括一系列制度、机构、组织、人力资本、技术、空间、文化和金融等要素，它们向优势产业定向集聚而产生聚合效应和配置能力。或者说，在优势产业发展的层面，优势产业政策是指一个国家或地区在优势产业增长要素累积的基础上所形成的加快优势产业配置能力、发展能力、技术能力和竞争能力等实现集群优势的外在力量。在此意义上，优势产业政策是一种体制性的外生能力。西部优势产业能力能否获得是关系到西部地区能否实现长期持续发展的基础或条件，这是分析西部大开发的得失和西部优势产业政策是否有效的评价标准。

从整体上，研究西部优势产业政策，必须超越传统的思路，从本质上抓住西部优势产业集聚和集群发展的核心问题。以优势产业集群发展为取向的优势产业发展政策，并不是寻求短期的西部优势产业规模增量的变化，而是通过有效的政策措施改变西部区域产业系统内部的发展要素数量培育与组合集聚，进而促成一种长效的、可持续的优势产业成长机制，核心是促进优势产业核心竞争力形成与提升。同时，增强西部地区优势产业发展的内生能力还要依靠外部能力导入，主要是要促进东部产业和国际产业向西部优势产业集聚转移。这无疑成为了促进西部优势产业发展所需要解决的一个关键的政策问题。据此，从比较优势角度构建西部地区优势产业的识别指标体系，并以此探索相适应的促进政策措施，理应成为西部地区优势产业政策应有的内涵与调整方向。

我国西部地区地域广阔，省份众多，初始的产业发展条件及机遇已使得西部地区之间各产业产生了严重的分化，优势产业各有所异。因而，从整体上寻求一种平衡地促进西部各地区优势产业发展的政策模式十分困难，而从中观上全面了解和掌握西部各省市具体优势产业实际并据此提出针对性的发展对策，主要体现在优势产业在优势区位集群发展的思路，其本身也是西部优势产业政策所研究的合适范畴。此外，促进优势产业发展的微观层面的专项促进政策，同样也是不可或缺的内容。

第三节　研究对象界定

近十多年来，我国制定的区域发展战略基本上是以东部、中部和西部划分为基础的。区域划分是在新中国成立初的沿海、内地和三线地区的划分基础上经过长期演变而来。1999 年我国实施西部大开发战略后，我国形成的东部、中部和西部新的区域划分（不包括港澳台地区，全书同），东部有北京、天津、河北、辽宁、上海、江苏、浙江、福建、山东、广东和海南 11 省市，中部有山西、吉林、黑龙江、安徽、江西、河南、湖北和湖南 8 省，西部有内蒙古、广西、重庆、四川、贵州、云南、西藏、陕西、甘肃、青海、宁夏和新疆12个省市区。

工业化是现代化的核心内容和物质基础。通过工业化来推动现代化和城市化进程，是世界各国经济发展的普遍规律，也是发展中国家实现社会经济发展的必然选择。同时，工业化也是一个历史范畴，在不同国家和不同时期，工业化的内涵和道路有所不同。具体来讲，工业化过程会随着一国的自然条件、社会经济条件和所处时代的不同，其发展模式、完成时期也会有极大差异。但不管这个差异有多大，历史规律是：一个经济落后的国家和地区如不能倾其全力以完成工业化的任务，这个国家和地区就不可能实现现代化，就不能置身于世界先进国家和地区之列。从这个意义上说，现代化就是工业化。

支持工业化的理论依据，一是“配第—克拉克定理”。配第和克拉克认为，商业（第三产业）收益高于工业（第二产业），工业高于农业（第一产业），随着人均国民收入提高，劳动力首先从第一产业转移到第二产业，然后更多地转移到第三产业。二是恩格尔定律。其表明，随着人均收入提高，食物和其他生活必需品消费支出比例下降，舒适品和奢侈品消费支出比例则相对上升。而舒适品和奢侈品主要是由工业和服务业生产的。因此，工业需要更快的发展。三是刘易斯等人的二元结构理论。这个理论表明，在人口众多的发展中国家，农业劳动生产率低于工业，将一部分农业劳动力转移到工业中去，整个社会生产率就会提高。

从古典经济学的角度来看，“产业”一词包含了两种含义：一是指国民经济部门，如工业化进程中的三次产业；二是指国民经济内部的各个行业。在这里，产业指的是第二种含义。从产业发展的角度看，制造业能够较好地反映一国产业及至一国经济的发展水平。我国正处于工业化加速发展的过程中，工业化的重要体现就是制造业的充分发展，贸易结构和产业结构的演变也集中反映在制造业的变化方面。因此，探讨工业包括制造业领域，并不影响其研究的理论和实践意义。

作为研究对象的西部地区优势产业，既有空间范围，又有产业范围。为了准确地识别西部优势产业，我们还要对研究对象的产业范围作一定的限制。具体地，我们以工业的36个产业部门为研究对象范围，以从中识别出的优势产业作为研究对象。根据国家统计局的《国民经济行业分类》（GB/T4754－2002），工业部门中B类5个，C类28个，D类3个（见表1－1）。因此，36个工业部门就是特指的产业，也就工业的子产业，都是实体产业。

表 1-1　36 个产业及代码

代码	产业	代码	产业
B6	煤炭开采和洗选业	C26	化学原料及化学制品制造业
B7	石油和天然气开采业	C27	医药制造业
B8	黑色金属矿采选业	C28	化学纤维制造业
B9	有色金属矿采选业	C29	橡胶制品业
B10	非金属矿采选业	C30	塑料制品业
C13	农副食品加工业	C31	非金属矿物制品业
C14	食品制造业	C32	黑色金属冶炼及压延加工业
C15	饮料制造业	C33	有色金属冶炼及压延加工业
C16	烟草制品业	C34	金属制品业
C17	纺织业	C35	通用设备制造业
C18	纺织服装、鞋、帽制造业	C36	专用设备制造业
C19	皮革、毛皮、羽毛（绒）及其制品业	C37	交通运输设备制造业
C20	木材加工及木、竹、藤、棕、草制品业	C39	电气机械及器材制造业
C21	家具制造业	C40	通信设备、计算机及其他电子设备制造业
C22	造纸及纸制品业	C41	仪器仪表及文化、办公用机械制造业
C23	印刷业和记录媒介的复制	D44	电力、热力的生产和供应业
C24	文教体育用品制造业	D45	燃气生产和供应业
C25	石油加工、炼焦及核燃料加工业	D46	水的生产和供应业

观察表明，大量产业集聚东部，尤其是在产业链高端形成集群，使东部沿海地区正在成为世界制造业中心，而中西部尤其西部地区加工制造业持续衰退，低端原料型制造业集聚对生态与自然资源的依赖更加明显。实际上，一个产业发展成为产业集群需要具有一些必要条件和充分条件。Steinle 和 Schiele（2002）认为，产业集群必要条件包括生产过程的可分性和产品可运输性；充分条件包括产品具有较长的产业链、具有多个组成部件、具有网络创新和市场是易变动的。依此观点，产业集群有严格条件，而产品可分性和产业链长短是关键因素。产业价值链比较长，产业内的各个企业可以进行分工。产业价值链越长，技术上进行工序分解的可能性越

大，垂直方向的分工可能性越大，这样就可以吸引产业内更多的企业聚集在一起。因此，产业产品存在可分性，是产业集群产生的前提条件。

随产业序列号上升，C类制造业生产制造过程以及产品的可分性更加明显，产业链更长，依此，赵果庆和杨怡爽（2011）把C类制造业分为CL类低端制造业（C13～C33）和CH类高端制造业（C34～C43）。这样，36个工业就被分成B类、CL类、CH类和D四类（罗宏翔、赵果庆，2012）。其中，B类有5个产业，CL类有21个产业、CH类有7个产业、D类有3个产业。进一步，CH类为可分性产业，被称为高端产业，即高端制造业；B类、CL类和D类为不可分性产业，统称为低端产业。

高端产业与低端产业的最大区别在于，低端产业依靠的是传统工艺，技术水平不高，产品集群度不高，劳动效率不高，劳动强度大，大多属于资源密集型产业。由于产品及生产过程不具有可分性，其产业链短，附加值低，生产受资源空间分割明显，难以形成产业集群。而高端产业依靠的是高技术、高附加值、低污染、低排放，具有较强的竞争优势，更重要的是产生布局可以超越自然资源空间分布约束，由于产品及生产过程的可分性导致生产的集成性、模块化与分包化，易形成产业集群。

高端制造产业一般处于制造业价值链的高端环节，具有技术、知识密集，关联性强，带动性大的特点。因此，高端制造产业是衡量一个国家核心竞争力的重要标志，具有较强国际竞争力。表1-2表明，从销售收入看，2005～2010年CL类比重占一半以上，CH类占三成以上，B类和D类相当，占5%～7%。B类和D类有所上升，CH类略有下降，CL类相对稳定。从出品交货值看，CH类由2005年的54.9031%上升到2010年的63.6869%，CL类由2005年的43.5423%下降到2010年的35.6166%。再从出口交货值占销售收入比重看，CH类由2005年的29.7363%上升到2010年的32.2956%，CL类由2005年的15.5365%下降至2010年的11.0028%，B类由2005年的4.5494%下降至2010年的1.3757%，D类由2005年的1.1094%下降至2010年的0.3719%，已不足1%。B类、CL类和D类远低于全国平均水平。

显然，四类产业参与国际分工的深度明显不同。B类和D类产业是内向型产业，在国内产业体系中规模优势不足，国际竞争优势很弱，而CH类产业为外向型产业，规模优势不及CL类产业，但国际竞争较强；相反，CL类产业只有较强的规模优势，但国际竞争优势较弱。这就意味着，如果一

表1-2　2005~2010年四类产业销售额比重与出口交货值比重

单位:%

项目	产业	2005年	2006年	2007年	2008年	2009年	2010年
销售收入	B类	5.3286	5.5365	6.0550	6.0277	5.7982	6.7183
	CL类	53.9749	54.4128	53.4539	53.4187	53.8692	53.9982
	CH类	35.5586	35.2730	33.2467	33.4913	33.5146	32.8955
	D类	5.1379	4.7776	7.2444	7.0623	6.8180	6.3879
出品交货值	B类	1.2587	1.1364	1.0854	0.8770	0.5957	0.5541
	CL类	43.5423	40.0944	38.7742	37.9262	36.6387	35.6166
	CH类	54.9031	58.4952	59.9248	61.0203	62.5846	63.6869
	D类	0.2960	0.2739	0.2156	0.1765	0.1810	0.1424
出口交货值占销售收入比重	B类	4.5494	4.0797	3.4851	2.7892	1.8881	1.3757
	CL类	15.5365	14.6453	14.1026	13.6098	12.4989	11.0028
	CH类	29.7363	32.9605	35.0424	34.9260	34.3167	32.2956
	D类	1.1094	1.1396	0.5786	0.4790	0.4880	0.3719

个地区产业集聚以CH类产业为主导，那么不仅可以实现国内比较优势，而且可以大量出口贸易形式带动地区经济增长；如果一个地区产业集聚以B类产业、D类产业为优势，那么尽管可以实现国内比较优势，但难以转化为国际比较优势；如果一个地区产业集聚以CL类产业为优势，那么既可以实现国内比较优势，也可能实现部分国际比较优势。显然，产业性质对比较优势结构以及产业结构提升具有重要作用。

同时，为了分析产业转移效应，我们把产业分为内资产业和FDI产业两部分。这基于以下两方面考虑：一是FDI产业（三资产业）和内资产业是两个不同类型的产业，其企业种群形成在性质上也有重要差别。FDI产业是FDI的产业化的结果，是外来入驻当地的产业，其控制权和话语权由跨国公司所控制，而内资产业作为民族产业，主要是由国内资本投资形成。二是根据统计上的分类。在国研网数据中，单列有FDI产业的全部产业数据，可以计算得到内资产业数据。

对研究产业范围的限定基于以下原因：

（1）数据可得性与可比性。优势产业是在比较中产生的，也就是通过不同参照系、不同视角识别出的优势产业也可能不完全相同。而对于西部优势产业的定量识别需要用系统的、可比的数据支持。对于全面、持续且分地区的产业数据来自《中国工业经济统计年鉴》、《中经网数据库》和《国研网数据库》。相比之下，分地区农业和细分的第三产业同口径数据还较难获得。另外，我国高技术产业、战略性新兴产业、旅游业未纳入产业体系中，不仅数据较难获得，而且难以参与优势产业识别。

（2）工业重要性。我国是工业化进程中的发展国家，工业对城市化进程与国民经济起决定性作用。根据2009年《中国统计年鉴》数据计算，1993～2010年，第一产业、第二产业、第三产业占GDP的贡献率为分别为6.4%、58.1%和35.5%，工业对GDP的贡献为53.1%；同期，GDP增长率为10.3%，第一产业、第二产业、第三产业分别拉动了0.7个百分点、6.1个百分点和3.6个百分点，而工业拉动了5.5个百分点。显然，工业在国民经济与增长中的作用是首要的。此外，工业是实体经济，而物质财富的创造靠的是实体产业，是先进技术和先进生产力的代表，只有实体产业才能担负起西部发展的重任。这一点可以从实体“产业空心化”的国家（如英国）和地区的经验中得到验证。美国“再工业化”战略，回归制造业，也充分说明工业的重要性。

而工业对GDP的贡献率在不同的区域有明显的差异。从图1－2可以看出，工业对GDP的贡献率东部最高，一直高于全国平均水平；2005年前，中部工业贡献率与平均水平相当，而2005年后略低于全国平均水平；而西部工业对GDP的贡献率一直处在最低的水平，2004年以来有较大幅度上升，但与中部尤其是东部相比仍有较大差距。这就说明，西部工业在国民经济中的作用较弱，工业进程缓慢，城市化水平低，经济增长动力不足，导致与东部存在明显的发展差距。于是，学者认为工业化是西部发展不可逾越的阶段（魏后凯，2001）。

（3）工业产品可分性和移动性。农业和第三产业产品具有不可分性，同质性强，且局限于特定空间，技术创新能力较弱。而工业是农业的后向产业，而第三产业主要服务对象移动性差，也就是很难成为国际化产业。因此，工业具有承上启下的作用。如果区域工业参与国际竞争，并向研发与品牌两端延伸，获得核心竞争力，那么就可以有效地带动区域第三产业和农业的发展，进而带动区域经济的全面发展。尤其对处在工业化期间的西部来说，工业对发展具有决定性意义。

（4）工业对地区差距具有决定性影响。菲利普·马丁（Philippe Martin，

1999）等经济学家综合内生增长和新经济地理学等理论，发展出的马丁模型对区域政策的有效性问题进行分析。马丁模型表明，地区收入差距与经济集聚程度存在正相关关系，即随着地区收入差距的扩大，区域整体的集聚程度也将增加。新经济地理学认为经济活动在空间上的集聚所带来的规模效应是经济增长的重要推动力，具体表现在经济活动主体之间通过集聚来实现分享、匹配和学习效应。从学术界已有的成果看，地区收入差距扩大可从以下几方面进行剖析：一是从产业集聚看，20 世纪 90 年代以来地区差距的 65% ~70% 是由产业的向东部沿海集聚造成的（范剑勇，2008）；二是从 FDI 集聚角度看，改革开放以来，全国 87% 的 FDI 集聚东部，西部仅占 4.7%；同时，70% 的 FDI 又分布在工业，其中制造业占 60%。这种 FDI 的分布格局，导致东部经济增长远高于其他地区，东西增长差异的 90% 来源于 FDI（魏后凯，2002）。产业和要素经济活动在空间上的集聚，将导致产业“核心地带”的形成，其对腹地具有一系列直接的影响。因此，大力发展西部优势产业，才是缩小西部与东部发展差距的有效途径，甚至是唯一途径。

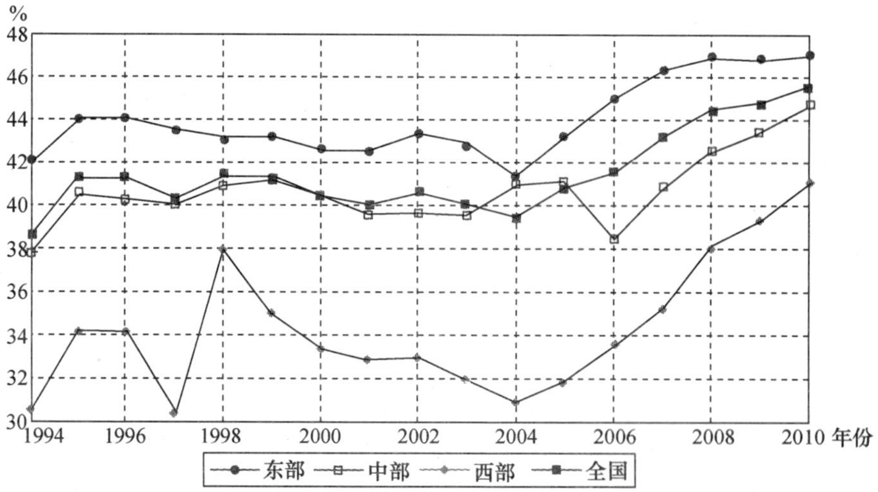

图 1－2　工业增加值占 GDP 比重

（5）与目前产业政策指导目录对应。国务院《关于促进西部地区特色优势产业发展的意见》中除旅游业外都是工业产业。我国《外商投资产业指导目录》(2011 年修订)和《中西部地区外商投资优势产业目录》(2008 年修订)中主要是以工业政策为主,《产业转移指导目录》(2012 年本)全是工业产业。我国产业政策,无论是十大产业振兴政策、战略性新兴产业政策等,还是针对中西部与产业有关的政策,都是以工业政策为主导。

第四节 研究方法

基于主导产业理论,综合运用动态比较优势理论、产业结构与组织理论、波特竞争力理论、FDI 理论和计量经济学的方法,将定性研究与定量研究结合起来,将统计分类的方法包括探索性空间统计分析、计量实证的方法结合起来,对产业政策效应进行评价,对西部优势产业进行识别与分类,按产业空间分布决定因素进行分析。

一、规范分析与实证分析相结合的方法

规范分析是研究经济活动“应该是怎样的”,即在有关理论的研究分析中,判断或结论的得出是以一定的经济价值标准为前提的。实证分析是经济学的基本方法,主要研究经济现象“是什么”,考察人类社会中的经济活动实际是怎样运行的,而不回答这样的运行效果是好是坏。实证研究又分为理论研究和经验研究。以政策→结构→行为→效果分析框架深入分析西部地区优势产业发展的政策促进效应。通过规范分析的运用,分析目前我国对西部产业的政策状况。从内资产业和 FDI 产业两个视角,通过面板数据实证分析获得对西部优势产业所在产业的空间分布及地理因素,以及 FDI 产业对内资产业空间结构形成的非线性转化效应。

二、统计分析与比较分析相结合的方法

在总结前人研究的基础上,根据地区产业在生命周期中的位置,建立识别先导产业、主导产业、支柱产业和劣势产业的指标体系,从自参照系

中识别出西部和各地区的各类优势产业；同时，以全国做参照系，以产业动态比较优势指数识别西部地区的优势产业，以此为基础，在二维视角下，根据优势产业在坐标系各象限中的重合与交叉确定12个西部地区的优势产业，明确产业结构升级的方向，对不同的优势产业提出分类产业政策，以强化政府政策针对性。同时，应用空间统计方法分析西部优势产业所在产业的空间相邻集聚结构，探索国内与国际产业向西部优势产业转移的可能性；应用产业重心、产业分形统计研究我国产业对区域政策的响应。

三、历史分析和逻辑分析相结合的方法

产业政策研究已经有较长的历史，尽管由于国家政治体制、经济体制以及消费习惯的差异会使各国产业政策与产业规制呈现出不同的模式，但是对西部优势产业进行历史性的分析，不但能够得到可靠的经验型结论，而且对指导西部优势产业的发展也具有建设性意义。

第五节　结构框架

一、研究框架

促进西部优势产业发展的政策涉及影响机制和途径等诸多理论问题。其一，西部优势产业识别。西部优势产业是西部优势产业促进政策作用的具体对象，直接关系到政策制定与实施。目前，学者和政府文献中采用的是西部特色优势产业，因此有必要对优势产业进行界定，在此基础上构成优势产业理论，以及优势产业识别指标体系。其二，产业转移对西部优势产业发展的影响。我国出台了相关政策促进东部产业和国际产业向中西部转移，其效果对中部相对比较明显，而对西部仍比较轻淡，尚没有成规模化转移。根据东部经验，国际产业转移、集聚对东部优势产业形成具有重要作用。而为什么东部产业不向西部转移，这与空间因素有关（李娅，

2010）。究竟东部产业、国际产业能否向西部优势产业所在优势区位如工业园区转移，西部优势产业是内生式发展还是外置式发展，这对优势产业政策有重要影响。其三，西部优势产业发展模式对西部优势产业发展的促进政策有重要影响，关键是提升发展能力、核心竞争力，而产业集聚、集群是提升产业竞争力重要的空间组织形式，而西部地区优势产业发展模式是可分式集群还是不可分式集聚，而针对西部优势产业特点形成其集群发展的系统条件和基本环境，这是促进西部地区优势产业发展政策的重要组成部分。这三个方面构成研究的基本框架（见图1－3）。

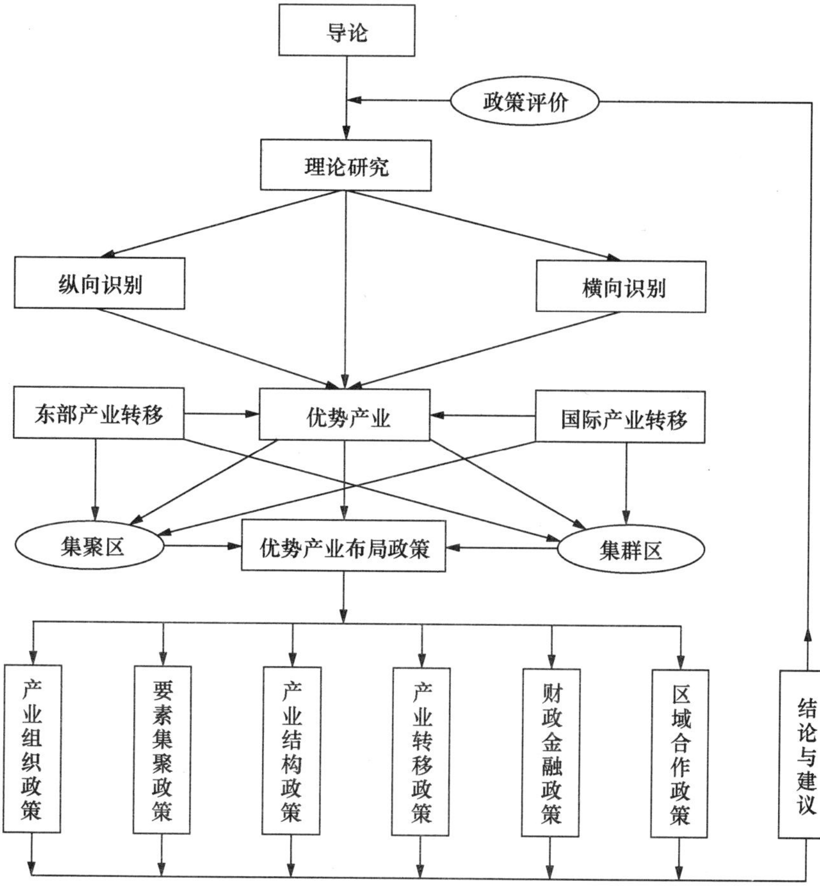

图1－3 研究框架图

二、逻辑结构

本书具体内容由四个部分构成（见图 1－3）。第一部分由第一、第二章构成，主要是对西部大开发战略的产业效应进行评价，阐明研究促进西部优势产业发展政策的背景和意义；其解决为什么要促进西部优势产业发展的问题。第二部分由第三、第四章构成，主要包括优势产业政策和理论基础、西部优势产业识别，其解决西部优势产业是哪些的问题。国内外产业能否向西部优势产业集聚、集群转移，对西部优势产业发展是一个重要问题。因此，第三部分的第五、第六章分别探讨东部内资产业与外资产业空间集聚结构以及向西部优势产业转移的可能性。第四部分由第七、第八和第九章构成，分别解决西部优势产业在什么地方发展，采用何种模式发展以及如何促进发展的问题；研究结论与政策建议是最后的落脚点，对各部分研究结论再进行汇聚与提炼。

三、各章功能

第一章概括了 20 世纪 80 年代中期以来中国区域差距呈扩大趋势，这本质上是由西部产业衰退和优势产业不强造成的。如何缩小区域发展差距，主要是做强做大西部地区优势产业。这一点对于纵深推进西部大开发战略，统筹区域发展具有重要意义。本章提出研究问题，剖析问题，界定研究对象，提出研究方法和意义，并构建研究框架及定位各章功能。

第二章通过分析西部大开发以来我国产业的结构、比较优势、集聚强度及重心变化，揭示西部大开发战略的产业响应。目前，我国尚无针对西部优势产业的政策体系，究竟需要什么样的优势产业政策，在国家层面需要什么样的支持，本章给予初步回答。

制定西部地区优势产业促进政策，首先要明确西部地区优势产业是什么？第三章定义优势产业，揭示产业政策对不同成长阶段产业发展的影响，从区域主导产业理论、动态比较优势理论建立识别区域优势产业的指标体系。随后的第四章分别从自参照系和全国参照系构建联合指标体系，识别出西部地区优势产业。

产业转移对产业发展、产业结构变化具有重要影响。这一点已从东部承接国际产业转移的效应中得到证实。我国已出台了促进FDI和东部产业向中西部转移的政策，但西部收效很小。究竟产业转移能否促进西部优势产业发展，这显然影响着西部优势产业促进政策选择方向、力度。第五章、第六章分别用空间计量经济学方法研究西部优势产业所在的内资产业、FDI产业分布的空间结构，尤其在第六章中应有非线性平滑面板模型研究FDI产业对内资产业增长机制的转化效应，从而揭示出产业转移促进西部优势产业发展的可能性。

第七章从空间维度回答西部地区优势产业在哪里发展？采用什么模式？本章体现优势产业要在优势区位“大集聚、大集群”思路，从国家层面的三个经济区、高新技术产业和经济开发区以及西部地区工业园区形成空间区位布局体系，以强大空间集聚效应的集群模式发展优势产业；对西部地区优势产业、优势区位进行组合配位，分类指导，走出与以往西部产业明显不同的发展路子。

第八章则是解决如何实现西部优势产业的集聚、集群发展。这就是要采用各种政策如资源配置、产业结构整、产业转移、财政金融政策等，动员要素尤其是高等要素、企业向西部优势区位的优势产业定向流动、聚集。

第九章是落脚点。对各章研究内容进行提炼，得出研究结论，并在此基础上引申政策，提炼出促进西部地区优势产业集群发展的政策建议。

第二章　西部大开发的产业发展效应评价

旨在缩小东西部发展差距的西部大开发，是一项跨世纪的宏伟工程，对西部社会经济发展产生了深刻影响。西部大开发中没有专门的产业政策，直到“十一五”期间中央才印发《关于促进西部地区特色优势产业发展的意见》。尽管如此，西部产业结构、比较优势、产业空间分布的变化可以体现西部大开发的产业效应，也可从响应中看出西部地区的优势产业。西部大开发产业政策评价就是通过西部大开发以来产业结构、比较优势、产业重心和产业分布等多方面变化来分析和评价西部大开发的产业效应。

第一节　西部大开发与产业政策

产业政策是指政府对产业及其地区发展顺序的选择，其实质是政府对产业活动的干预。也就是政府通过一系列政策手段，调节资源在产业间的合理配置，以改变产业发展状态和空间分布。

一、西部产业政策沿革

我国是一个人口众多，地域广袤，总体生产力发展水平相对落后，且历史上就存在地区发展严重失衡的大国。

旧中国留下来的经济图景是畸形的。新中国成立初期，中国70%以上的工业集中于面积不到12%的沿海五省，而沿海地区的工业绝大部分又集中在东北和东南沿海的天津、上海、广州等少数大城市。广大内地，除了沿江的武汉、重庆等几个工业城古市外，几乎没有什么近代工业。占我国国土面积68%的西南、西北和内蒙古的工业产值仅占我国工业产值的9%。我国运输网的分布也极不均衡，偏于沿海地带，占我国国土面积3/5的西南、西北地区交通闭塞。

新中国成立初期至20世纪50年代末，与旧中国遗留下来的生产力区域格局相联系，基于当时地区经济发展水平的特点和差距，我国国土被划分为沿海与内地两大地带（当时的沿海地带是指辽宁、河北、天津、北京、山东、安徽、江苏、上海、浙江、福建、广东、广西12个省、市、自治区和河南东部地区，内陆地区是指除沿海地区以外的其他省和自治区（《毛泽东选集》，第五卷）。根据两大地带的划分，以协调沿海与内地关系为主线，我国掀起了第一轮大规模建设内陆地区的高潮。

20世纪60年代初，出于备战的需要，国家决定将集中在大城市和沿海地区的工厂转移，加快三线建设，建立战略后方。同时，从新中国成立以来，我国地区经济发展就失衡，大部分的工业集中在东部沿海地带，生产力分布存在地区非均衡性，所以，客观的经济形势也提出区域经济平衡发展战略，这一战略的集中体现就是三线建设。按照设想的军事地理区划，中国沿海为第一线，中部为第二线，后方为第三线。据此，“三五”计划明确提出，把国防建设放在第一位，加快三线建设，逐步改变工业布局。

经过20多年的投资建设，西部地带许多过去工业薄弱的城市都逐步建成为新兴工业城市，同时，为满足国防工业建设及生产的需要，我国建成若干钢铁基地，开辟了若干工业新基地。随着我国工业布局和三线建设向内陆地区倾斜，东部的大量工人及工程技术人员不断向西部地带迁移，因而使得东、西部人口的受教育程度及技术人员的构成等出现逐步均等化趋势。

三线建设是一次大规模的区域性集中大开发，主要集中于大三线的三线建设。三线建设缓解了新中国成立初期区域经济分布失衡的状况，而且为西部的进一步发展打下了初步的基础。从空间均衡布局的角度衡量，三线建设有其正面的意义。这是三线建设所带来的一次大的区域经济格局调整。在随后的年份里，随着战略重点的转移，三线建设的中止，地区排名出现了变化。

新中国成立至1978年，虽然我国地区经济发展战略的重心出现多次转移，地区经济发展也相应地出现不寻常变动，但总体实施的是以重工业为产业发展重点，国家投资向内陆地区倾斜的“均衡布局”模式。

1978年以后，为了打破国内区域间低水平均衡发展格局，我国政府按照区域非均衡发展思路开始实行区域倾斜性质的经济体制改革和对外开放政策，沿海地区凭借良好的区位优势和国家区域政策的大力支持，产业得到了迅速发展，起到了明显的示范作用。中央采取了“东部优先”的发展战略，从政策、资金、技术等各方面给予东部率先发展的机会。经济特区、经济技术开发区、沿海开放城市等，大部分集中在沿海地区。此时，邓小平提出中西部地区要顾全大局，他说：“沿海地区要加快对外开放，使这个拥有两亿人口的广大地带较快地先发展起来，从而带动内地更好地发展，这是一个事关大局的问题。内地要顾全这个大局。”对外开放给我国的经济发展注入了新的活力，东西部地区的失衡也逐渐显现出来。1988 年，邓小平又指出：“发展到一定的时候，又要求沿海拿出更多力量来帮助内地发展，这也是个大局。那时沿海也要服从这个大局。”

1990 年，中央政府提出开发和开放上海浦东新区的区域发展战略，按照以点带线、以线带面的点轴式区域经济发展思路来带动整个东南沿海地区经济发展。市场经济体制的建设给中国经济带来了前所未有的高速增长，但是同时也使区域经济的失衡再次扩大。经过不到十年的时间，东西区域间失衡在结构和效率等方面都呈现出逐步扩大的趋势，东西部两大区域的分化日益明显，效率与公平的协调已经迫在眉睫。为此，1999 年，中央政府提出了“西部大开发”的区域发展战略。

二、西部大开发政策

1999 年 9 月，中共十五届四中全会通过的《中共中央关于国有企业改革和发展若干重大问题的决定》明确提出，国家要实施西部大开发战略。

2001 年 3 月，第九届全国人民代表大会第四次会议通过的《中华人民共和国国民经济和社会发展第十个五年计划纲要》对实施西部大开发战略再次进行了具体部署。西部大开发总体规划可划分为奠定基础、加速发展和全面推进现代化三个阶段。

2006 年 12 月 8 日，国务院常务会议审议并原则通过《西部大开发“十一五”规划》。目标是努力实现西部地区经济又好又快发展，人民生活水平持续稳定提高，基础设施和生态环境建设取得新突破，重点区域和重点产业的发展达到新水平，教育、卫生等基本公共服务均等化取得新成效，向构建社会主义和谐社会迈出坚定步伐。并指出：“西部开发要加快改革开放步伐，充分发挥资源优势，大力发展特色优势产业，增强自我发展能力。”这样，中央首次把西部产业发展提了出来。

2009 年 12 月 11 日，国务院发布《关于进一步促进广西经济社会发展的若干意见》（国发〔2009〕42 号）。广西壮族自治区地处华南、西南结合部，是我国面向东盟的重要门户和前沿地带，是西南地区最便捷的出海大通道，在促进区域协调发展、深化与东盟开放合作、维护国家安全和西南边疆稳定中具有重要战略地位。进一步促进广西经济社会发展，有利于形成我国沿海经济发展新的增长极，促进西部大开发和东中西互动；有利于全面实施国家周边外交战略，深化我国与东盟战略伙伴的关系；有利于进一步巩固民族团结和边疆稳定，实现各民族共同发展、共同繁荣。

2009 年 12 月 24 日，国务院正式批复《甘肃省循环经济总体规划》（国函〔2009〕150 号），这是我国第一个由国家批复的区域循环经济发展规划，实现了循环经济由理论到实践的重大突破。

2010 年 3 月 21 日至 23 日，在西部大开发战略实施十周年之际，胡锦涛到宁夏回族自治区考察工作。胡锦涛指出，经过十年不懈努力，西部大开发取得了举世瞩目的巨大成就。过去的十年是西部地区经济发展最快、城乡面貌变化最大、人民群众得到实惠最多的十年，也是西部地区对国家贡献最突出的十年。这充分证明，党中央关于实施西部大开发战略的重大决策是非常正确的，采取的一系列政策措施是卓有成效的。胡锦涛强调，西部大开发第一个十年取得了良好开局、打下了坚实基础，第二个十年将成为承前启后、深入推进的关键时期。中央将把深入实施西部大开发战略作为具有全局意义的重大方针，作为“十二五”时期经济社会发展的重大任务，进一步完善扶持政策，进一步加大资金投入，进一步体现项目倾斜，以更大的决心、更强的力度、更有效的举措，推动西部地区经济社会又好又快发展，为我国发展开拓新的广阔空间。

实施西部大开发战略，加快西部地区发展，是我国跨世纪的重大战略决策。为了保证西部大开发战略的顺利实施，国家制定并实施了若干政策措施。这些政策包括货币政策与财政政策、对外开放政策、科技与教育政策和产业政策。国家试图通过这些政策的作用，拓宽筹集资金的渠道，为西部地区提供更多的发展资金，扩大西部地区的产品销售市场，加快科技创新的步伐，以技术和教育促进经济的快速发展和良性循环，逐步缩小各地区之间的发展差距，实现区域经济协调发展。这其中，产业基础设施发生较大变化，受大工程带动，产业比较优势格局发生了变化，导致西部产业比较优势重组，以及在全国产业体系中的地位发生变化。

第二节　西部地区产业结构演化

产业结构的演进与产业政策之间息息相关，产业结构优化离不开产业政策的有效引导和支持，而合理的产业政策应是对产业结构变迁规律全面的把握。只有对产业结构的变迁规律与动因有了充分认识，才可以有效地发挥政府政策的导向功能。

一、西部产业数据与特征

我国36个产业1997年的数据取自1998年《中国工业经济统计年鉴》，2010年全国产业的数据取自《中经网数据库》。有些产业在有些地区没有分布，1997年和2010年也有变化。1997年总样本数为1085个，2010年总样本数为1065个。图2－1和图2－2是以纵向为地区数，按东部、中部和西部顺序排，横向为产业数，以B类、C类和D类顺序排的1997年、2010年的样本数据结构。

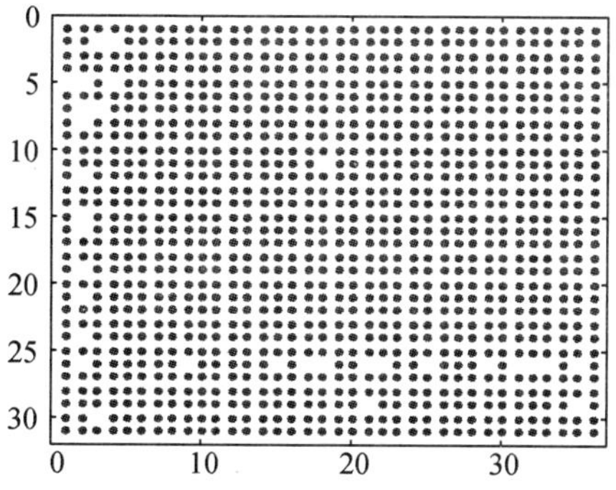

图2－1　1997年产业数据分布结构

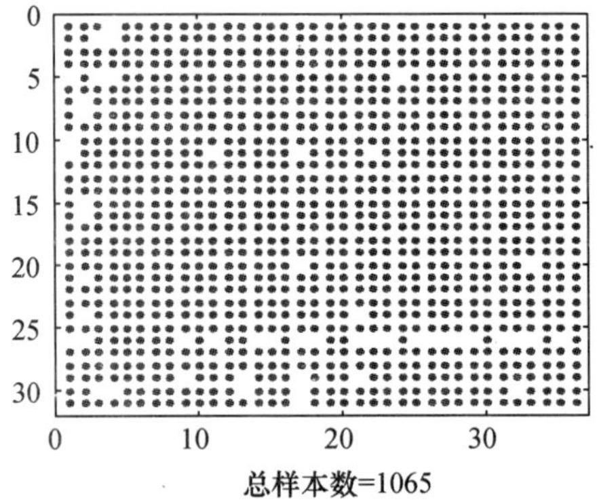

图 2-2　2010 年产业数据分布结构

1997～2010 年西部地区的产业发展表现出不同态势（见表 2-1）。从产值增长率看，1997 年和 2010 年产业平均值的增长率有较大差距，内蒙古、青海、重庆、陕西、宁夏高于西部平均水平，四川、新疆、贵州、广西、西藏、甘肃、云南低于西部平均水平，内蒙古增长至 12.21 倍，而云南仅增长至 4.61 倍。从离散系数（标准差/平均值）看，1997～2010 年除四川和云南的离散系数有所下降外，其他 10 个地区离散系数有不同幅度上升，重庆上升至 1.52 倍。从产业产值极差（最大值减最小值）看，1997～2010 年，西部产业发生了较大的分化，极差增长高于西部平均水平的是内蒙古、重庆、陕西和宁夏，内蒙古产业极差扩大至 11.95 倍，云南仅扩大至 2.30 倍。从纵向看，四川工业总值居首位，西藏工业总值最小，四川与西藏工业总值之比从 1997 年的 240.875 倍上升到 2010 年的 307.78 倍。可以看出，西部大开发以来，西部及各地区产业发生较大变化，差距在扩大，各地区产业对西部大开发政策响应存在明显的差异。

表 2-1　1997 年和 2010 年西部产业分布数据描述性统计

单位：亿元

地区	1997 年				2010 年			
	平均值	最大值	最小值	标准差	平均值	最大值	最小值	标准差
内蒙古	17.50	101.55	0.22	23.33	213.76	1210.43	0.00	315.61
广西	28.14	154.12	0.00	31.20	145.43	728.89	0.00	201.88

续表

地区	1997 年				2010 年			
	平均值	最大值	最小值	标准差	平均值	最大值	最小值	标准差
重庆	20.41	146.16	0.20	27.98	139.46	1728.23	0.21	289.65
四川	57.81	218.27	1.42	61.51	360.11	1225.70	9.82	327.79
贵州	14.18	74.01	0.00	18.04	77.09	613.56	0.00	126.70
云南	27.65	356.76	0.17	60.29	127.58	820.92	0.07	219.75
西藏	0.24	1.95	0.00	0.44	1.17	8.48	0.00	2.38
陕西	27.01	113.29	0.46	25.70	183.60	1057.79	1.13	252.01
甘肃	19.63	95.43	0.52	26.67	92.44	773.69	0.33	179.84
青海	3.84	26.10	0.00	6.55	28.46	211.37	0.00	53.73
宁夏	5.24	22.19	0.00	6.52	34.06	196.64	0.00	54.12
新疆	18.12	243.15	0.14	41.66	107.55	1270.72	0.00	250.08
西部	239.77	672.47	6.45	206.64	1510.72	5736.15	18.69	1566.22

二、西部产业结构变迁

1997～2010 年西部工业中有 15 个产业的结构系数有不同程度上升，C25、C32 和 C33 的增幅超过 3 个百分点，有 21 个产业的结构系数有不同程度下降，C16 和 C31 降幅在 4 个百分点以上（见表 2－2）。进一步计算，西部 B 类、CL 类、CH 类和 D 类的结构 1997 年分别为 11.00%、61.65%、20.56% 和 6.79%，2010 年分别为 18.16%、53.32%、18.86% 和 9.65%。1997～2010 年 B 类和 D 类分别上升 7.17 个百分点、2.86 个百分点，而 CL 类和 CH 类分别下降 8.33 个百分点和 1.70 个百分点。总体上看，西部大开发以来，西部产业结构的两端在上升，中间制造业不同程度下降，这说明西部大开发以来西部地区产业结构水平没有改善，反而在降低。

表 2－2　1997～2010 年西部产业结构与变迁

单位:%

产业	1997 年	2010 年	增量	产业	1997 年	2010 年	增量	产业	1997 年	2010 年	增量
B6	3. 2282	6. 1245	2. 8963	C20	0. 6365	0. 6528	0. 0163	C32	4. 8753	7. 9049	3. 0296
B7	5. 1453	5. 7389	0. 5936	C21	0. 2818	0. 2849	0. 0031	C33	7. 3548	10. 5471	3. 1923
B8	0. 2812	1. 0204	0. 7392	C22	1. 7853	0. 9211	－0. 8642	C34	1. 8994	1. 1458	－0. 7536
B9	1. 3392	1. 3376	－0. 0016	C23	1. 0862	0. 4599	－0. 6263	C35	3. 3296	2. 7550	－0. 5746
B10	1. 0053	3. 9435	2. 9382	C24	0. 0747	0. 0344	－0. 0403	C36	2. 1905	2. 3118	0. 1213
C13	6. 7895	5. 6543	－1. 1352	C25	2. 7075	6. 0986	3. 3911	C37	5. 6897	7. 5061	1. 8164
C14	1. 6441	1. 9448	0. 3007	C26	7. 7908	6. 8120	－0. 9788	C39	2. 4841	2. 6849	0. 2008
C15	3. 3729	2. 5953	－0. 7776	C27	2. 3743	2. 0579	－0. 3164	C40	4. 4408	2. 0873	－2. 3535
C16	6. 7718	2. 6237	－4. 1481	C28	0. 5422	0. 2246	－0. 3176	C41	0. 5303	0. 3717	－0. 1586
C17	4. 2929	1. 9713	－2. 3216	C29	0. 9822	0. 3818	－0. 6004	D44	6. 2807	8. 8656	2. 5849
C18	0. 5790	0. 2313	－0. 3477	C30	1. 0194	0. 8663	－0. 1531	D45	0. 1499	0. 5884	0. 4385
C19	0. 5949	0. 5262	－0. 0687	C31	6. 0925	0. 5289	－5. 5636	D46	0. 3573	0. 1965	－0. 1608

三、西部产业占全国比重变化

西部大开发以来，西部工业在全国工业中的地位与贡献发生了一定变化。1997～2010 年有 13 个产业占全国比重有不同程度上升，其前五位分别为 D45、B7、B6、C15、C25；有 23 个产业比重有不同幅度下降，下降幅度较大的五个产业分别是 C16、C40、C32、C29、C23，其全部是制造业（见表 2－3）。

表 2－3　1997～2010 年西部工业产值占全国同行业产值比重

单位:%

产业	1997 年	2010 年	增量	产业	1997 年	2010 年	增量	产业	1997 年	2010 年	增量
B6	18. 1097	25. 9798	7. 8701	C20	8. 7713	8. 3965	－0. 3748	C32	28. 6271	22. 7530	－5. 8741
B7	23. 6851	31. 9365	8. 2514	C21	7. 5953	5. 8961	－1. 6992	C33	16. 4621	14. 0137	－2. 4484
B8	14. 6753	17. 4349	2. 7596	C22	12. 3833	7. 1503	－5. 2330	C34	7. 8894	4. 7591	－3. 1303
B9	29. 6719	28. 8060	－0. 8659	C23	16. 3231	11. 0543	－5. 2688	C35	10. 2155	7. 1012	－3. 1143
B10	16. 3221	11. 6585	－4. 6636	C24	1. 3157	0. 8615	－0. 4542	C36	9. 1294	10. 2118	1. 0824

续表

产业	1997 年	2010 年	增量	产业	1997 年	2010 年	增量	产业	1997 年	2010 年	增量
C13	15.4526	14.6217	-0.8309	C25	9.0969	15.8168	6.7199	C37	11.9111	13.7188	1.8077
C14	10.8949	15.1165	4.2216	C26	14.2401	12.1176	-2.1225	C39	6.3701	5.4557	-0.9144
C15	17.9756	24.7761	6.8005	C27	16.2366	15.6824	-0.5542	C40	9.7757	2.8436	-6.9321
C16	45.1000	34.6155	-10.4845	C28	5.4294	3.2911	-2.1383	C41	7.6291	4.3621	-3.2670
C17	7.7840	5.5310	-2.2530	C29	10.8449	5.4918	-5.3531	D44	16.3286	19.4268	3.0982
C18	2.7085	1.5653	-1.1432	C30	6.1170	5.3893	-0.7277	D45	13.5017	26.4046	12.9029
C19	4.3284	5.2484	0.9200	C31	13.7394	16.5950	2.8556	D46	11.4184	13.5811	2.1627

进一步计算，西部B类、CL类、CH类和D类的比重1997年平均分别为20.49%、12.93%、8.99%和13.75%，2010年分别为23.16%、11.71%、6.92%和19.80%，B类和D类产业分别上升2.67个百分点和6.05个百分点，而CL类和CH类产业分别下降1.22个百分点和2.07个百分点，高端制造业下降较明显。显然，西部大开发以来，西部B类和D类产业地位得到加强，而制造业尤其是高端制造业地位在下降。

四、产业极差变化

1997~2010年我国区域工业结构发生了较大的变化。从低端产业看，东部低端产业比重不足中部和西部的一半；1997~2010年东部、中部和西部低端产业比重上升幅度分别为3.44个百分点、7.02个百分点和10.03个百分点；2010年西部低端产业比重已超过中部。从高低端产业看，2010年东部高端产业比重已达38.77%，中部和西部仅有20%左右，1997~2010年东部、中部和西部高端产业比重上升幅度分别为6.29个百分点、0.23个百分点和-1.69个百分点，中部略有上升而西部却下降；西部高端产业比重低于中部（见表2-4）。

表 2-4　1997~2010 年我国区域高端产业、低端产业结构与极差

单位:%

产业	1997 年			2010 年			产业	1997 年			2010 年		
	东部	中部	西部	东部	中部	西部		东部	中部	西部	东部	中部	西部
B6	1.12	4.98	3.23	1.07	7.30	6.12	C34	3.60	2.41	1.90	3.62	1.59	1.15
B7	1.76	4.32	5.15	1.24	3.33	5.74	C35	4.57	3.66	3.33	5.48	3.27	2.76
B8	0.21	0.34	0.28	0.65	0.75	1.02	C36	3.17	3.36	2.19	2.74	3.12	2.31
B9	0.27	1.00	1.34	0.23	1.30	1.34	C37	5.85	7.24	5.69	6.11	8.13	7.51
B10	0.55	1.34	1.01	3.73	5.64	3.94	C39	6.27	3.03	2.48	7.22	3.67	2.68
D44	4.31	5.97	6.28	4.64	6.77	8.87	C40	7.85	1.18	4.44	12.29	1.21	2.09
D45	0.16	0.10	0.15	0.23	0.22	0.59	C41	1.17	0.35	0.53	1.31	0.47	0.37
D46	0.40	0.44	0.36	0.17	0.20	0.20	合计	32.48	21.23	20.56	38.77	21.46	18.87
合计	8.78	18.49	17.79	12.22	25.51	27.82	极差	23.70	2.74	2.77	26.55	-4.05	-8.95

产业极差就是高端产业份额与低端产业份额之差。从产业极差看，1997 年东部、中部和西部产业极差分别为 23.7 个百分点、2.74 个百分点和 2.77 个百分点；2010 年分别为 26.55 个百分点、-4.05 个百分点和 -8.95个百分点。显然，东部产业极差明显高于中部和西部。而且1997~2010 年东部产业极差仍在上升，而中部和西部产业极差明显下降，变为负值，以西部下降幅度较大。这表明，东部地区的高端产业集聚越来越明显，中部、西部高端产业发展明显不足。这同时意味着，西部地区的工业结构水平在下降，低端产业在加强，而高端产业发展明显不足，产业结构升级和增长方式转换的难度更大，西部地区的产业发展对自然资源的依赖更加紧密。

第三节　西部产业的比较优势演化

改革开放以来，我国地区比较优势发生了重组，产生了基于不同比较优势结构的产业集聚。改革开放推动了贸易自由化，在凸显国外市场作用的同时，加速了地区产业比较优势的分化与重组。从沿海的情况看，即使

在传统体制下，工业中心也以沿海的上海、江苏和浙江为主，而这些地区也是对外开放较早的地区之一，而广东、福建在改革开放初期的工业基础则相对薄弱。在对外开放中，不争的事实是，四川和东北作为老工业基地的历史地位在削弱，产业越来越集中在江、浙、鲁、粤、闽等沿海省份。东部发达地区有意识地提升自己的产业结构，不断向更高端产业扩展，实现高端产业集聚，通过出口实现国际资源配置，逐步缩小与发达国家的差距；而西部欠发达地区则对低端产业更加依赖，实现低端产业集聚，不仅不能有效地参与国际分工，而且与东部发达地区差距不断扩大。

一、产业集中度变化

产业集中是同一产业在一些特定地理区域内集中的现象，也是产业要素在空间范围内不断汇聚的一个过程。也就是说，产业越集中，发生集聚的可能性就越大，从而体现了比较优势在增强。产业集中度计算公式为：

$$CR_n = \sum_{i=1}^{n} x_i / \sum_{i=1}^{N} x_i \tag{2-1}$$

式（2－1）中，CR_n 代表 i 产业变量（产值）的前 n 个地区的比重。在各种测度产业集聚水平的方法中，产业集中度是最简单、最常用的计算指标，是衡量产业集聚强度的基础性指标，即为第一代的产业集聚测量方法（乔彬等，2007）。产业集中度值越大，其集聚强度越高；集中度值越小，则产业集聚程度越低。

从表2－5可看出，我国产业产值集中度及变化具有较大差异性。从集中度业看，1997年集中度最高的是C24，为56.95%，最低的是C32，为23.72%，极差为33.23个百分点；2010年集中度最高的是C28，为74.44%，最低的是D44，为30.12%，极差为44.32个百分点。从集中度变化来看，1997～2010年，6个产业的集中度有所下降，其他30个产业集中度有不同幅度上升，10个产业上升幅度超过10个百分点，最高的C28上升23个百分点。同时，我国产业1997年的集中度平均为39.76%，2010年为46.61%，2010年比1997年上升了6.85个百分点。这说明，总体上我国产业空间集中在加强。

表 2-5 1997 年、2010 年中国产业产值的地区集中度（CR_3）

单位:%

产业	1997 年		2010 年		产业	1997 年		2010 年	
	CR_3	地区构成	CR_3	地区构成		CR_3	地区构成	CR_3	地区构成
B6	44.11	晋-鲁-豫	49.34	晋-鲁-豫	C26	31.28	苏-鲁-粤	45.70	苏-鲁-粤
B7	53.61	黑-鲁-新	44.31	黑-新-鲁	C27	28.03	粤-苏-鲁	33.25	鲁-苏-浙
B8	45.80	冀-吉-辽	52.15	冀-辽-鲁	C28	51.44	苏-沪-粤	74.44	浙-苏-闽
B9	37.39	鲁-豫-赣	50.94	豫-鲁-蒙	C29	37.41	鲁-沪-苏	51.98	鲁-苏-浙
B10	35.35	皖-鲁-鄂	41.18	鲁-豫-粤	C30	46.52	粤-苏-浙	51.40	粤-浙-苏
C13	32.24	鲁-粤-苏	41.36	鲁-豫-辽	C31	30.78	鲁-苏-粤	37.66	鲁-豫-粤
C14	32.06	粤-鲁-苏	39.53	鲁-豫-粤	C32	23.72	苏-辽-甘	30.18	豫-苏-鲁
C15	30.29	鲁-粤-川	31.62	川-鲁-豫	C33	34.65	沪-辽-冀	40.12	冀-苏-鲁
C16	43.65	滇-湘-豫	36.74	滇-湘-沪	C34	40.81	粤-鲁-沪	51.53	粤-苏-浙
C17	46.82	苏-浙-鲁	64.56	苏-鲁-浙	C35	40.27	苏-鲁-沪	46.89	苏-鲁-浙
C18	52.35	苏-粤-浙	55.84	苏-粤-浙	C36	41.78	鲁-苏-豫	37.89	鲁-苏-粤
C19	46.72	粤-浙-苏	54.61	粤-浙-闽	C37	33.29	沪-苏-鄂	30.48	粤-苏-鲁
C20	31.79	粤-苏-黑	40.91	鲁-苏-浙	C39	47.29	粤-苏-鲁	54.26	粤-苏-浙
C21	35.65	粤-鲁-苏	53.70	鲁-苏-浙	C40	52.87	粤-苏-沪	69.22	粤-苏-沪
C22	35.18	鲁-粤-浙	48.63	鲁-粤-苏	C41	55.49	粤-沪-苏	61.17	粤-苏-浙
C23	31.18	粤-苏-沪	43.45	粤-浙-鲁	D44	30.29	粤-豫-苏	30.12	粤-苏-鲁
C24	56.95	粤-苏-沪	65.57	粤-苏-浙	D45	36.93	沪-辽-粤	39.17	粤-蒙-苏
C25	36.70	辽-鲁-粤	34.37	鲁-辽-粤	D46	40.62	粤-苏-鄂	43.54	粤-浙-鄂

进一步对表 2-5 统计表明：我国产业主要集中在东部地区。2010 年，三个地区构成的上榜次数前四位依次是：鲁有 24 次、苏有 22 次、粤有 20 次和浙有 16 次，占总频数的 75.93%；此外，豫有 8 次，辽有 3 次，蒙、冀、沪、闽各有 2 次，晋、黑、新、川、滇、湘和鄂各有 1 次。明显看出，产业主要集中在东部，尤其是长三角地区和珠三角区域；产业前三强仅偶尔分布中部、西部地区。另外，1997 年、2010 年 B 类产业的平均集中度分别为 43.25% 和 47.58%，CL 类产业分别为 38.04% 和 46.78%，CH 类产业分别为 43.31% 和 48.95%，D 类产业分别为 35.95% 和 37.61%。可见，CH 类产业集中度最高，D 类产业集中度比较低，B 类和 CL 类居中，且比较接近。

从表 2-6 可看出，我国西部地区产业集中度及构成也有较大差异性。从集中度看，1997 年产业集中度最高的是新疆，高达 62.94%，最低的是陕西，约为33.34%，相差29.60个百分点；2010年集中度最高的仍是新疆，约为69.40%，最低的是四川，约为31.16%，相差38.24个百分点。不难看出，西部地区产业集中度明显上升。从总体上看，西部地区产业集中度平均值1997年为47.66%，2010年为55.61%，2010年比1997年上升了7.95个百分点。从集中度变化看，1997～2010年，除四川下降了5.09个百分点外，其他11个地区的产业集中度有不同幅度上升，前三位为甘肃、陕西和贵州，分别上升18.20个百分点、15.09个百分点和13.53个百分点，后三位为西藏、青海和云南，分别上升5.18个百分点、3.12个百分点和1.33个百分点。这几方面表明，西部大开发以来，西部地区产业进入大幅调整时期，产业向优势产业集中，集聚效应增强。

表2－6　1997年、2010年西部地区工业集中度（CR_4）及产业构成

单位:%

地区	1997年		2010年	
	CR_4	产业构成	CR_4	产业构成
内蒙古	45.3068	C33－D44－C13－B6	51.8439	C33－B6－D44－C33
广西	39.1002	C13－C31－C37－C33	49.5484	C33－C13－C37－D44
重庆	45.0164	C37－C26－C33－C31	52.8592	C37－C26－C33－D44
四川	36.2515	C40－C33－C26－C13	31.1604	C33－C13－C26－D44
贵州	41.8302	C16－C26－D44－C37	55.3664	D44－C33－C26－B6
云南	57.6448	C16－C26－C33－C13	58.9732	C32－C16－C33－D44
西藏	60.0912	C31－D44－B10－B9	65.2743	B9－B10－D44－C27
陕西	33.3361	C40－C37－D44－C17	48.4300	B9－C25－B6－C37
甘肃	48.3940	C33－C25－B7－C26	66.5985	C25－C32－C33－D44
青海	60.6010	C32－B7－C33－D44	63.7209	C32－B7－C33－C26
宁夏	41.3930	D44－C26－B6－C33	54.0867	D44－B6－C32－C26
新疆	62.9379	B7－C17－C25－C13	69.4029	B7－C25－C33－D44

对表2－6进行统计后显示，我国西部地区产业四强上榜次数，1997年B类产业有6次；CL类产业有26次，其中，C33有8次，C26有6次，C13

有4次；CH类产业有6次，其中，C37有4次，C40有2次；D类产业有4次，全部为D44。2010年，前四强上榜次数B类产业有10次；CL类产业有29次，其中，C33有10次，C26有5次，C13有3次，C25和C32各有2次；CH类产业有3次，全部是C37产业；D类产业10次，全部为D44。不难看出，西部产业向B类、CL类和D类产业集中，CH类产业在衰退。

二、西部地区产业区位商变化

区位商（Location Quotient，LQ）是指一个地区产业的产值在地区总产值中所占比重与全国该产业产值在全国总产值中所占比重的比值：

$$LQ = z_{ij}/X_i \tag{2-2}$$

式（2-2）中，z_{ij}代表i地区j产业的产值占j产业总值的比例，X_i代表i地区总产值占全国总产值的比例。当LQ大于1时，说明该地区该产业有比较优势，供给能力大于需求能力；当LQ小于1时，说明该地区该产业专业化水平低于全国，还须从该地区外输入；当LQ等于1时，说明该地区该产业专业化水平与全国相当，自给自足。

根据式（2-2）计算，1997~2010年西部产业的区位商发生了较大变化。1997年西部区位商大于1的产业有16个，其中，B类5个产业全部在列，CL类产业有9个，分别是C13、C15、C16、C23、C26、C27、C31、C32和C33，D类产业有D44和D45，没有CH类产业；2010年西部区位商大于1的产业有16个，其中，B类产业有4个，分别为B6、B7、B8和B9，CL类产业有9个，分别是C13、C14、C15、C16、C25、C27、C31、C32和C33，D类三个产业全部在列，CH类产业有C37。从LQ增量看，西部有17个产业的区位商增量大于0，比较优势得到不同幅度的提升，其中，B类产业有4个，分别为B6、B7、B8和B9，CL类产业有8个，分别是C13、C14、C15、C19、C20、C25、C27和C31，D类三个产业全部在列，CH类有C36和C37（见表2-7）。可见，西部B类、D类产业不但有较强的比较优势，而且优势还在增强；CH类产业很弱，但C36、C37优势在增强，C37已是西部优势产业；CL类产业分歧较大，但烟草业、冶金业仍具有比较优势。

表 2-7　1997 年、2010 年西部工业区位商（LQ）及增量

产业	1997 年	2010 年	增量	产业	1997 年	2010 年	增量	产业	1997 年	2010 年	增量
B6	1.4059	2.1333	0.7275	C20	0.6809	0.6895	0.0086	C32	2.2223	1.8684	-0.3540
B7	1.8387	2.6225	0.7838	C21	0.5896	0.4842	-0.1055	C33	1.2779	1.1507	-0.1272
B8	1.1392	1.4317	0.2924	C22	0.9613	0.5871	-0.3742	C34	0.6125	0.3908	-0.2217
B9	2.3034	2.3654	0.0620	C23	1.2672	0.9077	-0.3594	C35	0.7930	0.5831	-0.2099
B10	1.2671	0.9573	-0.3097	C24	0.1021	0.0707	-0.0314	C36	0.7087	0.8385	0.1298
C13	1.1996	1.2007	0.0011	C25	0.7062	1.2988	0.5926	C37	0.9247	1.1265	0.2019
C14	0.8458	1.2413	0.3955	C26	1.1055	0.9950	-0.1104	C39	0.4945	0.4480	-0.0465
C15	1.3954	2.0345	0.6390	C27	1.2604	1.2878	0.0273	C40	0.7589	0.2335	-0.5254
C16	3.5011	2.8424	-0.6587	C28	0.4215	0.2703	-0.1512	C41	0.5922	0.3582	-0.2341
C17	0.6043	0.4542	-0.1501	C29	0.8419	0.4510	-0.3909	D44	1.2676	1.5952	0.3276
C18	0.2103	0.1285	-0.0817	C30	0.4749	0.4425	-0.0323	D45	1.0481	2.1682	1.1201
C19	0.3360	0.4310	0.0950	C31	1.0666	1.3627	0.2961	D46	0.8864	1.1152	0.2288

三、西部地区四分类产业区位商变化

西部的地域较大，资源禀赋、产业基础、区位优势有较大的差异，产业优势也明显不同。从 B 类产业看，广西、云南、重庆的 B 类产业不占优势，但云南、重庆的区位商在增强，其他 9 个地区的 B 类产业区位商都大于 1。1997 年、2010 年新疆、西藏、青海 B 类产业的平均区位商分别高达 4.95、4.16 和 3.05，但新疆、甘肃、青海和宁夏的区位商呈下降趋势。从 CL 类产业看，1997 年内蒙古、云南、广西、贵州、甘肃、四川的区位商大于 1，2010 年新增宁夏和青海。1997 ~ 2010 年广西、陕西、贵州、西藏、重庆的区位商呈不同幅度下降。从 CH 类产业看，1997 年陕西和重庆的区位商大于 1，2010 年只剩重庆区位商大于 1。1997 ~ 2010 年除重庆外，其余 11 个地区的 CH 类产业区位商呈不同幅度下降，陕西下降幅度最大。从 D 类产业看，1997 年除广西、四川和新疆的区位商略小于 1 外，其余地区的区位商都大于 1；2010 年除新疆外，其余 11 个地区的区位商都大于 1。1997 ~ 2010 年除陕西、青海和西藏外，其余 9 个地区的 D 类产业区位商呈不同幅度上升（见表 2-8）。显然，西部地区的高端制造业比较弱，且下降幅度明

显，而B类产业和D类产业的比较优势较为明显，且优势增强，CL类产业的优势也有不同程度的增强。

表2-8 1997年、2010年西部地区四类产业区位商（LQ）及增量

地区	B类		CL类		CH类		D类	
	1997年	2010年	1997年	2010年	1997年	2010年	1997年	2010年
内蒙古	2.1483	2.3622	1.1067	1.1131	0.2956	0.1988	2.0708	2.0861
广西	0.9108	0.7623	1.1470	1.1406	0.7164	0.7160	0.9792	1.7951
重庆	0.6123	0.8255	0.9418	0.6905	1.2129	1.4914	1.0068	1.2022
四川	1.0371	1.3134	1.0064	1.0555	0.9832	0.7958	0.9724	1.1113
贵州	1.0974	1.3961	1.0955	1.0345	0.6275	0.3097	1.7665	3.8195
云南	0.8215	0.9350	1.3477	1.4481	0.2966	0.1793	1.0793	1.8621
西藏	3.4635	4.8546	0.8437	0.6651	0.2175	0.0035	3.7104	2.5880
陕西	1.2651	2.8790	0.8057	0.7748	1.2880	0.7236	1.2949	1.1427
甘肃	2.5140	1.1704	1.0877	1.4154	0.3598	0.1735	1.4988	1.7590
青海	3.3024	2.7902	0.9315	1.1116	0.3496	0.1025	2.2773	1.8833
宁夏	2.1673	1.7901	0.9654	1.1386	0.5643	0.2229	2.1919	2.7351
新疆	6.0888	3.8185	0.8151	0.9895	0.2159	0.1392	0.8221	0.9177

第四节 我国产业重心的变化

产业重心的演进轨迹能够反映出产业活动在空间上的变化，也能说明地区产业发展差距的变化方向，并用以评估区域经济政策的实际效果。在某一时期，如果一个国家的产业重心不断地向发达地区所在的方向移动，就说明该国的产业差距正在逐步扩大，空间集聚在加强，反之则说明产业差距在逐步缩小。这就是说，如果产业重心向西部移动，那么西部产业就有了比东部、中部更快的发展，这可能也有东部产业转移的贡献，同时说明西部大开发有促进西部产业发展的政策效应。

一、产业重心与移动

1. 重心

重心是物理学概念，它是指物体内各点所受重力产生合力的均衡点。众所周知，一个物体的各部分都要受到重力的作用，从效果上看，可以认为各部分受到的重力最终要集中作用于一点，这一点就是物体的重心。物体的重心位置与该物体的形状及质量是否均匀有关。质量均匀分布并且形状规则的物体，其重心就在几何中心上；不规则物体的重心甚至不一定在该物体之上。

从词源的角度看，经济重心就是把物理学的重心概念引入经济学领域，用以研究经济问题。具体来说，所谓经济重心就是指在区域经济空间中存在的某一点，在该点各个方向上的经济力量能够维持平衡。经济重心的位置与某个需要考察的经济区域的形状和经济活动在该区域的布局状况有关。如果考察的某个特定的区域是一个国家，一般来说，在一定时期内一个国家版图是固定的，因此经济重心及其位移就取决于经济活动的地域分布及其作用力调整。在某一时期，如果一个国家的经济重心不断地向经济发达地区所在的方向移动，就说明该国的地区差距正在逐步扩大，反之则说明地区差距在逐步缩小。

产业重心分析主要是确定产业某种属性的重心位置及不同时期的重心移动方向和距离。如果促进落后地区的经济政策实施以后，产业重心仍在不断地向发达地区移动，就说明政策并没有遏制产业的空间集聚趋势；相反，产业重心不断地向政策促进地区移动，则说明有关政策已经取得了实际效果。产业重心计算公式为：

$$X = \sum_{i=1}^{n} m_i x_i / \sum_{i=1}^{n} m_i, Y = \sum_{i=1}^{n} m_i y_i / \sum_{i=1}^{n} m_i \tag{2-3}$$

式（2－3）中，m_i 为 i 产业产值，X、Y 分别表示产业产值重心的经度和纬度，x_i、y_i 表示 i 产业所在地区行政中心的经度值和纬度值，n 为地区数。

2. 重心移动

对于某个产业，设时间为 t_0 时的重心为（X_0，Y_0），t_k 时的重心为（X_k，Y_k），则产业重心移动的距离为：

$$d = c\sqrt{(X_0 - X_k)^2 + (Y_0 - Y_k)^2} \quad (2-4)$$

式（2-4）中，c=111.1111。

3. 重心与区域中心偏移

当不考虑产业属性量值时，地区行政中心所在地的经度和纬度平均值近似代表区域中心，即Q（$\bar{x}$，$\bar{y}$）。计算公式为：

$$\bar{x} = \sum_{i=1}^{n} x_i / n, \bar{y} = \sum_{i=1}^{n} y_i / n \quad (2-5)$$

产业重心和区域中心的空间耦合态势与区域产业发展差距具有密切关系：具体表现在，产业重心与中心的距离越大，区域产业差距越大，当重心向地理中心移动时，则表现为区域产业差距缩小的过程。产业重心和区域中心距离为：

$$D = c\sqrt{(\bar{x} - X)^2 + (\bar{y} - Y)^2} \quad (2-6)$$

式（2-6）中，当D=0，说明区域产业重心与区域中心重合，产业处在均衡分布状态。当D≠0，说明区域产业重心与区域中心有偏移，产业处在非均衡分布状态。对于一个时间段，区域产业重心与区域中心的偏移增量为：

$$\Delta D = D_{t+k} - D_t \quad (2-7)$$

式（2-7）中，当ΔD=0，说明区域产业重心与区域地理中心处于重合状态，产业一直处在均衡发展状态。当ΔD<0，说明产业重心向区域中心移动，产业差距缩小，产业在空间扩散。当ΔD>0，说明产业重心偏离区域中心，即处于远离均衡状态，产业差距扩大，产业空间集聚加强。

二、产业重心

表2-9报告的是以式（2-3）和式（2-4）计算1997年、2010年我国产业重心及其移动距离。我国36个产业重心的范围，1997年经度为111.30~117.55度，平均为116.25度，纬度为30.07~39.15度，平均为33.08度；2010年的经度为114.02~118.39度，平均为116.16度，纬度为29.18~38.47度，平均为33.01度。1997~2010年，产业重心移动距离最小的是C41，为11.35公里，最大的是D45，为337.81公里，平均移动距离为95.10公里。

表 2-9　1997 年、2010 年产业重心及变化

单位：度，公里

产业	1997 年		2010 年		D	产业	1997 年		2010 年		D
	X	Y	X	Y			X	Y	X	Y	
B6	114.57	36.33	113.51	36.50	119.46	C26	116.05	33.26	116.13	32.87	44.82
B7	114.63	39.15	113.29	38.47	167.06	C27	115.71	32.83	115.90	33.46	72.42
B8	115.29	35.05	114.92	36.06	120.03	C28	117.55	31.58	118.39	31.35	97.40
B9	113.37	33.07	112.98	34.26	138.53	C29	116.47	33.19	116.93	33.40	56.27
B10	115.16	32.62	115.62	33.16	79.29	C30	116.44	31.01	116.61	30.74	34.92
C13	115.52	33.02	115.88	34.39	156.83	C31	115.44	32.75	115.06	33.28	72.41
C14	116.08	32.79	115.62	34.21	165.44	C33	113.80	32.56	114.21	32.19	60.99
C15	115.16	32.90	114.57	32.89	65.52	C33	116.06	34.54	115.51	34.67	62.03
C16	110.90	29.67	112.62	30.06	195.83	C34	116.53	32.12	116.77	31.37	87.01
C17	116.42	32.45	116.99	32.34	65.09	C35	117.07	33.45	117.58	33.54	57.24
C18	117.07	30.63	117.53	30.72	51.79	C36	116.49	33.95	116.42	33.61	38.87
C19	116.42	30.46	116.66	30.24	36.12	C37	117.12	33.32	116.75	33.10	48.17
C20	117.33	32.63	116.98	33.11	66.19	C39	116.67	31.34	116.43	30.73	73.33
C21	116.20	32.24	116.53	31.00	142.94	C40	115.82	30.36	116.59	29.66	115.22
C22	115.68	32.29	116.05	31.83	65.89	C41	116.47	30.37	116.56	30.32	11.35
C23	115.24	31.77	115.47	30.56	136.05	D44	115.13	32.83	114.85	32.97	34.54
C24	117.17	29.67	116.77	29.18	70.86	D45	116.98	33.54	114.38	31.97	337.81
C25	117.15	35.71	115.20	35.22	222.89	D46	115.42	30.91	115.09	30.57	52.91

注：X、Y 分别表示产业产值重心的经度和纬度。D 表示产业重心和区域中心的距离。

从经度和纬度范围看，我国产业重心在中部，集中在安徽省境内，个别在山西和湖北。进一步计算，1997～2010 年，B 类、CL 类、CH 类和 D 类产业重心移动距离分别为 124.87 公里、92.51 公里、61.60 公里和 141.75 公里。显然，B 类和 D 类产业重心变动较大，CL 类和 CH 类产业重心变动较小，尤其是 CH 类产业重心变动最小，说明其空间集聚效应强，产业难以从集聚区向外转移而扩散。

三、产业重心向西部变动的程度

设西部中心在其 12 个地区政府所在地的平均经度和纬度处，即为 Q（104.34，33.26），以式（2-6）计算，36 个产业重心离西部中心的距离有较大差异。1997 年我国产业距西部最近的是 C16（烟草加工业），为 850.34 公里；最远的是 C28，为 1518.42 公里，相差 668.08 公里。2010 年我国产业距西部中心最近的仍是 C16，为 1012.98 公里；最远的仍是 C28，为 1613.82 公里，相差 600.84 公里。这两个极端产业重心都远离西部，C16 和 C28 分别远离了 162.64 公里和 95.41 公里（见表 2-10）。从总体看，36 个产业距西部中心的平均距离，1997 年为 1339.95 公里，2010 年为最近的 1333.51 公里，1997～2010 年略有减小。

从增量看，1997～2010 年重心向西部移动的产业有 17 个，移动最多的是 D45，移动距离为 286.61 公里，最少的是 C36，移动距离为 10.52 公里；远离西部的产业有 19 个，远离最多的是 C16，为 162.64 公里，最少的是 C26，为 8.16 公里，靠近的和远离的相抵后仍有 -6.44 公里，即平均向西部移动了 6.44 公里。

表 2-10　1997 年、2010 年产业重心离西部中心距离及变化

单位：公里

产业	1997 年	2010 年	增量	产业	1997 年	2010 年	增量	产业	1997 年	2010 年	增量
B6	1241.89	1137.10	-104.80	C20	1487.5	1448.65	-38.85	C32	1095.57	1143.05	47.48
B7	1377.58	1210.99	-166.59	C21	1363.47	1413.61	50.14	C33	1359.01	1300.66	-58.35
B8	1283.83	1270.20	-13.63	C22	1305.49	1349.93	44.44	C34	1400.82	1434.67	33.85
B9	1047.53	1015.88	-31.65	C23	1260.91	1305.91	45.00	C35	1459.85	1516.92	57.07
B10	1246.46	1297.70	51.24	C24	1511.70	1482.62	-29.08	C36	1399.17	1388.65	-10.52
C13	1286.28	1336.99	50.70	C25	1501.01	1277.75	-223.26	C37	1464.83	1423.08	-41.75
C14	1348.41	1305.89	-42.52	C26	1345.78	1353.94	8.16	C39	1424.02	1407.36	-16.66
C15	1246.17	1180.61	-65.56	C27	1307.28	1330.05	22.77	C40	1348.47	1449.40	100.93
C16	850.34	1012.98	162.64	C28	1518.42	1613.82	95.40	C41	1419.00	1429.90	10.90
C17	1386.92	1450.66	63.74	C29	1392.20	1444.07	51.87	D44	1242.84	1211.78	-31.06
C18	1479.33	1528.15	48.82	C30	1403.56	1426.89	23.33	D45	1450.34	1163.73	-286.61
C19	1411.63	1442.56	30.93	C31	1277.34	1235.93	-41.41	D46	1293.37	1264.31	-29.06

进一步计算，1997～2010年，B类产业和D类产业重心向西部移动距离分别为53.09公里和115.58公里，以D类产业较为明显；而CL类产业、CH类产业分别远离了西部11.73公里、19.12公里。显然，B类产业和D类产业重心向西部移动，说明西部两类产业优势增加；而CL类产业和CH类产业重心仍远离西部，尤其是CH类产业，这说明制造业仍在向东部集聚，没有向中西部扩散。

四、工业增加值重心演化

从时间序列看，我国工业产值重心只发生小幅移动（见表2－11）。1997～2010年我国产业重心年平均移动了9.93公里，2003～2004年移动了20.40公里，2002～2003年仅移动了2.22公里，由于重心的迂回行径，1997～2010年产业重心只移动了35.90公里（见图2－3）。从空间看，产业重心仍在东部中心附近。分别以东部中心（117.43，32.57）、中部中心（117.32，35.45）和西部中心（1047.34，33.26）计算，1997～2010年我国产业重心距西部有1308.56公里，距离中部和东部分别只有326.71公里和195.74公里，西部距离产业重心的距离是东部6倍以上。当然，受西部大开发的影响，产业重心略偏离东部中心，有向西部中心靠近的倾向，靠近了33.14公里（见图2－4）。

表2－11 1997～2010年产业重心及与东部、中部与西部中心距离

单位：度，公里

年份	重心			距离		
	经度	纬度	距离	西部	中部	东部
1997	115.70	32.97		1306.22	328.88	197.55
1998	115.72	32.92	5.98	1308.40	332.36	194.21
1999	115.80	32.94	9.16	1317.30	325.79	185.98
2000	115.85	33.05	13.43	1323.00	312.46	183.71
2001	115.87	33.03	3.14	1325.18	313.21	180.95
2002	115.88	32.99	4.58	1326.24	316.47	178.68
2003	115.90	32.99	2.22	1328.46	315.36	176.53
2004	115.74	32.90	20.40	1310.62	333.06	191.60
2007	115.70	32.98	9.94	1306.23	327.95	197.80

续表

年份	重心			距离		
	经度	纬度	距离	西部	中部	东部
2008	115.58	32.98	13.33	1292.90	335.44	210.81
2009	115.51	32.96	8.09	1285.10	341.78	217.96
2010	115.40	33.09	18.92	1273.08	337.77	233.09

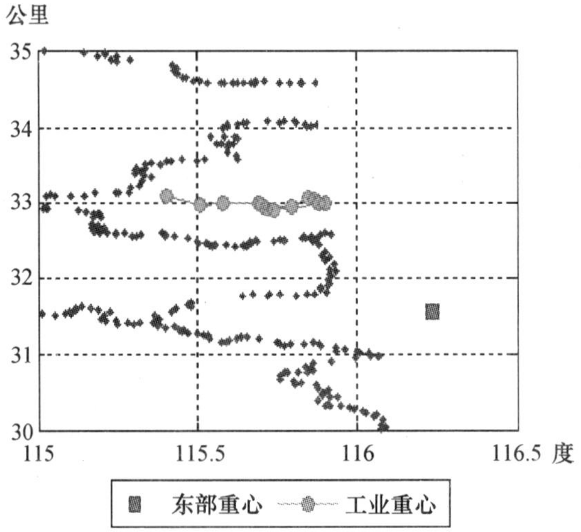

图 2-3　1997~2010 年工业重心及变化

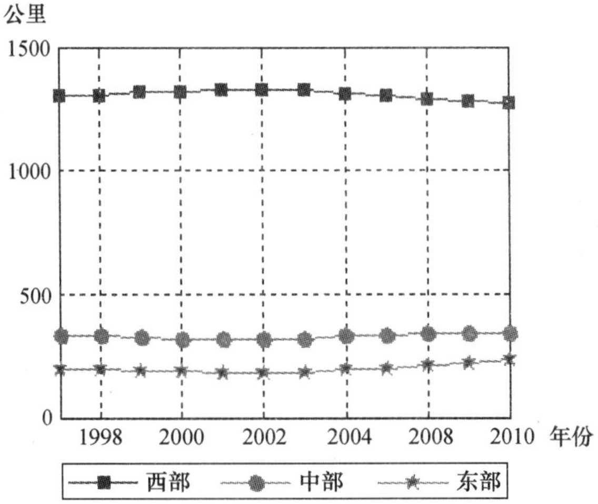

图 2-4　1997~2010 年工业重心到区域中心距离

由于西部地域大，工业发展基础和结构差异较大，我国工业重心向西部移动也有指向性。计算表明，我国工业重心偏离西北片区，而偏向西南片区，也就是工业重心在向西南部移动（见表2－12）。对于西北片区，青海、甘肃、陕西、新疆的产业重心的距离变化不大，差距不明显；而对于宁夏，尤其是内蒙古最突出。当然，陕西是西部地区中离工业重心最近的地区，新疆是最远的地区。对于西南片区，西藏和四川与产业重心的距离变化相对较小，差距不明显，而重庆、云南和贵州差距也不大，产业重心向广西移动的距离最大，为234.74公里。

表2－12　1997年、2010年产业重心离西部地区中心距离

单位：公里

地区	1997年	2010年	增量	地区	1997年	2010年	增量
新疆	3373.98	3389.65	15.67	重庆	1093.19	897.55	－195.64
青海	1623.68	1624.13	0.45	云南	1688.78	1506.49	－182.29
宁夏	1244.38	1315.48	71.10	西藏	2106.68	1997.41	－109.27
甘肃	1396.03	1399.59	3.56	四川	1109.08	1001.59	－107.49
内蒙古	1017.41	1200.29	182.88	贵州	1222.13	1032.28	－189.85
陕西	793.81	801.99	8.18	广西	1378.27	1143.54	－234.73

五、四分类产业重心偏离西部地区的距离

西部大开发以来，东部地区仍以其优越的区位和优惠的政策承接了国际产业转移，优化了产业链，提升了产业结构。由于国际产业转移的作用，促进了东部高端产业集聚，低端产业向外转移，高端产业的主导体系成为推动东部产业增长和增长方式转变的发动机；而西部地区，开放滞后，周边国家落后，没有大规模的国际产业转入，高端产业衰退，低端产业的比较优势加强，导致与沿海地区的产业极差扩大。这一点也可以从重心变动上得以验证。

由表2－13可看到，B类、CL类、CH类和D类产业的重心有所差别，但差距不是太大。1997年四类产业重心离西部的距离都在1200公里以上，2010年B类产业重心离西部的距离已降到1200公里以内。1997～2010年，B

类、CL 类和 D 类产业重心向西部轻微移动，而 CH 类产业却一定程度上远离了西部。虽然四分类产业与西部的距离变化不大，但还是反映出一定问题，这就是高端制造业难以向西部转进，反而低端产业向西部移动较为明显。

表 2－13　1997 年、2010 年四分类产业重心离西部地区中心距离

单位：度，公里

产业	1997 年		2010 年		距离		
	经度	纬度	经度	纬度	1997 年	2010 年	增量
B	115.09	37.14	114.37	35.45	1258.75	1193.07	-65.68
CL	116.28	33.15	115.84	33.12	1326.68	1321.52	-5.16
CH	117.11	32.22	117.13	31.60	1409.07	1427.99	18.92
D	115.20	33.11	115.24	32.85	1250.87	1210.30	-40.57

再进一步细分，对于 B 类产业，其产业重心不同程度移向西南片区，向广西、重庆、云南的移动距离在 100 公里以上，对四川、西藏的移动不足 100 公里；对西北片区，略向陕西、甘肃和青海移动，不同程度地偏离新疆和内蒙古，以内蒙古较为突出。对于 D 类产业，其重心不同程度向西部地区移动，移动距离差距不大，不超过 45 公里。对于 CL 类产业重心移动，西南片区和西北片区具有明显的分野，其偏离西南片区，而偏向西北片区。对于 CH 类产业，其重心移动也有一定的分歧，但也有倾向性。除四川和西藏外，CH 类产业重心不同程度地偏向重庆、云南和广西，而偏离西北片区的五个地区（见表 2－14）。总体上，B 类、D 类产业向西部地区移动比较明显，低端制造业偏离西南片区而偏向西北片区，高端制造业偏向西南片区而偏离西北片区。

表 2－14　1997 年、2010 年四分类产业重心离西部地区中心距离（细分）

单位：公里

地区	年份	B 类	CL 类	CH 类	D 类	地区	年份	B 类	CL 类	CH 类	D 类
重庆	1997 年	1200.98	1099.47	1159.63	1026.43	新疆	1997 年	3100.74	3374.67	3471.24	3305.79
	2010 年	1090.82	1108.38	1157.48	994.18		2010 年	3116.26	3354.94	3510.04	3262.42
	增量	-110.16	8.91	-2.15	-32.25		增量	15.52	-19.73	38.80	-43.37

续表

地区	年份	B类	CL类	CH类	D类	地区	年份	B类	CL类	CH类	D类
云南	1997年	1852.27	1696.21	1738.64	1628.76	陕西	1997年	690.98	795.86	888.04	722.97
	2010年	1736.17	1712.63	1720.75	1602.80		2010年	623.20	782.87	921.16	679.97
	增量	-116.10	16.42	-17.89	-25.96		增量	-67.78	-12.99	33.12	-43.00
贵州	1997年	1429.82	1229.86	1267.47	1165.01	青海	1997年	1423.56	1625.27	1718.96	1553.51
	2010年	1303.17	1248.79	1247.21	1141.93		2010年	1404.72	1609.66	1752.89	1510.30
	增量	-126.65	18.93	-20.26	-23.08		增量	-18.84	-15.61	33.93	-43.21
四川	1997年	1162.07	1114.54	1183.60	1039.45	宁夏	1997年	944.97	1243.57	1342.94	1181.45
	2010年	1063.64	1118.51	1189.33	1003.65		2010年	960.86	1218.41	1391.30	1139.01
	增量	-98.43	3.97	5.73	-35.80		增量	15.89	-25.16	48.36	-42.44
广西	1997年	1695.39	1387.05	1393.03	1338.55	内蒙古	1997年	558.47	1012.05	1102.43	983.25
	2010年	1555.04	1416.60	1351.89	1328.83		2010年	668.28	973.36	1169.13	953.19
	增量	-140.35	29.55	-41.14	-9.72		增量	109.81	-38.69	66.70	-30.06
西藏	1997年	2093.48	2111.83	2182.99	2036.25	甘肃	1997年	1206.58	1397.63	1491.34	1325.88
	2010年	2020.34	2113.58	2188.83	1999.09		2010年	1181.47	1382.13	1525.57	1282.66
	增量	-73.14	1.75	5.84	-37.16		增量	-25.11	-15.50	34.23	-43.22

第五节　我国产业分布与集聚演化

产业的空间分布有不同的形式。一些产业在空间上集中于某一些地区，另一些产业则分散在各地。变量在空间可能存在平均分布、随机分布和集聚分布三种状态（王远飞、何洪林，2007；沈体雁、冯等田，2010）。若产业在各地区分布没有受到外力作用时，各产业在空间呈现出正态分布状态，也就是对称的，没有“超峰”分布，也没有“肥尾”现象。也就是说，如果没有集聚力作用，那么产业在空间呈正态分布。当样本量足够大时，平均分布接近正态分布。而非正态的分布体现的是集聚分布，具体形态则是一个分形分布。

一、产业分布形态检验

产业分布的正态性检验指标是 Jarque – Bera（JB）统计量：

$$JB = n[S^2 + (K-3)^2/4]/6 \qquad (2-8)$$

式中，n 为样本容量，S 为分布的偏度，K 为分布的峰度。JB 渐进地服从自由度为 2 的 χ^2 分布。若 JB 超过了某显著性水平的临界 χ^2 值（5% 水平的临界值为 5.99），则拒绝正态分布零假设；反之，接受零假设。

从 JB 值看，1997 年，除 C32 和 C27 外，其他 34 个产业 JB 值大于 5.99，2010 年除 C37 外其他产业 JB 值大于 5.99（见表 2 – 15）。这说明产业绝大部分呈非正态分布。进一步计算 JB 值增量，1997 ~ 2010 年有 12 个产业 JB 值增量有不同幅度下降，而 24 个产业 JB 值增量却有不同程度上升。这说明，1997 ~ 2010 年，我国产业空间分布形态没有发生较大变化，但非正态性加强，空间集聚性在增强。

表 2 – 15　1997 年、2010 年产业正态分布检验

产业	1997 年	2010 年	增量	产业	1997 年	2010 年	增量	产业	1997 年	2010 年	增量
B6	58.12	93.06	34.94	C20	6.48	34.29	27.81	C32	3.03	6.59	3.56
B7	118.99	22.30	– 96.69	C21	45.72	118.45	72.73	C33	17.51	65.78	48.27
B8	312.10	313.08	0.98	C22	25.62	44.88	19.26	C34	37.80	52.67	14.87
B9	16.21	210.97	194.76	C23	35.42	181.87	146.45	C35	96.43	29.48	– 66.95
B10	15.26	42.49	27.23	C24	99.95	166.71	66.76	C36	46.62	28.19	– 18.43
C13	25.08	310.22	285.14	C25	44.56	19.09	– 25.47	C37	17.61	4.58	– 13.03
C14	15.22	116.90	101.68	C26	48.54	78.40	29.86	C39	51.90	81.68	29.78
C15	8.49	14.73	6.24	C27	5.87	26.43	20.56	C40	309.74	177.98	– 131.76
C16	362.80	117.70	– 245.10	C28	59.87	230.89	171.02	C41	190.43	119.30	– 71.13
C17	100.49	54.71	– 45.78	C29	62.34	216.04	153.70	D44	38.91	38.94	0.03
C18	52.24	31.89	– 20.35	C30	63.10	86.75	23.65	D45	80.13	140.07	59.94
C19	65.62	27.54	– 38.08	C31	6.53	88.32	81.79	D46	454.72	287.05	– 167.67

二、我国产业分布形态

1. 我国产业分布形态

产业规模分布在一定时空条件下具有负幂律特征，也就是产业规模分布在一定的时空下服从负幂律，而负幂律分布具有确定的分形（Fractal）机制（黄登仕，2003）。

“分形”是由 Benoit B. Mandelbrot 在 1975 年首次提出来的。其原义是不规则的、分数的、支离破碎的物体。分形最明显的特征是自相似性。通常所说的自相似可以分为两类：一类是完全相似，由数学模型生成，如科契曲线等；另一类就是自然界中的分形，如蜿蜒曲折的海岸线、云彩的形状等，其相似性并不是严格的，只是在一定的标度内才具有自相似性，它们具有统计意义的自相似性，通常称为随机分形或无规则分形。因这种随机分形有比较复杂的表现形式，所以将其局部放大一定倍数不一定会简单地和整体完全重合。

单独产业并不具有集聚效应，但是各个产业集聚在一起就产生了集聚效应，这就是产业集聚效应在一定尺度范围内才有自相似性。每个产业利用集聚产生的集聚效应与整体的集聚效应在能量发挥上具有自相似性，几个企业组成的小的集聚体具有与整体集聚效应相似的性质，所以产业集聚效应在统计意义上具有分形的基本性质，即产业集聚效应的自相似性。

产业集聚规模结构是一种不规则的自相似。自相似性也具有一定的范围及层次，一旦超出一定的级别和尺度，自相似性将不复存在。所以，对于产业集聚的空间规模结构来说，在一定的尺度范围内具有标度性不变性。在任何产业集聚区域内总是存在着不同规模结构等级的产业，在对这些产业的空间规模结构的相关数据进行标准化处理以后，就发现企业的个数和一定的尺度（规模大小）存在一定的负指数幂关系，即它们的自然对数线性相关。因此，当产业在空间内出现负幂律的关系，那么就可以判定产业集聚规模结构具有分形结构。

在理论上，产业规模分布的分形不仅是一种结构，在某种意义上也是一种过程。它在一定时空条件下由分形不集聚向分形集聚演化，当产业过度集聚后，又可能由分形集聚向分形不集聚退化。集中度以自相似性结构肥尾的部分来衡量产业集聚。产业集聚规模结构具有分形特征，即产业集聚规模结构具有自相似性，产业集聚规模结构的分形维数就比集中度更准确地反映了产业的空间集聚度和集聚效应合理性程度。

2. 产业分维

产业分形分布的关键参数是分形维数。所谓分形维数，是描述非规则集合对象时所产生的非整数维，常用的分维主要有豪斯道夫维数。豪斯道夫维数（张济忠，1995）为：

$$D=\lim \ln N(r)/\ln(1/r) \quad (2-9)$$

式（2-9）中，r 为盒子尺度，D 为几何对象维度，N(r)为覆盖所需要的盒子数。

根据分形理论中豪斯道夫维数的定义，选定一个产业集聚地区，利用一定的尺度标准对产业集聚的产业规模（人数、产值等）进行结构度量，统计出这一尺度标准下的地区的个数。

对于一个产业集聚区域来讲，设 N 为地区数，r 表示衡量该地区集聚水平的产业比重，N(r)表示达到某一比重的地区数量。显然，改变产业 r，可得不同的地区数目 N(r)。尺度 r 越小，则测量结果 N(r)越大；反之，尺度 r 越大，则测量结果 N(r)越小。在一定时空条件下根据分形数定义可以得出 N(r)与 r 之间存在的负幂律关系：

$$N(r)=Ar^{-D} \quad (2-10)$$

式（2-10）中，A 为常数，D 为豪斯道夫分维数。对式（2-10）两边取自然对数，转化为线性方程：

$$\ln N(r)=A-D\ln r \quad (2-11)$$

根据式（2-11），有 r 和 N(r)的对数列$[r_i, N(r_i)]$，就可采用一元线形回归方法估计出产业分形分布的分维值。

幂指数 D 是产业分形分布的分维。产业分形分布是基于统计意义上的一种分形结构。从这个意义上讲，产业规模分布是一种统计分形，具有统计上的自相似性。也就是说，如果地区累计数与产业集聚尺度呈负幂律分布，可以认为产业分布是分形分布。分形维数值 D 的变化代表着产业集聚强度的变化。具体有以下四种情况：

（1）$D\to\infty$。产业规模在所有的地区一样大。这时产业在空间呈均匀分布，地区产业规模相当，任一地区的产能变化都不足以影响总产量变化。

（2）$D\to 0$。产业只分布在一个地区。在封闭的情况下是一个完全垄断的市场。这是一个极端分布。

（3）$D>1$。地区产业规模结构体系趋向较为分散的分布。

（4）$D<1$。地区产业规模结构体系较为集中。首位地区垄断性较强，具有显著集聚效应。

其中，（1）、（2）是两种极端情况，实际中很少存在。当 $D=1$ 时，产业最大地区与最小地区规模之比恰为整个地区体系的地区数目。这是自然状态下的最优分布。

产业是以规模集聚发展的。D值越大，分布越分散，中间产业规模的地区越多，规模分布较为不合理，地区产业规模等级差异越小，越不利于产业集聚发展；反之，D值越小，表明产业规模集中，中间规模的地区越少，处于大规模地区和小规模地区之间的中等地区缺位，规模分布差异越大，产业集聚程度越高。显然D反映产业分布的集聚程度。D越大，说明产业分布越分散；D越小，说明产业越集中，产业越集聚。当然，不是D值越小越好，产业存在过度集聚问题。也就是说，产业集聚存在一个合理的结构，D值的变化代表着产业集聚规模结构的变化。

3. 我国产业分布与自相似性

分形理论最主要的特征是自相似性，即分形体系的局部与整体是相似的。分形体系内任何一个相对独立的部分，在一定程度上都是整体的再现和缩影，即“元素映现系统整体”。它称为分形元，分形元的反复操作最终形成了复杂的分形体系。

如果产业规模分布具有自相似性，存在无标度性，即具有分形特征，那么就可以用分形理论计算产业空间分布维数。对于一个分布若干地区的产业，将产业规模按比重（r为地区产业产值占全国产业产值比重）从大到小顺序进行排列，产业规模大于r的地区数目为N(r)。1997年和2010年N(r)－r关系（位序—规模法则）都呈现出负幂分布的自相似结构，而且1997～2010年，尽管发生了一些变化，但负幂关系没有大的变化（见图2－5和图2－6）。可以看出，我国36个产业分布具有相似的分布结构。

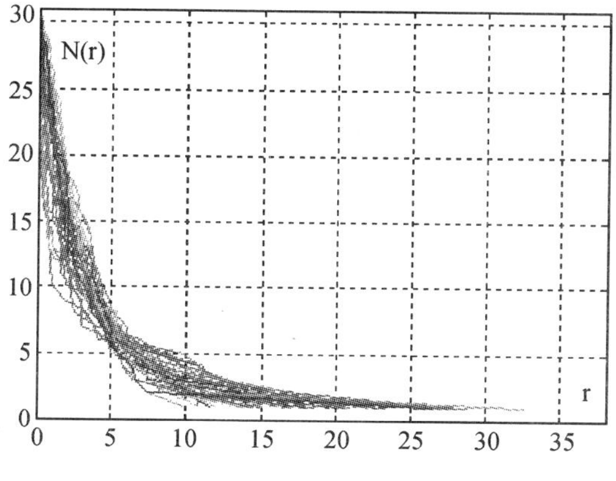

图2－5　1997年产业集聚尺度r与数目N(r)的关系

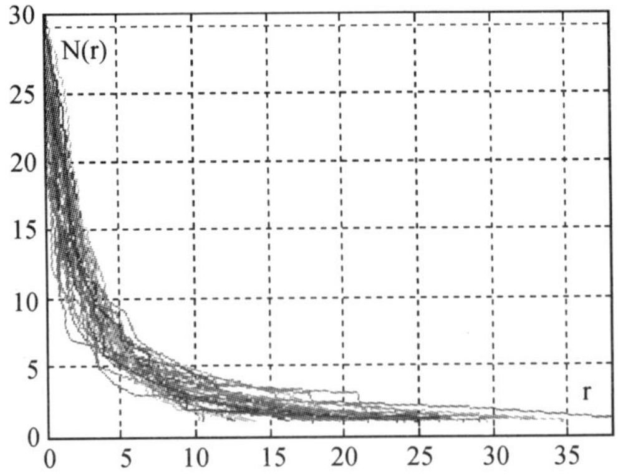

图 2-6　2010 年产业集聚尺度 r 与数目 N(r) 的关系

4. 我国产业分布分维值估计

用式（2-11）估计，1997 年、2010 年我国产业产值空间分布的分维值全部小于 1（见表 2-16），说明我国产业空间分布比较集中，主要分布在前几位地区，前几位地区产业的垄断性较强。1997 年产业分维值大于 0.5 的有 10 个产业，其余 26 个产业的分维值小于 0.5；2010 年产业分维值大于 0.5 的有 15 个产业，21 个产业的分维值仍小于 0.5，分维值大于 0.5 的产业明显增多。1997～2010 年，有 24 个产业的分维值有不同幅度增加，其中上升幅度较大的依次是 C26、C33 和 C25，分别为 0.410、0.284 和 0.215。同时，产业分维值的平均值由 1997 年的 0.4368 上升到 2010 年的 0.4796。

从统计分布看，1997～2010 年，分维值小于 0.5 的产业数下降，而大于 0.5 的产业数上升，整体向右（1 分维值）移动（见图 2-7）。这表明，我国产业体系空间分布正趋向合理，更有利于整体效应发挥。但是目前我国产业规模分布不尽合理，主要表现在首位地区产业规模相对较小，辐射和带动周边区域发展的作用较弱。不难看出，我国产业空间分布体系已呈现出较为明显的分形特征，分维值较低，地区差异性较大，我国产业空间布仍不尽合理，但分维值在上升，向合理的方向演化。

在西部大开发以来的十年间，我国产业分维的平均值有所上升，正向合理化值趋近。这说明我国产业集聚强度下降，产业发生一定程度转移，一体化效应得到加强。虽然目前我国产业体系的空间分布和分工仍有一定问题，但产业分维值在增大，说明我国产业有扩散的趋势，这是由于近年我国进行产业空间结构调整、产业转移等加强了中部与西部优势产业，使产业产量和产值都有大幅度的提高，也说明近年来我国实施中部崛起和西部大开发战略的产业效应已有所显现。

表 2－16　1997 年、2010 年中国产业规模分布分维值估计

产业	1997 年			2010 年			产业	1997 年			2010 年		
	D	R^2	N	D	R^2	N		D	R^2	N	D	R^2	N
B6	0. 5364	0. 6364	30	0. 5394	0. 8248	27	C26	0. 3623	0. 4818	31	0. 7728	0. 9356	31
B7	0. 2192	0. 5479	21	0. 2902	0. 6474	24	C27	0. 4336	0. 5598	31	0. 5323	0. 6775	31
B8	0. 4989	0. 7617	28	0. 5885	0. 8163	28	C28	0. 5097	0. 8593	29	0. 4125	0. 8698	28
B9	0. 3979	0. 6735	29	0. 6034	0. 8719	27	C29	0. 4713	0. 6686	30	0. 4396	0. 8194	29
B10	0. 5134	0. 7339	31	0. 5712	0. 8199	31	C30	0. 3300	0. 6202	31	0. 4263	0. 8131	30
C13	0. 4519	0. 6150	31	0. 5306	0. 7472	31	C31	0. 5452	0. 6953	31	0. 3894	0. 6502	30
C14	0. 4326	0. 6050	31	0. 4419	0. 6411	31	C33	0. 5215	0. 5080	30	0. 4453	0. 5944	30
C15	0. 4683	0. 5974	31	0. 6058	0. 7187	31	C33	0. 2797	0. 4292	31	0. 5638	0. 7197	30
C16	0. 5026	0. 7559	30	0. 5853	0. 7459	29	C34	0. 3556	0. 5857	31	0. 4667	0. 8679	30
C17	0. 4099	0. 7342	31	0. 4095	0. 8640	31	C35	0. 2909	0. 5101	31	0. 4553	0. 8080	30
C18	0. 3702	0. 7892	31	0. 3333	0. 8276	29	C36	0. 4856	0. 7188	30	0. 4206	0. 6610	30
C19	0. 3982	0. 8139	31	0. 3247	0. 8001	31	C37	0. 3604	0. 5984	31	0. 3908	0. 6240	31
C20	0. 4119	0. 6591	31	0. 3823	0. 7249	29	C39	0. 4459	0. 7813	30	0. 4529	0. 8455	30
C21	0. 4561	0. 6820	31	0. 3612	0. 7643	30	C40	0. 3356	0. 7784	30	0. 3766	0. 9020	29
C22	0. 5327	0. 7108	30	0. 5677	0. 8932	30	C41	0. 3950	0. 7456	30	0. 4111	0. 8365	29
C23	0. 4941	0. 6302	31	0. 4569	0. 7674	31	D44	0. 6334	0. 6676	31	0. 5420	0. 5809	31
C24	0. 3267	0. 8178	30	0. 3502	0. 8441	25	D45	0. 5621	0. 7384	29	0. 5741	0. 7755	30
C25	0. 3635	0. 6013	29	0. 5788	0. 7400	30	D46	0. 6239	0. 7595	31	0. 6742	0. 8248	31

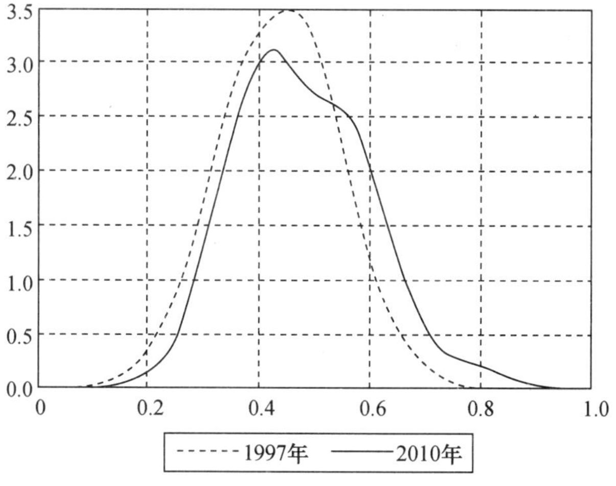

图 2－7　产业分布分维值核估计

第六节 西部大开发的产业增长方式转变效应

我国产业发展失衡不仅会导致西部与东部地区产业差距扩大，还会导致西部地区产业增长的路径依赖和增长方式难以转变。产业增长方式，指推动产业增长的各种生产要素投入及其组合和作用的方式。从要素配置状况出发，产业增长可以有两种不同方式，一是以增加投入和扩大规模为基础，强调增长速度的粗放型产业增长的方式；二是以提高效率为基础，强调提高增长质量的集约型产业增长的方式。在不同时期、不同产业的发展中，两种增长方式往往是以不同的组合方式并存，而主导地位会有所不同。从粗放型增长向集约型增长的转变，是产业增长的一般趋势。这个内在的规律性可以通过产业增长方式的阶段性演变反映出来，并展现出不同的特征（波特，2002）。由于西部地区底子薄、科技落后，同时西部地区长期只作为东部地区原料和能源供应基地，采取的是高投入、内向式的粗放式增长方式，这种粗放式的产业增长方式导致资源、环境、国内市场需求、主导产业等各方面的问题，已直接影响到西部地区可持续增长和优势产业的提升。

一、增长粗放型

西部地区产业增长方式的主要特征之一是高投入、低效益。能源消耗是产业投入、产出的重要指标。我国已把单位 GDP 能耗作为重要的宏观经济运行指标和控制指标。从 2009 年看，西部 11 个地区（缺西藏自治区的数据）的单位 GDP 能耗超过 1，全部高于东部平均水平，其中，内蒙古、宁夏、青海、贵州、新疆、甘肃、云南、四川高于全国平均水平；除陕西外，其他 10 个地区单位工业增加值能耗高于东部平均水平，其中，宁夏、贵州、内蒙古、甘肃、新疆、青海的单位工业增加值能耗高于全国平均水平；除陕西外，其他 10 个地区单位 GDP 电耗高于东部平均水平，其中，宁夏、青海、甘肃、贵州、内蒙古、云南、新疆高于全国平均水平。从区域看，西部的单位 GDP 能耗、单位工业增加值能耗和单位 GDP 电耗三项指标远高于东部和中部，也高于全国平均水平（见表 2－17）。

显然，西部地区经济产出的单位能源消耗远高于东部地区。这说明，西部地区的经济增长方式比沿海地区更粗放，能源消耗大，集约程度低，这与西部地区以高耗能、高污染为主的工业体系有直接关系。当然，西部地区内部的三项指标差别较大，最高的是宁夏，最低的是重庆（见表 2－17）。

表 2－17　2009 年西部省区和全国单位能耗差距

地区	单位 GDP 能耗（吨标准煤/万元）	单位工业增加值能耗（吨标准煤/万元）	单位 GDP 电耗（千瓦小时/万元）
内蒙古	2. 0090	3. 5570	1686. 72
广西	1. 0570	2. 2350	1279. 87
重庆	1. 1810	1. 8540	894. 27
四川	1. 3380	2. 2490	1085. 91
贵州	2. 3480	4. 3200	2328. 02
云南	1. 4950	2. 7390	1591. 10
陕西	1. 1720	1. 3670	1078. 51
甘肃	1. 8640	3. 5300	2398. 81
青海	2. 6890	2. 9360	3862. 12
宁夏	3. 4540	6. 5090	4720. 74
新疆	1. 9340	3. 0950	1408. 20
东部	0. 9243	1. 4889	1001. 22
中部	1. 2840	2. 2444	1086. 10
西部	1. 8674	3. 1265	2030. 39
全国	1. 3660	2. 2908	1401. 22

二、污染排放密集型

西部地区产业增长方式粗放的另一方面是污染排放物密集。污染排放与产业增长方式有较大关系。如果一个产业体系排放出较多的污染物，那么产业运行方式是低水平的粗加工，要消耗大量的水、固体原料和能源。

从 2000 年看，西部化学需氧量排放密度高于全国水平，是东部平均水平的2.31倍。具体地，除甘肃和青海低于全国平均水平外，其他地区高于全国平均水平，是东部平均水平的2.31倍。2009年，除西藏和内蒙古外，其他10个地区化学需氧量排放密度高于全国平均水平，西部是东部的2.37倍。2000~2009年，西部化学需氧量排放密度由2.3757千克/百元GDP下降到0.5556千克/百元GDP，年均下降14.91%，中部化学需氧量排放密度由1.7471千克/百元GDP下降到0.4716千克/百元GDP，年均下降13.5415%。这说明，西部化学需氧量排放密度下降速度略快于中部，但因西部基数大，西部的化学需氧量排放密度仍高于中部（见表2-18）。总体上看，西部地区生产污染排放密集度高于东部地区，也高于全国的平均水平。显然，西部地区生产的外部成本十分高昂，环境成本、生态成本都非常高。然而，西部地区是我国大江、大河的源头，生态十分脆弱，西部地区粗放型的产业增长方式已给我国生态安全带来严峻的挑战。这是我国地区产业失衡的一个恶果。

表2-18　2000年、2009年西部地区和全国化学需氧量排放量排放密度

单位：千克/百元GDP

地区	2000年	2009年	下降速度（%）
内蒙古	1.8280	0.2859	-18.6274
广西	5.0045	1.2583	-14.2216
重庆	1.6611	0.3672	-15.4387
四川	2.4328	0.5284	-15.6056
贵州	2.2938	0.5520	-14.6388
云南	1.5196	0.4426	-12.8080
西藏	3.4053	0.3489	-22.3639
陕西	1.9670	0.3893	-16.4715
甘肃	1.4074	0.4962	-10.9376
青海	1.2595	0.7041	-6.2575
宁夏	6.5745	0.9250	-19.5802
新疆	1.4446	0.6703	-8.1777
东部	1.0285	0.2349	-15.1310
中部	1.7471	0.4716	-13.5415
西部	2.3757	0.5556	-14.9091
全国	1.4431	0.3497	-14.5715

三、增长内向型

改革开放以来，东部地区面向国际市场发展外向型产业。这种东部率先开放、先富起来的非平衡战略导致西部地区产业发展对路径更加依赖。也就是说，西部地区参与国际分工的机会较少，未能利用国际产业转移而进行产业升级。这主要表现为西部地区经济体系的开放度较低。

从1999年看，以8.27美元汇率计算，西部地区GDP进出口、进口和出口依存度都略高于全国水平，但远低于东部水平，只有全国平均水平的21.69%、22.61%和20.62%，仅为东部的13.38%、14.02%和12.64%。从2009年看，以6.83美元汇率计算，西部地区GDP进出口、进口和出口依存度略高于中部水平，但远低于东部水平，分别只有全国平均水平的22.65%、23.62%和21.49%，仅为东部的14.43%、15.04%和13.69%。1999～2009年，西部地区GDP进出口、进口和出口依存度均有所上升，但上升幅度比较小。从地区看，西部地区之间的经济开放度也存在较大差异，1999年，西藏的GDP对进出口的依存度最高，甘肃最低，西藏为甘肃的3.616倍；宁夏的GDP对出口的依存度最高，四川最低，宁夏为四川的3.343倍，西藏的GDP对进口的依存度最高，青海最低，西藏为青海的8.625倍。2009年，新疆的GDP对进出口的依存度最高，青海最低，新疆为青海的6.009倍；新疆的GDP对出口的依存度最高，甘肃最低，新疆为甘肃的11.771倍；甘肃的GDP对进口的依存度最高，西藏最低，甘肃为西藏的15.315倍（见表2－19）。不难看出，西部地区经济开放度发生较大变化，而且两极分化更加明显。这不仅充分表明，西部地区产业开放度低，增长方式仍以内向式增长方式为主导，而且由于不能有效利用国际先进资源，西部地区产业增长对自然资源更加依赖，依然沿着相对高投入、高污染的粗放增长方式发展。

表2－19　1999年、2009年西部省区和全国GDP对外贸易依存度

单位：%

地区	1999年			2009年		
	进出口	出口	进口	进出口	出口	进口
内蒙古	8.439	3.486	4.953	4.611	1.576	3.035

续表

地区	1999 年			2009 年		
	进出口	出口	进口	进出口	出口	进口
广西	7.424	5.281	2.143	12.180	7.157	5.024
重庆	6.756	2.741	4.015	7.831	4.346	3.485
四川	5.500	2.537	2.963	11.323	6.639	4.685
贵州	4.966	3.245	1.722	3.904	2.299	1.606
云南	7.398	4.610	2.788	8.648	4.850	3.798
西藏	13.034	6.756	6.279	6.040	5.640	0.400
陕西	11.151	6.398	4.753	6.821	3.236	3.585
甘肃	3.605	2.813	0.792	7.566	1.440	6.126
青海	3.741	3.013	0.728	3.598	1.544	2.054
宁夏	10.890	8.481	2.409	5.891	3.640	2.251
新疆	12.494	7.271	5.223	21.621	16.950	4.671
东部	55.158	29.654	25.503	62.893	34.246	28.647
中部	5.843	3.394	2.449	8.120	4.227	3.893
西部	7.380	4.158	3.223	9.075	5.152	3.923
全国	34.018	18.388	15.630	40.065	21.808	18.257

第七节　西部大开发的产业政策效应评价与启示

实施西部大开发战略，加快西部地区发展，是我国跨世纪的重大战略决策。为了保证西部大开发战略的顺利实施，国家制定并实施了若干政策措施。这些政策包括货币政策与财政政策、对外开放政策、科技与教育政策和产业政策等。国家试图通过这些政策的作用，拓宽筹集资金的渠道，诱导资金向西部流动，为西部地区提供更多的产业发展资金，加快产业发展，逐步缩小西部与东部之间的发展差距。从产业对政策的响应看已取得初步成效，但加快西部产业发展仍面临较大难度。

一、西部大开发的产业效应

从产业布局来看，西部地区优势产业主要是以采矿、煤炭、石油、天然气和水电为主的能源业，以黑色金属冶炼业、金属冶炼业、矿业化工等为主的原材料产业，还有烟草等低级产业，而具有现代制造业含义的电子信息业、装备制造产业不但发展不足，且还在多数地区发生严重衰退，这已是制约西部地区经济快速发展的一个重要原因。之所以形成这样的格局，除了区位、历史和资源等因素外，国家的产业政策和区域产业结构政策导向也是其重要原因。国家仅仅注重西部地区基础设施、重大工程和生态环保建设的投入，而没有一个完整的产业政策体系，这是西部地区产业发展缓慢的原因之一。

从我国的产业空间格局变化看，东部地区仍以加工产业为主，尤其是高端产业集聚在加强，重心仍向东部移动，而西部高端产业的优势在流失，反而由于资源丰富，采掘业、低端制造业、电力等能源产业重心向西部移动，优势在西部大开发中得到加强。由于加工工业属于产业链的下游，更具有技术性、创新性、集群性，对区域经济发展的带动力更大；而原材料工业属于上游产品，几乎都是生产资料工业，这类工业对技术要求低、创新弱。长期发展原料型产业容易形成对自然资源的依赖，产业增长粗放，增长质量低，这已是我国西部地区产业缺乏可持续发展的内在动力的主要原因。显然，过多地发展原材料工业对西部地区有较大的负面影响。

从总体上看，实施西部大开发战略以来，我国产业体系的空间分布趋向合理化，但进程十分缓慢。对于西部产业发展，应以优势产业发展为主，优化空间结构，不能不顾及区域差异而泛泛地讲促进东部产业向西部转移。这就要求部分东部产业向中部、西部转移，同时，应该促进西部优势产业能力的建设，关键是要加快西部地区现代制造业体系形成，尤其是增强西部优势产业能力，有效地参与国际分工和竞争，充分发挥西部产业的潜力，调节产业的空间布局，提升分布分维值，使东部、中部、西部产业能力配置日趋合理，以达到优化我国产业空间分布和布局的目的，以充分发挥产业体系的空间集聚效应，促进区域协调发展。当然，我们也应看到，产业空间分布的变化也是一种自组织过程，从西部大开发看，如果没有强有力的产业政策促进，西部产业发展仍难吸收到西部大开发的政策效应，地区差距更难收敛。

二、西部大开发的产业政策问题

实施西部大开发以来，为促进西部地区加快发展，国家出台了若干有关政策。但是，这些措施优惠力度不大、政策效应不强，西部地区与沿海地区相比并没有明显的产业政策优势。而随着西部大开发战略的不断深入，一些深层次问题逐渐暴露出来，其中，产业政策支持是首先要解决的重大问题。

（1）与西部地区实际情况结合不够，各项产业政策有待进一步细化。西部地区在高耗能产品上具有资源优势，这些产业的发展无疑对促进西部地区经济的发展起到积极作用，而实际上，这些产品的发展刚好受到国家产业政策的严格限制。这就将西部推到了优势资源无法充分发挥效益的局面。显然，西部产业政策还没有充分考虑到西部地区的实际情况。在不违背国家总体发展的前提下，对具有优势的西部产业，国家应适当放宽产业政策，加以大力支持。目前，国家针对西部出台的各项政策、措施等，基本上已覆盖了西部大开发所涉及的各个方面，但总体上看，提出的各项政策原则性的较多，具体的较少，因而政策的可操作性不强，产业响应不明显。因此，国家各相关职能管理部门应对西部大开发已出台的各项优势产业政策、措施进行细化和明确，使之更符合西部地区优势产业发展的实际情况。

（2）政策未体现西部地区的内部差异。西部地域广阔，区域内自然环境和经济发展水平差异很大，国家的政策只有与地区的实际相结合才能产生最大的效果。目前，国家针对西部的政策主要是针对中西部的总体情况制定，而针对西部地区的较少。目前仅有《“十五”期间西北地区工业结构调整指导意见》、《西部地区水利发展规划纲要》、《关于加快西部地区特色农业发展的意见》、《促进西部特色优势产业发展意见》等少数文件，没有针对西部区域内的地区差异提出相应的政策和发展方向，并且大部分文件没有突出西部地区优势产业。

（3）由于各种原因，西部地区享受的优惠政策的政策效应大打折扣。根据《外商投资中西部地区优势产业目录》，国家对在西部地区新办交通、电力、水利、邮政、广播电视等的企业，给予减免企业所得税的优惠政策等。这些政策看起来很优惠，但实际上则不尽然。一是国家鼓励的这些产业往往是高风险、高投入、低回报的项目，准入门槛高，很难享受优惠政策。二是大部分政策主要是地区倾斜，产业效应很有限。三是2002年所得税改革后，所得税优惠在很大程度上减少了地方财政收入，地方的积极性并不高，政策效应远不如以前。四是西部大开发的有些政策还停留在文件上，如扩大服务贸易领域对外开放、实行人民币自由兑换等在西部地区先行试点的政策，至今难以落实和操作。

（4）东部一些地方实际采取了比西部更优惠的政策。影响招商引资的一个重要因素是地价，在这方面，西部地区更是处于劣势。据了解，西部一些开发区土地成本价格高出东部一些开发区3倍以上。东部地区由于财力雄厚，在用地上往往进行补贴，所以有的地方地价很低，有的地方零地价。另外，在实际操作中，东部地区由于财力强，有的采取变通措施给企业以税收返还。西部地区由于财力较弱，导致其投资政策实际上不如沿海地区优惠。

三、西部大开发产业政策的方向

（1）西部地区工业化进程缓慢，产业增长乏力。随着西部大开发不断推进，产业重心已向西部移动，西部大开发政策已有一定的成效，但西部地区产业与东部地区产业的差距还很大，尤其是高端制造业。与东部优势产业相比，西部地区与东部地区在产业分工中的地位和角色截然不同。西部地区产业更多的是从事原料生产和初级品加工，东部地区产业主要从事的是深加工和精密加工，进行高附加值创造和技术创新活动。西部地区优势产业的关联效应弱，产业链短，创新能力弱，附加值低，其外部化资源也比较弱，不仅导致产业增长动力不足，而且增长方式粗放，增长质量差。如何促进西部产业升级，实现增长方式的转变，应是促进西部优势产业发展的重要目标。

（2）产业向西部地区转移难度大。西部地区在采掘业，以及建立在采掘业之上的金属冶炼和非金属矿物制品业，电力、烟草加工业等初级品加工业方面具有比较优势，机械制造业中除交通运输设备制造业略有比较优势外，其他制造业没有比较优势。西部地区优势产业发展缓慢，这是因为西部地区优势产业体系是以自然资源开发利用为导向。对发达国家而言，这些产业早已转移到发展中国家了，其他优势产业已不在这些方面。对于新兴工业化国家而言，自然资源导向型产业也不是其优势产业。中国西部形成了一批开发石油天然气、水电、煤电等优势资源的产业基地，而电力产业、有色金属冶炼及压延加工业、烟草加工业和石油等产业在西部工业体系中起主导作用，但其创新能力不强，配套能力弱，可分性差。这些因素导致西部优势产业的 FDI 主体是缺位的，FDI 很少进入西部地区优势产业，烟草加工业禁止 FDI 进入，西部难以利用到 FDI 产业转移效应。能否促进国际产业和东部产业向西部优势产业集聚转移，加大西部优势产业外置式发展力量，仍是促进西部优势产业发展的重要因素。换言之，能否有效促进产业向西部优势产业转移，是优势产业政策的重要支点。

（3）优势产业受到空间因素的挑战。从空间上看，西部优势产业空间布局在立足西部区域条件的基础上，还必须与全国产业空间分布结构相协调，必须从宏观、全局的角度去全面考虑西部优势产业发展与空间、地缘、环境之间的关系，视野绝不能只局限于西部的产业发展。也就是说，必须要把西部地区的优势产业布局放到全国的战略高度中去考虑。在进行西部地区产业布局时，必须注意节约资源和保护环境，防止对资源的过度开发和对环境的严重破坏，必须充分考虑西部区域资源条件和生态环境、优势和潜力、开发现状与特点，正确发挥资源和环境保护在布局西部地区优势产业中的作用，正确选择资源战略和发展对策以实现西部地区的可持续发展。2000 年以来，东部沿海地区向中西部的产业转移规模越来越大，转移的重点以加工制造业为主，尤其是劳动密集型加工业，对资源和能源依赖性较强的上游产业转移势头较猛。国务院已发布的《关于中西部地区承接产业转移的指导意见》明确指出，要依托中西部地区产业基础和劳动力、资源等优势，推动重点产业承接发展。显然，只有将西部地区环境保护好了，才能发展好西部地区优势产业，尤其是资源型优势产业。如何防止国内外污染型产业向西部优势产业转移，严把产业准入门槛，本身也是一个政策难点。

（4）当西部大开发向深度推进时，必须促进高端优势产业发展。缩小与东部地区的发展差距，增加财政收入，解决就业问题，不断提高居民收入水平，必须有一系列高端产业的支撑。实施西部大开发以来，优惠政策对西部地区产业发展起了一定的促进作用，但西部高端制造业没有集群成长，反而优势逐步衰退。从长远来看，西部要持续、稳定、快速发展，必将要求高端产业作支撑，尤其是实现高端优势产业发展。西部大开发政策是对西部地区实行的一种倾斜和优惠的政策。这种倾斜和优惠政策却对高端产业产生了挤出效应，倒逼西部地区产业向低端集聚。因此，由政策倾斜向西部地区优势产业为导向的政策转变，已成为必然的选择。显然，这种政策能否成功转型，成为能否促进西部地区优势产业发展的关键所在。

附表 2－1　1997 年、2010 年 36 个产业描述性统计

单位：亿元

产业	1997 年					2010 年				
	平均值	最大值	最小值	标准差	JB 值	平均值	最大值	最小值	标准差	JB 值
B6	49.63	302.37	0.00	68.25	58.12	413.58	3017.50	0.00	652.84	93.06
B7	60.49	517.92	0.00	110.10	118.99	315.26	1882.16	0.00	477.93	22.30
B8	5.33	46.10	0.00	8.69	312.10	102.68	944.56	0.00	180.47	313.08
B9	12.57	59.18	0.00	15.33	16.21	81.46	697.51	0.00	139.32	210.97
B10	17.15	73.52	0.27	18.86	15.26	593.42	3299.95	8.29	760.60	42.49
C13	122.34	545.61	0.54	122.54	25.08	678.43	5336.93	0.78	993.55	310.22
C14	42.02	177.62	0.11	42.64	15.22	225.71	1380.03	0.71	278.06	116.90
C15	52.24	188.86	0.23	49.76	8.49	183.77	715.95	4.94	178.27	14.73
C16	41.81	356.76	0.00	65.96	362.80	132.97	807.30	0.00	160.90	117.70
C17	153.56	1115.21	0.30	236.66	100.49	625.28	4371.41	0.28	1225.99	54.71
C18	59.52	410.18	0.05	99.26	52.24	259.21	1719.25	0.00	470.04	31.89
C19	38.27	274.79	0.13	61.45	65.62	175.89	1035.35	0.04	305.28	27.54
C20	20.21	75.79	0.14	20.52	6.48	136.41	755.88	0.00	184.20	34.29
C21	10.33	53.97	0.10	11.73	45.72	84.78	694.66	0.00	147.85	118.45
C22	40.14	175.55	0.00	44.42	25.62	225.99	1478.39	0.00	358.06	44.88
C23	18.53	81.75	0.29	17.82	35.42	72.99	544.74	0.68	107.28	181.87
C24	15.81	139.16	0.00	30.78	99.95	69.97	753.31	0.00	158.44	166.71
C25	82.87	441.61	0.00	96.96	44.56	676.45	2836.15	0.00	710.58	19.09
C26	152.33	717.43	0.09	149.04	48.54	986.24	5982.28	0.40	1388.48	78.40
C27	40.72	136.62	0.18	35.60	5.87	230.21	1011.27	5.06	230.16	26.43
C28	27.81	197.05	0.00	46.16	59.87	119.72	1474.19	0.00	316.59	230.89
C29	25.22	141.98	0.00	30.23	62.34	121.96	1103.06	0.00	219.30	216.04

续表

产业	1997年					2010年				
	平均值	最大值	最小值	标准差	JB值	平均值	最大值	最小值	标准差	JB值
C30	46.40	302.83	0.01	68.47	63.10	282.00	2144.73	0.00	473.89	86.75
C31	123.47	413.95	1.95	118.41	6.53	55.92	341.92	0.00	70.78	88.32
C32	47.42	144.49	0.00	35.27	3.03	609.51	1939.80	0.00	609.95	6.59
C33	124.40	523.85	0.01	130.98	17.51	1320.40	7211.22	0.00	1620.90	65.78
C34	67.04	346.73	0.02	86.38	37.80	422.38	2836.71	0.00	696.88	52.67
C35	90.75	574.98	0.01	118.98	96.43	680.62	3797.73	0.00	1013.57	29.48
C36	66.81	344.23	0.00	85.61	46.62	397.17	2009.25	0.00	488.16	28.19
C37	133.00	602.43	0.51	144.49	17.61	959.89	3135.84	0.05	1005.93	4.58
C39	108.58	702.33	0.00	166.64	51.90	863.39	6645.65	0.00	1519.78	81.68
C40	126.49	1281.24	0.00	246.50	309.74	1287.80	13892.42	0.00	2958.73	177.98
C41	19.35	172.38	0.00	34.95	190.43	149.48	1295.42	0.00	296.91	119.30
D44	107.10	462.72	1.60	97.27	38.91	800.63	3435.31	5.71	723.11	38.94
D45	3.09	17.89	0.00	3.71	80.13	39.10	261.81	0.00	52.10	140.07
D46	8.71	71.64	0.19	12.83	454.72	25.39	195.96	0.85	36.78	287.05

附表 2-2　西部各地区与产业重心的距离及变化量

单位：公里

产业	重庆			云南			广西			西藏		
	1997年	2010年	增量	1997年	2010年	增量	1997年	2010年	增量	1997年	2010年	增量
B6	1170	654	-516	1819	1750	-69	1653	1625	-28	2075	1973	-102
B7	1397	679	-718	2052	1899	-153	1945	1824	-121	2213	2046	-167
B8	1150	513	-637	1786	1828	42	1563	1644	81	2105	2101	-4
B9	856	789	-67	1483	1533	50	1269	1371	102	1844	1833	-11
B10	1019	629	-390	1620	1695	75	1328	1407	79	2030	2091	61
C13	1072	511	-561	1677	1795	118	1388	1536	148	2077	2149	72
C14	1122	547	-575	1717	1759	42	1404	1503	99	2134	2115	-19
C15	1030	731	-299	1637	1581	-56	1354	1317	-37	2036	1971	-65
C16	486	1109	623	1045	1234	189	812	935	123	1530	1721	191
C17	1146	624	-522	1731	1782	51	1398	1431	33	2165	2227	62

续表

产业	重庆			云南			广西			西藏		
	1997 年	2010 年	增量	1997 年	2010 年	增量	1997 年	2010 年	增量	1997 年	2010 年	增量
C18	1178	774	-404	1713	1764	51	1304	1349	45	2218	2269	51
C19	1104	854	-250	1638	1654	17	1237	1241	4	2145	2171	26
C20	1249	548	-701	1831	1821	-9	1480	1494	14	2269	2238	-31
C21	1116	781	-335	1699	1673	-27	1365	1288	-77	2138	2161	23
C22	1062	723	-339	1651	1663	13	1332	1319	-13	2081	2116	35
C23	999	877	-122	1580	1545	-35	1257	1171	-86	2026	2040	14
C24	1183	962	-221	1688	1629	-59	1244	1176	-68	2226	2182	-44
C25	1365	521	-844	1995	1790	-204	1735	1575	-160	2324	2101	-223
C26	1136	621	-515	1741	1726	-15	1444	1414	-30	2140	2141	1
C27	1084	584	-500	1684	1738	54	1383	1451	68	2094	2127	33
C28	1246	686	-560	1802	1879	77	1414	1467	53	2278	2370	92
C29	1177	523	-654	1777	1833	56	1466	1516	50	2184	2239	55
C30	1114	804	-310	1664	1669	5	1282	1274	-8	2151	2167	16
C31	1053	662	-391	1654	1650	-4	1358	1383	25	2063	2032	-31
C32	876	815	-61	1489	1504	15	1242	1229	-13	1880	1918	38
C33	1196	524	-672	1820	1780	-40	1560	1540	-20	2172	2117	-55
C34	1148	733	-415	1726	1713	-13	1379	1336	-43	2173	2190	17
C35	1250	476	-774	1849	1903	54	1530	1574	44	2255	2312	57
C36	1211	535	-676	1824	1797	-27	1534	1499	-35	2203	2188	-15
C37	1250	562	-688	1847	1799	-48	1523	1477	-46	2258	2213	-45
C39	1145	813	-332	1702	1650	-51	1326	1259	-67	2179	2147	-32
C40	1037	917	-120	1572	1626	53	1182	1193	11	2078	2162	84
C41	1109	850	-259	1640	1647	7	1235	1239	4	2150	2160	10
D44	1024	704	-320	1629	1611	-18	1345	1340	-5	2031	2003	-28
D45	1243	821	-422	1845	1507	-338	1531	1218	-313	2247	1933	-314
D46	1000	898	-102	1556	1506	-49	1196	1144	-52	2037	1997	-40
全部	1093	898	-195	1689	1506	-182	1378	1144	-234	2107	1997	-110

续表

产业	四川			贵州			青海			宁夏		
	1997 年	2010 年	增量	1997 年	2010 年	增量	1997 年	2010 年	增量	1997 年	2010 年	增量
B6	1135	1051	-84	1393	1338	-55	1422	1304	-118	954	835	-119
B7	1339	1181	-158	1653	1511	-142	1456	1296	-160	933	781	-152
B8	1134	1152	18	1341	1395	54	1511	1462	-49	1072	998	-74
B9	854	865	11	1035	1102	67	1347	1272	-75	991	881	-111
B10	1033	1097	64	1156	1233	77	1552	1586	34	1183	1196	13
C13	1082	1166	84	1214	1340	126	1578	1587	9	1193	1161	-32
C14	1137	1131	-7	1251	1304	53	1645	1561	-84	1260	1142	-118
C15	1040	977	-63	1174	1122	-52	1544	1481	-63	1166	1112	-54
C16	548	731	183	580	763	183	1274	1408	134	1105	1171	66
C17	1166	1227	61	1262	1311	49	1691	1756	65	1311	1373	62
C18	1222	1273	51	1237	1288	51	1825	1869	44	1483	1519	36
C19	1150	1177	27	1163	1179	16	1765	1799	34	1437	1473	36
C20	1270	1242	-28	1360	1353	-7	1784	1733	-51	1391	1331	-60
C21	1139	1163	24	1229	1198	-31	1675	1754	79	1303	1411	108
C22	1082	1116	34	1182	1192	10	1617	1673	56	1251	1314	63
C23	1026	1044	17	1110	1071	-39	1590	1664	74	1245	1348	103
C24	1238	1200	-38	1213	1155	-58	1876	1859	-17	1557	1558	1
C25	1352	1133	-219	1542	1347	-195	1711	1500	-211	1248	1057	-191
C26	1145	1144	-1	1277	1260	-17	1629	1648	19	1231	1260	29
C27	1098	1135	37	1219	1277	58	1604	1608	4	1222	1207	-15
C28	1279	1371	92	1327	1403	76	1840	1937	97	1469	1563	94
C29	1189	1244	55	1311	1367	56	1676	1721	45	1276	1312	36
C30	1153	1170	17	1189	1194	5	1744	1772	28	1402	1434	32
C31	1066	1040	-26	1189	1191	2	1577	1521	-56	1201	1134	-67
C32	884	920	36	1032	1042	10	1410	1466	56	1064	1125	62
C33	1190	1139	-51	1365	1330	-35	1603	1541	-62	1173	1111	-62
C34	1173	1191	18	1254	1239	-15	1714	1765	51	1342	1409	67
C35	1261	1318	57	1383	1435	52	1735	1789	54	1324	1371	47
C36	1214	1195	-19	1362	1333	-29	1661	1661	0	1242	1251	9
C37	1263	1217	-46	1380	1331	-49	1744	1709	-35	1335	1309	-26
C39	1180	1151	-29	1228	1175	-53	1755	1755	0	1401	1420	19
C40	1084	1174	90	1097	1151	54	1709	1818	109	1393	1508	115
C41	1156	1166	10	1165	1172	7	1774	1785	11	1448	1459	11
D44	1035	1008	-27	1167	1151	-16	1542	1508	-34	1168	1133	-35
D45	1253	934	-319	1379	1042	-337	1723	1492	-231	1310	1155	-155
D46	1039	1002	-37	1082	1032	-50	1643	1624	-19	1319	1315	-4
全部	1109	1002	-107	1222	1032	-190	1624	1624	0	1244	1315	71

续表

产业	内蒙古			甘肃			新疆			陕西		
	1997年	2010年	增量	1997年	2010年	增量	1997年	2010年	增量	1997年	2010年	增量
B6	595	522	-73	1203	1086	-117	3111	2992	-119	672	572	-100
B7	379	318	-61	1257	1093	-164	3049	2917	-132	838	677	-161
B8	758	641	-117	1287	1241	-46	3227	3156	-71	717	700	-17
B9	881	743	-138	1119	1045	-74	3102	3013	-89	516	455	-61
B10	990	958	-32	1324	1358	34	3305	3331	26	721	759	38
C13	967	855	-112	1351	1361	10	3326	3313	-13	750	778	28
C14	1018	856	-162	1417	1335	-82	3393	3291	-102	816	748	-68
C15	962	938	-24	1316	1253	-63	3294	3234	-60	714	651	-63
C16	1241	1200	-41	1066	1190	124	3028	3172	144	558	625	67
C17	1069	1113	44	1463	1528	65	3442	3506	64	861	926	65
C18	1282	1298	16	1599	1642	43	3587	3630	43	995	1038	43
C19	1267	1300	33	1539	1574	35	3529	3564	35	938	973	35
C20	1107	1041	-66	1557	1506	-51	3530	3474	-56	956	908	-48
C21	1078	1218	140	1447	1528	81	3428	3516	88	843	924	81
C22	1048	1112	64	1390	1445	55	3372	3430	58	786	841	55
C23	1082	1216	134	1363	1439	76	3350	3429	79	759	840	81
C24	1382	1413	31	1652	1636	-16	3642	3626	-16	1053	1043	-10
C25	834	737	-97	1489	1276	-213	3405	3213	-192	932	710	-222
C26	971	1013	42	1401	1420	19	3371	3395	24	804	820	16
C27	995	944	-51	1376	1380	4	3353	3348	-5	775	784	9
C28	1218	1291	73	1612	1709	97	3595	3691	96	1008	1105	97
C29	1002	1011	9	1449	1494	45	3418	3458	40	851	899	48
C30	1213	1247	34	1518	1546	28	3506	3535	29	914	943	29
C31	990	918	-72	1350	1294	-56	3328	3268	-60	747	695	-52
C32	947	999	52	1183	1239	56	3168	3226	58	578	635	57
C33	852	807	-45	1378	1316	-62	3326	3264	-62	797	738	-60
C34	1108	1194	86	1487	1537	50	3468	3523	55	883	933	50
C35	1016	1043	27	1508	1562	54	3471	3521	50	914	969	55
C36	933	960	27	1435	1434	-1	3392	3397	5	846	840	-6
C37	1031	1028	-3	1516	1482	-34	3481	3451	-30	921	884	-37
C39	1191	1240	49	1528	1529	1	3514	3518	4	924	926	2
C40	1251	1356	105	1484	1594	110	3474	3584	110	885	998	113
C41	1278	1287	9	1549	1560	12	3538	3550	12	948	959	11
D44	968	942	-26	1315	1281	-35	3294	3259	-35	712	679	-33
D45	1002	1029	27	1496	1265	-231	3458	3253	-205	903	662	-241
D46	1177	1200	23	1417	1400	-17	3407	3390	-17	816	802	-14
全部	1017	1200	183	1396	1400	4	3374	3390	16	794	802	8

第三章　区域优势产业识别与产业政策

优势产业识别是制定优势产业促进政策的前提。区域（地区）优势产业是区域产业体系中具有比较优势的产业。这种比较优势可以是比较增长速度优势，也可以是比较规模优势，还可以是比较专业化优势。显然，比较优势产业识别与参照系有密切关系。产业经济学和区域经济学中有关产业地位的理论都是以主导产业为中心展开的。主导产业选择基准可以成为产业地位的评价标准。因此，本章基于产业发展与比较优势周期理论，以地区产业在本地区与全国两个参照系中的地位建立优势产业识别指标系，为区域优势产业识别奠定基础。

第一节　区域优势产业界定

一、区域产业分类

在产业经济中，应用比较多的产业分类有三种，即三次产业分类、按产业功能分类和按生产要素密集度分类。

1. 三次产业分类

三次产业分类也称为克拉克（C. G. Clark）产业分类，即把全部的经济活动分成第一产业、第二产业、第三产业。其中，第一产业包括农业、畜牧业、林业和狩猎业等；第二产业包括采矿业、制造业、建筑业等；第三产业包括商业、金融及保险业、运输业、服务业及其他各项事业（如科学、文化、教育、卫生、公务等）。

需要说明的是，农业实际上是指种植业。另外，有人认为采矿业不应包括在第二产业内，第二产业由工业和建筑业构成，其中，工业包括了煤气、电力和供水等产业，但也有人认为这几个产业不应该是第二产业，而应是第三产业。因此，三次产业的内容在不同的国家存在一定的差别。此外，近年来人们又将第三产业中的金融、教育、科学研究、信息业等分离出来，称为第四产业。

2. 按产业功能分类

按产业功能分类是根据各个产业在经济增长中的作用和相互之间的联系，将其分成主导产业、关联产业和基础性产业三大类。所谓主导产业是指在区域经济增长中起组织和带动作用的产业。一般而言，在区域经济增长中，主导产业处于支配地位，通过与其他产业之间的较为广泛和密切的联系，主导产业的发展能影响和带动其他产业的发展，进而对区域经济增长产生巨大的带动作用。关联产业是指直接与主导产业在产品的投入产出、技术等方面有联系，为主导产业发展进行配套、协作的产业。按照与主导产业的联系方式，可把关联产业分成前向联系产业、后向联系产业和侧向联系产业。前向联系产业是利用主导产业产品的产业，后向联系产业是为主导产业提供生产资料的产业；侧向联系产业则是为主导产业提供技术、能源及其他服务的产业。不难看出，关联产业会因主导产业的不同而相异。基础性产业是指为区域经济增长、社会发展、人民生活提供公共服务的产业。

3. 按比较优势周期分类

根据各个产业在经济增长中的作用和相互之间的联系，将产业分成主导产业、先（潜）导产业、支柱产业和衰退产业四大类（王先庆，1998；周新生，2000）。除主导产业外，优势产业还包括支柱产业和先（潜）导产业。支柱产业是指在区域经济增长中对总量扩张影响大或所占比重较高的产业。支柱产业不等同于主导产业，因为支柱产业虽然在区域经济总量扩张中占有较大的比重，但并不具备增长的优势，产品输出率低，因而它不能发挥区际分工的作用，也就不具有主导产业应有的功能。搞清楚这一点，有助于在区域经济发展中制定和实行正确的产业发展区别性政策。先（潜）导产业是指当前规模较小，对区域经济规模增长影响有限，但是代表了未来产业发展的方向，发展潜力大、前景广阔的产业。这类产业有可能在不远的将来发展为新的主导产业。在我国政府的正式文件中，没有主导产业的提法，而仅有支柱产业的提法。如我国《九十年代国家产业政策纲要》中提出积极振兴支柱产业，“努力加快机械电子、石油化工、汽车制造和建筑业的发展，使它们成为国民经济的支柱产业”。因此，有效区分主导产业与支柱产业，对制定优势产业促进政策具有重要意义。

4. 按生产要素密集度分类

在按生产要素的密集度对工业进行分类时，通常按四种投入要素即自然资源、劳动力、资本和技术进行，因此产生了自然资源密集型产业、劳动密集型产业、资本密集型产业和技术密集型产业。所谓的自然资源密集型产业就是在形成和发展中以自然资源作为主要投入要素的产业；劳动密集型产业就是在其运行过程中主要依靠劳动力的投入，以劳动力的聚集效应来推动的产业；资本密集型产业就是在其运行过程中主要依靠资本的投入，以资本的聚集效应来推动的产业；技术密集型产业就是在其运行过程中主要依靠劳动者的技术，以技术进步来推动的产业。

5. 其他分类

根据比较优势属性，可以把产业分为静态比较优势产业和动态比较优势产业。目前，业内还有高新技术产业、战略性新兴产业的提法，但没有统计单列。还有，依据前面我们以产业链中的位置划分的高端制造业和低端制造业，更进一步地，把产业划分为低端产业、中端产业和高端产业。

二、区域优势产业界定

区域优势产业存在于各类产业分类之中，有时是各种分类交叉在一起，如战略性支柱产业、主导型支柱产业、技术密集型产业、自然资源密集型和资本密集型优势产业等。尽管目前缺乏对优势产业的公认的定义，但优势产业作为一种基本的产业形态，对其做出合理的界定是完全有必要的，也是有理论和现实意义的。我们认为：所谓区域优势产业，也就是区域产业体系中具有比较优势的产业，就是在区域发展中具有较强市场竞争优势、获取附加值能力强、资本积累能力强、在本地区和全国产业中有较强影响力和控制力的产业。在区域经济发展的不同阶段，优势产业不断地变化和更替，并不断地向高级化方向发展。优势产业的发展状况反映着一个区域经济发展的总体水平和产业结构发展方向，在很大程度上决定区域经济的整体素质和效益，制约着区域经济发展的兴衰，决定着综合经济实力的强弱和人民收入的高低。

区域优势产业是一个系统的、动态的、非均衡的资源配置系统，其基础是微观企业主体的经济活动。区域优势产业的内涵有以下四个方面：

（1）系统性。区域优势产业是一个开放的系统，各种物质、能量、信息和价值在优势产业系统中流动，形成一个集聚体。区域优势产业是区域经济系统的子系统，各优势产业及各企业互相联系、互相作用形成产业系统，其最本质的特征是整体性、转换性和自我调节性。因此，如果外部力量调节了优势产业系统的物质、能量、信息和价值，那么就会改变优势产业的运行状态和方向。

（2）动态性。优势产业的新陈代谢是促使优势产业不断由简单到复杂、低级向高级演化的前提条件。优势产业并不是一成不变的，它是发展变化的。在某一时期、某一经济发展阶段，某一产业可能是主导产业。当区域经济发展到更高阶段时，主导产业并没有随经济发展跃升，可能在新的发展阶段就不是主导产业了，而是更具增长能力的产业，规模逐步扩大，将取代原有主导产业成为这一时期的主导产业。

（3）非均衡性。现代系统理论揭示，任何有活力的系统必将是非均衡的或是远离均衡的系统。可以说，非均衡性是产业演化的必要前提。优势产业系统的非均衡性主要表现为：优势产业是区域产业体系非均衡运行导致产业地位和作用提升的结果，产业资源也向优势产业集聚，使产业增长速度非均衡。从费尔纳有关经济增长与产业结构变动的研究可以看出，高经济增长率与产业间相对较大的不等速增长相对应，低经济增长率与产业间相对较小的不等速增长相对应。也就是说，在同一发展时期，同为优势产业的不同产业，其发展速度也是不一致的，有的表现为飞速发展，有的表现为一般性发展，有的甚至还低于非优势产业的发展速度。随着经济发展和技术不断进步，优势产业也将不断演变。

（4）相对性。区域优势产业是比较出来的产业，不同方法、不同参照系识别出来的优势产业可能相同，也可能不同。因此，区域优势产业是相对优势产业。

三、区域优势产业的特征

（1）优势产业在区域产业体系，甚至在全国产业体系中处于优势的地位，具有发展壮大的趋势和前景。其一，区域优势产业是区域产业链中明显突出的环节。优势产业有的是主导产业，有的是支柱产业。它们对区域其他产业的发展有着较强的带动辐射作用，它们是引领产业结构演变趋势的产业，同时是对总量起支撑作用的产业。显然，优势产业对提高和改善整体产业结构水平有着特殊作用，它排斥广泛空间上产业结构和产品结构的趋同性，更多的是一个地区的拳头产业、重点产业，甚至是大产业的子产业（如汽车产业中的零部件子产业等）。其二，优势产业的优势，表明该产业既有“优”又有“势”，是“优”与“势”耦合。这意味着优势产业既有自身优势存在和发展的根据，又具有发展壮大的势能，反映一个区域产业结构转换升级的前瞻性和战略性特征。因此，它无疑应具有较高的产业关联度，能对其他产业产生一定的后向关联、前向关联和波及效应，能推动地区产业全面发展。

（2）区域优势产业的形成是市场、自然资源、区位、资金、技术、政策等多种优势叠加与融合的结果。其中，市场优势是首位的，它决定着资源、区位、资金、技术等诸多优势的实现。其一，随着市场开放度的提高，交通信息业的发展，产品的复杂多样化，产业间贸易的拓展，资源构成、配置、利用跨产业、跨区域、跨国界特征及其资源的相互替代性越来越突出，资源优势主要体现在其质量和成本上的市场优势。其二，市场交易中比较利益的竞争性产生产业区域指向性，促使区域按比较优势进行分工，从而形成产业的区位优势。同时，市场也能消除区位优势。市场运行是开放式的，市场交易中比较利益的竞争性使商品的流通具有内在的动力，优势产业不断地向更大范围扩散。市场优势随之失去，区位优势也无从谈起。其三，市场效率的标志是经济效益的最大化。资金的增值本性使其成为最无垄断性的价值资源。技术作为无形资产，其职能体现在它的实际应用和创新上。其四，市场在优势产业的资源配置中起基础性作用，政府的政策仍会对资源配置起诱导和调控作用，但优势产业发展最终是由市场力量来决定的。

（3）优势产业的优势是一种相对的动态比较优势。在开放的市场经济条件下，生产要素和资源优势的实现具有多种渠道与方式，各类型、各层次的市场之间相互联结、相辅相成，优势产业的优势总是处于交替变化之中。显然，优势产业的优势是演化的、可以相互转化的，优势产业的“优势”归根结底是在市场中实现、演化与退出。

四、优势产业问题

优势产业实际上是产业发展的一种形态，或者说产业演化周期中的一个阶段。它是对区域经济有较强影响力和控制力的产业。优势产业发展的四个基本问题为：①优势产业形成的动力机制及发展趋势；②优势产业的判断和选择基准；③优势产业能否培育和培育的主要模式；④优势产业的安全和可持续发展。

“二战”后发展中国家经济发展的经验表明，优势产业的发展不仅影响工业化进程的顺利推进，而且对国民经济的发展起着主导作用。优势产业的选择和培育，能给一国的经济发展带来极大的利益，也能给一国的经济发展带来很大的风险，无论是发达国家还是发展中国家都是如此。如最先实现工业化的英国，由于没有按照产业发展的规律适时选择和培育优势产业，在经济竞争中逐渐落败，相继被美国、德国、日本、法国赶超。“二战”后工业化的杰出代表——日本，在20世纪40~70年代，由于产业发展战略正确，经济保持了30多年高速的发展，创造了东亚奇迹。但20世纪90年代在与美国的电子工业的竞争中，日本在产业选择上由于通产省和产业界的失误，倾力发展模拟技术而忽视数字技术的开发，结果十年的努力付诸东流，其教训是非常深刻的。

我国西部一些地区自然资源丰裕但并未形成经济优势或优势产业就能很好说明这一点。内蒙古的羊绒制品业成为地区优势产业乃至支柱产业，正是广阔的市场和较高的市场占有率使其自然资源优势变为经济资源优势的结果。陕西是一个原材料大进、产成品大出的省份，其销往省外的产品主要是机械电子产品、棉纺织品、矿产品、农产品和食品，购进的主要是工业品原料、机电产品、农产品及食品、化工产品、一次性能源等。这些大进大出的产业，目前都是陕西的主要产业或优势产业，而这些产业大都是“两头在外”，依靠市场发展产业。

优势产业能否培育和可持续发展，关键还是取决于市场。而无论是资金，还是技术，它们的内在本质决定了其自身与市场有着天然的依附关系。现实中，不难发现市场发育迟缓的地区无不受资金短缺、技术匮乏或难以创新应用的困扰，而市场发育较快、市场变动速率较高的地区又无不得益于市场换资金、市场换技术之道。因此，优势产业的“优势”和市场优势存在着必然的联系。发展了市场，提高了市场规模效益，无异于培育优势产业的“造血”功能。因此，政府政策对产业结构的调整，对优势产业、重点开发产品的确立上，都应把市场放在核心的位置，视为重中之重。总之，优势产业是市场动态选择的结果，但政府的产业政策在优势产业发展过程中的作用也不可忽视。

第二节　优势产业理论基础

一、产业发展理论基础

由于政府干预产业发展本身也是促进要素比较优势的形成和发展的过程，因此理论界多从政府直接干预产业的角度来探讨产业政策理论基础。从产业的角度看，政府干预意味着政府把一部分资源从某些产业转移到另一些产业，政府干预的目标总是以牺牲某些产业的发展为代价来促进或限制其他产业的发展。也正因为此，政府干预总是与市场扭曲联系在一起的。在市场经济条件下，政府干预意味着政府不仅要确定哪些是未来有发展前途的产业，而且要清楚哪些产业应当比市场作用下发展或萎缩得更快。于是，政府干预产业问题又可以归结为政府能否有效地制定、执行相关政策，或者相对于市场机制而言，政府对产业活动的干预有更好的效果。当然，如果政府对产业的干预符合产业结构自身的演化方向，那么干预效果会更好。

政府干预产业发展最重要的理论基础起源于幼稚产业保护论。但是，幼稚产业保护论在实践中面临的最大难题是如何定义和选择幼稚产业，即幼稚产业的选择标准问题。

一些学者提出了一国政府想要保护或扶持的幼稚产业，一般需要满足以下一些条件：一是以动态规模经济为前提条件的穆勒标准（Mill’s Test）和巴斯塔布尔标准（Bastable’s Test）；二是满足以动态的外部经济为条件的肯普标准（Kemp’s Test）。而所谓“肯普标准”指的就是动态外部经济的存在。根据穆勒标准，如果某个产业由于缺乏技术经验、生产率较低、价格高于国际市场水平而无法与外国产业竞争，在实行一定时间的保护后，该产业能够提高效率，在没有保护的情况下存在下去，则该产业为幼稚产业。而巴斯塔布尔则认为，要使政府的介入能够成立，除了要满足穆勒标准外，还需满足更为严格的标准，即通过保护或扶持而自立的产业，在将来时点上所能获得的社会利益的现值必须超过在现在时点上为保护或扶持所承担的社会成本。如果不是这样，在产业保护或扶持方面的政府的介入反而会降低该国经济福利水平。这就是所谓的巴斯塔布尔标准。但这两个标准只是政府介入的必要条件而非充分条件。因为，在只存在动态的规模经济而不存在动态的外部经济的条件下，产业有可能在没有政府的保护或强有力的支持下也能够自立。

幼稚产业保护论最早由李斯特提出，但经现代经济学家的不断演绎和发展，该理论已逐步演变为以市场失灵理论作为其理论基础。因为无论是穆勒—巴斯塔布尔标准，还是肯普标准，其理论基础就是动态规模经济理论和动态外部经济理论，两者都与市场失灵联系在一起。

一般来说，发展中国家在资本密集型或技术密集型产业发展上所受到的阻力主要来自市场的不发育或市场失灵，如资本市场的不完全性和信息的不完全性。但根据肯普标准，在市场发育不成熟或市场失灵的情况下，政府的介入成为必要的理由，倒不是资本市场的不完全性和信息的不对称性，而是动态外部经济的存在。一般来说，高技术产业的R&D需要巨额的投资，而且作为R&D成果的知识和技术很容易外溢。在这种情况下，尽管为了获得规模经济效应而投入了大量的资金，但在将来的时点上很难获得相应的全部社会利益，从而在经营上面临极大的困难。这会直接影响到一国高技术产业的移植和正常发展。所以，高技术产业R&D活动同样存在动态的外部经济，政府也可以通过向先行企业提供研究开发补贴的方式，援助或扶持高技术产业的发展和自立。

显然，市场失灵是政府对产业进行干预的适当理由，但这并非意味着存在市场失灵的领域都需要政府去干预。对于优势产业，政府可以采取主动的、前瞻性的和战略性的干预。政府替代市场，政府的目标不只是为了缩小市场失灵的范围和程度，而是使市场机制承担更多的优势资源向优势产业配置的功能。

有必要指出的是，随着人们认识的深入和制度的完善，市场失灵的范围和程度已经有显著的减小，政府对纠正市场失灵的能力也在不断提高。特别是当人们认识到市场失灵的同时，也不能完全忽视政府失灵的可能性。与市场失灵相比，政府失灵的后果似乎更具破坏性。所以，在优势产业发展这一问题上，关键不在于要不要干预，而在于干预什么和如何干预。事实上，政府在干预优势产业发展方面可以做的事情还是很多的，如提高人力资本和推动技术进步。此外，政府培育竞争环境对于促进优势产业发展也具有重要的作用。如果存在充分竞争的条件，市场一定能够比政府更好地促进优势产业的调整和发展。即使是在存在外部经济的产业中，政府虽然有促进优势产业发展的责任，但也应该郑重其事。这是因为政府对优势产业的干预可以考虑通过政策规制而不是随意地干预，以更好地达到目的。

二、主导产业理论

主导产业是区域产业系统中处于主要支配地位的优势产业。主导产业具有明显的比较优势，产业规模大，在全国产业体系中具有一定的影响，同时又是区域产业系统中的主体和核心。在区域产业结构中，它不仅产值比重大，而且关联效应强，是区域产业增长的发动机。它的发展能够带动区域经济的全面发展，并推动区域产业结构向更高层次演进。

1. 主导产业理论与产业结构升级方向

区域主导产业是区域重要的优势产业，主导产业的培育与续接政策也成为政府促进优势产业发展的关键性政策。一个地区的主导产业选择必须建立在地区比较优势的基础上。区域主导产业的选择可以从定性和定量两个方面去分析。定性基准包括主导产业分析法基准、产业关联基准、收入弹性基准和生产率上升基准、比较优势基准等。定量的方法包括产业关联度分析法、市场潜在需求率分析法等。不同的经济发展时期，由于技术和需求的不同，带动区域经济发展的优势产业发展也是不同的。实际上，区域经济发展的过程，就是由不同时期的主导产业进行着有序交替的过程。

“主导产业”一词来自罗斯托（1988，2001）的主导产业理论，该理论的主要内容是把国民经济的各产业按照其对经济增长贡献的不同分为主导增长产业、辅助增长产业和派生增长产业三类，并认为经济增长主要是由一组主导产业或主导产业综合体系带动的。罗斯托的经济成长阶段理论提出了最完整的主导产业更替规律。罗斯托把经济增长分为六个阶段，每个增长阶段各自存在相应的主导产业（见表3-1）。经济成长总是由某个或某几个主导产业率先采用先进技术，该产业降低了成本，扩大了市场份额，增加了对其他一系列产业的需求，从而带动整个经济的发展。

表3-1 罗斯托经济发展阶段与主导产业更替表①

经济发展阶段	主导产业（群）
起飞预备阶段	食品业、饮料业、砖瓦业等
起飞阶段	纺织业
走向成熟阶段	钢铁业、煤炭业、电力业、化工业等
高额群众消费阶段	汽车业
追求生活质量阶段	服务业、城市和城郊建筑业

世界各国的工业化进程经验表明，虽然世界各国具体国情不同，在工业化不同历史时期具有不同的主导产业群，但主导产业的替代存在严格的演变顺序。自近代第一次工业革命以来，世界经济发展经历了五次主导产业更替（见表3-2）。前一期主导产业群为后一期主导产业群的发展打下了基础。主导产业群的每一次交替都带动了产业结构的升级，促进了国民经济的发展。

Boschma（1999）研究了比利时从1770年到20世纪中期工业化发展与主导工业集群的关系。他把工业史分为三次工业革命和两次特殊发展阶段，每一个阶段都有相应的主导产业集群相伴（见图3-1）。Boschma的研究结论表明，不同的工业化阶段以不同工业集群为驱动力。显然，处在不同发展阶段的国家与其主导产业集群有内在的匹配关系。也就是说，主导产业集群是人均GDP的函数，不同工业化阶段有不同的主导产业集群与之相适应。不言而喻，主导产业集群具有层次性和方向性，且一般难以跳跃。例如，日本的主导产业演变顺序是：纺织工业→钢铁、机械、化学工业→汽车、家电工业→电子工业等高技术产业。

① 江世银：《区域产业结构调整与主导产业选择研究》，上海三联书店2004年版，第157页。

表 3－2 主导产业及其产业群更替表①

主导产业群	主导产业	主导产业群
第一主导产业群	纺织业	纺织产业、冶铁产业、采煤产业
第二主导产业群	钢铁产业	早期制造业、交通运输产业、钢铁产业、采煤产业、造船产业、铁路修建产业、纺织产业、机器制造、铁路运输、轮船运输业等
第三主导产业群	电力产业、汽车产业、化学产业、钢铁产业	电力产业、电器产业、机械制造产业、汽车产业、化学产业＋第二主导产业群
第四主导产业群	汽车产业、石油产业、钢铁产业、耐用消费品产业	耐用消费品产业、宇航产业、计算机产业、原子能产业、合成材料产业＋第三主导产业群
第五主导产业群	信息产业	新材料产业、新能源产业、生物工程产业、宇航产业等＋第四主导产业群

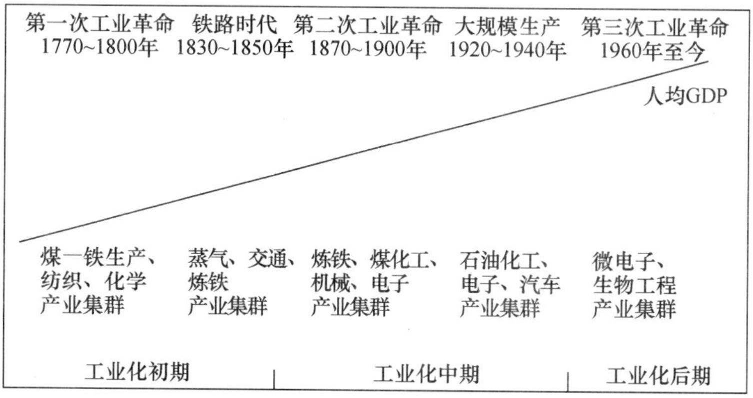

图 3－1 Boschma 关于产业集群与比利时工业化发展进程的相伴关系

现代产业结构竞争力实质是主导产业阶段性的替代过程，通过主导产业交替和扩张，优化和提升产业结构竞争力。由于不同产业主导下的产业结构标志着不同的核心竞争力和工业化阶段，所以产业结构升级可以代表竞争力来源和竞争方式的转变。工业群结构升级过程也是工业结构竞争力提升过程，其中，主导工业群具有较大的生产率和技术进步率，它对其他

① 苏东水：《产业经济学》，高等教育出版社 2005 年（第 2 版），第 237 页。

工业改造提供技术支持，因而它是一个以工业结构转换促进工业结构竞争力提升的、有力的而且是必不可少的发动机。

主导产业群，不仅是具有比较增长优势和比较规模优势的产业，而且具有较高的产业关联度、带动作用和新技术的扩散效应，因而它是结构竞争力的核心力量。产业结构升级的方向自然是主导产业由传统产业群向高技术产业群转变。从熵角度看，工业结构升级方向就是逐步由高熵产业群向低熵产业群尤其是信息密集产业群转变（赵果庆，2009）。

区域主导产业具有两个重要的功能，即它的生产规模大、产品输出率高，且在全国同类产品中占有较大的比重，是开展区际分工的主体；由于与区域内其他产业的关联效应强，主导产业能够组织和带动相关产业发展，并可能波及整个区域经济活动。在区域经济增长的不同阶段或不同区域，主导产业是不一样的。区域之间的主导工业群的技术进步能力与关联强度的差异决定区域主导产业的发展差异，决定区域经济增长率、增长方式和增长质量的差异，最终决定区域竞争力差异。

2. 主导产业演化考察

我们以近代主要发达国家为例，观察各国在不同的经济发展阶段的主导产业呈有序替代。美国自 19 世纪 60 年代以来，主导产业大致经历了多次重大的更替，而主导产业每次重大的更替都使美国的产业结构跃上了一个新的台阶。美国在 1840 年后的半个多世纪中，农业生产效率有了快速增长，1840 ~ 1900 年，美国农业生产效率提高了 44.1%（而同期经济最发达的英国只提高了 28.5%），生产水平居世界第一。20 世纪 20 ~ 40 年代，美国的经济主要是由机械工业带动的。但 20 世纪 40 ~ 60 年代，机械工业的优势地位很快就让位于钢铁工业、汽车工业和建筑业。这三大主导产业带动了美国化工工业、公路运输业和服务业等产业的发展，从而壮大了美国的经济。美国新一代的主导产业是信息产业。建立在信息产业基础之上的美国“新经济”，带领美国经济摆脱了长期的徘徊，取得了 20 世纪 90 年代以后十多年的经济稳步增长。

日本“二战”后曾经有过三次主导产业的变迁。第一次是电力工业。电力工业的发展为重工业的发展奠定了扎实的基础。第二次是石油工业、石化工业、钢铁工业和造船工业。这些以原材料工业为主的重化工业的发展为加工装配型工业的发展创造了良好的条件。第三次是一组高附加价值型的加工装配型工业，以汽车工业和家电工业为其主要代表。这三次主导产业的有序更替带动了日本产业结构的不断升级和经济的快速发展。从20世纪80年代起，日本经济高速增长的势头受到了遏制。20世纪90年代，日本经济进入了低速徘徊的阶段。其中的原因可能是多方面的，但从产业结构的角度看，缺少一个能够有效替代汽车工业和家电制造业的主导产业，应该是一个相当重要的因素。

英国是世界上最早完成工业革命的国家，其工业的发展对全球工业化的进程产生过深远的影响。英国的工业革命是在1760~1840年完成的，其间，纺织工业的主导作用不可忽视。自1733年发明了飞梭织布机以后，纺织工业的生产效率有了飞速提高。纺织工业的发展又推动着以煤炭生产为主的能源工业和机械工业的发展，而煤炭工业和机械工业的发展又进一步促进了钢铁工业和铁路运输业的发展。1850年，英国的工业总产值在全世界工业总产值中占39%，英国的贸易额在世界贸易总额中占21%。英国的工业化，就是由不同时期的主导产业有序更替完成的。直到20世纪50年代以后，英国经济在世界经济中的地位才开始逐渐下降。在英国工业化进程中，纺织工业、煤炭工业、钢铁工业和机械工业都曾经作为主导产业，充当过工业化的“领头羊”。

三、动态比较优势理论

比较优势理论是在区域优势产业发展中的主要支持理论之一。对于如何实现一个地区的工业集群发展问题，许多经济学家长期地进行理论探索，他们认为遵循比较优势是一种有效的产业发展战略。我国正处在全球化浪潮中，国际贸易与国际投资对区域产业结构的支配力量越来越大，开放经济中的动态比较优势理论已成为我国制定区域优势产业发展规划的重要依据。充分利用自身动态比较优势，遵行动态比较优势发展战略，是国际分工或区际分工的基础，是一个地区通过参与产业区域化和全球化实现自身发展和利益最大化的基础。

1. 比较优势理论的形成与发展

长期以来，比较优势理论是解释贸易存在和贸易收益的主导理论。比较优势理论的发展经历从绝对优势到比较优势，从静态比较优势到动态比较优势再到静态比较优势与动态比较优势综合的演化。显然，比较优势理论是在绝对成本理论的基础上发展起来的。李嘉图贸易模型以及H-O模型实质上从资源禀赋差异的角度解释比较优势，把国家间先天赋予的生产条件差别作为贸易基础，强调先天因素对比较优势的影响。比较优势无法动态演变，这就是静态比较优势，其理论不仅在贸易理论发展方面，而且在对世界各国的产业发展方面都起到了重要的指导作用，但是由于理论的广泛性和适用性，使其无法对当代国际贸易格局的变化作出令人满意的解释。更为严重的是，以传统的静态比较优势理论作指导，执行比较优势战略的发展中国家出现了贸易条件恶化和“贫困化增长”的现象，落入了“比较优势陷阱”。

一个国家是资本充裕国还是劳动充裕国并不是永恒不变的，而是随着经济的发展发生动态变化。在“二战”后，日本凭借其丰富的廉价劳动力积极参与国际分工和贸易，通过发展外贸加工等劳动密集型产业实现资本积累。日本经济学家筱原三代平（1955）从动态的、长期的观点出发，把生产要素的供求关系、政府政策、各种可利用资源的引进、开放等因素综合到贸易理论中，从而将传统的比较优势理论动态化。他认为，每个国家的经济发展过程都是一个动态过程，在这一过程中包括生产要素禀赋在内的一切经济因素都会发生变化，而生产要素变化的程度和速度在各个国家和地区之间会有很大差异，由此引起一国经济在世界经济中的相对地位发生变化。

美国经济学家马拉萨在20世纪80年代初在研究后发工业化国家或新兴工业化国家的经济发展过程时，提出了比较优势转移的阶段理论，即国家的比较优势可以随其经济发展水平的改变而分阶段转移。当一国的比较优势发生变化之后，其产业结构和贸易结构也要随之改变。要素禀赋或者说要素充裕度的变化包括两个方面：内生变化和外生变化。要素的内生变化是指通过积累的再投资来实现要素充裕度的改变。要素的外生变化是指要素的国际流动带来的要素充裕度的改变，主要是资本要素的跨国流动。随着资本要素的国际流动，一国的要素充裕度会发生变化，并影响到产业结构。正是由于日本、东亚“四小龙”根据本国（地区）要素结构的变化，及时改变了以前与要素禀赋相违背的产业政策，使他们拥有了技术和资本的比较优势，他们才能够从落后的劳动力密集国家发展成为新兴工业化经济体，创造了极大的产业奇迹。

2. 比较优势的动态属性

要素结构不是一成不变的，区域以资源禀赋为基础的比较优势也具有动态特征。比较优势会随着要素结构的转变而改变，区域产业体系是否会顺着比较优势进行生产和交换决定了要素结构是否变化以及变化的速度。产业的动态比较优势强调后天因素对比较优势的影响，比较优势可以通过后天的专业化学习或通过技术创新与经验积累人为地创造出来。它是由对生产方式和专业化水平的事后选择产生的。因此，要素结构和比较优势两者相辅相成，相互影响。

实现产业的比较优势是一个动态的过程。建立在资源禀赋与“优越知识”之上的比较优势是动态比较优势。动态比较优势理论强调的是规模报酬递增、不完全竞争、技术创新和经验积累，更强调比较优势的内生性和动态性。因而，比较优势可以动态变化，它是未来某一时点的比较优势，也就是转换中的比较优势。产业优势与比较利益结合才能产生良好的动态比较利益。在一定时期内，产业替代是一个必然阶段，它使优势产业发展能够实现动态增长优势。

根据要素结构的变化，占主体地位的比较优势产业会发生如下转变：以自然资源为基础的优势产业—以资本为基础的优势产业—以技术为基础的优势产业。第三种主导类型的比较优势产业是以先进技术为基础，在国际竞争中愈来愈占统治地位，代表的是当代优势产业的变动趋势，也是各国各地区努力发展的产业方向。比较优势产业会从低级到高级，从单一化到多样化不断演进，这是比较优势产业演化发展的必然规律。但是，比较优势产业成因的变动趋势各不相同，其演进的速度和过程也各有特点。

四、产业关联理论

产业关联理论又称产业联系理论或投入产出理论，侧重于研究产业之间的中间投入和中间产出之间的关系。产业联系能很好地反映各产业的中间投入和中间需求，这是产业关联理论区别于产业结构和产业组织的一个主要特征。产业关联理论还可以分析各相关产业的关联关系（包括前向关联和后向关联等），产业的波及效果（包括产业感应度和影响力、生产的最终依赖度以及就业和资本需求量）等。

区域产业关联是指在区域经济活动中，各产业之间存在的广泛的、复杂的和密切的技术经济联系。产业关联方式是指产业间发生联系的依托或基础，以及产业间相互依存的不同类型。按产业间投入与产出的联系分为前向关联和后向关联。前向联系是指某些产业因生产工序的前后，前一产业的产品为后一产业的生产要素，这样一直延续到最后一个产业的产品，即最终产品为止。后向联系是指后续产业为先行产业提供产品，作为先行产业的生产消耗。

关联程度系数，又称逆矩阵系数，其表示对某一产业最终需要增加一单位时，该产业需向各产业直接和间接购买的单位数。①向前关联指数。任何生产行为可能诱发其他产业来利用其产品，称为向前关联，亦即所有产业最终需要变动一单位时，某特定产业产品需求的总变动量，也就是特定产业受感应的程度，故又称为向前关联程度。在产业关联程度表中，横列合计数即为该产业的向前关联程度，其中系数较大者大部分为基本原料工业。②向后关联指数。凡是非原始性的生产活动（Nonprimary Activity）都可能诱发其他产业生产该活动所需的投入，称为向后关联，亦即表示某产业最终需要变动一单位时，各产业必须增（减）的数量和，也就是该特定产业对所有产业的影响度，故亦称向后关联程度。在产业关联程度表中，纵行合计数即为该产业的向后关联程度，其中系数较大者为推动有关产业发展的力量较大，即影响力较大。

高产业关联度是区域主导产业识别中的重要基准。区域主导产业通过与相关产业的关联来组织、带动它们发展。因此，一个产业若只是比较优势系数高，而产业关联度低，仍不能成为主导产业。某区域产业的关联度可以通过计算其感应度系数和影响力系数来判断。如果一个区域产业的感应度系数和影响力系数都高，那么它就是区域主导产业的最佳选择；如果其两个系数中一个高，另一个低，表示它有可能成为区域主导产业；如果两个系数都低，则该产业不能作为区域主导产业。

五、专业化与综合发展理论

专业化与综合发展是地域产业综合体结构形成的基本原则。在地域综合体的产业组合中，专业化产业是指主要向区域外提供产品的产业，它又可分为主导专业化产业和一般专业化产业。前者是指对区域经济规模发展贡献很大，关联性强，代表区域产业发展方向与水平的产业。后者是产品主要输往区域外，但在区域内产业关联性小，对区域产业发展影响较小的产业。综合发展的产业则是与专业化产业有着前向或后向联系的关联性产业，为专业化产业提供配套服务或产品的产业，以及为专业化产业正常运行服务的基础性服务产业。专业化产业发展的主要意义在于，能够发挥当地的资源优势，开展区域之间的分工，确立本区域在全国或大经济区中的地位，同时又能形成区域产业集群的组织核心，依靠专业化产业的发展来带动和组织其他产业的发展。综合发展的意义在于，一方面保障和支持专业化产业的发展；另一方面能够充分利用区域内没有被纳入与专业化生产有关的资源，并满足区域内生产和生活多方面的需要。

专业化产业的选择依据是，有相应的资源优势作基础，包括自然、技术和人力等方面的资源，产品有广阔的市场需求，有较好的产业基础。判断一个产业的专业化水平可以用区位商或专业化指数等指标。一个产业的区位商或专业化指数越大，则专业化程度越高，越具有集群倾向。在专业化产业中再选出主导产业的标准是：对区域经济增长贡献最大，产业关联性最大，需求收入弹性高，技术上处于兴旺阶段。

专业化产业选定之后，就需要根据专业化产业发展在产品生产中的资源和原材料供给、产品利用、技术服务、生产设备供给、废料利用等需要选择和发展属于综合发展范畴的产业，从而形成内部分工协作、结构有序且功能匹配的综合生产体系，其中，主导产业起核心作用。

六、生命周期理论

产业生命周期是产业成长过程的一般规律。它是每个产业都要经历的一个由成长到衰退演变的全过程，也就是指从产业出现到完全退出社会经济活动所经历的时间。产业生命周期一般分为形成阶段、成长阶段、成熟阶段和衰退阶段。自工业革命到现在，产业进程已经走过了200年，一些长周期产业，全过程是一条被拉平的S形曲线。

设x为某产业在区域产业体系中的产出比重，t为时间变量，r为一大于零的比例系数，由此可建立产业比重的演化动力方程：

$$dx/dt = rx(1 - x) \tag{3-1}$$

解式（3-1）微分方程，得到：

$$x = \frac{1}{1 + Ce^{-rt}} \tag{3-2}$$

式（3-2）中，C为积分常数，x的变化在平面坐标系中是一条逻辑曲线（见图3－2）。

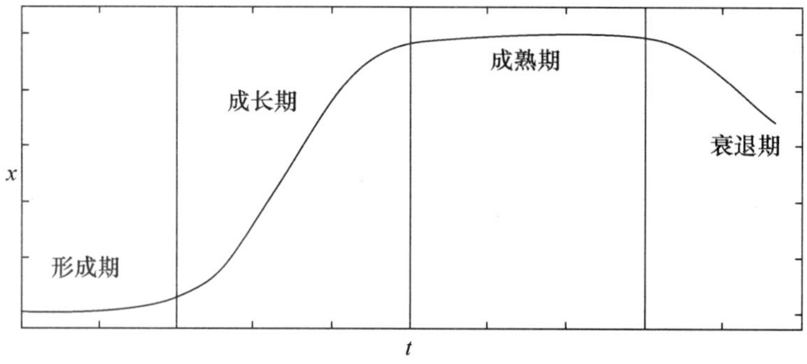

图3－2 产业成长过程的S曲线

对一个长周期产业来说，其成长曲线可以分为四个阶段：

（1）产业的形成期。产业开始起步，在区域产业体系产出中的比重很小，有的产业发展得较快，有的产业却发展得十分缓慢。因此，此阶段的产业生命周期曲线的形状也是各种各样的。

（2）产业的成长期。当产业在整个区域产业系统中的比重迅速增加，并且该产业在产业结构中的地位也日益提升。成长期产业的一个主要特征是产业发展速度远超过了整个产业系统的平均发展速度，此阶段的周期曲线斜率比较大，上升速度较快。

（3）产业的成熟期。当产业经过成长期的迅速增长阶段后，其发展速度将会放慢，进入成熟期，产业在整个区域产业系统中的比重维持在较高的水平上，在生命周期曲线上的反映是曲线的变化变得平缓了。

（4）产业的衰退期。当出现替代产业或产业资源枯竭时，产业产能逐渐下降，在区域产业体系中的地位和作用逐步下降。此时生命周期曲线具有不断下降的趋势，斜率为负数。

优势产业的形成和发展与产业的生命周期有着紧密的联系。产业也与世界上其他事物一样，有着自己产生、成长、发展和衰亡的过程，有着自己的生命周期。优势产业是其生命周期的特殊时期。任何一个优势产业都在其生命周期上找到它的位置。凡是成长比较快、成熟期比较长、衰退期不明显的产业，就可以判断为优势产业。一般而言，优势产业处在成长期和成熟期。

第三节　产业政策效应理论与实践

一、产业政策效应

一项产业政策设计与实施，就企图达到延缓衰退或加速产业发展的目标，这种效应体现在产业生命周期上，就是改变产业生命周期。产业政策作用下的产业增长方程为：

$$dx/dt = rx(1-x) + g(t) \tag{3-3}$$

式（3-3）中，x 为产业产出，g（t）为政策函数。当 g（t）为零时，退化为式（3-1），产业为自治系统，不受政策影响。当 g（t）为常数时，式（3-3）由齐次微分方程变为非齐次微分方程。当 $g>0$ 时，表示产业政策对产业增长起促进作用，当 $g<0$ 时，表示产业政策对产业增长起抑制作用。当 g（t）为 t 的函数，如 ±t、e^t、sin（t）等，那么式（3-3）表示产业为非自治系统，其发展受外部影响和控制。

这里对两种情况进行讨论：

（1）g（t）= ±c。对于式（3-3），先考虑只有一个产业，且全程有促进或促退两种情况，取 r=1，x（0）=0.001，g=±0.001，解得式（3-3）的图形解（见图 3-3）。

从图 3-3 可以看出，在恒定的政策效应下，产业的生命周期曲线发生了明显的移动。产业对于促进政策的响应使产业生命周期曲线向前移动，使产业较早地进入成熟期，而促退政策的响应使产业增长放慢，生命周期曲线得到延长。相比而言，在相同的产业参数和政策力度下，促进型政策的效应较弱，而促退型政策的效应更明显。也就是说，促进产业增长较难，抑制产业增长相对容易。

（2）g（t）= $\pm ce^t$。对于式（3-3），考虑一个产业受到指数型变化的政策影响，且有全程促进或促退两种情况，取 r=1，x（0）=0.001，g=$\pm 0.000001e^t$，解得式（3-3）的图形解（见图 3-4）。

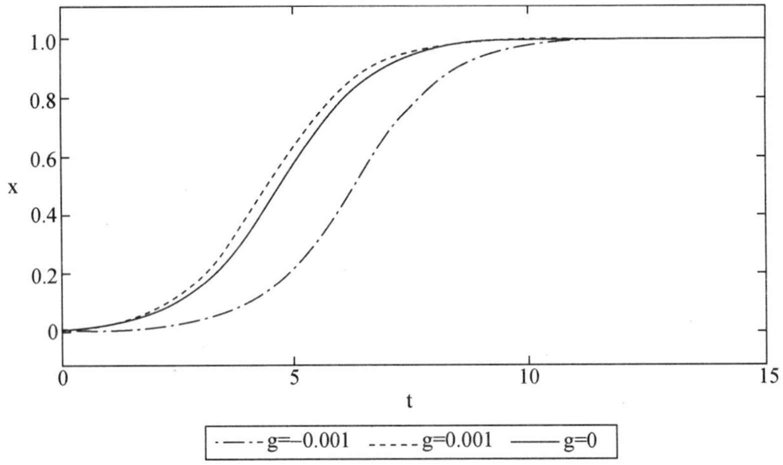

图 3-3　恒定型产业政策的全程效应

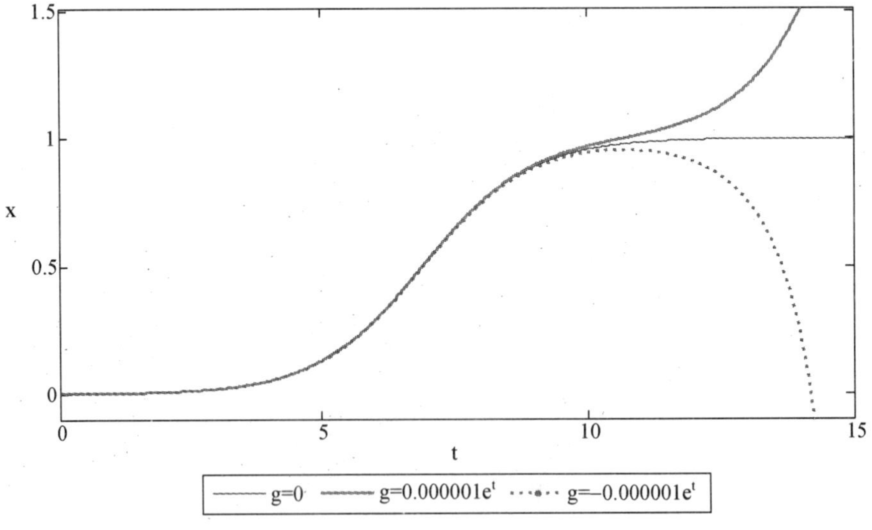

图 3-4　指数型产业政策的全程效应

从图 3-4 可以看出，在指数型政策效应下，产业的生命周期曲线进入成熟期发生了明显的分歧。产业对于指数型促进政策的响应使产业成长期进入成熟期时曲线向上走，突破了市场容量限制，获得新生。相比而言，对于指数促退型政策，在相同的产业参数和政策力度下，由成熟期加速进入衰退期。在相同参数下，指数型政策有相同的政策效应延迟，也具有相同的发力点，但政策效应却分道扬镳。

事实上，对于产业的生命周期曲线不同阶段的政策效应具有明显差异。如果产业在形成期，产业的促进政策就会对生命周期的全过程各阶段都有影响（见图 3－5 中的 L_1 线）。对于成长期的产业，政策促进会推迟产业进入成熟期（见图 3－5 中的 L_2 线）。对于成熟期的产业，政策促进会使产业保持在产业体系中的比重，甚至有一种新生力量推迟产业进入衰退期（见图 3－5 中的 L_3 线）。对于衰退期产业，如果促进型政策会阻滞产业衰退，延长寿命（见图 3－5 中的 L_4 线），如果促退政策会加速产业衰退，提前退出市场，结束生命周期（见图 3－5 中的 L_5 线）。可以看出，产业政策在产业生命周期不同阶段的政策效应有所不同，但促进型政策会推迟或延长所处阶段进程，而促退政策会加速产业结束所处阶段。

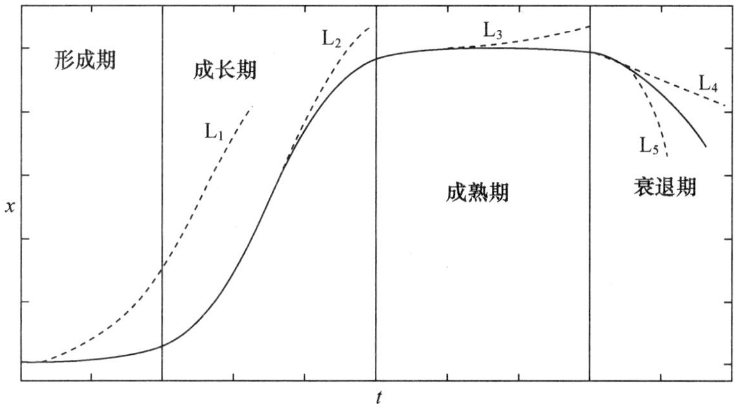

图 3－5　分阶段的产业政策的效应

在区域产业体系中，各产业成长规律不同，在产业体系中取得主导与支柱地位的时间不同。一些产业还处于成长期，而一些产业就已在成长期，另一些产业已在成熟期，甚至已处于衰退状态。即使区域产业体系中的各产业具有相同的演化机制，但由于其成长期不同，进入成熟期也有先后顺序。图 3－6 中，假定区域系产业体系有 30 个产业，饱和比重为 3.33%，那么各产业达到饱和状态的时间存在明显差异，呈雁形排列。当然，不同产业到达不同成长期的时间不同，在某一个成长期所持续的时间也不同。显然，从一个时点来看，区域产业体系由不同成长阶段产业群所构成，如果把相同阶段的产业集合起来，就形成了形成期、成长期、成熟期和衰退期产业群。

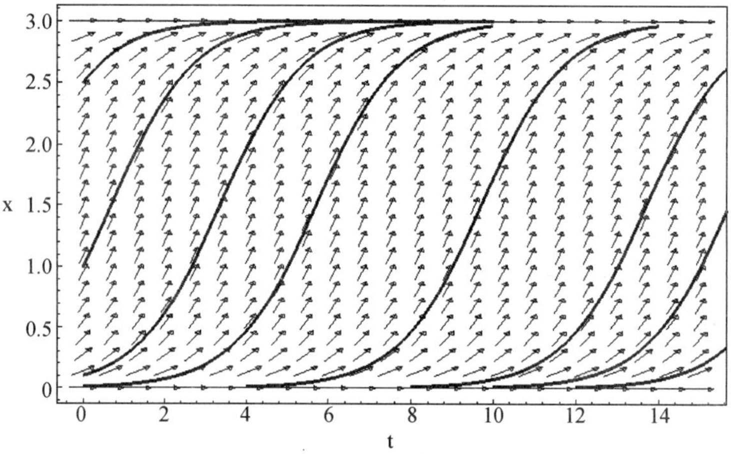

图3-6　区域产业体系周期差异性

在区域产业体系中，形成期、成长期、成熟期和衰退期产业群的地位与作用明显不同。从产业生命周期看，成长期产业集群、成熟期产业群对区域产业增长与增长质量具有重要作用，尤其是成长期产业集群的作用更为明显。对比两个区域，如果一个区域成长期产业集群由高端制造业构成，而另一个区域成长期产业集群则由低端产业构成，那么前者更具创新能力和竞争力。这意味着，四个产业群结构决定着区域产业的结构合理化、增长方式与结构竞争力。

从一段时期来看，一个区域产业在形成期、成长期、成熟期和衰退期产业群中的变化表示其优势的动态变化。从主导产业理论看，一个区域的主导产业群更替有严格顺序。而主导产业群隐藏于不同产业生命周期成长阶段的产业群中。一个推论是，对于一个区域来说，形成期、成长期、成熟期产业群的更替也应遵循一定的次序。也就是说，四个产业群的结构具有相对的稳定性和适应性。由于各种产业的比较优势是动态变化的，随时间的推移，比较优势产业群也是动态变化的。有些产业可能由优势产业变为劣势产业，有些产业可能由劣势产业变为优势产业。正是产业比较优势的变化构成了区域产业结构演化。显然，在一个时期，可以根据形成期、成长期、成熟期和衰退期产业群变化来识别不同的优势产业群和劣势产业群。

二、产业政策的实践考察

从实践上看，政府干预产业发展的结果既可能是积极的，也可能是消极的。这主要取决于政府干预政策的实施条件以及政府驾驭干预政策的能力。

政府干预产业发展最为常用的工具是贸易保护政策和产业政策。没有人会否认贸易保护政策和产业政策在各国经济发展早期阶段特别是经济起飞阶段过程中所发挥的积极作用。日本是成功地实施产业政策的一个典范。在实现落后产业现代化和发展新兴产业方面，日本政府正确的产业发展战略和扶持政策确实起了很大的作用。产业政策在20世纪70年代成功地支持了日本家用缝纫机生产的增长，80年代又在促进半导体集成块和信息技术的发展中发挥了积极作用。马来西亚、中国台湾、韩国的电子元器件业和半导体制造业以及泰国的汽车配件制造业，正是在政府政策的积极支持下获得强劲发展。

美国是一个崇尚经济自由的国家，但在经济发展的不同时期一直存在产业政策的实践。美国政府政策在保护农业、反垄断和促进基础科学研究与高新技术开发等方面起到积极的作用，但这些情况都符合市场失灵的理论。如美国政府早就致力于农业技术研究，并通过农场推广服务署来推广经过改良的技术。政府还在诸如灌溉工程等需要共同行动的大型项目中起着主导作用。军事采购政策是美国政府干预产业发展的又一重要体现。美国政府控制和支持像战斗机这样具有很大规模经济的军事产品的生产。美国军事市场确实有助于美国厂商获得规模经济从而有助于它们在民用市场上的竞争。

不少国家的产业政策实践表明，正是在政府的保护和扶持下，许多产业才得以克服前期巨额投资的障碍，充分发挥技术溢出效应和学习效应的作用，将一些产业成功地推进到规模经济效应的阶段。产业政策的积极作用在存在外部效应的高技术产业发展中表现得尤为明显。

政府干预毕竟只是作为一种影响产业结构调整与发展的外部力量，而不一定是主导性因素。日本在20世纪60～70年代高速增长时期，许多新兴产业，如彩色电视机、录音机、音响设备、数控机床、纤维机械、绝缘器材、通信设备等都是没有得到政府的保护、扶持政策的支持而发展起来的。这些产业在“二战”后几乎是从头开始，依靠企业自己的力量发展起来，其中多数都作为出口产业而取得了辉煌的成功。五六十年代日本政府在扶持消费电子工业方面收效甚微。摩托车、汽车、游戏软件、办公设备、机器人制造、生物科技等产业，政府支持也没有见到显著效果。

各国的政府干预产业实践也不乏失败的例子。法国“二战”后在不同程度上实施了产业政策。在20世纪60年代实行的广泛的结构改革促进了产业结构的转换，形成了以设备产品部门为重心的“倾斜式”的非均衡增长局面。法国政府鼓励小厂商合并成大公司。政府还利用其对需求的影响来为法国厂商优先提供市场。例如，政府要求国有的电话公司购买法国厂商的通信设备和计算机设备。政府还对重点产业给予广泛的补贴以支持它们的发展。从法国产业政策的实施效果看，经济作为一个整体发展得很好，但那些政府特别想发展的产业却表现得欠佳。在70年代下半期实行的产业结构调整中，除了能源部门有较明显的进展外，其他领域取得的效果十分有限，反而加剧了结构性危机。

自然不会有人认为法国的产业政策是产业增长的关键因素。即便从产业政策实践较为成功的日本来看，产业结构调整与升级的关键因素究竟是产业政策还是其他因素并非是个容易回答的问题。20世纪五六十年代，日本政府将资金从纺织业等传统劳动密集型产业转移到反映日本未来的比较优势产业。像钢铁这样的中间产品受到了特别的鼓励。结果日本经济取得了迅速的增长。但如果没有产业政策而是让市场运作，日本的经济增长是否会同样快或更快呢？日本70年代的贸易模式提供了支持这种观点的证据。那时的贸易模式与没有产业政策、根据日本当时的资源和经济发展水平所预测的没有很大的区别。许多研究也表明，日本产业结构转换成功的基础在于其优良的产业素质。比如，日本有世界上最高的储蓄率，有一个有效的教育体系，有较好的劳资关系，有企业导向的文化。因此，很可能产业政策只对产业增长起很小的作用。某些日本最成功的产业，例如汽车和家用电器业，并不是那些受到最高级别优待的产业。这两个产业都不属于联合研究开发的高科技领域。日本70年代中期以来的产业政策旨在鼓励一些新的产业，即知识密集型的产业或高技术产业。产业政策的工具是对研究与开发给予适当的补贴，并鼓励政府与产业界联合研究开发新的、有前途的技术。与以前的产业政策相比，政府的活动相对于整个经济来说规模小得多。

总之，从产业政策的理论和实践来看，产业结构调整与升级成功的基础还在于产业素质或者说要素禀赋结构的提升，但是不能忽视产业政策的作用，甚至于特殊情况下的决定作用。在开放经济和市场经济条件下，政府在产业发展中起重要的作用，其作用不限于纠正市场失灵，而是对某些产业发展起关键作用。

三、产业政策与生命周期中的优势产业

可以看出，产业政策对产业生命周期的各个阶段都会有效应，但政策促进的各阶段的效应有明显不同的收益。理论上，产业政策发挥作用存在最佳的时期。由于优势产业扩张能力强，规模收益高，显然也是产业政策成本小、收益快的政策作用时期。因此，对优势产业的政策促进，关键要认清产业生命周期阶段与优势产业关系。

从本质上看，产业生命周期反映出产业比较优势的演化过程。根据产业在产业体系中的优势地位变迁过程，产业兴衰过程就是先导产业→主导产业→支柱产业→劣势产业。这其实是产业发展阶段的一种划分。这种四分法能够明确支柱产业的地位，但是确定支柱产业等于在评价体系中又增添了一个不同的标准，使得评价体系更难统一。

在理论上，优势产业无论如何划分，也无论是什么产业，它都是在生命周期的一定阶段才出现，都应该在其生命周期曲线上找到它的位置。从生命周期曲线看，支柱产业一般是处在成熟阶段的产业（杨公朴等，1999；周新生，2000；苏东水，2000），主导产业是处于成长阶段的产业（周新生，2000；苏东水，2000），先导产业一般处于产业形成阶段（周新生，2000）。江世银（2004）提出三分法，并把主导产业与朝阳阶段、支柱产业与成熟阶段、衰退产业与夕阳阶段一一对应起来，把产业划分与生命周期完全等同起来。这些观点已把产业生命周期阶段和产业演化形态等价起来，其关键是对主导产业所处生命周期阶段的准确定位。

第一，由于对主导产业识别比较困难，各产业划分标准不统一，主导产业的定量识别并不普遍。目前理论界关于主导产业、支柱产业、先导产业和战略产业的概念是混乱的，许多学者虽然承认其有区别，但在理论分

析中认为这些区别无特别意义，因而基本上把它们混在一起使用（江世银，2004）。第二，由于主导产业筛选原则比较复杂，对主导产业的分析多停留在定性分析上（王岳平，2001）。第三，产业生命周期理论受到较多的批评。这是因为各阶段的持续时间随不同产业而不同，并且一个产业处在生命周期的哪一阶段很难判别；产业增长并不总是呈S形，有的产业往往跳过成熟阶段，直接进入衰退阶段，这些削弱了产业生命周期理论的应用程度（陆国庆，2002）。这三方面原因导致对主导产业、支柱产业、先导产业等在产业经济中的地位和作用还缺乏有效而适用的评价指标体系。

不难看出，根据产业兴衰过程，把区域产业划分为先导产业、主导产业、支柱产业和劣势产业，是一种有理论价值和实际意义的划分。其与按产业生命周期阶段把区域产业划分为形成期产业、成长期产业、成熟期产业和衰退期产业异曲同工。前者的优点在于区分了主导产业与支柱产业，以主导产业理论为基础制定区域优势产业政策，这样产业政策更具科学性和实用性。明确区域主导产业群阶段，以主导产业群升级带动产业结构升级，这对区域优势产业促进具有实际意义。而后者，可以实现数学模型化，可划分产业演化中的各个阶段。实际上，两种划分有重叠，正如学者们的理论推测，先导产业一般处于产业形成阶段，主导产业是成长期产业，而支柱产业是成熟期产业，显然，劣势产业应以衰退期产业为主。因此，每一个产业无论是优势产业还是劣势产业，也无论是先导产业、主导产业还是支柱产业，都在生命周期上有确定的位置。不言而喻，进一步明确优势产业在生命周期中的位置成为关键性问题。

第四节　区域优势产业识别指标体系
——基于生命周期

优势产业政策是针对性很强的政策，其实施的成效与对优势产业进行合理的识别有密切关系。区域优势产业是在区域产业体系中具有重要地位的产业。主导产业是产业政策作用的主要对象，产业地位理论也是以主导产业为中心展开的。区域优势产业的选择基准可以借用产业地位的评价标准，同时以产业关联和动态比较优势为依据，形成联合的优势产业识别指标体系。

一、基于产业生命周期的优势产业识别指标①

1. 产出函数

在统计上，每年度的工业 GOV（Gross Output Value）是各产业 GOV_i（i=1，2，…，n）之和，但从一个时期看，不同产业在一段时期内的重要性有明显差异。假设产业 GOV 为产业 GOV_i 的非线性齐次函数：

$$GOV_t = \prod_{i=1}^{n} GOV_{ti}^{\alpha_i} \quad (0 < \alpha_i < 1, i = 1,2,\cdots,n) \tag{3-4}$$

式（3-4）中，α_i为产业偏弹性系数，式（3-4）两边求导得 GOV 增长率方程：

$$\frac{d\,GOV_t}{GOV_t} = \sum_{i=1}^{n} \alpha_i \frac{d\,GOV_{ti}}{GOV_{ti}} \tag{3-5}$$

式（3-5）表明，GOV 增长率与各产业的偏弹性系数和增长率成正比。对式（3-5）作适当变形，并令：

$$\beta_i = \frac{1}{a_i} = \frac{\partial GOV_{ti}}{\partial GOV_t} \Big/ \frac{GOV_{ti}}{GOV_t} \tag{3-6}$$

式（3-6）中，β_i 为产业超前系数。若 $\beta_i > 1$，表示产业超前平均水平发展；若 $\beta_i < 1$，表示产业滞后平均水平发展，属于衰退产业。

2. 指标体系

产业对工业总产值及其增量的贡献表示了产业的两种不同优势。这里以产业的平均状态为参照系的坐标原点，用以衡量各产业在 GOV 中的地位和作用。

（1）边际贡献率。

$$MC_i = \frac{\partial GOV_{ti}}{\partial GOV_t} \approx \frac{GOV_{ti} - GOV_{0i}}{GOV_t - GOV_0} \times 100\% \tag{3-7}$$

式（3-7）中，MC_i为产业的边际贡献，表示产业的增量优势；GOV_{0i}、GOV_{ti}分别为起始年度和终止年度的区域 i 产业产值，GOV_0、GOV_t分别为起始年度和终止年度的区域产业产值。

① 赵果庆：《我国产业部门群结构与战略性调整研究》，《财经问题研究》2006 年第 1 期，第 19-27 页。

（2）平均贡献率。

$$AC_i=\frac{(GOV_{0i}+GOV_{ti})/2}{(GOV_0+GOV_t)/2}\times 100\% \qquad (3-8)$$

式（3－8）中，AC_i为产业产值占总产值的平均比重，实际上表示产业在产业体系中的规模优势。

（3）比较增长优势指数。

$$CDA_i=MC_i-AC_i \qquad (3-9)$$

式（3－9）是式（3－6）的等价表示。当 $CDA_i>0$ 时，对应于 $\beta_i>1$，表示产业增长率高于平均增长率，具有比较增长优势。反之，当 $CDA_i<0$，对应于 $\beta_i<1$，表示产业运行效率较低，不具有比较增长优势，平均贡献率（AC_i）是下降的。

（4）比较规模优势指数。

$$CSA_i=AC_i-100/n \qquad (3-10)$$

式（3－10）中，若 $CSA_i>0$，则表示产业对规模的贡献超过平均值，产业具有比较规模优势；反之，若 $CSA_i<0$，则表示产业不具有比较规模优势。

（5）结构竞争力指数。

$$F_i=MC_i\times AC_i \qquad (3-11)$$

式（3－11）中，F 表示产业在区域产业系统中的份额的竞争力，也就是产业地位（结构系数）升降的动量；MC_i、AC_i表示实际上的产值存量与增加结构系数，表示产业的规模优势和增值优势。

3. 产业比较优势周期与产业群

（1）先导期。$CDA_i>0$，$CSA_i<0$，位于第Ⅱ象限。处于先导期的产业，其规模比较小，尚未达平均规模，然而，其超前系数较高，呈现出强劲的比较增长优势，结构竞争力在上升。

（2）主导期。$CDA_i>0$，$CSA_i>0$，位于第Ⅰ象限。处于主导期的产业，其平均贡献率和边际贡献率都呈递增态势，它既有比较规模优势，又有比较增长优势，具有较强的竞争力，因而它对结构竞争力起主导作用。

（3）支柱期。$CDA_i<0$，$CSA_i>0$，位于第Ⅳ象限。处于支柱期的产业，其增长速度已降至平均增长速度以下，平均贡献率在下降，但还高于平均水平，并且还在增加，当达至最大值后，呈现出负增长。

（4）劣势期。$CDA_i<0$，$CSA_i<0$，位于第Ⅲ象限。处于劣势期的产业，

既没有比较规模优势，也没有比较发展优势，结构竞争力下降。它可能是产业演化的起点，也可能是终点（见图3－7）。

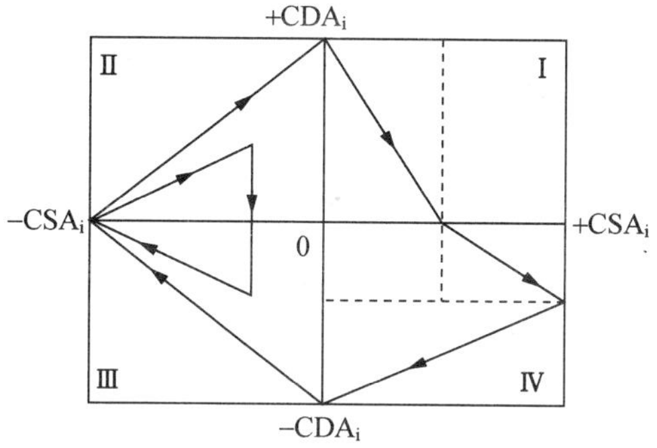

图3－7　产业演化路径图

随着产业体系的演化，一些先导产业逐渐演变为主导产业，一些主导产业逐步演化为支柱产业，一些支柱产业逐渐成为劣势产业，这是产业结构竞争力的演进过程。这四个阶段构成了一个完整的产业比较优势周期。但是，并非所有产业的演化都这样。我们把产业分为两类，一类是长周期产业，其演化路径是第Ⅱ象限→第Ⅰ象限→第Ⅳ象限→第Ⅲ象限；另一类是短周期产业，其演化路径是第Ⅱ象限→第Ⅲ象限，这是由于先导产业过于早熟，提前衰退，没能进入主导阶段和支柱阶段。在此情况下，产业经调整后，又可能回到第Ⅱ象限，形成一个闭合回路（见图3－7）。主导产业和支柱产业是长周期产业，它们在产业经济中起全局性和长期性的重要作用。

从纵向看，产业在比较优势周期的不同阶段具有不同的行为特征，而从横向看，处在相同比较优势周期阶段的产业具有相近的比较优势特点和行为特征。坐标系的每一个象限代表了产业比较优势周期的一个阶段，而各个象限的产业集合就形成了不同的产业群，从而以四类产业群更替表明产业结构竞争力的提升过程。因此，根据这个特点，把位于坐标系的四个象限中同类产业集合起来，就形成了四个产业群，它们代表了一种四分类的产业结构划分（见图3－8）。由于对于产业增长来说，最重要的是主导产业群，其次是支柱产业群，它们都是由长周期产业构成的，所以这两个群中的产业交替对产业产出增长率产生重要影响。如果主导产业群渐进地过渡到支柱产业群，那么它对产业产出增长率的影响不大；如果主导产业过快老化，以突变方式进入支柱期，那么产业增长率就会大幅下降。

	比较规模优势	
比较发展优势	Ⅱ ($CDA_i>0$ $CSA_i<0$) 先导工业群	Ⅰ ($CDA_i>0$ $CSA_i>0$) 主导工业群
	0 Ⅲ ($CDA_i<0$ $CSA_i<0$) 劣势工业群	Ⅳ ($CDA_i<0$ $CSA_i>0$) 支柱工业群

图 3 –8　产业群的四种类型

4. 产业优势周期与其生命周期的关系

对于长周期产业，其比较优势周期与生命周期的总时值是相等的，但比较优势阶段与产业生命周期阶段并不总是一一对应，存在一定的差别，从图 3 –9 可看出：

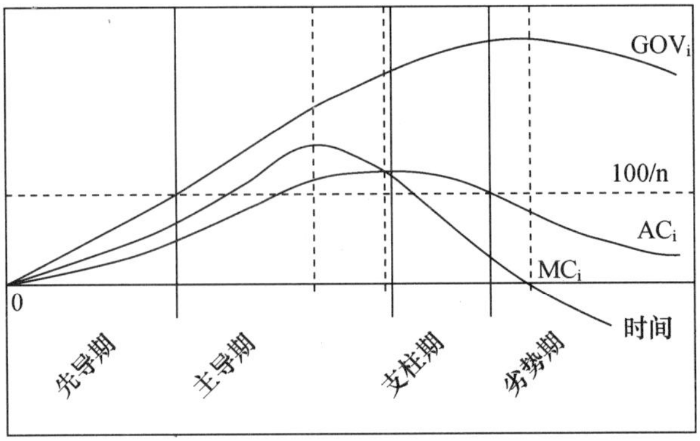

图 3 –9　产业比较优势周期与生命周期关系

（1）先导产业。它是幼小期或形成期的前半期产业。

（2）主导产业。它是形成期后半期和成长期产业。

（3）支柱产业。它是成熟期前半部分产业。

（4）劣势产业。它包括产业成熟期后半部分和衰退期产业（见表3－3）。

5. 产业关联度基准与指标体系的改进

产业关联是指在区域产业体系中一个产业与其他产业的投入产业关系。

表3－3　比较优势周期与生命周期的关系

比较优势周期	指标区间	生命周期	指标区间
先导产业	$MC_i > AC_i$，$AC_i \leq 100/n$	幼小期	$0 \sim MC_{imax}$
主导产业	$(AC_i > 100/n) \sim (AC_i = MC_i)$	成长期	$MC_{i\,max} \sim (AC_i = MC_i)$
支柱产业	$(AC_i = MC_i) \sim (MC_i > 0)$	成熟期	$(AC_i = MC_i) \sim (MC_i = 0)$
劣势产业	$AC_i < MC_i$，$MC_i < 0$	衰退期	$MC_i < 0$

在一般的产业活动中，每个产业都需要其他产业为自己提供一定的产品，以作为本产业的中间要素投入。与此同时，也将自身的产出作为一种要素输出，满足其他产业对中间要素的需求。正是由于这种错综复杂的供给与需求关系，各产业才得以在经济活动过程中生存和发展，产业也因此成为开放的系统。赫希曼在《经济发展战略》一书中这样解释：一产业通过供给输出与其他产业发生的关系叫作前向关联关系，而通过需求吸收与其他产业发生的关系则称为后向关联关系。

由于各个产业在产业系统中的地位和作用不同，在产业链中的位置不同，其前后向的关联大小也就不同。凡是关联度大的产业，对其他产业的依存和拉动作用也越大。据此，我们可以把产业关联度或强度大小作为判断优势产业的一个标准。产业关联强度，是指衡量产业间关联程度的指标，最常用的有两类：一类是反映具有直接前、后向关联关系强度的指标；另一类是反映包括间接消耗在内的具有综合波及关联关系强度的指标。

美国经济学家罗斯托（1988）主导产业理论认为，主导产业具有后向关联、旁侧关联和前向关联三种效应。从投入产出表的角度来看，主导产业增长将导致生产过程中的效率提升，使得相同的投入得到更多的产出；进而通过投入与产出的联系使产业体系的产出得以提高。某一产业或某一群产业率先获得新技术，提高了全员劳动生产率，往往会由投入产业的连锁反应间接影响到其他产业的技术水平。正是基于这一理论线索，我们可以通过产业关联表中投入产出系数矩阵的变化来衡量产业关联效应和传导过程。因此，我们以西部地区投入产出系数矩阵对比较优势产业指标进行修正，以体现西部地区产业技术关联特征，对技术关联性强的产业给予较大的权重，以体现产业异质性。

与目前大多数研究采用投入产出表中直接消耗矩阵的用法不同，这里不是采用简单的加和，而是借用空间计量经济学方法，将直接消耗矩阵先分为对角矩阵 w_l 和非对角矩阵 w_h 两部分：

$$\begin{bmatrix} c_{11} & c_{12} & \cdots & c_{1n} \\ c_{21} & c_{22} & \cdots & c_{2n} \\ \vdots & \vdots & \vdots & \vdots \\ c_{n1} & c_{n2} & \cdots & c_{22} \end{bmatrix} = \begin{bmatrix} c_{11} & 0 & \cdots & 0 \\ 0 & c_{22} & \cdots & 0 \\ \vdots & \vdots & \vdots & \vdots \\ 0 & 0 & \cdots & 0 \end{bmatrix} + \begin{bmatrix} 0 & c_{12} & \cdots & c_{1n} \\ c_{21} & 0 & \cdots & c_{2n} \\ \vdots & \vdots & \vdots & \vdots \\ c_{n1} & c_{n2} & \cdots & 0 \end{bmatrix}$$

$$令\ w_l = \begin{bmatrix} c_{11} & 0 & \cdots & 0 \\ 0 & c_{22} & \cdots & 0 \\ \vdots & \vdots & \vdots & \vdots \\ 0 & 0 & \cdots & 0 \end{bmatrix},\quad w_h = \begin{bmatrix} 0 & c_{12} & \cdots & c_{1n} \\ c_{21} & 0 & \cdots & c_{2n} \\ \vdots & \vdots & \vdots & \vdots \\ c_{n1} & c_{n2} & \cdots & 0 \end{bmatrix}$$

w_l 表示产业内关联即水平关联，而 w_h 表示产业间关联即垂直关联，这里还需进一步把 w_h 分为前向关联矩阵和后向关联性矩阵。

$$w_f^h = \begin{bmatrix} 0 & c_{12} & \cdots & c_{1n} \\ c_{21} & 0 & \cdots & c_{2n} \\ \vdots & \vdots & \vdots & \vdots \\ c_{n1} & c_{n2} & \cdots & 0 \end{bmatrix},\quad w_b^h = (w_f^h)' = \begin{bmatrix} 0 & c_{21} & \cdots & c_{n1} \\ c_{12} & 0 & \cdots & c_{n2} \\ \vdots & \vdots & \vdots & \vdots \\ c_{1n} & c_{2n} & \cdots & 0 \end{bmatrix}$$

w_f^h 表示前向关联矩阵，w_b^h 为后向关联矩阵，它是 w_f^h 的转置，连同 w_l，三者均为稀疏矩阵。即使不考虑对角矩阵，如果区域产业有空缺，那么 w_b^h、w_f^h 也是稀疏矩阵，也就是有些产业之间没有投入产出的前向关联和后向关联。

然而，把三者加起来就得出区域产业投入产出全向关联矩阵：

$$w = w_l + w_f^h + w_b^h \tag{3-12}$$

基于式（3－12），体现产业关联效应的 GOV 值为 $wGOV_i$。

由式（3－12）对 GOV 进行修正后，分别得到边际贡献率和平均贡献率：

$$MC_i = \frac{wGOV_{ti} - wGOV_{0i}}{wGOV_t - wGOV_0} \times 100\% \tag{3-13}$$

$$AC_i = \frac{(wGOV_{0i} + wGOV_{ti})/2}{(wGOV_0 + wGOV_t)/2} \times 100\% \tag{3-14}$$

二、基于区域产业比较优势周期的优势产业识别指标

1. 静态比较优势

产业静态比较优势一般用产业区位商来度量，以式（2－2）计算。根据产业区位商值是否大于1，就可以识别该产业是不是地区比较优势产业。如果产业区位商值大于1，反映该地区该产业的专业化水平高于全国，产品可输出地区外，表明它是优势产业。其实，这也是以产业规模为基础衡量出的优势产业。然而，该方法本身也存在着一些局限性：每一产业的劳动生产率在区域和国家两个层面上是不同的，如果某一产业在某区域有较高的劳动生产率，那么它每生产单位产品所需雇员人数就小于全国平均水平，在这种情况下，LQ系数将会低估该产业的集群程度；反之，如果某区域某一产业的劳动生产率低，LQ系数则会高估该产业的集群程度。同时，这种方法也忽略了区域和国家在生产和消费模式上的区别。

2. 比较优势动态化

传统的比较优势理论强调外生的技术差异和外生的要素禀赋差异对地区专业化分工的决定作用，它认为一个地区应该专业化生产其具有比较优势的产品。进一步隐含的推论是，一个地区的专业化分工优势越明显，越具有集聚倾向。在地区产业比较优势分析中，式（2－2）构造的显示比较优势指数表示为：

$$RCA_i = (GOV_j^i / GOV_j) / (GOV_N^i / GOV_N) \tag{3-15}$$

式（3－15）中，GOV_j^i为j地区i产业产值，GOV_j为j地区全部工业产值，GOV_N^i为全国i产业产值，$GOV_{N,t0}$为全国全部工业产值。这个指数测度的是j地区相对于全国工业平均水平的i产业专业化程度。RCA_i越大，表明j地区i产业越有比较优势，地区工业i产业越集中，形成集聚的倾向越大。

在区域产业比较优势分析中，根据显示比较优势指数构造动态比较优势指数。动态比较优势指数的定义为：

$$RCAV_i = RCA_{t0+k}/RCA_{t0} \tag{3-16}$$

式（3－16）中，$RCAV_i$ 为动态比较优势指数，RCA_{t0} 为以式（3－15）计算的 i 产业报告期初年的比较优势指数，RCA_{t0+k} 为以式（3－15）计算的 i 产业相隔 k 年后报告期末年的比较优势指数。$RCAV_i$ 值大于 1，表示地区 i 产业比较优势上升，而 $RCAV_i$ 小于 1，则表示地区 i 产业比较优势下降。根据静态比较优势值和动态比较优势指数，把产业分为比较优势增强型产业和比较优势减弱型产业，再根据产业比较优势的基期状态，把产业分为四类（见图 3－10）：

Ⅰ类：比较优势增强型优势产业，$RCA_{t0} > 1$，$RCAV_i > 1$。这类产业是区域优势产业，且比较优势还在上升。

Ⅱ类：比较优势增强型劣势产业，$RCA_{t0} < 1$，$RCAV_i > 1$。这类产业不具有比较优势，但比较优势在上升。

Ⅲ类：比较优势减弱型劣势产业，$RCA_{t0} < 1$，$RCAV_i < 1$。这类产业不具有比较优势，且比较优势还在下降。

Ⅳ类：比较优势减弱型优势产业，$RCA_{t0} > 1$，$RCAV_i < 1$。这类产业具有比较优势，但比较优势在下降。

	比较优势	
比较优势增量	Ⅱ ($RCA_{t0}<1$ $RCAV_i>1$) 优势增强型劣势产业群	Ⅰ ($RCA_{t0}>1$ $RCAV_i>1$) 优势增强型优势产业群
	0 Ⅲ ($RCA_{t0}<1$ $RCAV_i<1$) 优势减弱型劣势产业群	Ⅳ ($RCA_{t0}>1$ $RCAV_i<1$) 优势减弱型优势产业群

图 3－10　产业比较优势的生命周期

基于比较优势存量和增量划分的四类产业也形成完整的产业演化周期。首先，区域某个产业相对全国产业体系没有比较优势，是比较劣势产业，但产业的比较优势不断上升，处于Ⅱ阶段，这个阶段的产业分两种情况，一种情况是产业比较优势没有持续，或受一些因素影响发生突变，进入比较劣势区域，很有可能重复这种小循环；另一种情况是产业比较优势持续增长，产业规模越来越小，成为区域比较增强型优势产业，进入Ⅰ阶段；进入Ⅰ阶段后的优势产业其优势越来越减弱，产业规模越来越小，成为区域支柱产业，当产业优势持续一个时期后，其动态比较优势进一步减弱后进入Ⅳ阶段，当动态比较优势进一步负增长时转入Ⅲ阶段。这四个阶段构成了一个完整的产业比较优势演化周期。同样地，我们把产业可分为两类，一类是长周期产业，其演化路径是由第Ⅱ象限→第Ⅰ象限→第Ⅳ象限→第Ⅲ象限；另一类是短周期产业，其演化路径是第Ⅱ象限→第Ⅲ象限（见图3－11）。

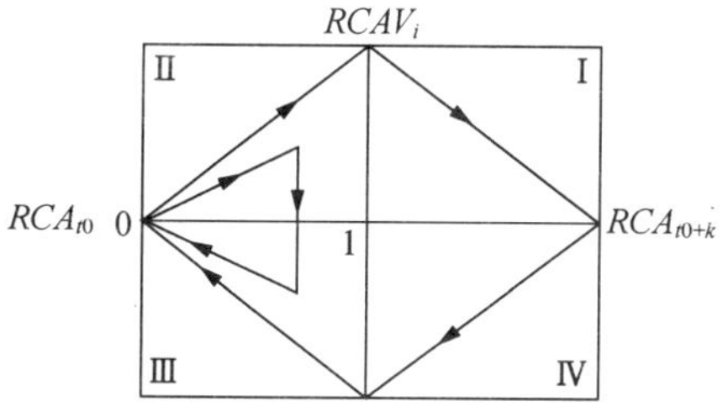

图3－11 产业群的四种类型

三、二维联合识别指标

从区域来说，优势产业有三类，即先导产业、主导产业和支柱产业。先导产业没有规模优势，但具有较强的增长优势，代表了区域产业未来的发展方向。在改造区域产业结构时，必须根据世界技术进步的大趋势和全国产业发展的总体走向，以及本区域的具体产业发展状况与条件，选择有巨大发展前景的先导产业。并且，在技术引进、资金供给、人才培养等方面给予扶持，创造条件促使其逐步发育、壮大。主导产业是在区域比较优势的基础上产生和发展起来的。支柱产业对于区域经济总量还有着重要的贡献，是其他产业发展的重要支撑，因此要给予必要的支持和保护，同时要积极采用新技术改造支柱产业，使它能够保持长久的生命力，防止它过早地出现衰退而阻碍了区域经济增长。在区域产业中，有时还会出现主导支柱型产业。

无论以区域为自参照系（A），或是以全国为参照系（B），第Ⅰ象限和第Ⅱ象限产业是长周期产业，在区域产业体系中占有重要地位，它们的变化对区域产业增长的速度、规模和质量具有重要影响。此外，先导产业对未来产业增长有潜在影响，其动态比较优势变化对其能否成为区域主导产业具有基础性的影响。以区域为自参照系和以全国为参照系对区域优势产业识别既有差异，又有交叉和重叠。为了全面地、相对准确地识别区域优势产业，把以区域为自参照系（A）和以全国为参照系（B）对区域优势产业的识别结合起来，形成区域二维视角优势产业。

1. 同象限的优势产业

（1）第Ⅰ象限的优势产业。比较优势增强型主导产业（ⅠA∩ⅠB类产业）。

（2）第Ⅱ象限的优势产业。比较优势增强型先导产业（ⅡA∩ⅡB类产业）。

（3）第Ⅳ象限的优势产业。比较优势减弱型支柱产业（ⅡA∩ⅡB类产业）。

2. 异象限的优势产业

（1）第Ⅰ、第Ⅳ象限的优势产业。比较优势弱型主导产业（ⅠA∩ⅣB类产业）。

（2）第Ⅳ、第Ⅰ象限的优势产业。比较优势增强型支柱产业（ⅣA∩ⅠB类产业）。

第五节　区域优势产业与发展政策

一、区域优势产业促进机制

区域优势产业在区域产业体系中占有优势地位，在全国产业体系中也有专业化分工优势。随着产业优势的变迁、更替，优势产业地位发生变化，成长路径也发生变化。总的来讲，区域优势产业影响机制有两个，一个是市场机制；另一个是政府干预。

市场机制在区域优势产业资源配置、选择和动态比优势变化中起基础性作用。对区域优势产业产生作用的途径是供需关系、价格机制和竞争机制。供需关系能够引导优势产业的要素集聚，引导配套产业之间建立起经济技术联系，使它们结成一个综合产业体系。价格机制则可以调整要素在优势产业中优先流动和配置。在市场机制作用下，要素依据收益率高低进行产业间配置，从而有利于主导产业的形成和发展。同时，产业之间的要素价格波动往往引起要素在产业之间流动，客观上就调节了产业之间的数量和规模关系。竞争机制能够促进优势产业努力进行技术革新，提高资源的利用效率，以维持自身优势地位，并使各产业按照技术的先进性出现兴起和衰落的更替。当然，市场机制对区域优势产业的促进也不是万能的。市场价格信号失真，就可能导致某优势产业发展过度，而另一些优势产业可能成为伪优势产业，经不住市场的长期考验。无序的竞争则可能导致重复建设，使优势产业资源总体配置效率降低。

政府干预是指政府运用宏观经济杠杆和产业政策对区域优势产业变化进行有目的的调控，弥补市场机制的不足，以推动区域优势产业发展。政府促进主要体现在三个方面：①合理确定优势产业的重点。政府制订区域的优势产业发展规划，对优势产业的规模、发展速度、发展次序和布局空间等进行安排，将其作为指导区域优势产业发展依据。②政府运用财政、税收、信贷、价格、土地、工资等政策工具，通过对不同的产业采取不同的产业政策，如对优势产业进行促进，对先导产业进行鼓励、保护、扶持，对有的劣势产业则进行限制，以便有效地协调各类产业之间的发展关系，优化产业结构，使它们的发展符合区域经济增长的总体要求。③政府还可以通过维持市场秩序、规范企业和个体的行为、消除限制要素在产业之间合理流动的各种障碍、促进市场信息畅通等，为优势产业发展创造良好的环境，对特殊优势产业产品进行政府采购。不过，政府干预同样有其局限性，如政府在产业发展方面的决策失误或者干预过度，都可能导致优势产业发展失真，区域产业结构发生畸形，降低结构效率和结构竞争力。

区域优势产业总是在市场机制与政府干预的联合机制下发展的。如果没有政策干预，产业走出的是自然的生命周期，在区域产业中，优势地位变迁也按优胜劣汰的自然法则进行。然而，在区域产业中，地位变迁多少会受到政府政策的影响，自然的发展阶段会产生扭曲，产业优势地位可以得以提前、持续，也就是产业生命周期在政策作用下会发生形变。显然，市场机制与政府干预相互补充、相互制约，共同诱导和推动着区域产业结构不断地发生变化。促进区域优势产业发展，需要合理发挥市场机制和政府干预的作用。只有它们彼此配合，才能促进区域优势产业发展。当然，在市场经济体制下，市场对区域优势产业选择是第一位的，政府产业政策仍要以市场为导向，不能以优势产业发展过度地限制产业竞争。

二、优势产业与区域产业结构演进机制

对区域来说，优势产业不止一个。在产业演化过程中，把不同阶段具有同种优势属性的产业集合起来就形成产业群，而不同产业集群形成新的区域产业结构。区域优势产业集群在区域产业结构中占有优势地位。随着优势产业变迁、更替，产业结构也随其发生演化、升级。一种宏观上的产业结构政策，就是通过资源从劣势产业群有序退出，流向优势产业群，通过对优势群的培育和促进，来引领区域产业结构升级和合理化。

从资源配置的角度，区域产业结构可看成是一个资源优势的“转换器”，而优势产业则是结构升级的“加速器”。区域在产业发展过程中所投入的各种资源和要素经过产业结构的转换，生产出所需的产品，实现了价值的增值，这一过程也是产业优势变化的过程。所以，产业结构对区域产业增长与发展方式有着重要的影响。区域产业结构的合理性就体现在区域经济增长与发展的主要动力来自优势产业的驱动作用上。合理性评价区域产业结构，制定产业结构合理化和高度化政策，也是促进优势产业发展的重要内容。

（1）评价区域产业结构与区域资源结构的相对应性，即能否有效地发挥本区域在资源方面的比较优势。先进的、合理的区域产业结构应该能够充分利用区域内具有优势的资源和要素，形成区域优势产业的增长优势和规模优势，同时，还要尽可能地使区域内的其他资源得到综合利用。

（2）评价区域产业结构的系统功能。合理的区域产业结构应该能够担负起地区在区际或全国优势产业分工中的任务。在这里，我们主要分析区域产业结构的专业化特点，特别是区域主导产业在区际优势分工、重组中的作用。

（3）评价区域产业结构的内部关联程度。合理的区域产业结构应该是内部各个产业之间联系紧密、发展协调的。要重点分析各种优势产业之间、优势产业与关联配套产业之间在数量、规模、时序和空间布局方面的协调程度。

（4）评价区域产业结构的合理性与先进性。区域产业结构的先进性体

现为主导产业先进、新旧产业的更替快。主导产业越先进，越处在高端，就越有能力带动其他产业发展。区域内新旧优势产业更替快，区域经济组织就越会充满活力，区域优势产业发展就越有推动力。

三、优势产业集聚与转移

优势产业的发展是优势资源向优势产业集聚的过程。集聚是指资源、要素和部分经济活动等在地理空间上的集中趋向与过程。优势产业集聚机制的形成源于三个方面：一是产业经济活动的区位优势指向。区位优势指向相同的产业活动往往都趋向于集中在区域内相关资源和要素集中分布的空间。二是优势产业经济活动的内在联系。出于加强相互联系的需要，一些内在联系紧密、相互依赖性大、与优势产业相关的经济活动往往就趋向于集中在同一个适宜的地方，配置优势产业发展。三是优势产业对集聚经济的追求。由于集聚能够产生集聚效应和集聚租金，所以优势产业经济活动需要在空间上趋于集中，以获取集聚效应。可见，优势产业集聚的形成是必然的。集聚过程一旦开始，就极易形成循环因果式的促进集聚的力量，从而加速集聚过程。也就是说，集聚是优势产业发展的重要模式。如果违背这种模式，采用分散发展的模式，则产业集群不足，创新有限，环境污染严重，难以发展。

集聚能够产生集聚引力。在集聚引力的作用下，区域优势产业在空间上会发生一系列的变化。首先，优势产业集聚导致区域产业的极化现象。在集聚过程中，区域内的资源、要素、企业、产业等将不断地向优势产业所在区位移动，于是就促成了区域经济增长极的形成和发展。其次，在集聚引力的作用下，区域内部会产生中心与边缘结构，区域内部因此而出现空间差异和不平衡。最后，优势集聚是促进区域城市化、专业化地区及产业带等形成和发展的主要力量。

当然，过度集聚也对优势产业发展有不利影响。第一，优势产业集聚不经济。所谓优势产业集聚不经济就是当优势产业集聚规模超过了一定的限度而发生的集聚经济效益减少、转移，以及因集聚而带来的外部环境对优势产业的负面约束。第二，寻求新的发展机会。一种情况是，优势产业集聚区的企业、产业为寻求进一步的发展，主动到周围地区建立分支机构或新的发展据点，以便扩大自身的影响和势力范围；在集聚地区产业内竞争日益激烈、市场渐趋饱和的情况下，部分企业和产业为了减小竞争压力不得不到其他地区开辟新的市场。另一种是情况是，优势产业集聚区在结构转换过程中被淘汰下来的部分，即不宜发展的企业和产业，就只有到发展水平低的区域去寻求立足之地。此外，出于保障优势产业自身发展，获取原材料、能源、参与区际竞争等方面的需要，优势产业与集聚地区外部地区开展合作，从而引起部分资源、要素、企业等向其他地区转移。第三，政府的政策作用。地方政府为了解决优势集聚区因经济活动过密、人口膨胀而引起的种种经济、社会、环境问题，促进区域内其他地区发展，协调区际产业关系，缩小它们之间的产业发展差异，就会制定出一系列政策，诱导和鼓励集聚地区的资源、要素、企业等向其他区位转移。

应该看到，我国不同区域的优势产业不同，产业具有梯度发展特征。对东部来说，其劣势产业（边际产业）可能是中部、西部的优势产业。从东部经验看，承接国际产业转移在其产业结构提升和优势产业集聚发展方面起了重要作用。我国东部有些产业过度集聚或动态比较优势减弱，已成规模向外转移。2010 年国务院发布《关于中西部地区承接产业转移的指导意见》，引导中西部地区有序承接东部产业转移。目前，国家支持西部广西北部湾、成渝经济区、关中—天水经济区成为承接产业转移区，这对西部地区优势产业发展产生重要影响。西部地区发挥资源丰富、要素成本低、市场潜力大的优势，积极承接国内外产业转移，不仅有利于加速西部地区优势产业发展，推进新型工业化和城镇化进程，促进区域协调发展，而且有利于推动东部沿海地区产业转型升级，在全国范围内优化产业分工格局。

四、空间近邻效应

区域优势产业发展需要一定的空间集聚。空间集聚的重要特点之一就是产生相邻效应。根据地理第一定律，空间近邻效应是指区域内各种产业主体之间或各区域之间的空间位置关系对其相互联系所产生的影响。研究表明，各种产业活动或溢出效应是随空间距离的增大而呈减小的趋势，这就是地理学的空间距离衰减原理。根据这个原理，在区域空间结构的形成与发展中，优势产业活动的空间距离远近不一，相互间发生联系的机会和程度存在差异，因而对它们的空间分布与组合也就产生了不同的影响。也就是说，优势产业与其关联产业的空间结构的形成和发展对空间位置具有依赖性。

产业发展的一个显著空间现象，就是集聚。可以看到，某区域内，产业集聚在一些连片区域，泾渭分明，形成不同的集聚“俱乐部”。这种空间相邻效应对区域产业空间结构的形成与发展具有明显的影响。一是一个地区优势产业对相邻地区的同类产业产生影响。在满足发展所需条件的前提下，产业经济活动一般都会采取由近及远逐步推进的方式来扩大自己的影响空间、建立分支机构、寻求发展合作伙伴等。这会有多种情况产生，一个地区优势产业强，相邻一个地区或多个地区的同类产业也强；一个地区优势产业弱，相邻一个地区或多个地区的同类产业也弱。二是各地区的产业竞争。由于在一定时期内可投入到产业发展中的资源和要素是有限的，同时市场的需求也是有限的，那么，位于同一地区或相邻地区的产业活动在利用资源、要素开发市场时就势必会发生激烈的竞争；相反，如果产业活动彼此在空间上不相邻，甚至相距较远，那么，产业之间的竞争就可能减小。三是各种产业活动在发展上的相互促进。各种产业活动在空间上相互靠近除了会加剧竞争外，也将有更多的机会建立起相互依存的发展关系，彼此开展分工与协作；反之，如果各种产业活动相距较远，那么，它们之间开展分工与合作，进而在发展上相互获得溢出效应的机会也会相应减少。

五、产业关联与配套

关联产业的配套就是根据优势产业来合理规划、促进其相关产业的发展，从而使优势产业与关联产业之间形成紧密的、相互联系和相互促进的发展关系。从国内外产业转移的经验看，当地的配套产业的发育程度、配套能力对转移产业的区位选择具有重要影响。显然，西部地区优势无论是自生的发展，还是以承接产业转移为主的外置式发展，关联产业发展是必不可少的。进行关联产业配套，需要处理好以下几个问题：

（1）以优势产业为核心，依据前向联系、后向联系和侧向联系以及区域的具体情况，选择和发展优势产业配套的各个关联产业，为优势产业发展提供配套能力保障。

（2）以优势产业发展为起点，尽量延长产业链条。这样，既有利于区域资源的综合利用，提高资源的利用效率，提升附加值，又可以在优势产业与关联产业之间形成合理的分工、协作关系，提高协作能力。

（3）根据所确定的优势产业发展规模和优势变化特点，积极利用市场机制和科学的规划、计划、管理等手段，引导关联产业以适度的规模发展。优势产业的发展往往是大规模的生产，对规模经济有较高的要求。相应地，关联产业也需要达到相应的规模，才能与优势产业在数量关系方面求得协调。

（4）根据优势产业的空间布局状况，合理布局关联产业。保证优势产业与关联产业在空间上通过合理布局而获得良好的集聚经济效益和外部性，同时，又避免因过度集中、布局无序而造成的集聚不经济，防止因布局不合理而导致优势产业与关联产业之间陷入相互限制的局面。

（5）按照自愿和互惠互利的原则，促成关联产业与优势产业之间建立起较紧密的企业组织联系，形成大、中、小不同层次和不同功能的企业的合理组合，避免关联产业之间重复建设、过度竞争。同时，促成优势产业与关联产业之间形成较为稳定的技术联系，从而保障区域优势产业的顺利发展。

第四章　西部地区优势产业识别

西部大开发以来，西部地区的产业发生了较大的变化，从两维视角审视西部地区的优势产业，才能全面地识别西部优势产业。一方面，以西部为参照系，从主导产业视角识别西部地区优势产业；另一方面，以全国为参照系，从动态比较优势中识别出西部地区优势产业。然后，将两方面进行综合，识别出西部地区优势产业。

第一节　数据修正与统计分析

一、数据来源及分布特征

1999 年、2010 年西部 36 个产业的数据来自《中经网数据库》。图 4－1

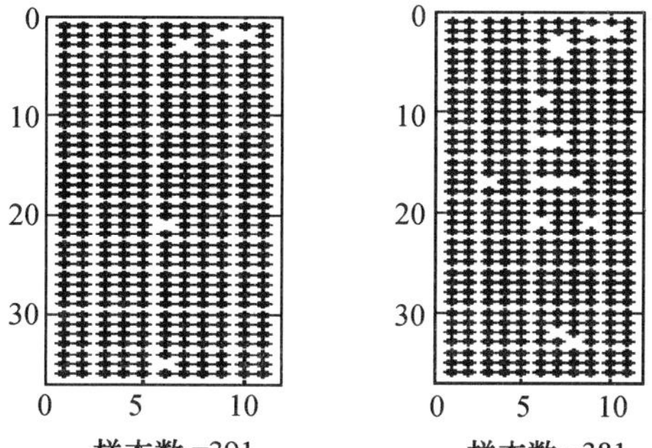

图 4－1　1999 年、2010 年西部 11 个地区 36 个产业的数据分布结构

为以 B 类产业、C 类产业和 D 类产业排列为纵坐标，以西部地区按云南、重庆、新疆、四川、陕西、青海、宁夏、内蒙古、贵州、广西、甘肃排序为横坐标形成的 1999 年和 2010 年数据结构。1999 年的样本数据为 391 个，2010 年的样本数据为 381 个，相隔十年，西部有些地区的产业已经退出，样本数有所减少。

二、数据修正

在区域产业体系中，某一产业的经济活动会对其他产业的经济活动产生影响。但是由于产业在产业链中的位置不同，所以产业的关联效应明显不同。凡是关联度大的产业，它对其他产业的依存和拉动作用也大。对于优势产业，由于其能发生较强的带动作用，那么其应是关联效应较强的产业。产业关联效应强弱成为识别优势产业的一个重要基准。

如何体现关联效应准则，这是区域优势产业识别中的重要问题。关联理论又称投入产出理论，侧重于研究产业之间的中间投入和中间产出之间的关系，这主要由列昂惕夫的投入产出法解决。我们借用空间计量经济学中的方法，通过用西部地区投入产出表对其产业产值进行修正，经修正后产业产值已隐含着产业关联效应。

我们采用的是 2002 年、2007 年我国发布的地区投入产出表，但地区投入产出表中的工业产业数相对较少。为了与 36 个产业相对应，我们以 2002 年、2007 年全国的投入产出表对西部 11 个地区（不含西藏）投入产出表进行扩展。然后，以式（3-12）计算，得到 2002 年、2007 年西部 11 个省区的 36 个产业关联矩阵 W，图 4-2 所展示的仅是 2007 年西部 11 个地区关联矩阵的结构。

三、西部地区工业产值与关联值相关性

表 4-1 报告的是，以式（3-12）用 2002 年和 2007 年经过修正的 11 个西部地区投入产出表分别对 1999 年和 2010 年西部地区 36 个产业计算的关联产值的描述性统计。

从平均值看，1999~2010 年西部地区产业规模位次发生了一些变化。四川稳居西部地区首位，贵州、宁夏和青海，分别位居第九、第十和第十一位，广西由第三位下降到第四位，云南由第二位下降到第五位，甘肃由

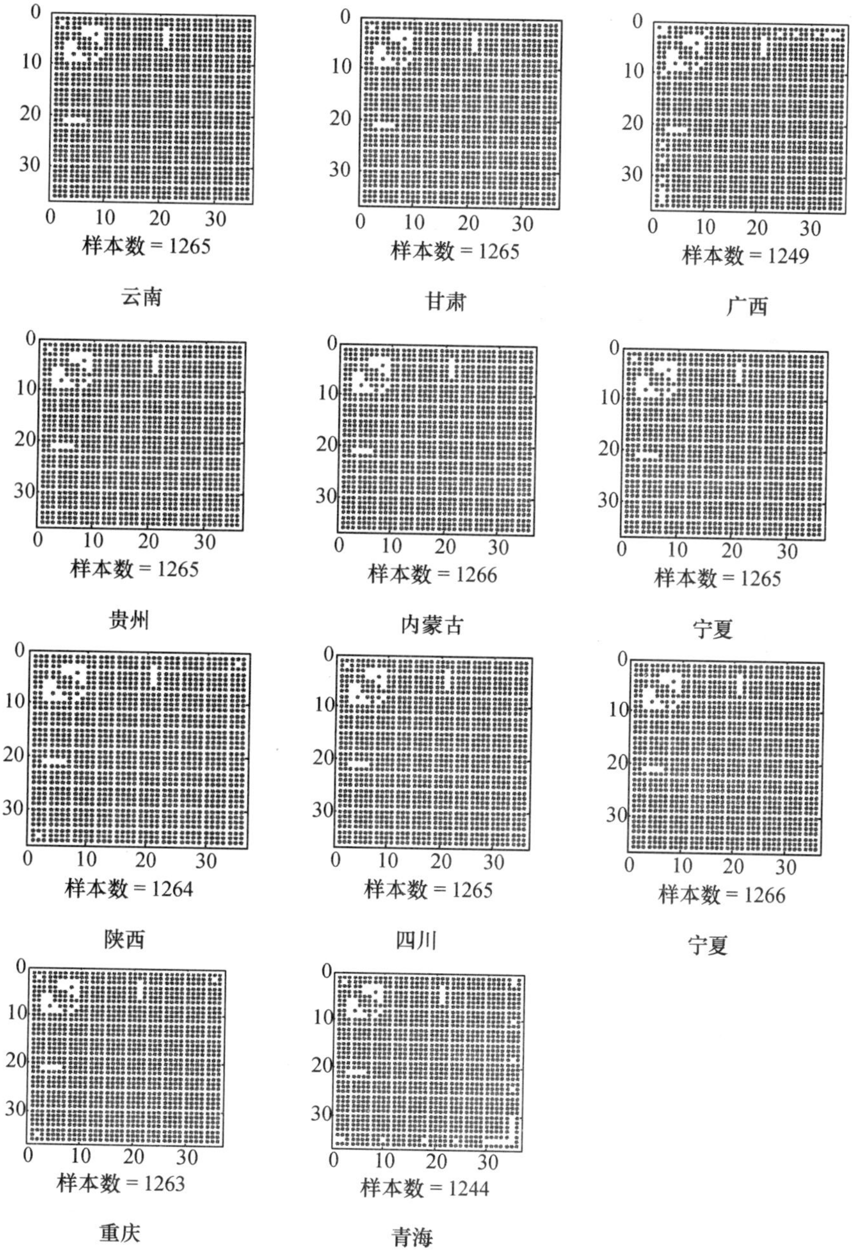

图 4－2　2007 年西部 11 个地区关联矩阵结构

第六位下降到第八位，陕西由第四位上升第三位，内蒙古由第七位上升到第二位。地区产业规模的位次变化一定程度上反映出各地优势产业发展变化。位次下降的地区说明其优势产业发生衰退，位次上升的地区则是其优势产业在增强。

以极商（最大值/最小值）看，1999 年极商前三位依次是云南、青海和贵州，后三位依次是重庆、广西和四川；2010 年极商前三位依次是青海、云南和新疆，后三位依次是陕西、广西、四川。从极商增量看，云南、贵州、四川三地依次有不同幅度下降，其他地区有不同幅度增加，以青海上升幅度最大，其次依次是甘肃、新疆、宁夏。很明显，西部地区产业两极分化加强，这意味着，优势产业在加强，劣势产业在衰退。这说明，西部地区内部产业在发生分化，其中，云南、青海最突出，广西、四川变化不大。

表 4－1　1999 年、2010 年西部地区 36 个产业值关联产值（W×GOV）的描述性统计

单位：亿元

地区	1999 年				2010 年			
	平均值	最大值	最小值	标准差	平均值	最大值	最小值	标准差
云南	29.03	336.13	5.72	54.02	126.53	760.91	20.17	127.78
重庆	19.01	56.12	7.14	9.00	123.05	609.24	31.48	97.67
新疆	16.47	59.50	3.06	13.97	98.85	537.56	16.86	101.59
四川	55.42	114.14	18.87	22.00	342.53	601.91	126.19	132.94
陕西	24.20	40.19	4.77	8.77	154.37	362.97	28.72	81.06
青海	3.52	9.95	0.50	2.19	25.99	75.88	0.28	17.93
宁夏	4.68	7.85	0.99	1.90	30.14	60.61	3.09	14.03
内蒙古	17.05	45.93	5.39	9.12	202.34	566.82	34.86	120.03
贵州	13.77	69.94	3.57	10.80	71.78	175.28	12.00	37.61
广西	27.12	74.64	10.86	12.73	140.84	340.20	36.00	71.90
甘肃	18.09	49.17	5.31	9.68	88.23	381.27	12.91	74.33

以变异系数（标准差/平均值）看，1999 年变异系数前三位依次是云南、新疆和贵州，后三位依次是重庆、广西、四川；2010 年变异系数前三位依次是新疆、云南和甘肃，后三位依次是广西、宁夏、四川。从变异系数增量看，云南、贵州、四川三地依次有不同幅度下降，其他地区有不同

程度增加，以青海上升幅度最大，其次依次是重庆、甘肃、新疆。很明显，西部地区产业分化加强，优势产业集聚性在加强。这意味着，西部地区产业集聚性在发生分化，其中云南、青海产业分化最突出，广西、四川变化不大，产业两极分化较小。

四、西部地区工业产值与关联值的相关性

当计算出1999年和2010年西部地区36个产业关联产值后，就可以检验西部地区产业户值（GOV_i）与其关联产值（$WGOV_i$）之间的相关系数。计算公式为：

$$r_{(GOV,WGOV)} = \frac{\sum_{i=1}^{n}(GOV_i - \overline{GOV_i})(WGOV_i - \overline{WGOV_i})}{\sqrt{\sum_{i=1}^{n}(GOV_i - \overline{GOV_i})^2 \sum_{i=1}^{n}(WGOV_i - \overline{WGOV_i})^2}} \quad (4-1)$$

式（4-1）中，对36个地区来说，$n=36$，自由度为35。因此，在0.5%的显著性水平上，当$r>0.323$，则自相关性显著，当$r<0.3323$，则自相关性不显著；在0.1%的显著性水平上，当$r>0.418$，则为强自相关性。

从表4-2可以看出，1999年、2010年西部11个地区36个产业产值与其关联产值具有显著的相关性。具体地，西部11个地区36个产业产值与关联产值的相关性在0.5%的水平上显著，其中，云南、重庆、新疆、四川、陕西和广西在0.1%的水平上显著。

表4-2　1999年、2010年西部地区36个工业的产值关联自相关系数

地区	1999年	2010年	地区	1997年	2010年	地区	1997年	2010年
云南	0.9397	0.6348	陕西	0.6231	0.5410	贵州	0.6432	0.3569
重庆	0.6541	0.8886	青海	0.3681	0.4163	广西	0.5955	0.5036
新疆	0.5634	0.8545	宁夏	0.5359	0.3666	甘肃	0.6719	0.3982
四川	0.4411	0.5800	内蒙古	0.4037	0.5664			

1999年，自相关系数前三位依次是云南、甘肃和重庆，后三位依次是四川、内蒙古、青海；2010年，自相关系数前三位依次是重庆、新疆和云南，后三位依次是甘肃、宁夏、贵州。这说明，西部地区产业关联效应在

发生变化，有较大差异。从自相关系数增量看，新疆、重庆、内蒙古、四川、青海依次有不同幅度上升，云南、贵州、甘肃、宁夏、广西、陕西依次有不同幅度下降，以云南、青海上升幅度最大。很明显，西部地区产业联系分化明显。这意味着，优势产业在发生交替。

第二节　基于主导产业理论的西部地区优势产业识别（A）

一、西部地区优势产业识别

在进行西部地区优势产业识别时，先根据式（3－13）、式（3－14）计算出边际贡献率 AC_i 和 MC_i，然后根据式（3－9）、式（3－10）和式（3－11）分别计算出比较发展优势指标 CDA_i、比较规模优势指标 CSA_i、结构竞争力指标，然后得到西部地区的四类产业分类与结构。由于西藏没有2002年、2007年投入产出表，没能考虑产业关联效应，仅以式（3－7）～式（3－11）直接计算。

1. 主导产业群（ⅠA 群）

表4－3报告的是以1999年、2010年的数据计算，以图3－7识别的西部地区主导产业。可以看出，西部12个地区主导产业群的产业构成差别较大。

从表4－3统计，ⅠA 群的产业上榜次数为119次。进一步按四类产业细分：①B类产业。上榜30次，占上榜产业总数的25%，其中，B6为7次，B7为3次，B8为9次，B9为10次，B10为1次。②CL类产业。上榜50次，占上榜产业总数的42%，其中C13为1次，C14为2次，C15为2次，C18为1次，C21为1次、C22为1次、C23为1次，C24为1次、C25为6次，C26为5次，C27为2次，C28为1次，C29为2次，C31为6次，C32为9次、C33为9次。③CH类产业。上榜33次，占上榜产业总数的28%，其中C34为8次，C35为7次，C36为5次、C37为4次，C39为8次，C41为1次。④D类产业。上榜6次，占上榜产业总数的5%，其中

D44 为 2 次，D46 为 4 次。从上榜次数上看，西部地区主导产业以低端制造业为主，采掘业和低端制造业相当，而 D 类产业最少。

表 4－3　1999～2010 年西部地区主导产业群（ⅠA 群）

地区	主导产业	数目
云南	B6、B8、B9、C25、C32、C33、C34、C39	8
重庆	B8、C29、C31、C32、C33、C35、C36、C37	8
新疆	B7、B9、C26、C32、C33、C35、C39、D46	8
四川	B6、C13、C14、C21、C22、C23、C24、C31、C32、C34、C35、C37、C39	13
陕西	B7、B8、B9、C25、C26、C28、C29、C32、C35、C36、D46	11
青海	B6、B9、C25、C26、C31、C33、C34、C41、D44	9
宁夏	B8、B9、C18、C25、C26、C31、C32、C33、C34、C39、D46	11
内蒙古	B6、B8、B9、C14、C25、C32、C33、C34、C35、C36、C39、D44	12
贵州	B6、B8、B9、C15、C25、C26、C27、C31、C32、C33、C34、C35、C36、C39、D46	15
广西	B6、B8、B9、C31、C33、C34、C35、C36、C37、C39	10
甘肃	B6、B7、B8、B9、C32、C33、C34、C37、C39	9
西藏	B8、B9、B10、C15、C27	5

2. 先导产业群（ⅡA 群）

表 4－4 报告的是以 1999 年、2010 年数据计算的西部地区先导产业。很明显，西部 12 个地区先导产业群的产业差别也很大，云南多达 15 个，四川有 13 个，西藏仅有 1 个。

从表 4－4 统计，ⅡA 群的产业上榜次数为 76 次。进一步按四类产业细分：①B 类产业。上榜 9 次，占上榜产业总数的 12%，其中，B6 为 1 次，B7 为 4 次，B8 为 3 次，B9 为 0 次，B10 为 1 次。②CL 类产业。上榜 30 次，占上榜产业总数的 39%，其中 C14 为 2 次、C20 为 4 次，C25 为 2 次，C26 为 2 次，C27 为 4 次、C29 为 3 次、C30 为 3 次、C31 为 5 次、C13、C16、C17、C19、C21 各 1 次。③CH 类产业。上榜 15 次，C2 类产业占上榜产业总数的 20%，其中 C34 为 3 次、C35 为 1 次、C36 为 1 次、C37 为 3 次、C39 为 2 次，C40 为 2 次、C41 为 3 次。④D 类产业。上榜 22 次，占上榜产业总数的 29%，其中 D44 为 8 次、D45 为 8 次、D46 为 6 次。不难看出，西部地区先导产业以低端制造业和 D 类产业为主，两者共占 68%。

表 4－4　1999～2010 年西部地区先导产业群（ⅡA 群）

地区	先导产业	数目
云南	B7、B10、C26、C27、C29、C30、C31、C35、C36、C37、C40、C41、D44、D45、D46	15
重庆	C25、C34、D45、D46	4
新疆	B8、C31、C34、D44、D45	5
四川	B7、B8、C17、C19、C20、C25、C26、C27、C39、C41、D44、D45、D46	13
陕西	B6、C34、C37、C39、D44、D45、C31	7
青海	B7、B8、C27、C29、C30、D45	6
宁夏	C27、D44	2
内蒙古	B7、C20、C29、C31、C37、C41、D45、D46	8
贵州	C13、C14、C20、C21、C30、D44、D45	7
广西	C20、C40、D44、D46	4
甘肃	C16、C31、D44、D46	4
西藏	C14	1

3. 劣势产业群（ⅢA 群）

表4－5 报告的是以 1999 年、2010 年数据计算的西部地区劣势产业。很明显，西部 12 个地区劣势产业群的产业类别及个数差别都很大，重庆多达 20 个，四川仅有 4 个。

从表 4－5 统计，ⅢA 群的产业上榜次数为 174 次。B 类产业、CL 类产业、CH 类产业、D 类产业分别为 7 次、141 次、20 次和 6 次，CL 类产业数占 81%。具体地：①B 类产业中，B6 为 3 次、B7 为 3 次、B10 为 1 次。②CL 类产业中，C13 为 8 次、C14 为 7 次、C15 为 9 次、C16 为 8 次、C17 为 11 次、C18 为 10 次，C19 为 11 次、C20 为 8 次、C21 为 10 次、C22 为 10 次、C23 为 11 次、C24 为 10 次、C26 为 3 次、C27 为 5 次，C28 为 8 次，C29 为 4 次、C30 为 6 次、C33 为 2 次。③CH 类产业中，C34 为 1 次，C35 为 1 次、C37 为 3 次、C40 为 8 次、C41 为 7 次。④D 类产业，D44 为 1 次、D45 为 3 次、D46 为 2 次。不难看出，西部地区制造业尤其是低端制造业衰退比较严重，高端制造业中的 C41、C40 衰退也较为明显。

表 4－5　1999～2010 年西部地区劣势产业群（ⅢA 群）

地区	劣势产业	数目
云南	C13、C14、C15、C17、C18、C19、C20、C21、C22、C23、C24、C28	12
重庆	B6、B7、C13、C14、C15、C16、C17、C18、C19、C20、C21、C22、C23、C24、C26、C27、C28、C40、C41、D44	20
新疆	B6、B10、C13、C14、C15、C16、C17、C19、C20、C21、C22、C23、C24、C27、C29、C30、C37、C40、C41	19
四川	C16、C18、C28、C29	4
陕西	C13、C14、C15、C16、C17、C18、C19、C20、C21、C22、C23、C24、C33、C40、C41	15
青海	C13、C14、C15、C16、C17、C18、C19、C20、C21、C22、C23、C24、C40、D46	14
宁夏	C13、C14、C15、C16、C17、C19、C20、C21、C22、C23、C24、C28、C30、C40、C41、D45	16
内蒙古	C15、C16、C17、C18、C19、C21、C22、C23、C24、C27、C28、C30、C40	13
贵州	B7、C17、C18、C19、C22、C23、C24、C28、C37、C40、C41	11
广西	B7、C15、C16、C17、C18、C19、C21、C22、C23、C24、C26、C27、C28、C29、C30、C41、D45	17
甘肃	C13、C14、C15、C17、C18、C19、C20、C21、C22、C23、C24、C27、C28、C29、C30、C40、C41、D45	18
西藏	B6、C18、C21、C30、C33、C34、C35、C19、C37、C17、C26、C23、C13、D46、C20	15

4. 支柱产业群（ⅣA 群）

同样，以 1999 年、2010 年数据计算，西部地区支柱产业差别较为明显。西部 12 个地区中，四川、青海和宁夏多达 7 个，云南仅有 1 个，为烟草加工业（见表 4－6）。

从表 4－6 统计，ⅣA 群的产业上榜次数为 51 次。其中，B 类产业、CL 类产业、CH 类产业、D 类产业分别上榜 13 次、24 次、13 次和 1 次，分别占总数的 25%、47%、25% 和 2%。具体地：①B 类产业中，B6 为 1 次、B7 为 1 次，B9 为 2 次、B10 为 9 次；②CL 类产业中，C13 为 2 次、C14 为 1 次、C15 为 1 次、C16 为 2 次、C18 为 1 次、C25 为 3 次、C26 为 2 次，C30 为 3 次、C18 为 1 次、C27 为 1 次、C28 为 2 次、C29 为 2 次、C30 为 3

次、C31 为 1 次、C32 为 2 次、C33 为 1 次；③CH 类产业中，C35 为 3 次、C36 为 5 次、C37 为 2 次、C39 为 2 次、C40 为 1 次；④D 类产业中，D44 为 1 次。不难看出，西部地区支柱产业主要是低端制造业。

表 4－6　1999～2010 年西部地区支柱产业群（ⅣA 群）

地区	支柱产业	数目
云南	C16	1
重庆	B9、B10、C30、C39	4
新疆	C18、C25、C28、C36	4
四川	B9、B10、C15、C30、C33、C36、C40	7
陕西	C30、B10、C27	3
青海	B10、C28、C32、C35、C36、C37、C39	7
宁夏	B6、B7、B10、C29、C35、C36、C37	7
内蒙古	B10、C13、C26	3
贵州	B10、C16、C29	3
广西	B10、C13、C14、C25、C32	5
甘肃	B10、C25、C26、C35、C36	5
西藏	C31、D44	2

二、西部地区四类产业群结构

以表 4－3 至表 4－6 中产业计算，1999～2010 年西部地区主导产业群、先导产业群、劣势产业群和支柱产业群结构发生较大变化（见表 4－7）。总体上，1999～2010 年，主导产业群（ⅠA）的比重大幅上升，平均上升 13.10 个百分点，主导能力明显提升；先导产业群（ⅡA 群）的比重平均小幅上升 2.12 个百分点，优势明显上升；而支柱产业群（ⅣA 群）的比重平均下降 6.54 个百分点，支柱能力明显下降；劣势业群（ⅢA 群）的比重平均下降 8.67 个百分点，在加速退出。

表4-7 1999年、2010年西部地区四类产业群结构（A）

单位：%

地区	1999年				2010年			
	ⅠA群	ⅡA群	ⅢA群	ⅣA群	ⅠA群	ⅡA群	ⅢA群	ⅣA群
云南	20.4086	25.8463	21.3056	32.4396	36.2898	33.2412	14.0520	16.4170
重庆	30.0992	7.6515	47.0099	15.2394	42.0151	8.9167	35.0864	13.9817
新疆	31.5387	5.9797	33.6419	28.8397	44.4494	7.9794	25.4714	22.0998
四川	37.2122	22.9704	10.0286	29.7889	38.7016	26.5919	7.6651	27.0414
陕西	35.3345	12.8676	39.6590	12.1388	49.0521	15.2603	27.0346	8.6530
青海	37.9632	13.0305	20.3061	28.7002	43.3695	14.9468	14.8199	26.8639
宁夏	35.8162	3.9071	31.7359	28.5408	43.8581	4.2019	26.5147	25.4253
内蒙古	45.2686	15.7084	27.7562	11.2668	53.3622	18.4459	17.8111	10.3808
贵州	46.2600	12.0428	20.3852	21.3120	58.2318	13.6326	16.3054	11.8303
广西	28.9788	7.9507	38.0217	25.0487	40.4143	8.9118	30.1987	20.4752
甘肃	37.2705	8.3185	33.3291	21.0818	50.2453	9.2955	22.7746	17.6846
西藏	27.7081	1.2543	30.5587	40.4789	74.4558	1.6789	9.7045	14.1608

进一步看，由于产业优势变迁，西部各地四分类产业的结构也有明显差异。1999～2010年，ⅠA群的比重上升幅度前三位分别是西藏、云南和陕西，分别上升46.75个百分点、15.88个百分点和13.72个百分点；上升幅度后三位分别是宁夏、青海和四川，分别上升8.04个百分点、5.41个百分点和11.49个百分点。ⅡA群的比重上升幅度前三位分别是云南、四川和陕西，分别上升7.39个百分点、3.62个百分点和2.74个百分点；上升幅度后三位分别是广西、西藏和宁夏，分别上升0.96个百分点、0.42个百分点和0.29个百分点，上升较慢。ⅣA群的比重下降幅度前三位分别是西藏、云南和贵州，分别下降26.32个百分点、16.02个百分点和9.48个百分点；下降幅度后三位分别是青海、重庆和内蒙古，分别只下降1.84个百分点、1.261个百分点和0.89个百分点，其抗下降能力较强。ⅢA群比重下降幅度前三位分别是西藏、陕西和重庆，分别下降20.85个百分点、12.62个百分点和11.92个百分点，下降幅度后三位分别是宁夏、贵州和四川，分别只下降5.22个百分点、4.08个百分点和2.369个百分点。可以看出，西藏的产业交替较强，而四川的产业优势分化和重组很平稳，产业结构没有剧烈变化。

三、西部地区战略产业群结构

对一个区域来说，主导产业（IA 群）的优势地位居首位，其次是支柱产业（ⅣA 群）。主导产业的增长优势和规模优势不断上升，而支柱产业虽然具有规模优势，却是衰退的产业。一般而言，两类产业的比重在 60% 以上，有的高达 80%。主导产业和支柱产业是长周期产业，由于它们对国民经济起全局性和长期性的重要作用，因而，有的学者把它们统称为战略产业（方甲，1997）。

从主导产业（ⅠA 群）可看出，12 个地区主导产业中都有 B 类产业，而且 B 类产业的比重都有不同幅度上升，同样地，12 个地区主导产业中都有 CL 类产业，除四川主导产业中 CL 类产业比重有所下降外，其他 11 个地区的主导产业中的 CL 类产业比重有不同幅度上升；除西藏外，其他 11 个省区主导产业中都有 CH 类产业，而且都有不同幅度上升；D 类产业还是新疆、四川、陕西、青海、宁夏、内蒙古和贵州的主导产业（见表 4－8）。从平均值看，1999 年西部地区主导产业群的 B 类产业、CL 类产业、CH 类产业和 D 类产业比重分别为 10.787%、13.286%、8.680% 和 1.286%，2009 年分别为 16.85%、18.08%、11.72% 和 1.84%，1999～2010 年四类产业上升幅度分别为 6.06 个百分点、4.79 个百分点、3.05 个百分点和 0.56 个百分点。显然，无论是所占比重，还是上升幅度，西部地区主导产业以低端制造业和矿业为主导，高端制造业的主导能力比较弱。这说明西部地区产业结构水平较低，高端制造业不占主导优势。

再从支柱产业（ⅣA 群）看，西部地区支柱产业中分布最广的是 CL 类产业，12 个地区都有其分布；其次是 B 类产业，除云南、新疆和西藏外，其他西部各地的支柱产业中都有 B 类产业；CH 类产业分布在重庆、新疆、四川、甘肃、宁夏、青海地区支柱产业中，主要在西北片区；D 类产业只分布于四川和西藏支柱产业中（见表 4－8）。从平均值看，1999 年，西部地区支柱产业中的 B 类产业、CL 类产业、CH 类产业和 D 类产业的比重分别为 4.34%、14.45%、4.27% 和 1.52%，2010 年四类产业比重分别为 3.89%、9.03%、4.22% 和 1.88%，1999～2010 年 B 类产业、CL 类产业、CH 类产业比重分别下降 0.45 个百分点、5.41 个百分点、0.40 个百分点，D 类产业比重上升 0.36 个百分点。显然，CL 类低端制造业在西部支柱产业中比重最大，下降幅度也最大。

表4-8　1999年、2010年西部地区战略产业群的产业结构

单位:%

地区	产业	1999年				2010年			
		B类	CL类	CH类	D类	B类	CL类	CH类	D类
云南	ⅠA群	7.8265	7.5499	5.0321		14.7338	12.8576	8.6984	
	ⅣA群		32.4396				16.4170		
重庆	ⅠA群	2.3698	12.6941	15.0352		3.8501	15.8103	22.3547	
	ⅣA群	8.6888	3.0168	3.5338		7.8891	3.0035	3.0892	
新疆	ⅠA群	13.0525	10.9730	4.8743	2.6390	21.5869	13.7118	6.2242	2.9265
	ⅣA群		24.1040	4.7357			17.9635	4.1363	
四川	ⅠA群	2.6877	22.4104	9.6318		3.1101	22.0806	10.5690	2.6877
	ⅣA群	8.9792	14.0290	6.7806		8.3686	12.4120	6.2608	8.9792
陕西	ⅠA群	8.4327	15.1813	9.2321	2.4884	14.0443	21.8027	10.0718	3.1333
	ⅣA群	3.7333	8.4055			3.5122	5.1409		
青海	ⅠA群	11.8215	15.9999	7.5647	2.5771	12.5206	19.6482	8.1582	3.0426
	ⅣA群	3.5551	8.5472	16.5978		3.4279	7.9741	15.4618	
宁夏	ⅠA群	6.9447	19.0428	6.8079	3.0208	9.3177	23.5913	7.4617	3.4874
	ⅣA群	11.3485	4.5769	12.6154		10.9525	3.4215	11.0513	
内蒙古	ⅠA群	13.1824	16.2787	10.3314	2.5656	16.3843	18.8641	11.1283	3.1832
	ⅣA群	3.2673	7.9996			2.8144	7.5664		
贵州	ⅠA群	10.9032	20.8065	12.4153	2.1351	14.1847	25.8532	14.4718	3.7221
	ⅣA群	3.8939	17.4181			3.2619	8.5684		
广西	ⅠA群	9.2638	5.5974	14.1176		13.4892	8.8929	18.0322	
	ⅣA群	4.5882	20.4605			3.6528	16.8225		
甘肃	ⅠA群	19.9212	8.2262	9.1231		28.2329	10.1637	11.8487	
	ⅣA群	3.9811	10.1404	6.9603		2.7963	8.4789	6.4095	
西藏	ⅠA群	23.0331	4.6750			50.7629	23.6929		
	ⅣA群		22.2349		18.2440		0.6339		13.5269

四、西部地区优势产业竞争力指数

表4-9报告的是以式（3-11）计算的1999~2010年西部12个地区的

产业结构竞争力指数。可以看出，西部各地结构竞争力前十强的产业构成有明显的差异，横向上看，F1～F10 的产业构成也有明显的差异。西藏的 B9 的结构竞争力指数最高，为 418.7，其次是新疆的 B7、云南的 C16、重庆的 C37、甘肃的 B7，其结构竞争力指数超过 140，而西藏的 C23 的结构竞

表 4－9 1999～2010 年西部 12 个地区前十个结构竞争力产业及指数

地区		F1	F2	F3	F4	F5	F6	F7	F8	F9	F10
云南	产业	C16	B9	C33	C39	B8	C25	C34	B6	C32	D44
	F 值	228.3	45.3	26.5	20.9	20.6	18.9	18.3	14.0	12.8	8.9
重庆	产业	C37	C35	C32	C29	B10	C33	B8	B9	C36	C31
	F 值	187.8	26.4	19.9	18.3	17.5	16.3	15.0	13.6	13.4	9.6
新疆	产业	B7	C25	B9	C28	C26	C33	C36	C32	C18	C35
	F 值	235.1	77.8	41.5	31.6	30.0	20.6	17.0	14.1	10.7	10.3
四川	产业	C13	B9	C15	C33	C14	C39	C35	C36	B10	C31
	F 值	24.1	23.8	21.4	21.1	17.5	16.6	13.0	12.6	12.1	11.3
陕西	产业	B7	C32	C36	C35	C26	C25	B9	C33	C29	B10
	F 值	43.1	28.9	25.8	25.1	22.5	21.7	18.9	14.4	13.9	12.3
青海	产业	B9	C33	C25	C39	C34	B8	C32	B6	C26	C36
	F 值	63.2	39.1	34.0	25.9	23.8	22.8	22.2	21.0	17.0	13.2
宁夏	产业	B9	C32	C35	B6	C26	C33	C39	C25	B8	C34
	F 值	31.0	23.2	18.7	18.0	17.2	17.0	15.4	14.5	14.5	12.6
内蒙古	产业	B9	C33	C39	C14	B6	C13	C32	B8	C34	C25
	F 值	59.2	39.1	24.1	23.3	22.9	22.6	17.4	15.5	14.5	13.2
贵州	产业	B9	C33	C16	B6	C35	C39	C15	C27	D46	C32
	F 值	46.7	31.3	22.9	19.3	19.0	17.4	15.0	14.3	14.2	12.3
广西	产业	B9	C13	C33	C14	C39	B10	C35	B6	C37	C34
	F 值	45.8	33.7	33.3	22.1	21.8	13.1	12.7	12.2	12.2	11.5
甘肃	产业	B7	B9	C33	C32	B8	C25	C39	C34	B6	C26
	F 值	141.6	66.5	28.3	24.2	23.7	23.4	21.2	19.6	13.0	12.7
西藏	产业	B9	B10	D44	C27	C15	B8	C20	D46	C14	C23
	F 值	418.7	398.5	176.2	150.2	142.7	126.2	5.2	4.0	2.9	2.2

争力系数仅为2.2，其他地区F10的产业结构竞争力系数为8~14。进一步计算，从地区前十位的产业结构竞争力极商（F1/F10）看，前三位是西藏、云南、新疆，依次分别悬殊190倍、26倍和23倍，而后三位为陕西、宁夏和四川，依次分别悬殊3.5倍、2.4倍和2.1倍。这说明，西藏、云南、新疆的优势产业分布较集中，而陕西、宁夏和四川的产业优势配置比较均衡，没有很突出的优势产业。

从横向看，F1产业中，B类产业有9个，其中，B7有3个，B9有6个。除云南、四川分别为C13、C15，为低端制造业，重庆为C37，为高端制造业外，其他9个地区都为B类产业。显然，在西部，高端制造业不是优势最强的产业。从F2看，除重庆为C35外，其他11个地区的F2产业为低端制造业和B类产业。

对表4-9进一步统计，结果表明：B类产业上榜34次，其中，B6有7次，B7有3次，B8有7次，B9有12次，B10有5次；CL类产业上榜54次，其中，C25有7次，C32有9次，C33有11次；CH类产业上榜28次，其中，C34有6次，C35有7次，C36有5次，C37有2次，C39有8次；D类产业上榜4次，D44、D46各27次。B类产业、CL类产业、CH类产业和D类产业上榜比重分别为28%、45%、23%和3%。显然，西部地区占优势的高端制造业的频数超不过四成，西部地区优势产业仍以B类产业、CL类产业和D类产业为主。

五、西部优势产业识别

把西藏与经过修正的11个西部地区1999年和2010年的36个产业产值数据集合成来，再经式（3-7）~式（3-10）计算，得到西部的四个产业群（见表4-10）。

表4-10 1999~2010年西部四个产业群

产业群	产业	数目
ⅠA群	B6、B7、B8、B9、C25、C26、C32、C33、C34、C35、C36、C37、C39	13
ⅡA群	C20、C29、C31、C41、D44、D45、D46	7
ⅢA群	C15、C17、C18、C19、C21、C22、C23、C24、C27、C28、C30、C40	12
ⅣA群	B10、C13、C14、C16	4

从表 4－10 看，在 13 个主导产业中，B 类产业有 4 个，分别为 B6、B7、B8、B9；CL 类产业有 4 个，分别为 C25、C26、C32、C33；CH 类产业有 4 个，分别为 C35、C36、C37、C39。在四个支柱产业中有一个 B 类产业，其他是低端制造业。可以看出，在西部战略产业中没有 D 类产业。

1999～2010 年西部四分类工业结构发生了较大变化。1999 年西部ⅠA 群、ⅡA 群、ⅢA 群和ⅣA 群的比重分别为 41.15%、13.50%、27.36% 和 17.99%，2010 年为 50.84%、15.46%、20.90% 和 12.81%；1999～2010 年，ⅠA 群、ⅡA 群的比重分别上升 9.69 个百分点和 1.95 个百分点，ⅢA 群和ⅣA 群的比重分别下降 6.46 个百分点和 5.18 个百分点。主导产业群的主导力量大幅增强，支柱产业群的支柱力量有较大幅度回落，劣势产业群大幅度衰退，先导产业群的主导力量有所上升。

进一步，从西部主导产业产值构成看，B 类产业、CL 类产业和 CH 类产业的产值比重 1999 年分别为 12.68%、9.40% 和 12.65%，2010 年分别为 16.78%、15.98% 和 14.86%；1999～2010 年，B 类产业、CL 类产业和 CH 类产业分别上升了 4.10 个百分点、6.58 个百分点和 2.21 个百分点。西部主导产业中高端制造业上升幅度最小，2010 年高端制造业比例已小于 B 类产业和 CL 类产业，主导力量减弱。

以式（3－11）计算，1999～2010 年西部结构竞争力指数十强产业分别为 B9、C33、B7、C39、C25、C32、C35、C37、C13、C36。其中，B 类产业占两个，CL 类产业有 4 个，CH 类产业有 4 个。B9 的结构竞争力指数为 35.60，而 C36 的结构竞争力指数为 12.03，两者有三倍的悬殊。这说明，西部优势产业中 B 类产业仍占有重要地位，产业结构水平还处在低级水平。

第三节　基于比较优势周期理论的西部地区优势产业识别（B）

一、基于全国参照系的西部地区优势产业静态识别

以 1999 年和 2010 年西部 12 个地区和全国 36 个产业产值数据，根据

式（3－15）中计算得出1999年、2010年西部12个静态比较优势指数，并将比较优势指数大于1的产业从大到小排列，得表4－11。

表4－11 1999年、2010年西部地区比较优势产业及贡献率

单位：%

地区	1999年		2010年	
	产业	贡献率	产业	贡献率
云南	C16、B9、C32、C23、D45、B8、C26、C33、D44、C20、C13	74.79	C16、B9、C32、C31、B8、D44、C23、C26、D45、C33、D46、C27	77.81
重庆	C37、C41、C16、C27、D45、B6、C26、C28、C32、C33、C35、C29、C31、C15	71.81	C37、D45、C16、C27、C32、D46、B10、C23、C41、C31、B6、D44	61.63
新疆	B7、C25、C17、B6、C13	65.59	B7、C25、B8、B9、C33、C14、C28	69.12
四川	C15、C40、C33、B10、C27、D45、C13、C31、C22、C23、B6、C16、C26、C35	67.52	C15、D45、C27、C13、C31、C23、C21、B6、C36、B10、B7、D46、B9、C35、C19、C14、B8、C26、D44、C16、C33	70.02
陕西	B9、C27、C40、C23、C16、B6、C41、C37、D44、C36、C39	53.81	B7、B6、C25、B9、C15、C16、C37、C27、C32、D44、C36、C23	70.63
青海	C32、B9、B7、C33、D44、B10、C35、D46	70.99	B9、B7、C32、D44、C26、C31、B6、C33	84.37
宁夏	C29、B6、C32、D44、C25、C35、C22、C26、B7、C14、C36	76.86	B6、C33、D44、C29、C25、C22、C14、C26、B10	74.75
内蒙古	B6、B9、C33、B8、D44、D45、C13、B10、C15、C32、C14、C17	68.17	D45、B6、B9、C14、B8、C31、C32、D44、C33、C13	71.52
贵州	C16、C32、C29、B10、B6、D44、C23、C27、C33、C37、C15、C26	76.32	C16、D44、C15、B6、C27、C29、D45、C26、D46、C32、C33、C31、B9	79.19
广西	B9、B8、C32、C13、B10、C14、C20、C22、C31、C27、D46、C23、C16、C37、C26、C35、C15	72.21	B9、C20、C13、D44、C37、C16、C32、C15、C31、C33、C36、B10、C27、D46、C22、B8、C23	79.57
甘肃	C32、B7、B9、C25、D44、C26、B10、B6、C33、C15	70.63	C25、C32、B7、D44、C16、B9、C33、C15、D46、B8、B6	79.67
西藏	B9、B8、B10、D46、C20、C31、C23、D44、C21、C27、C13、C15	85.63	B9、B8、D46、C15、C27、B10、C23、C20、D44、C31、C14	96.32

从表4－11可看出，西部地区比较优势产业是极不均衡的。①广西是比较优势产业数最多的地区，1999年、2010年均为17个产业，而新疆最少，1999年仅为5个产业，2010年上升为7个产业。②从比较优势指数看，各地优势产业强弱不均，差异较大。如云南烟草加工业（C16）是比较优势最强的产业，1999年的RCA值为18.53，2010年为19.04，略有上升，新疆的石油加工及炼焦业（B7）的RCA值1999年为13.32，2010年为14.99，也有所上升；而广西有色金属矿采选业（B9）的RCA值1999年为4.82，2010年为3.01，略有下降，四川饮料制造（C15）的RCA值1999年为2.81，2010年为4.32，略有上升。③地区比较优势产业的位次也发生变化。总体上，西部12个地区中，甘肃、青海、内蒙古、陕西的首位优势产业的位次发生了变化，其他地区虽然首位优势产业的位次没有变化，但其他优势产业的位次也发生了一定的变化，如内蒙古的B10退出优势产业之列，C31进入优势产业之列。④优势产业贡献率也有差异。1999年，西藏、宁夏和贵州优势产业产值比重在75%以上，分别为85.63%、76.86%和76.32%，而四川、新疆、陕西分别仅为67.52%、65.59%和53.81%；2010年，西藏、青海和甘肃优势产业产值比重分别高达96.32%、84.37%和79.67%，而四川、新疆、重庆分别仅为70.02%、69.12%和61.631%。

较为明显的是，西部地区的优势产业尽管差异较大，优势产业位次发生变化，但仍以资源型优势产业为主，其优势地位在西部工业发展中的作用在提升。这意味着，西部产业在向优势产业集聚，非优势产业地位在下降，产业比较优势在分化，优势资源再重组、配置较为明显。

对表4－11中的产业上榜次数进一步统计显示，西部地区的优势产业也有明显变化。1999年总上榜次数为137次，其中，B类产业有30次，B6为8次，B7、B8各4次，B9、B10各7次；CL类产业有75次，C32为8次，C15、C26和C33均为7次，C13、C16、C23和C27均为6次；CH类产业有15次，C35为5次、C36为2次，C37为4次，C40、C41各2次；D类产业有15次，D44为8次，D45为4次，D46为3次。2010年共上榜143次，其中：B类产业有35次，B6为8次，B7为5次，B8为7次，B9为10次，B10为5次；CL类产业有77次，其中C32为9次，C33、C31均为8次，C16和C27均为7次，C15、C23各为6次；CH类产业有8次，C36、C37为3次，C35、C41各为4次；D类产业有23次，D44为11次，D45为

5次，D46为6次。比较1999年和2010年，西部优势产业的总上榜次数有所增加，主要表现在：B类产业增加5次，D类产业增加8次，CL类产业增加1次，而CH类产业却减少7次。这说明，西部低端产业的优势在增强，而高端制造业的优势在衰退。

进一步以西部12个地区总数据计算，1999年和2010年西部比较优势产业分别为12个和17个，分别占全部产业的63.93%和71.33%，优势产业地位明显提升。1999年西部优势产业分别为烟草加工业（C16）、有色金属矿采选业（B9）、有色金属冶炼及加工业（C32）、石油和天然气开采业（B7）、煤炭采选业（B6）、饮料制造（C15）、黑色金属冶炼及压延加工业（C33）、电力生产和供应业（D44）、非金属矿采选业（B10）、印刷业（C23）、医药制造业（C27）、食品加工业（C13）、黑色金属矿采选业（B8）、化学原料及化学制品制造业（C26）、非金属矿物制品业（C31）、煤气生产和供应业（D45）。2010年西部优势产业分别为烟草加工业（C16）、石油和天然气开采业（B7）、有色金属矿采选业（B9）、煤气生产和供应业（D45）、煤炭采选业（B6）、饮料制造（C15）、有色金属冶炼及加工业（C33）、电力生产和供应业（D44）、黑色金属矿采选业（B8）、非金属矿物制品业（C31）、石油加工及炼焦业（C25）、医药制造业（C27）、食品制造业（C14）、食品加工业（C13）、黑色金属冶炼及压延加工业（C33）、交通运输设备制造业（C37）、水的生产和供应业（D46）。1999～2010年，B10、C23、C26退出优势产业，C14、C37、D45进入优势产业之列。

二、西部地区优势产业动态识别

在式（3－16）计算的基础上，再以式（3－17）计算，然后以图3－9中的组合指标进行分类，得到以全国为参照系（B）识别出的西部地区四类优势产业群。

1. 比较优势增强型优势产业群（ⅠB群）

表4－12报告的是以1999年、2010年数据计算出的西部地区比较优势增强型优势产业。可以看出，西部12个地区动态比较优势产业群的差别很大，四川比较优势增强型优势产业多达17个，而青海仅有5个。

表 4－12　1999～2010 年西部地区比较优势增强型优势产业群（ⅠB 群）

地区	产业	数目
云南	C31、B9、C32、D44、C16、D46、C27、B8、C33、C26	10
重庆	D45、C37、B10、D46、C23、D44、C32	7
新疆	C25、B7、B8、B9、C28、C33、C14	7
四川	C15、B9、C21、D45、B8、C14、C36、D46、C27、C13、B7、B6、C23、C35、C31、D44、C19	17
陕西	B7、B6、C25、C15、C32、C37	6
青海	B9、B7、C26、C31、B6	5
宁夏	B10、B6、D44、C14、C26、C22	6
内蒙古	D45、B6、B9、C14、B8、C31、C32	7
贵州	C15、D44、D45、B6、C27、D46、C31、B9、C26	9
广西	C20、C13、D44、C37、C16、C15、C31、C33、C36	10
甘肃	C25、C16、D46、C33、B8、D44、C15、B6	8
西藏	B9、C15、C27、D46、B8、C14	6

对表 4－12 进行统计，西部 12 个地区共有 98 个比较优势增强型优势产业榜上有名。从ⅠB 群产业构成看，B6 为 7 次，B7 为 4 次，B8 为 6 次，B9 为 7 次，B10 为 2 次；C15 和 C31 各为 6 次，C14 和 C33 各为 5 次，C27、C26 和 C32 各为 4 次，C16 和 C25 各为 3 次，C13 和 C23 为 2 次，C19、C20、C21、C22 和 C28 各为 1 次；C37 为 3 次，C36 为 2 次，C35 为 1 次；D44 为 7 次、D45 为 4 次、D46 为 6 次。进一步统计，B 类产业有 27 次、CL 类产业有 48 次，CH 类产业有 6 次，D 类产业有 17 次，分别占 28%、49%、6% 和 17%。这表明，ⅠB 群中 B 类、CL 类和 D 类产业占有绝对优势，CH 类产业很弱。以全国水平看，西部优势产业仍以低端产业，尤其是低端制造业为主。

2. 比较优势增强型劣势产业群（ⅡB 群）

从表 4－13 可看出，1999～2010 年西部地区比较优势增强型劣势产业群仍有较大差别。主要表现为：比较优势增强型劣势产业四川多达 13 个，重庆有 11 个，而云南、贵州、广西和甘肃仅有 2 个，西藏没有此类产业分布。

表 4－13　1999～2010 年西部地区比较优势增强型劣势产业群（ⅡB 群）

地区	产业	数目
云南	B6、C15、C37、C14	4
重庆	C13、C36、C39、B8、C19、C21、B7、C18、C30、B9、C25	11
新疆	C39、C26、C16、D44、D45、C20、C40	7
四川	C30、C25、C29、C41、C20、C17、C28、C18、C24、C32、C37、C39、C34	13
陕西	D45、B10、D46、B8	4
青海	C27、C25、B8、D45、C15、C39	6
宁夏	C17、D45、C27、C15、D46、C33、C39	7
内蒙古	C20、D46、C26、C36、C27、C30、C40	7
贵州	C14、C25、C20、C39	4
广西	C19、D45、C25、C24	4
甘肃	C28、C27、D45、C13	4
西藏		0

对表 4－13 统计表明，ⅡB 群产业总上榜次数为 72 次。B 类产业有 7 次、CL 类产业有 41 次，CH 类产业有 14 次，D 类产业有 10 次，分别占总上榜次数的 10%、57%、19% 和 14%。具体地，B 类产业中，B8 为 3 次，B6、B7、B9 和 B10 各为 1 次；CL 类产业中，C25 为 6 次，C27 和 C20 各为 4 次，C15 和 C30 各为 3 次，C13、C14、C17、C18、C19、C24、C26、C28 各为 2 次，C16、C21、C29、C32 和 C33 各 1 次；CH 类产业中，C39 为 6 次，C36、C37、C40 各 2 次，C34、C41 各为 1 次；D 类产业中，D45 为 6 次，D46 为 3 次，D44 为 1 次。比较优势增强型劣势产业还不是优势产业，它处于劣势地位，但其优势越来越强，有望成为优势产业。西部这类产业仍以低端制造业为主导，但还有一定数量的高端制造业。

3. 比较优势减弱型劣势产业群（ⅢB 群）

表 4－14 显示出，1999～2010 年西部地区比较优势减弱型劣势产业的数量较大，差别也较明显。主要表现为：新疆、陕西、青海和甘肃的比较优势减弱型劣势产业多达 20 个以上，此外，四川只有 2 个，其他都有 10 个以上，产业衰退面分布较广。

表 4－14　1999～2010 年西部地区比较优势减弱型劣势产业群（ⅢB 群）

地区	产业	数目
云南	C24、C40、C18、B10、C19、C39、C17、C35、C30、C34、C28、C21、C36、B7、C13、C22、C41、C20、C29	19
重庆	C15、C34、C20、C40、C24、C17、C14、C22、C35、C29、C26、C33、C28	13
新疆	C41、C24、D46、C18、C37、C34、C19、C15、B10、C35、C27、C23、C22、C30、C31、C13、B6、C36、C29、C32、C17、C21	22
四川	C22、C40	2
陕西	C14、C33、C13、C24、C35、C30、C29、C26、C28、C18、C19、C34、C39、C20、C22、C41、C17、C31、C21、C40	20
青海	C28、C18、C40、C23、C29、C24、C30、C37、D46、C20、C21、C14、C22、C19、C16、C41、C13、C36、C17、C34、B10、C35	22
宁夏	B8、C23、C16、B9、C40、C37、C18、C24、C30、C19、C13、C28、C20、C21、C36、C41、C34、C31、C35、B7	20
内蒙古	C15、B10、C17、C25、C16、B7、C22、C37、C21、C35、C34、C18、C23、C19、C39、C29、C28、C41、C24	19
贵州	B7、C41、C19、C24、C34、C13、C36、C18、C17、C28、C40、C30、C21、C35、C22、B8、C23、C37	18
广西	C26、C14、C39、C30、C35、C34、C29、C17、C40、C21、C41、C18、B6、C28、B7	15
甘肃	C37、C24、C36、C40、C18、C29、C20、C19、C22、C39、C31、C41、C23、C35、C17、C14、C30、C34、C21、B10、C26	21
西藏	C26、C33、C35、C30、C34、B6、C18、C17、C13、C19、C37、C21	13

对表 4－14 统计显示，ⅢB 群产业构成中，B7 为 6 次，B10 为 5 次，B6 为 3 次，B8 为 2 次，B9 为 1 次；C17、C18、C21、C22 和 C24 各为 10 次，C19、C28、C29 和 C30 各为 9 次，C13 为 7 次，C20 和 C23 各为 6 次，C14 和 C26 各为 5 次，C16、C31 和 C33 各为 4 次，C15 为 3 次，C25 为 2 次，C27 和 C32 各为 1 次；C34 和 C35 各为 11 次，C40 和 C41 各为 10 次，C36 和 C37 各为 7 次，C39 为 6 次；D46 为 2 次，D45 为 1 次。进一步，ⅢB 群产业总上榜 216 次，B 类、CL 类、CH 类和 D 类产业分别为 17 次、134 次、62 次和 3 次，分别占总上榜数的 8%、62%、29% 和 1%。显然，在西

部地区产业中，低端制造业大面积衰退，高端制造业衰退也比较明显，而 B 类产业和 D 类产业优势衰退相对较轻。

4. 比较优势减弱型优势产业群（ⅣB 群）

表 4－15 显示，1999～2010 年西部地区比较优势减弱型优势产业的数量较少，差别也相对较小。主要表现为：比较优势减弱型优势产业广西最多，为 8 个；陕西次之，为 6 个；而云南仅为 2 个；新疆没有这类产业。

表 4－15　1999～2010 年西部地区比较优势减弱型优势产业群（ⅣB 群）

地区	产业	数目
云南	C23、D45	2
重庆	C31、C27、C16、B6、C41	5
新疆		0
四川	C26、C16、B10、C33	4
陕西	D44、C36、C16、C23、C27、B9	6
青海	D44、C32、C33	3
宁夏	C25、C32、C29	3
内蒙古	D44、C33、C13	3
贵州	C32、C29、B10、C16、C33	5
广西	B9、C32、B10、C27、D46、C22、B8、C23	8
甘肃	C32、B7、B9	3
西藏	C23、D44、C20、C31、B10	5

对表 4－15 进一步统计，ⅣB 群产业总上榜 47 次，其中，B 类产业有 10 次、CL 类产业有 29 次，CH 类产业有 2 次，D 类产业有 6 次，分别占 21%、62%、4%和 13%。具体地，B 类产业中，B10 为 4 次，B9 为 3 次，B6、B7 和 B8 各为 1 次；CL 类产业中，C28 为 9 次，C32 为 6 次，C16、C23 和 C33 各为 4 次，C27 为 3 次，C29 和 C31 各为 2 次，C13、C20、C22、C25 和 C26 各为 1 次；CH 类产业中，C36、C41 各为 1 次；D 类产业中，D45 为 4 次，D45 和 D46 各为 1 次。显然，低端制造业在西部衰退型优势产业中占重要地位。衰退型高端优势产业在西部地区并不多，衰退面也不广。

三、西部地区四类产业群结构

以表4－12、表4－13、表4－14和表4－15中的产业计算，1999～2010年西部地区ⅠB群、ⅡB群、ⅢB群和ⅣB群的结构有明显差别，变化也较大（见表4－16）。

表4－16　1999年、2010年西部地区四类产业群结构（B）

单位:%

地区	1999年				2010年			
	ⅠB群	ⅡB群	ⅢB群	ⅣB群	ⅠB群	ⅡB群	ⅢB群	ⅣB群
云南	71.4795	5.2771	20.8320	2.4115	76.5807	9.8629	12.3259	1.2305
重庆	29.8907	9.8162	41.1452	19.1479	53.1554	13.9434	24.4239	8.4774
新疆	51.2640	8.9651	39.7710		69.1272	13.7152	17.1575	
四川	46.1695	19.4150	12.8146	21.6009	46.6708	23.6685	6.3036	23.3570
陕西	22.1236	0.8195	53.8823	23.1745	55.9360	3.3893	25.9763	14.6983
青海	30.8834	3.0775	20.9269	45.1122	38.9820	5.6146	10.0152	45.3881
宁夏	39.0112	7.9943	29.8605	23.1341	51.2829	15.9791	9.2671	23.4709
内蒙古	23.0764	9.8928	30.7866	36.2441	38.5200	11.8602	16.6098	33.0100
贵州	35.7386	2.4974	25.0010	36.7630	53.5691	5.5380	11.8841	29.0088
广西	48.5028	2.1720	18.7884	30.5368	60.1751	2.3374	18.0875	19.4000
甘肃	33.2796	4.5123	35.5987	26.6095	54.4502	4.5295	15.7974	25.2229
西藏	20.1824		20.7526	59.0650	58.4920		3.6746	37.8334

从横向看：①ⅠB群。1999年比重最大的是云南，约为71.48%，最小的是陕西仅为22.12%，极差为49.36个百分点。2010年比重最大的仍是云南，高达76.58%，最小的是内蒙古，仅为38.52%，极差为38.06个百分点。②ⅡB群。1999年比重最大的是四川，为19.42%，西藏为0，极差为19.42个百分点。2010年比重最大的仍是四川，为23.67%，西藏还是为0，极差为23.67个百分点。③ⅢB群。1999年比重最大的是陕西，为

53.88%，而四川最小，仅为12.81%，极差为41.07个百分点。2010年比重最大的仍是陕西，为25.98%，而最小的是西藏，仅为3.67%，极差为22.3个百分点。④ⅣB群。1999年比重最大的是陕西，为59.07%，新疆最小，为0，极差为59.07个百分点。2010年比重最大的是青海，为45.39%，最小的仍是新疆，为0，极差为45.39个百分点。

从内部结构看，云南四类产业群的差距最大。1999年、2010年云南ⅠB群的比重最大，分别为71.48%和76.58%；ⅣB群比重最小，分别为2.41%和1.23%，极差由1999年的69.07个百分点上升到2010年的75.35个百分点。青海四个产业群的差距最小，1999年、2010年青海ⅣB群比重最大，分别为45.11%和45.39%，ⅡB群比重最小，分别为3.07%和5.61%，极差由1999年的42.03个百分点下降到2010年的39.77个百分点。除这两个极端情况以外，1999～2010年，西部地区四个产业群的极差，青海、西藏和陕西三个地区有不同幅度下降，其他地区有不同幅度上升，甘肃、新疆和贵州的上升幅度依次高达18.83个百分点、17.86个百分点和13.77百分点。这充分表明，西部地区四类产业群结构差距在加大，优势产业群得到加强，优势地位不断上升。

从总体上看，1999～2010年，西部地区ⅠB群的比重大幅上升，由1999年的平均37.63%上升到2010年的平均54.75%，上升17.12个百分点，优势产业能力大幅度提升，优势明显加强；ⅡB群的比重上升幅度为3个百分点，优势也得到明显加强；ⅣB群的比重下降5.23个百分点，优势地位明显下降；而ⅢB群的比重下降14.89个百分点，优势加速衰退。

四、西部地区四类产业群结构

把1999年和2010年西部地区的36个产业产值数据合成起来，以式（3－15）和式（3－16）计算，然后再以图3－9中的组合指标进行分类，得到以全国参照系（B）识别的西部四类产业群（见表4－17）。

从总体上看：ⅠB群中，B类产业有4个，分别为B6、B7、B8和B9；CL类产业有6个，分别为C13、C14、C15、C25、C27、C31和C37；CH类产业只有C37，即交通运输设备制造业；D类三个产业位列其中。ⅡB群中，全部产业为制造业，C19为低端制造业，C36为高端制造业；ⅢB群中，除B10外，全部是制造业，其中，高端制造业C35、C39、C40和C41

的优势处在衰退之中；ⅣB群中，产业全部为低端制造业。可以看出，在西部，比较优势增强型优势产业以低端产业占主要地位。

1999～2010年西部地区四分类产业群结构发生了较大变化。1999年ⅠB群、ⅡB群、ⅢB群和ⅣB群的比重分别为45.45%、2.79%、32.76%和19.00%，2010年分别为50.26%、2.84%、25.83%和12.81%；1999～2010年，ⅠB群、ⅡB群比重分别上升9.69个百分点和1.95个百分点；ⅢB群和ⅣB群的比重分别下降6.46个百分点和5.18个百分点。西部比较优势增强型优势产业群的力量进一步得到增强，已超过全部产业产值的一半，比较优势衰退型优势产业群的力量有较大幅度的回落，比较优势衰退型劣势产业群大幅度衰退，比较优势增强型劣势产业群的力量有所提升。总体上，西部优势产业表现出强者更强、弱者更弱的演化格局。

表4－17　1999～2010年西部地区四个比较优势产业群

产业群	产业	数目
ⅠB群	B6、B7、B8、B9、C13、C14、C15、C25、C27、C31、C37、D44、D45、D46	14
ⅡB群	C19、C36	2
ⅢB群	B10、C17、C18、C20、C21、C22、C23、C24、C26、C28、C29、C30、C34、C35、C39、C40、C41	17
ⅣB群	C16、C32、C33	3

从产值构成看：ⅠB群中，1999年B类产业、CL类产业、CH类产业和D类产业产值比重分别为9.99%、22.98%、5.69%和6.79%，2010年为14.22%、18.88%、7.51%和9.65%。1999～2010年，B类、CL类、CH类和D类产业的比重增量分别为4.23个百分点、－4.10个百分点、1.82个百分点和2.86个百分点。按百分比计算，ⅠB群中低端制造业和高端制造业所占比重1999年分别为50.56%和12.52%，2010年分别为37.56%和14.94%，低端制造业下降了13个百分点，而高端制造业上升了2.52个百分点，但上升幅度较小。ⅣB群中，低端制造业比重由1999年的58.21%下降到2010年的49.71%。很明显，低端制造业在西部比较优势增强型产业中占重要地位，但地位却下降，在比较优势衰退型劣势产业群中的地位也在下降。这说明，制造业优势衰退，是西部产业结构难以提升、

优势产业难以培育和发展的重要原因。

第四节　双坐标系中的西部地区优势产业识别

一、西部地区优势产业二维识别方法

以西部地区为参照系（A）和以全国为参照系（B）识别出的是不同的优势产业。这两种识别方法具有不同的理论基础，是不同的识别方法，因而，一个产业在一个参照系中是优势产业，而在另一个参照系中不一定是优势产业。从象限看，起重要作用的是第Ⅰ象限的优势产业，其次是第Ⅳ象限的优势产业，第Ⅱ象限的产业是未来的优势产业即潜优势产业。西部优势产业主要分布在ⅠA象限和ⅠB象限，其次是ⅡA象限和ⅡB象限、ⅣA象限和ⅣB象限，但是优势产业并不都分布在相同的象限，它们有的还交叉分布在不同的象限。这需要先把两个参照系中的优势产业以相同的象限叠加起来，寻找其交集和并集；同时，还要兼顾异象限的优势产业的交集。A坐标系和B坐标系相同象限交集中的优势产业是双优势产业，称为第一类优势产业，在并集中去掉交集的余集为单优势产业，称为第二类优势产业。虽然有的优势产业没有在A类参照系和B类参照系中共同识别出来，但ⅠA群作为主导产业，ⅠB群作为优势增强型优势产业，其对西部地区比较重要，因此，我们把这类单象限优势产业称为第三类优势产业。

二、西部地区优势产业

1. 同象限的优势产业

根据表4-3、表4-4、表4-6、表4-12、表4-13和表4-15，把同象限产业分为三类产业群：

（1）ⅠA∩ⅠB群。第Ⅰ象限产业为比较优势增强型主导产业，这是在西部地区产业体系中的重中之重。这类优势产业在12个西部地区都有分布，但差别也比较大，如四川有 8 个产业，而宁夏仅有 1 个。从产业构成看，这类产业大部是低端产业，以 B 类产业较为普遍，数量最多，除重庆、宁夏和广西外都有分布，D 类产业只分布于贵州。低端制造业除新疆外都有分布，冶金类产业相对分布更多；而高端制造业只有重庆的交通运输设备制造业（C37），四川的通用设备制造业（C35）和电气机械及器材制造业（C39），广西的专用设备制造业（C36）和交通运输设备制造业（C37）（见表 4－18）。

表 4－18　1999～2010 年西部地区第一类优势产业群

地区＼产业	ⅠA∩ⅠB 群	ⅡA∩ⅡB 群	ⅣA∩ⅣB 群
云南	B8、B9、C32、C33	C37	
重庆	C32、C37	C25	
新疆	B7、B9	D44、D45	
四川	B6、C13、C14、C21、C23、C31、C35、	C17	B10、C33
陕西	B7、C25、C32	D45	C27
青海	B6、B9、C26、C31	B8、C27、D45	C32
宁夏	C26	C27、C20	C29
内蒙古	B6、B8、B9、C14、C32	C20、D46	C13
贵州	B6、B9、C15、C26、C27、C31、D46	C14、C20	B10、C16、C29
广西	C31、C33、C36、C37		B10
甘肃	B6、B8、C33		
西藏	B8、B9、C15		C31、D44

（2）ⅡA∩ⅡB 群。第Ⅱ象限优势产业群为比较优势增强型先导产业，虽然其规模较小，但具有增长优势，比较优势也不断增强。从表 4－18 可看出，第Ⅱ象限优势产业有 16 个产业，广西、甘肃没有这类优势产业，云南、重庆、四川、陕西、西藏只有 1 个产业，其他地区有 2～3 个产业，青海最多，有 3 个产业。除云南的交通运输设备制造业（C37）外，其他都是低端产业，B 类产业有 B8，CL 类产业有 C14、C17、C20、C25 和 C27，D 类产业有 D44、D45 和 D46。这表明，西部地区后续增长的优势产业仍以低端产业为导向。

（3） ⅣA∩ⅣB 群。第Ⅳ象限优势产业群为比较优势衰退型支柱产业。从地区看，云南、重庆、新疆、甘肃没有这类优势产业，陕西、青海、宁夏、内蒙古和广西各只有 1 个，四川和西藏分别有 2 个，贵州有 3 个。从产业属性看，这类产业全部是低端产业。

2. 异象限的优势产业

异象限的优势产业是 A 参照系的第Ⅰ、第Ⅱ象限的优势产业和 B 参照系的第Ⅰ、第Ⅳ象限的优势产业的交集，根据表 4 – 3、表 4 – 4、表 4 – 6、表4 – 12、表 4 – 13 和表 4 – 15 进一步细分为四类：

（1） ⅠA∩ⅡB 群。这类产业是比较优势增强型主导产业，只是从全国来看，比较优势还比较弱。从地区看，广西、甘肃、西藏没有这类优势产业分布，其他地区有 1 ~3 个产业分布，以 2 个产业为最多。从产业类型看，CH 类产业上榜 9 次，但分布也不均匀，只分布在四川、重庆、贵州、宁夏和内蒙古，以电气机械及器材制造业（C39）最多；作为低端产业，B 类产业、CL 类产业和 D 类产业都有上榜。

（2） ⅠA∩ⅣB 群。这类产业是比较优势减弱型主导产业。这类产业的主导优势正在减弱。除云南外，这类产业在其他 11 个地区都有分布；除陕西的专用设备制造业（C36）外，其他都为低端产业，冶金类产业（C32、C33）的主导优势衰退得较为突出，有色金属矿采选业（B9）3 次上榜。

（3） ⅡA∩ⅠB 群。这类产业是比较优增强型先导产业。这类优势产业在 B 类参照系中已是比较优势增强型优势产业，而在 A 类参照系中还是先导产业，具有增长优势，但规模还低于平均水平。这类产业除青海外，其他地区都有分布，四川多达 8 个产业。从产业属性看，除 CH 类产业的 C36、C37 各上榜 1 次外，其他都为低端产业，尤其是 D 类产业居多，它们将可能发展成为西部大部分地区的主导产业。

（4） ⅣA∩ⅠB 群。这类产业是比较优势增强型支柱产业。它在 B 类参照系中已是比较优势增强型优势产业，而在 A 类参照系中已是支柱产业，处在衰退之中。重庆、陕西、青海、内蒙古和广西没有这类优势产业，其他地区有 1 ~3 个这类优势产业。从产业属性看，CH 类产业只是四川的 C36 出现 1 次外，其他都为低端产业，云南的烟草加工业、广西的食品加工业、甘肃的石油加工及炼焦业等都是比较优势增强型支柱产业（见表 4 – 19）。

表 4－19　1999～2010 年西部地区第二类优势产业群

地区＼产业	IA∩ⅢB 群	IA∩ⅣB 群	ⅡA∩ⅠB 群	ⅣA∩ⅠB 群
云南	B6、C25		C31、D44、D46	C16
重庆	B8、C36	C31	D45、D46	
新疆	C26、C39		B8	C25、C28
四川	C34、C37、C39	C26	B7、B8、C19、C27、C36、D44、D45、D46	B9、C15、C36
陕西	B8、D46	B9、C36	B6、C37	
青海	C25	C33、D44		
宁夏	C33、C39、D46	C25、C32	D44	B6、B10
内蒙古	C36	D44	C31	
贵州	C25、C39	C32、C33	D44、D45	
广西		B9	C20、D44	C13
甘肃		B9、C33	C16、D44、D46	C25
西藏		B10	C14	

三、西部比较优势产业

以表 4－10 和表 4－17 指标，从整体上看，西部的第一类优势产业有煤炭开采和洗选业（B6）、油和天然气开采业（B7）、黑色金属矿采选业（B8）、有色金属矿采选业（B9）、石油加工炼焦及核燃料加工业（C25）、交通运输设备制造业（C37），第Ⅳ象限的烟草制品业（C16）。第二类优势产业有专用设备制造业（C36）、非金属矿物制品业（C31）、电力热力的生产和供应业（D44）、燃气生产和供应业（D45）、水的生产和供应业（D46）、黑色金属冶炼及压延加工业（C32）、有色金属冶炼及压延加工业（C33）、食品加工业（C13）和食品制造业（C14）。第三类优势产业有ⅠA 群中化学原料及化学制品制造业（C26），金属制品业（C34）、通用设备制造业（C35）、电气机械及器材制造业（C39），ⅠB 群中有饮料制造（C15）、医药制造业（C27）。

第五节　西部地区优势产业的分类与分布特点

一、西部地区比较优势产业分类

在A类参照系和B类参照系中共同识别到23个西部优势产业，根据可分性与属性，在四分类的基础上，按产业链由低端到高端顺序把西部优势产业分为六个类别的子群：

（1）B类，为资源开采业，包括煤炭开采和洗选业（B6）、石油和天然气开采业（B7）、黑色金属矿采选业（B8）、有色金属矿采选业（B9）和非金属矿采选业（B10）5个优势产业。

（2）F类，为食品工业（Food Industry），包括农副食品加工业（C13）、食品制造业（C14）和饮料制造（C15）3个优势产业。

（3）S类，为冶炼工业（Smelting Industry），包括石油加工炼焦及核燃料加工业（C25）、黑色金属冶炼及压延加工业（C32）和有色金属冶炼及加工业（C33）3个优势产业。

（4）CL类，为低端制造业（Low - end Manufacturing），包括烟草制品业（C16）、化学原料及化学制品制造业（C26）、医药制造业（C27）和非金属矿物制品业（C31）4个优势产业。

（5）CH类，为高端制造业（High - end Manufacturing），包括金属制品业（C34）、通用设备制造业（C35）、专用设备制造业（C36）、交通运输设备制造业（C37）和电气机械及器材制造业（C39）5个优势产业。

（6）D类，包括电力、热力的生产和供应业（D44）、燃气生产和供应业（D45）、水的生产和供应业（D46）3个优势产业。

二、西部地区优势产业的地区分布

1. B类优势产业

（1）煤炭开采和洗选业（B6）。2005年，B6主要分布在陕西、广西、云南、甘肃、四川等地区，其份额在10%以上；2010年，内蒙古上升到第一位，云南上升到第二位，陕西下降到第四位。

（2）石油和天然气开采业（B7）。2005年，B7份额按序依次是新疆、陕西、四川和甘肃，新疆份额高达35.16%；2010年份额超过10%的依次仍是新疆、陕西、四川和甘肃，新疆份额上升到40.52%，除四川外主要集中在西北片区。

（3）黑色金属矿采选业（B8）。2005年、2010年B8份额高于10%的地区依次是内蒙古、陕西、四川，内蒙古份额由28.01%上升到34.14%，集中在西北片区。

（4）有色金属矿采选业（B9）。2005年B9份额超过10%的依次是内蒙古、四川、新疆和云南，2010年依次是内蒙古、四川、云南和新疆，云南上升了一个位次，内蒙古份额上升到34.12%，独占1/3。

（5）非金属矿采选业（B10）。2005年B10份额超过10%的依次是贵州、四川和内蒙古，2010年依次为四川、内蒙古、云南、广西，四川跃居第一位，云南、广西进入前三强，西南地区优势在加强（见表4－20）。

表4－20　2005～2010年西部B类优势产业分布

产业 \ 地区	B6		B7		B8		B9		B10	
	2005年	2010年	2005年	2010年	2005年	2010年	2005年	2010年	2005年	2010年
重庆	0.00	0.47	0.31	0.73	6.22	4.68	13.03	3.48	5.96	7.22
云南	16.29	18.42	0.02	0.00	4.42	4.14	13.46	12.64	8.82	13.81
新疆	2.87	4.59	35.16	40.52	4.86	2.50	15.18	10.95	3.50	1.83
西藏	0.00	1.09	0.00	0.00	0.00	0.00	0.00	0.77	0.00	0.08
四川	11.19	12.71	13.27	11.86	14.10	15.55	18.19	19.13	21.23	26.87
陕西	23.72	10.13	32.43	33.63	16.24	20.37	3.73	3.74	1.35	2.35
青海	6.89	6.23	6.50	5.19	0.89	1.22	1.86	0.62	3.25	2.30
宁夏	0.00	0.00	0.00	0.06	8.55	5.14	0.00	0.00	0.04	0.06
内蒙古	8.91	26.57	1.46	2.47	28.01	34.14	21.55	34.12	10.64	25.61
贵州	1.59	2.76	0.00	0.00	8.05	8.63	2.29	1.14	31.58	5.07
广西	16.68	13.09	0.00	0.00	1.60	0.40	8.49	8.49	6.64	11.96
甘肃	11.86	3.96	10.86	5.52	7.05	3.23	2.22	4.93	7.00	2.84

2. F 类优势产业

（1）农副食品加工业（C13）。2005 年，C13 主要分布在广西、四川和内蒙古，集中度为 67.23%；2010 年仍然分布在四川、广西、内蒙古，集中度上升到 72.47%，四川上升到第一位，所占份额提升到 34.44%，占 1/3 以上。

（2）食品制造业（C14）。C14 主要分布在内蒙古和四川，两地所占份额由 2005 年的 57.98% 上升到 2010 年的 63.19%，内蒙古所占份额上升到 40.84%。

（3）饮料制造业（C15）。C15 主要集中在四川，2005 年所占份额为 55.24%，2010 年为 50.25%，但仍占半数以上。接下来是贵州和陕西，2010 年两地份额都接近 10%（见表 4－21）。

表 4－21 2005～2010 年西部 F 类优势产业分布

产业 / 地区	C13		C14		C15	
	2005 年	2010 年	2005 年	2010 年	2005 年	2010 年
重庆	4.33	5.61	5.49	4.72	4.94	4.10
云南	7.26	4.88	2.52	2.71	3.09	3.77
新疆	5.33	4.29	8.19	5.55	4.35	2.17
西藏	0.00	0.04	0.00	0.07	0.00	0.35
四川	26.42	34.44	21.71	22.35	55.24	50.25
陕西	7.16	6.66	9.06	9.02	7.69	9.46
青海	0.72	0.33	0.24	0.44	0.63	0.68
宁夏	0.76	0.83	2.78	3.25	1.25	0.85
内蒙古	12.72	15.41	36.27	40.84	5.06	6.97
贵州	2.60	1.67	4.25	3.08	8.85	9.62
广西	28.09	22.62	5.99	5.91	4.84	7.99
甘肃	4.63	3.21	3.50	2.08	4.06	3.81

3. S 类优势产业

（1）石油加工及炼焦业（C25）。C25 主要集中在新疆、甘肃和陕西，三地集中度 2005 年、2010 年分别为 84.69% 和 73.2%，虽然地位有所下降，但三地仍占较大优势。其中，陕西的份额由 2005 年的 18.20% 上升到 2010

年的25.09%；此外，四川的份额也有较大幅度上升。

（2）有色金属冶炼及加工业（C32）。C32在西部地区的分布是相对分散的。份额超过10%的地区2005年有四川和内蒙古，份额分别为30.00%和18.56%，到2010年两地份额变为21.69%和21.04%，有升有降。比较明显的是，2010年广西和云南的份额上升到10%以上，进入前四强，四地份额之和为65.98%，重心向西南片区移动。

（3）黑色金属冶炼及压延加工业（C33）。C33也是比较分散的优势产业，2005年份额超过10%的地区有4个，为甘肃、云南、四川和贵州，份额分别为19.11%、16.42%、10.88%和10.34%，四地集中度为56.75%；2010年，份额超过10%的地区仍有4个，为云南、内蒙古、甘肃和四川，份额分别为19.23%、17.56%、14.72%和10.35%，四地集中度为61.86%。可见，四地集中度有所上升，位次有升有降。2010年，云南份额上升到西部地区首位，贵州退出前四位，而内蒙古进入前四强（见表4-22）。总体上，西南片区仍是西部黑色金属冶炼及压延加业的中心。

表4-22　2005~2010年西部S类优势产业分布

产业 / 地区	C25		C32		C33	
	2005年	2010年	2005年	2010年	2005年	2010年
重庆	0.39	0.82	6.86	4.93	6.70	7.41
云南	0.52	4.92	8.00	10.15	16.42	19.23
新疆	36.76	24.86	5.48	6.46	1.87	0.96
西藏	0.00	0.00	0.00	0.00	0.00	0.00
四川	2.70	6.92	30.00	21.69	10.88	10.35
陕西	18.20	25.09	4.55	4.78	5.13	8.72
青海	0.02	0.63	2.15	2.39	5.55	4.82
宁夏	3.31	3.31	1.54	1.64	5.75	3.57
内蒙古	5.08	6.35	18.56	21.04	9.02	17.56
贵州	0.32	1.61	8.01	6.00	10.34	3.78
广西	2.96	2.25	8.10	13.10	9.24	8.89
甘肃	29.73	23.25	6.75	7.84	19.11	14.72

4. CL类优势产业

（1）烟草制品业（C16）。C16主要分布在西南片区。2005年，云南、贵州和四川的份额分别为59.64%、11.37%和8.38%，三者集中度为79.39%。2010年，云南、贵州和四川的份额分别为57.03%、10.35%和8.58%，三者集中度为75.88%，集中度虽有所下降，但西南三地仍占较大优势。其中，云南的烟草制品业最具有优势，一半以上的烟草制品产值来自云南。

（2）化学原料及化学制品制造业（C26）。C26主要还是分布在西南片区，2005年四川、云南、重庆、广西四地所占份额为62.66%，2010年为56.86%，有所下降。2010年，内蒙古进入前四强，重庆退出前四强。

（3）非金属矿物制品业（C31）。C31相对分散，但仍以西南为主。在2005年份额较大的6个地区中，陕西除外，西南地区占5个即四川、广西、贵州、重庆和云南，五地所占份额2005年为66.9%，2010年为72.05%，有一定幅度的上升。

（4）医药制造业（C27）。C27也是以西南为主。从2005年看，份额较大的6个地区全部是西南地区，所占份额为71.57%，2010年所占份额为64.58%，2010年，内蒙古进入前三强，其所占份额上升为12.04%（见表4－23）。

表4－23　2005～2010年西部CL类优势产业分布

产业/地区	C16		C26		C27		C31	
	2005年	2010年	2005年	2010年	2005年	2010年	2005年	2010年
重庆	4.62	4.85	11.62	8.71	10.53	11.11	11.62	8.71
云南	59.64	57.03	14.10	12.84	8.29	7.88	14.10	12.84
新疆	0.63	1.11	2.96	4.71	1.00	0.51	2.96	4.71
西藏	0.00	0.00	0.00	0.01	0.00	0.45	0.00	0.01
四川	8.38	8.50	26.09	26.17	25.59	34.14	26.09	26.17
陕西	5.97	6.23	7.98	6.50	20.23	13.61	7.98	6.50
青海	0.00	0.00	1.65	3.77	1.07	1.21	1.65	3.77
宁夏	0.13	0.17	3.86	3.93	1.25	1.45	3.86	3.93
内蒙古	1.37	2.40	7.13	12.04	5.03	7.53	7.13	12.04
贵州	11.37	10.35	8.91	7.72	11.18	9.70	8.91	7.72
广西	4.29	6.03	10.85	9.14	11.31	9.22	10.85	9.14
甘肃	3.59	3.34	4.85	4.47	4.54	3.18	4.85	4.47

5. CH类优势产业

（1）金属制品业（C34）。C34主要分布在西南片区，规模较大的前三位依次是四川、重庆和广西，2005 年份额为 57.55%，2010 年份额上升为 65.82%，其中，四川高达 45.48%。

（2）通用设备制造业（C35）。C35 主要集中在四川、重庆、陕西、广西，四地所占份额 2005 年为 80.12%，2010 年为 84.64%，上升了 4.52 个百分点，广西的份额有所下降，但普通机械制造业主要集中在西南片区。

（3）专用设备制造业（C36）。C36 相对分散，2005 年份额超过 10% 的有 5 个地区，依次是四川、陕西、内蒙古、重庆和广西，五地区份额为 81.79%，2010 年，尽管重庆份额下降，但五地共占份额上升到 87.97%，上升了 6.18 个百分点，专用设备制造业在向四川、重庆等地区集中。

（4）交通运输设备制造业（C37）。C37 的分布较集中，2005 年份额超过 10% 的地区依次为重庆、广西、四川和陕西，四地份额为 91.28%。2010 年四地份额为 91.77%，变化幅度较小，而西南三地 2005 年和 2010 年分别占 76.82% 和 75.92%，西南片区占有较强优势。

（5）电气机械及器材制造业（C39）。C39 以南片区为主，在前 5 个高份额地区中，只有陕西位列其中。2005 年四川、重庆、广西和云南的份额之和为 70.36%。2010 年上升至 74%，其中，四川高达 50.32%，陕西由 2005 年的 14.69% 下降为 2010 年的 13.84%（见表 4-24）。

表 4-24　2005～2010 年西部 CH 类优势产业分布

产业 / 地区	C34		C35		C36		C37		C39	
	2005 年	2010 年	2005 年	2010 年	2005 年	2010 年	2005 年	2010 年	2005 年	2010 年
重庆	14.73	12.16	15.43	14.06	12.71	7.91	46.64	42.10	12.92	17.15
云南	4.53	3.10	4.93	3.20	6.57	2.98	1.97	2.26	4.73	4.00
新疆	3.76	4.19	1.36	0.60	0.67	0.72	0.55	0.25	5.36	7.40
西藏	0.00	0.00	0.00	0.00	0.00	0.00	0.00	0.00	0.00	0.00
四川	30.66	45.48	37.87	50.32	24.73	37.49	14.51	18.16	30.82	32.87
陕西	7.32	7.33	14.69	13.84	18.47	15.89	14.46	15.85	20.86	16.93
青海	1.88	0.75	1.44	0.96	0.24	0.04	0.14	0.12	0.07	0.58
宁夏	3.10	2.38	3.58	2.05	1.29	1.89	0.03	0.01	1.16	1.22
内蒙古	5.05	5.33	2.16	4.36	13.78	12.05	1.17	2.75	1.49	2.83
贵州	7.58	8.11	1.91	1.63	1.71	2.06	4.36	2.31	6.91	3.67
广西	12.16	8.18	12.13	6.42	12.10	14.63	15.67	15.66	9.32	10.12
甘肃	9.24	3.00	4.51	2.58	7.73	4.35	0.50	0.55	6.35	3.23

6. D 类优势产业

（1）电力、热力的生产和供应业（D44）。D44 相对分散。2005 年，份额超过 10% 的有四川、云南、内蒙古、贵州，四地份额为 59.2%。2010 年四地份额为 55.84%，广西的份额超过 10%，五地份额也只有 67.2%。2005～2010 年，内蒙古由第三位上升到第一位，四川由第一位降到第二位，云南由第二位降到第五位，西北片区优势在加强。

（2）燃气生产和供应业（D45）。D45 也是相对分散。2005 年，份额超过 10% 的有四川、广西、重庆、云南和陕西，五地份额为 71.66%。2010 年，陕西退出前五强，内蒙古进入前五强并上升到第二位，排序依次是四川、内蒙古、广西、重庆和云南，五地份额为 69.94%，广西的份额超 10%。不难看出，西南片区仍是 D45 的集中区域。

（3）水的生产和供应业（D46）。D46 的分布比较集中。2005 年，份额超过 10% 的是四川、内蒙古和贵州，三地份额为 70.72%。2010 年，贵州退出前三强，内蒙古上升到第一位，排序依次是内蒙古、四川和重庆，三地份额为 75.9%。显然，西南片区仍是 D46 集中区位，西北片区优势有上升势头。

表 4－25　2005～2010 年西部 D 类优势产业分布

产业 / 地区	D44		D45		D46	
	2005 年	2010 年	2005 年	2010 年	2005 年	2010 年
重庆	5.46	6.20	12.82	10.36	8.86	17.45
云南	14.96	10.09	12.55	10.21	9.82	5.69
新疆	4.97	4.22	6.02	3.45	4.38	2.63
西藏	0.00	0.12	0.00	0.78	0.00	0.00
四川	18.88	15.62	21.22	27.19	40.59	23.95
陕西	9.19	8.93	11.58	9.33	3.96	5.92
青海	2.67	2.34	1.75	1.64	0.00	0.17
宁夏	3.50	3.99	1.72	1.82	0.00	0.98
内蒙古	13.39	17.47	6.32	11.58	19.61	34.50
贵州	11.97	12.66	7.29	6.31	10.52	4.86
广西	8.27	11.36	13.49	10.60	1.26	1.99
甘肃	6.74	7.00	5.24	6.74	1.01	1.86

三、西部地区优势产业特点

西部地区优势产业主要有四大类，一是采掘业；二是能源产业；三是低端制造业；四是高端制造业。相对来说，高端制造业比较弱。这四类优势产业中，采掘业、能源产业、低端制造业是资源依赖型产业，不仅资源密集度高，而且是在产业链低端，产业链短、附加值低。可是说，它们是西部特色优势产业。相反，高端制造业对自然资源、初级资源依赖性很小，对技术、人才等高等资源依赖性较强。从西部的优势产业看，西部的优势产业充分体现了西部的资源优势，主要是资源导向性的产业有较大优势。

中国政府已将能源、矿产、农牧业、装备制造、高技术产业列入《西部大开发“十一五”规划》、《西部大开发“十二五”规划》。这基本体现了西部的特色和优势。

（1）能源产业。能源是西部重要的优势资源。①西部煤炭资源的保有储量占全国的39.4%。陕西煤炭的保有储量居全国第三位，是我国最大和世界七大煤田之一。青海、甘肃、内蒙古、云南等地的煤也大都是优质煤，具有极大的开采价值。②西部地区原油的探明储量占全国的27.8%，天然气的探明储量占全国的87.5%。③西部地区水资源极其丰富，可开发水能源量占全国的80%以上。可见，煤、油、气、水等能源资源属于西部地区的优势资源。这是D类能源产业成为优势产业的基础。D类产业是经济社会发展的重要保障，经济发展规模越大，对能源的需求就越大。因此，开发利用西部地区的能源资源的市场前景十分广阔。

（2）矿产业。西部地区的锰、铬、钛、钒、铅、锌、镍、锡、锂、镁、锶、稀土和铂族金属等矿产资源十分丰富，均占全国储量的一半以上。锰矿储量占全国的68%，铬矿储量占全国的89%，铅矿储量占全国的56%，锌矿储量占全国的64%，锡矿储量占全国的69%，镍矿储量占全国的90%，钛、钒、锂、锶等稀有金属储量分别占全国的95%、64%、83%和82%。西部已探明的稀土资源储量占全国总储量的96%。除金属矿外，西部地区的非金属矿也非常丰富，如青海省的钾盐、镁盐、锂矿、锶矿、石棉、冶金用石英岩、化肥用蛇纹岩、玻璃用石英岩等矿产储量居全国首位。云南、贵州的磷矿也占全国的40%以上。因此，矿产资源属于西部地区的优势资源，它是化学原料及化学制品制造业（C26）、非金属矿物制品业（C31）、有色金属冶炼及加工业（C32）和黑色金属冶炼及压延加工业（C33）等低端优势产业重要的资源保障。大部分金属和非金属矿产品都属于重要的战略物资，并具有较好的市场前景。

（3）生物资源产业。西部地区生物资源十分丰富，由于自然条件等原因，许多农业资源都是东部地区所没有的，其突出特点是天然和绿色，比较优势十分明显。中国最好的牛奶、最好的糖、最好的水果、最好的烟草都在西部，但是目前开发出的农副产品中能够占领市场、国际国内知名品牌还不是很多，这方面潜力很大。在西部地区已逐步建成棉花、糖料、烟叶、水果、花卉、茶叶、马铃薯、畜产品、林特产品、中草药十大有特色优势的农产品生产基地。

（4）高端制造业。总体上，高端制造业，作为广义的机械制造业，是西部的优势产业，但这些产业的分歧较大，集中在四川、重庆和陕西等地，其他地方相对较弱，且大部分处在衰退之中。此外，C40、C41 还不是西部的优势产业，但处在严重的衰退之中。总体上，高端制造业是西部的优势产业，但面临的发展难度也更大。

当然，以资源为导向的西部优势产业之间产业融合比较突出，主要是低端制造业，依赖 B 类产业和 D 类产业而发展，农副产品的深加工业也高度依赖特色优势资源。其中，油气深加工项目和煤电、煤化工都要依赖电力产业发展，矿电融合趋势更明显。能源产业和资源加工业融合是未来西部地区优势产业发展的重要方向。目前，西部资源深加工、装备制造业和战略性新兴产业、高技术产业的优势还不明显，提升装备制造业也是西部发展优势产业的重点之一。

不难看出，西部优势产业主要还是以资源开发为导向，产业链延伸不够长，附加值低，集群性较差。一方面，存在战略性资源产业向下游产业的拓展不够、深加工缺乏等问题。如冶金工业，更多地集中在前端的采选、冶炼上，后端的压延加工严重不足。2010 年有色金属采选业与冶炼及压延加工业产值之比，西部为 1∶5.81，全国为 1∶7.42；冶炼及压延加工业中，冶炼与压延加工业产值之比，西部为 1∶0.27，全国为1∶0.93，甘肃仅为 1∶0.098；金属冶炼及压延加工与下游装备制造业产值之比，西部为 1∶1.09，全国为 1∶2.54。另一方面，西部装备制造业等高加工度产业内部向上游拓展不够，高附加值的零部件多靠外配，这导致企业不能享受集群带来的好处，不能从完整产业链中获取更大的产业规模和更多的附加值。

比如，西部汽车制造业主要集中在下游，上游的零部件及配件加工薄弱。2010年汽车零部件及配件与汽车整车销售收入之比，西部为1∶1.79，全国为1∶1.28，东部为1∶0.99，西部前链（零部件及配件）小、后链（整车装配）大的问题十分突出，与东部形成鲜明的反差。

由于产业价值链没有充分延伸并缺乏专业化分工，产业关联度低，企业彼此之间的内在联系较少，缺乏专业化协作优势，进而难以形成本地化的强大产业优势，使西部战略性优势产业无法通过上、下游产业之间的互动和外溢机制来促进高关联度产业集群的形成与发展及增值空间的拓展。产业集群程度不高，产业集群发展缓慢也正是西部优势产业发展的瓶颈所在。

总之，西部优势产业的产业链短，集群性差。低端产业占优势产业的比重较大，并占有重要地位。低端制造业C16、C26、C27和C31是西部的准优势产业，其在西部产业体系中也有重要地位。虽然医药产业是高技术产业，但由于产品的不可分性决定了也是低端产业。烟草制品在国际贸易的产品分类中属于初级品，而烟草制品业仍是西部重要的优势产业。冶炼工业是西部重要的优势产业，但是仍以原料粗加工为主。西部与东部优势产业在产业链上的位置已明显分开。西部地区拥有丰富的生物、能源和矿产资源，围绕这些优势资源形成了一批优势产业，但大都加工深度不够，产业链条较短，资源综合开发利用能力较低。在这些资源密集型的优势产业中，初级产品、中低档产品比重过大，产品的质量档次和附加值不高，大量优势资源难以形成综合产业优势进而发挥出应有的经济效益。

第五章 我国内资产业集聚与西部地区优势产业发展

空间集聚是产业分布的重要特征之一。改革开放以来，我国各地区的比较优势产业发生了较大分化与重构，明显的特征是东部高端制造业比较优势增强，集聚更明显，西部大部分高端制造业发展衰退，资源型低端产业比较优势增加，集聚增强。国务院制定了《关于中西部地区承接产业转移的指导意见》，引导和促进东部产业向中西部转移。从目前情况看，东部产业向西部转移仍很少。如果产业集聚东部，那么由于集聚效应存在，产业就难以从东部转移出来，更何况中部介于东部与西部中间。显然，东部内资产业能否转移到西部，进而促进西部优势产业发展，这还需对产业的空间集聚与空间关联特征进行具体分析。

第一节 内资产业集聚与产业转移

一、文献评论

改革开放以来，中国地区产业比较优势格局发生了重组，东部地区与西部地区的产业级差不断扩大，导致我国东部与西部地区发展差距持续扩大。这给我国地缘经济安全、西部民族团结和稳定带来严峻的挑战。促进东部产业向西部地区转移，促进西部产业发展，已成为缩小东西部发展差距的重要途径。为此，在世纪之交，我国实施了西部大开发战略，使西部产业基础设施和投资环境有了明显的改善。同时，我国“十一五”、“十二五”规划中提出的西部承接产业转移、实现协调发展的战略构想，国务院也出台了《关于中西部地区承接产业转移的指导意见》，引导和促进东部产业向中西部转移。尽管如此，东部产业没有明显地呈规模西进。

我国目前区域产业转移的现状表明：“大规模的产业转移并未发生”，东部发达地区并没有出现向西部等欠发达地区大规模的产业转移趋势，“产业转移并不明显”（魏后凯，2003；陈建军，2002；刘嗣明，2007；陈计旺，2007；陈秀山，2008）。面对东部产业不西进，现有的文献从我国现实情况出发，给出了多种解释，陈建军（2002）、范剑勇（2004，2006）、陈秀山（2008）、陈计旺（2007）、刘嗣明（2007）、肖灿夫（2005）、朱宜林（2005）等分别从影响产业转移的各种要素方面分析了目前我国东西部之间产业转移滞缓的原因。李娅和伏润民（2010）运用空间经济学原理，在中心—外围理论及中间产品模型的基础上，构建了东西部不对称的资源禀赋优势系数，并对模型进行了数值模拟，模拟结果显示：在中国现阶段，东部的制造业尚未达到转移的内生临界点，产业转移还需要较多地依赖于外生力量的作用。

对于东部地区产业并没有像预期的那样顺利地实现向中西部广大地区的转移，这一问题引起了学者的广泛关注。很多学者对其进行了分析，并将这一问题称为“产业转移黏性问题”。从对此问题的分析来看，他们将产业转移的一切原因都归于产业转移黏性。而所谓产业转移黏性，就是产业在要进行转移时有着强烈地依附于原有地区的倾向，即产业有对原有地区的固有吸附性。这可能是两种因素作用的结果，一是产业的原有地区对于转移产业有着强大的吸附作用；二是产业对原有区域的固有吸附性。此外，东部地区政府鼓励产业就地向东部欠发达地转移。这些都是产业不能实现顺利转移的重要的阻碍因素。

西部难承接东部产业转移的困境由两个因素造成：一个是产业转移的黏性问题，即产业固有的吸附于原有地区的吸附性和原有地区对产业的吸附性；另一个就是转入地区对产业的吸引力不够。这一问题分析应该将这两种因素区分开来，前者可以概括为黏性问题，而后者是黏性问题的反作用性问题。不能将转入地区的吸引力也归于所谓的产业转移黏性问题。

目前，国内外学者主流观点认为，随着我国沿海发达地区开始接近新兴工业化国家和地区的发展水平，我国区域产业转移已经具备了梯度特征，产业结构升级将促使产业的区域转移，中国内部也将出现以上海为雁首的“雁行发展模式”。然而，中央政府采取了鼓励东部发达地区产业进入中西部地区投资的一系列政策，但产业转移并没有达到预期的规模，纺织服装等劳动密集型产业和冶金、化工等原材料工业还在继续向东部地区集中，高端制造业重心还在向东部移动。

虽然，国内学者对东部产业向西部转移进行了多方面的理论探讨，提出了有价值的建议，但目前对东部产业为何不向西部转移的研究仍没有提出令人信服的观点。我们认为，西部承接东部内资产业转移还有一个重要因素，就是空间因素。一方面，如果产业在东部集聚，那么就产生集聚效应，由集聚租金产生黏性，这是产业难转移的一个内在原因；另一方面，西部距离产业集聚中心较远，吸引力较弱，承接转移成本比中部高，这也是不可忽视的因素。显然，东部产业能否跨越空间阻隔从东部转向西部，促进西部优势产业发展？这是一个对西部地区优势产业促进政策有深刻影响的问题。

二、国内产业转移动因

产业转移本质上是产业对外直接投资。这种直接投资是资本、技术、管理甚至企业文化价值观的“一揽子”转移。大规模对外直接投资就是产业转移。因此，直接投资理论也成了产业转移的重要理论基础，尤其是 FDI 理论对国内区际产业转移具有借鉴作用。

刘易斯认为，引起 20 世纪 60 年代非熟练劳动密集型产业由发达国家转移至发展中国家的主要原因是第二次世界大战后发达国家人口的增长几乎为零，轻工业的增长速度又前所未有，引致了非熟练劳动力的供给不足。小岛清在“边际产业转移”中用“比较成本原理”解释产业国际转移。弗农（R. Vernon，1966）以产品生命周期理论解释国际产业转移现象。他认为，随着产品由新产品时期向成熟产品时期和标准化产品时期的转换，产品的特性会发生变化，将由知识技术密集型向资本或劳动密集转换。相应地，在该产品生产的不同阶段，对不同生产要素的重视程度也会发生变化，从而引起该产品的生产在要素丰裕程度不同国家之间发生转移。

小岛清的“边际产业扩张论”是在对日本与其他发达国家（主要是美国）对外直接投资问题进行比较研究时，运用国际贸易比较成本及比较利润理论，于1977年提出的“日本式”对外直接投资理论。随着我国经济的发展，企业实力的增强，有学者如尹涵龄和张先林（2004）、邹乐意和张先林（2004）等先后提出可以将“边际产业扩张论”作为我国中小企业对外直接投资的理论依据。姜楠和李士忠（2001）用小岛清“边际产业扩张论”解释我国东部产业西移战略。

“雁行模式”（Flying Geese Model）产业转移理论是解释国际产业转移最为流行的理论。它最早由日本经济学家Akamatsu（1962）提出。这一理论认为，随着发达国家要素价格的上涨，其在劳动密集型产业上的比较优势将逐渐丧失，这些产业将转移到要素价格相对较低的发展中国家。发达国家随着劳动密集型产业的转出实现了产业的转型和升级，发展中国家通过承接产业转移也获得了发展的机会。因而，这种产业转移模式能够实现发达国家和发展中国家的共赢。后来许多经济学家对这一模式进行了拓展（Kasahara，2004）。传统的“雁行模式”理论以国家为分析单位，解释了东亚三次工业化浪潮：即劳动密集型产业依次从欧美转移到日本，然后从日本转移到“亚洲四小龙”（韩国、新加坡、中国台湾、中国香港）和“亚洲四小虎”（泰国、马来西亚、印度尼西亚、菲律宾），进而这些产业转移到中国、印度、越南等国家（Ozawa，1993；Cumings，1984；Kojima，2000；Kumagai，2008）。通过“雁行模式”转移产业，日本与“亚洲四小龙”将产业升级到化学、钢铁、汽车、电子和电机等高技术产业，与此同时，东南亚其他国家也获得了发展，成就了近半个多世纪的“东亚奇迹”。

随着中国区域发展战略重心从南到北（珠三角—长三角—环渤海）、从东到西（东部率先—中部崛起—西部开发），中国产业也开始出现转移，许多学者对其动因进行了解释。谭介辉（1998）用产业的级差（技术级差）来进行解释。李国平和杨开忠（2000）认为，要素成本在不同区域之间的相对变化是决定外资企业在华空间转移的主要因素之一，此外，地域政策也是产业空间转移的重要因素。王先庆（2005）认为，由不同经济—地理空间存在的“成长差”与不同区域产业主体之间的相关“利益差”共同构成的“产业差”是产业转移的基础。邹蓝等（2000）指出，由于东西部区域差距所造成的势差，给区域间产业转移创造了条件，由于在工资、房租、地租、原材料价格、公用事业费用等方面存在很大的区域差，产业主动或被迫向低成本地区流动以控制成本上升。陈建军（2002）认为，地区之间发生产业转移最基本的条件是两地区之间具有较为密切的经济联系，这种经济联系的主要纽带是产品和要素的流动。

陈建军（2002）根据浙江和西部地区各自的资源优势和市场特点，认为浙江和西部地区产业分工的主要模式应该是水平分工模式而不应是垂直分工模式，应通过产业转移，合理地进行产业分工协作，达到提升企业竞争力和优化区域产业结构的目标。马海霞（2001）分别从区域传递的空间指向特征、地域变化特征出发，提出了区域传递的梯度推进模式与中心辐射模式两种主要区域传递空间模式，前者强调传递的梯度指向，后者则强调传递的空间邻近性。毛蕴诗等（2002）通过对广东49家大型重点企业的问卷调查，分析了大企业集团的扩展路径，认为不同的扩展维度，其拓展的路径选择不同。资金运作维度以银行贷款、内部积累为主；空间维度以国内为主、积极开拓国际市场；组建方式维度以创建、合资控股、参股为主；业务活动维度以横向一体化和相关多元化为主。

蔡昉等（2009）提出，中国可以在地区间通过“雁行模式”的产业转移方式在劳动密集型产业上继续保持竞争优势。通过分析中国不同区域间生产效率和单位劳动成本的差异，他们发现，东北和中部地区比沿海地区有更快的全要素生产率提高速度和更高的贡献率，因而，如果能够实现大国内部产业转移，那么在中西部地区回归其劳动力丰富比较优势的同时，将使中国继续保持在劳动密集型产业上的竞争优势。阮建青等（2009）以劳动密集型产业的典型代表——纺织服装产业为研究对象，从实证上检验1997～2008年劳动密集型产业是否已经发生了大国内的“雁行模式”产业转移。研究结果表明，截至2008年，纺织服装产业依然集中在东部地区，但从2005年开始，该产业开始出现“雁行模式”产业转移现象。

在长三角的产业转移过程中，其主要的转移方向是由上海向区内其他地区扩散与转移，同时，区内的一些传统产业也逐步向长三角区外的地区转移。根据何奕、童牧（2006）等人的研究发现，区域内部产业转移的路径为：纺织工业、服装工业、造纸文体工业、食品饮料工业和木材家具制造业等从上海经过周边的苏、锡地区主要向浙东北的二级城市转移并集聚起来；冶金工业、化学工业、医药工业、电子信息业、机械工业及其他制造业则还主要集中在沪、宁、杭、甬与苏、锡、常等长三角“之”形轴线上，并在区域内基本形成了既分工又相互竞争的局面。

三、影响产业转移的要素条件

影响中国发展的要素特点明显，主要表现在人口多、民族多、邻国多、大一统和分权体制、外贸依存度高，同时有巨大的内需市场。由于中国经济呈现大国体系特点。因此，东部产业向西部集聚转移，需要考虑影响西部承接东部产业转移的区域特点和因素。

（1）区域要素禀赋。中国的自然环境呈现出西高东低的三大阶梯区域分布格局。这种自然环境叠加气候因素，就使得中国适宜人类生存和居住的区域主要集中在东部和中部地区。在开放经济条件下，自然资源对经济增长的约束日益弱化，但地理环境仍然是影响东部产业向西部转移的重要因素，它已构成了西部承接东部产业转移的决定因素。当前，影响东部地区产业转移，尤其是劳动密集型产业转移最为重要的要素是土地、劳动力、自然资源等传统经济增长要素，而这些要素在西部不同区域的禀赋，将影响东部沿海地区产业转移的方向和路径。

（2）区域发展政策。体制创新和政策创新是中国经济快速增长的重要原因之一。中国区域经济发展的重点，20 世纪 80 年代主要在东南沿海的珠三角、闽东南地区，20 世纪 90 年代主要在长三角地区，21 世纪前十年转移到环渤海地区，未来区域发展的政策扶持重心将转向中西部地区。西部大开发和中部崛起，就是要促进中西部地区开发、开放，缩小区域发展差距，实现区域协调发展。中国区域发展政策重点经历了由南向北、由东向西的演变。在“十二五”期间，中国推出了许多国家战略层面上的区域发展规划，引导东部产业向中西部转移，也表明中国政府希望运用政策之手，引导东部产业向中部、西部有序转移。当前，中西部地方政府也积极出台政策，引导东部资本等各种生产要素及企业向优势产业流动。

（3）基础设施网络。运输成本也是影响产业转移的重要因素。改革开放最初提出的“要想富，先修路”，就是对降低运输成本，增强运营能力，从而达到提高产业利润目的的最好写照。西部大开发的十多年间，迎来了西部基础设施建设最快最好的十年，特别是 2008 年金融危机发生后，中国积极财政政策的“救市”政策将大量的资金投入到中西部基础设施建设之中，这也使得中西部地区与东部沿海乃至世界各地的区位连通便捷度提高，产品的运输成本大大降低。但西部不同区域基础设施网络的差异性，对不同产业、产品的影响度仍有重大差异，这也会影响区域吸引东部产业转移的力度和产业差异性。

（4）经济区位条件。保罗·克鲁格曼说过，影响经济增长的第一要素是“区位”，第二是“区位”，第三仍然是“区位”。这表明了区位是影响产业发展的重要节点，体现要素的临近性。由于要素的扩散机制一般遵循距离衰减规律，因此，与产业集聚重心节点的距离越近，其获得的溢出效应越明显。这显示了产业就近转移的特点，如上海纺织产业向江浙转移、广东制糖向广西转移。当前，东部沿海三大都市圈是中国最主要的产业转移策源地，中西部各个区域与这三大区域的空间距离的差异性决定其受影响的差异性。与中部相比，西部大部分地区离东部沿海产业重心较远，中部“近水楼台先得月”。西部各地区承接东部产业转移不具区位优势，与东部产业联系度较弱。更严重的是，目前东部产业向国外如越南、泰国、印度等转移，对外直接投资增幅较为迅猛，对西部地区构成强大的竞争。这决定西部仍是承接产业转移的弱势区域。

（5）地方政府作用。在影响产业增长的土地、资本、劳动、管理四要素中，地方政府是管理、国有资本和城镇土地等要素的所有者，对土地也有实质上的垄断性支配权，这决定了地方政府可通过支配要素推动区域产业转移。地方政府通过管理要素的运作引导产业转移的方向、规模，主要体现在通过产业规划、空间规划、产业政策、财税政策和必要的直接预调节产业规模的方向、速度。中央政府已先后批准了关中—天水、成渝、广西北海三大经济区，诱导东部产业向三区定向集聚转移。当然，不同地区地方政府的政策手段和策略不同，会影响产业转移区的企业和政府决策，也会影响产业转移的路径和力度。

总之，产业活动会在何种空间进行集聚是区域经济学和经济地理学研究的核心内容之一。Perroux（1955）、Hirschman（1958）、Hansen（1975）等学者认为，产业生产活动会因为获得聚集经济利益而在空间分布上出现集中发展的现象。Beeson（1992）也认为，聚集经济的利益能促使产业在生产活动过程中出现报酬递增的现象。因此，产业为使其本身的生产报酬递增，故在空间分布上呈现集中发展的现象。我们认为，影响产业转移的要素条件是多种多样的，但是产业集聚，确切地说产业集聚效应是产业转移黏性的重要原因，空间核心—外围结构形成是东部产业难以转移到西部的关键因素。

第二节 内资产业数据与统计分析

一、数据

2005年、2010年西部25个优势产业所在的内资产业的数据取自《国研网数据库》（见图5-1）。横向分别为2005年和2010年产业数，以B类内资产业（B6、B7、B8、B9、B10）、F类内资产业（C13、C14、C15），S类内资产业（C25、C32、C33），CL类内资产业（C16、C26、C27、C31），CH类内资产业（C34、C35、C36、C37、C39）和D类内资产业（D44、D45、D46）顺序排列，纵向为31个地区，以东部、中部和西部顺序排，其中，西部顺序为内蒙古、陕西、宁夏、甘肃、青海、新疆、广西、重庆、四川、贵州、云南和西藏。有些内资产业在有些地区没有分布。2005年和2010年的分布情况也有变化。可以看出，2005～2010年内资产业样本数增大，有空间扩散的倾向。

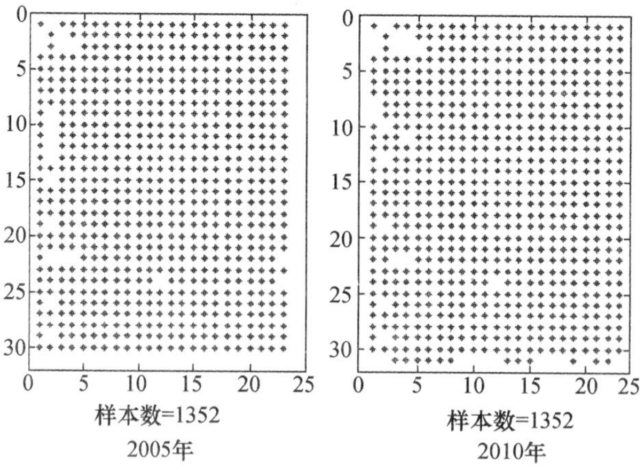

图5-1 2005年、2010年六类内资产业数据分布结构

二、描述性统计特征

从表5－1看出，六类内资产业具有不同的分布和发展态势。先从产值平均值看，2005年全国六类内资产业规模依次是CL类、S类、CH类、F类、B类和D类内资产业，比重依次是28.97%、23.16%、21.28%、9.73%、9.29%和7.58%，2010年六类内资产业规模依次是S类、CL类、CH类、B类、D类和F类内资产业，比重依次是26.14%、26.07%、18.08%、11.01%、9.59%和9.11%。不难看出，六类内资产业的位次除CH类内资产业不变外，其他五类内资产业的位次发生了变化，CL类内资产业与S类内资产业发生了对换，S类内资产业上升到第一位，F类内资产业由2005年的第四位下降到2010年的第六位。从产值增量看，2005～2010年，六类内资产业都有不同幅度的增长，结构系数也发生了显著变化，S类、D类和B类内资产业比重分别上升了2.98个百分点、2.01个百分点和1.72个百分点，CH类、CL类和F类内资产业比重分别下降了3.19个百分点、2.90个百分点和0.62个百分点。这表明，B类和D类内资产业的优势不断增强，而制造业尤其是高端制造业在衰退。这可能与FDI产业进入和替代有直接关系。

再从分布看，2005年、2010年六类内资产业偏度和峰度都有不同程度下降，JB（Jarque－Bera）值大于5%水平的临界值5.99，这说明六类内资产业呈非正态分布，但是，JB值差别也很大，F类内资产业有很强的非正态分布，而B类和S类内资产业离临界值较近。从JB值增量看，2005～2010年CH类、D类和S类内资产业的JB值有不同程度增加，依次增加44.59、8.64和3.08，F类、B类和CL类内资产业JB值分别减少33.29、29.13和3.08。从偏离系数（方差/均值）看，2005年、2010年六类内资产业分布变化也有相同的结果，CH类、D类和S类内资产业的偏离系数有不同程度增加，依次增加0.1533、0.0682和0.0297，而CL类、B类和F类内资产业的偏离系数分别减少0.0095、0.011和0.1720。这几方面说明，2005～2010年，我国六类内资产业中，CH类内资产业的集中度高，且越来越集中，CL类内资产业趋向离散，D类和S类内资产业集中度加强，B类和F类内资产业的空间非均衡性有所收敛，集聚程度有所下降。

表 5－1　2005 年、2010 年全国六类内资产业分布数据描述性统计

指标	年份	平均值（亿元）	最大值（亿元）	最小值（亿元）	标准差	偏度	峰度	JB 值
B 类	2005	227.02	1207.84	0	283.68	2.03	6.83	40.33
	2010	1009.09	4112.22	13.59	1087.38	1.38	4	11.2
F 类	2005	237.91	1635.8	0	313.23	3.11	13.97	205.28
	2010	835.02	5571.53	4.43	1091.45	2.98	12.89	171.99
S 类	2005	565.99	1822.91	0	486.46	1.14	3.48	6.96
	2010	2396.14	8074.51	0	2130.71	1.31	3.95	10.04
CL 类	2005	708.06	3439.15	0	912.43	1.94	5.74	29.06
	2010	2389.68	11047.11	0.06	3051.24	1.82	5.32	24.06
CH 类	2005	520.05	2118.34	0	521.25	1.79	5.91	27.61
	2010	1657.65	9018.57	14.49	1915.62	2.35	8.81	72.2
D 类	2005	185.23	674.61	0	144.38	1.46	5.55	19.43
	2010	878.89	3511.1	7.29	745	1.68	6.22	28.07

三、内资产业区域结构

从表 5－2 数据看出，B 类内资产业 2005 年区域结构系数排序依次是东部、中部和西部，2010 年则为中部、东部和西部；2005 年、2010 年，S 类、CL 类、CH 类和 D 类内资产业的结构系数位次依次是东部、中部和西部。从 2010 年看，除 B 类内资产业外，东部 F 类内资产业占 49.19%，东部 S 类、CL 类、CH 类和 D 类内资产业的比重超过 50%，CL 类内资产业接近 70%，占优势地位。从结构系数增量看，2005～2010 年，东部占 D 类内资产业的比重有较大幅度上升，而占 CL 类、S 类、CH 类、F 类、B 类内资产业的比重有所下降，占 F 类内资产业的比重下降幅度达 7.63 个百分点；中部占 D 类、CL 类内资产业的比重有所下降，而占 B 类、F 类、S 类、CH 类内资产业的比重有不同程度幅度上升，占 F 类内资产业的比重上升幅度达 6.02 个百分点，CH 类内资产业的比重也上升了 2.72 个百分点；而西部占 B 类、F 类、S 类、CL 类内资产业的比重有不同程度上升，占 B 类内资产业的比重上升幅度最大，为 4.6 个百分点，占 CH 类和 D 类内资产业的比重有

所下降。总体上，西部内资产业在低端产业得到加强，在高端产业衰退，而中部的高端制造业却明显增强。这意味着，东部高端制造业有向中部转移的效应更加显现，而东部B类和S类内资产业向西部转移可能性较大。

表5-2 2005年、2010年我国内资产业分类的地区结构

单位:%

产业/地区	B类		F类		S类		CL类		CH类		D类	
	2005年	2010年	2005年	2010年	2005年	2010年	2005年	2010年	2005年	2010年	2005年	2010年
东部	38.73	33.71	56.82	49.19	59.82	55.85	70.29	69.90	60.15	57.78	49.63	55.21
中部	38.43	38.84	25.17	31.19	24.29	25.51	19.05	18.80	23.28	26.00	27.56	23.31
西部	22.85	27.45	18.01	19.62	15.89	18.64	10.66	11.30	16.58	16.22	22.81	21.48

四、内资产业重心

表5-3报告的是以式（2-3）计算的2010年六类内资产业的重心。可以看出，六类内资产业重心的经度在113.60~116.51度之间，纬度在32.99~37.03度之间，经度差为2.91度，纬度差为4.04度，六类内资产业重心相对还是集中的。

表5-3 2010年我国六类内资产业重心 单位：度

坐标	B类	S类	F类	CL类	CH类	D类
经度	113.6023	114.8400	115.1308	116.5112	115.3137	114.7084
纬度	37.0267	34.5615	34.4658	32.9939	33.3551	33.1156

进一步，B类内资产业重心在山西东南部，而F类、S类、CL类、CH类和D类内资产业重心相对集中在安徽、山东、河南三省交界的地方。比较明显的是，六类内资产业重心偏离西部，相对来说，离西北片区更近一些，离新疆和西南片区还比较遥远。

以式（2-4）计算，西部各地距六类内资产业重心有较大差异（见表5-4）。陕西离六类内资产业重心的距离最小，距离为600~860公里，而新疆离六类内资产业重心的距离最大，除B类内资产业外，离其他五类内资产业的重心均在3000公里以上。由于地理位置因素，西北片区除新疆外，平均离六类内资产业重心的距离为865.298～1263.546公里，而西南片区除西藏外，平均离六类内资产业重心的距离为1218.364～1422.786公里。很明显，西北片区更靠近六类内资产业重心。当然，西部地区离六类内资产业重心的距离也有差距，离CL类和CH类内资产业相对远，而离B类、F类、S类和D类内资产业重心要相对近一些。由于六类内资产业重心相对集中，西部12个地区到六类内资产业重心的距离为1369.34～1568.31公里。西部地区离B类内资产业最近；离CL类内资产业最远，其次是CH类内资产业（见表5－4）。也就是说，制造业重心离西部较远，向西部转移的难度更大。

表5－4　2010年我国西部地区到六类内资产业重心的距离

单位：公里

地区＼产业	B类	S类	F类	CL类	CH类	D类
重庆	1144.55	1079.27	1101.76	1174.16	1064.61	992.32
云南	1799.28	1713.33	1732.45	1770.05	1677.78	1607.04
西藏	2005.16	2041.80	2070.19	2185.04	2061.68	1990.51
四川	1095.01	1065.93	1091.40	1188.38	1069.39	997.40
贵州	1391.95	1267.29	1283.26	1302.87	1218.18	1149.07
广西	1683.14	1491.80	1498.64	1451.40	1404.83	1345.99
新疆	2986.52	3196.79	3230.82	3430.14	3291.46	3238.24
陕西	607.48	662.66	694.51	859.23	721.61	659.72
青海	1314.59	1469.26	1502.85	1685.90	1547.13	1488.58
宁夏	831.11	1047.24	1081.06	1291.00	1155.05	1111.01
内蒙古	473.54	780.02	804.54	1023.21	923.45	920.50
甘肃	1099.77	1243.44	1276.92	1458.39	1319.66	1260.94

从中部看，2010年中部地区离六类内资产业重心的距离也存在较大差异。吉林和黑龙江离六类内资产业重心的距离最远，在1500公里以上，而山西、江西、湖南、湖北、河南、安徽离六类内资产业重心的距离为631～680公里。六类内资产业内部也有一定差异，离B类、S类和F类内资产业重心的距离，河南最近，分别为30.21公里、277.9公里和303.68公里，湖

南最远，分别为983.53公里、737.04公里和736.74公里；安徽离CL类内资产业重心的距离最近，仅为151.82公里，山西最远，为699.9公里；安徽离CH类和D类内资产业重心的距离最近，分别为273.98公里和317.47公里，湖南最远，分别为629.52公里、579.63公里（见表5-5）。

表5-5　2010年我国中部地区到六类内资产业重心的距离

单位：公里

地区＼产业	B类	S类	F类	CL类	CH类	D类
山西	151.31	449.08	476.59	699.90	590.27	582.41
江西	962.53	664.78	649.33	485.24	524.35	510.95
吉林	1507.67	1557.68	1540.89	1555.56	1613.14	1679.03
黑龙江	1741.70	1805.78	1789.93	1809.06	1864.73	1929.97
湖南	983.53	737.04	736.74	662.54	629.52	579.63
湖北	721.06	447.58	442.82	365.91	329.85	286.56
河南	30.21	277.97	303.68	525.86	421.24	421.67
安徽	704.24	404.04	374.88	151.82	273.98	317.47

对比表5-4和表5-5，明显看出，与中部相比，西部在承接东部产业转移方面的确不具有区位优势。中部的江西、湖南、湖北、河南和安徽在承接东部产业转移方面是西部地区的主要竞争对手，按产业梯度转移理论，这些地区是东部产业转移的第一站。由此也可初步推断，西部在承接东部产业转移促进六类优势产业发展方面的可能性还是比较小。

第三节　内资产业空间集聚与空间自相关

一、内资产业空间集聚

1. 集中度

与结构系数不同的是，集中度是在结构系数的基础上进一步来衡量一个产业在地区的集聚程度，用较大几个地区产业产值比重之和来表示。集中度越大，表明地区产业规模优势越大，产业集聚倾向越明显。

从表5-6的数据得知，三个地区六类内资产业的集中度具有明显的差异。从平均水平看，2005~2010年三地区集中度依次是CL类、S类、CH类、B类、F类和D类内资产业，CL类内资产业的CR_3值高达43.56%，D类内资产业的CR_3值仅为28.2%，两者相差15.36个百分点。从CR_3值增量看，2005~2010年B类和CL类内资产业的CR_3值有所减小，尤其是B类内资产业CR_3值减小4.85个百分点，表明其在空间扩散；而S类、F类、CH类和D类内资产业的CR_3值有不同程度增长，CH类内资产业CR_3值增加4.64个百分点，表明其向空间进一步集中（见表5-6）。

表5-6　2005~2010年我国六类内资产业的三地区集中度平均值（CR_3）

产业/年份	B类	S类	F类	CL类	CH类	D类
2005	39.20	39.40	28.25	43.05	33.52	26.89
2006	38.40	39.52	28.93	45.02	35.27	26.21
2007	37.17	42.18	29.23	44.40	37.23	29.64
2008	35.96	41.93	28.67	44.14	37.98	29.91
2009	33.88	43.25	29.06	43.23	38.28	28.91
2010	34.35	40.96	30.17	41.54	38.16	28.16

再从CR_3的地区构成看，B类内资产业地区构成2005年依次是山东、黑龙江和河南，2010年为山东、山西和河南；F类内资产业地区构成2005年依次是山东、河南和江苏，2010年为山东、河南和四川；S类内资产业地区构成2005年依次是辽宁、江苏和河北，2010年为山东、江苏和河北；CL类内资产业地区构成2005年依次是江苏、浙江和山东，2010年为山东、江苏和浙；CH类内资产业地区构成2005年分别为山东、江苏和浙江，2010年为山东、江苏和河南；D类内资产业地区构成2005年依次是广东、山东和河南，2010年为广东、江苏和山东。除四川进入B类内资产业前三强外，其他西部地区未能进入六类内资产业的前三强。这表明，六类内资产业作为西部的优势产业，也是相对的，西部地区优势产业规模仍然比较弱小。

2. 集聚强度与显著性检验

从理论上看，产业在空间的分布仅有平均分布、随机分布和集聚分布三个状态，而当样本量足够大时，平均分布趋于正态分布。如果内资产业在空间上不是均匀分布（正态分布）的，那么可能会出现随机分布或集聚分布。

产业集聚反映产业规模空间分布的非平衡性，集中度越高，非平衡性也越高。然而，用产业集中度只能初步地测量产业的集聚程度。产业集聚是空间分布不平衡的体现，从统计上看，主要是其不服从正态分布，但是非正态分布还不完全是显著的集聚分布，卡方分布更能体现产业集聚分布的特点。我们采用一种普适性的集聚指数（赵果庆、罗宏翔，2009）：

$$\gamma_{KS}=\frac{n}{6}\left|S(K-3)\right|\sim\chi^2(2) \tag{5-1}$$

式（5－1）中，n 为样本容量；S 表示地区产业分布的偏度，用来度量分布的不对称性，S 的绝对值越大，分布就越不对称；K 表示地区产业分布的峰度，度量的是地区产业分布的胖瘦或扁平程度。正态分布的 K 为 3，当 $K>3$ 时，分布曲线两侧比正态分布更陡峭，称为超峰分布。

根据 $p\{\chi^2>\chi^2_\alpha(2)\}=0.1\%$；当 $\gamma_{KS}<9.21$，产业集聚不显著；当 $9.21<\gamma_{KS}<13.80$，产业为弱集聚（显著性水平为 1%～0.1%）；当 $\gamma_{KS}>13.80$，则产业集聚显著；当 $\gamma_{KS}>18.42$ 时，产业为强集聚分布。

产业集聚是产业在空间极不平衡的分布现象，只有当分布严重偏离平均值，而且大概率的分布超出正态峰度时，才有可能发生集聚。显然，集聚效应是横向偏离效应和纵向拉伸效应的耦合效应（Coupling）。因此，γ_{KS} 有效地综合了样本分布的偏度和峰度信息，作为检验集聚度的普适性指标，γ_{KS}越大，集聚现象越明显，这意味着，样本分布中越会有小概率的极端值发生。

用表 5－1 中的峰度、偏度数据，以式（5－1）进行计算，2005～2010 年六类内资产业的集聚强度存在较大差异。S 类内资产业的空间集聚不显著，B 类内资产业从 2006 年起集聚显著转变为不显著，F 类、CL 类、CH 类和 D 类内资产业集聚显著，F 类和 CL 类内资产业的集聚强度有较大幅度减小，而 CH 类和 D 类内资产业，尤其是 CH 类内资产业集聚强度大幅增加（见表 5－7）。从增量看，2005～2010 年，B 类、F 类和 CL 类内资产业的集聚强度分别下降了 82.22%、13.65% 和 20.34%，S 类、CH 类和 D 类内资产业的集聚强度分别上升130.00%、161.50%和45.66%。显然，B类内资产业降幅最大，在空间扩散；而S类与CH类内资产业在空间更加集聚，以CH类内资产业更突出。总体上，我国六类内资产业空间集聚显著与不显著、空间集聚与扩散趋势共存。

表5-7　2005~2010年我国六类内资产业的集聚强度

年份＼产业	B类	F类	S类	CL类	CH类	D类
2005	40.26	176.06	2.80	27.38	27.01	19.25
2006	43.51	209.02	3.03	31.06	43.43	18.05
2007	19.51	228.87	4.37	27.91	71.45	36.86
2008	12.93	191.45	4.40	25.95	87.44	35.78
2009	9.89	191.73	6.10	22.83	71.67	15.33
2010	7.16	152.02	6.44	21.81	70.63	28.04

二、内资产业空间自相关性及显著性检验

1. 空间自相关性

空间自相关的根本出发点是来自地理学第一定律，即空间上分布的事物是相互联系的，近距离事物之间的相互作用大于远距离事物之间的相互作用。所谓的空间自相关，是指一个区域分布的地理事物的某一属性与其他所有事物的同种属性之间的关系。空间自相关的基本度量标准是空间自相关系数，由空间自相关系数测量和检验空间事物及其某一属性是高高相邻分布、低低相邻分布还是高低交错分布。

如果产业具有的空间相关性达到一定程度，那么，它说明一个地区产业与一个或多个邻地区产业之间相关，但还不能揭示产业地区间集聚状况。因此，为了探讨地区间产业集聚类型与分布，需要检验产业的空间自相关性。这里我们采用空间相关系数检验内资产业产值（y_i）与其空间变量产值（$W_{ij}^{q}y_i$）之间的自相关性，计算公式（罗宏翔、赵果庆，2012）为：

$$r_{(y,W_{ij}^q y)} = \frac{\sum_{i=1}^{n}(y_i - \bar{y_i})(W_{ij}^q y_i - \overline{W_{ij}^q y_i})}{\sqrt{\sum_{i=1}^{n}(y_i - \bar{y_i})^2 \sum_{i=1}^{n}(W_{ij}^q y_i - \overline{W_{ij}^q y_i})^2}} \tag{5-2}$$

式（5－2）中，W_{ij}为相邻矩阵，也就是n个空间单元之间空间相互关系结构的一个矩阵。第i行和第j列的矩阵元素，行和列都对应空间单元，对角线上的元素为零（沈体雁等，2010）。标准的一阶到六阶相近W_{ij}分别为：

$$W_{ij}^1 = \begin{cases}1\\0\end{cases}, W_{ij}^2 = \begin{cases}0.5\\0\end{cases}, W_{ij}^3 = \begin{cases}0.3333\\0\end{cases}, W_{ij}^4 = \begin{cases}0.25\\0\end{cases}, W_{ij}^5 = \begin{cases}0.2\\0\end{cases}, W_{ij}^6 = \begin{cases}0.1666\\0\end{cases}$$

当空间单元i与空间单元j相邻接，W_{ij}不为零；当空间单元i与空间单元j不相邻接，W_{ij}为零。对31个地区来说，n＝31，自由度为30。因此，在5%显著性水平上，当$r_{(y,W_{ij}^q y)} > 0.349$，则空间自相关性显著；当$r_{(y,W_{ij}^q y)} < 0.349$，则空间自相关性不显著。

由我国31个地区政府所在地经度和纬度（来自Goole Earth）计算可而得W_{ij}^q（q＝1，2，…，6）的稀疏矩阵结构（见图5－2）。

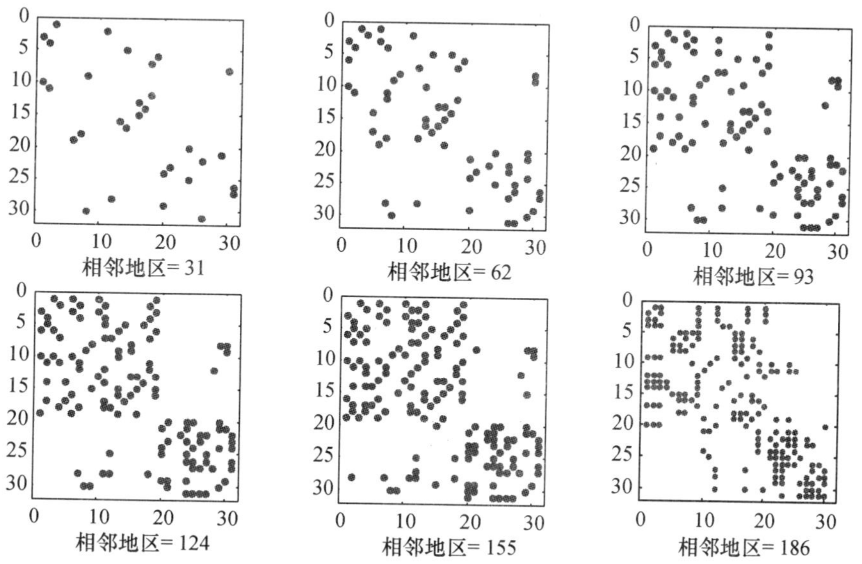

图5－2　我国31个省市区一至六阶稀疏矩阵结构

2. 内资产业空间自相关性检验

表5-8报告的是以式（5-2）计算（产业产值为对数值，下同）的2005~2010年B类内资产业空间自相关系数。2005~2010年，B类内资产业的空间相关性大幅提升。2005年，B类内资产业的各阶相邻空间自相关系数在5%的水平上都不显著；2010年，B类内资产业各阶相邻空间相关系数在5%的水平上大于临界0.349，B类内资产业呈现出显著的空间自相关性。从2005~2005年的平均水平看，B类内资产业除四阶外，其他各阶相邻空间自相关系数在5%水平上显著，以一阶相邻空间自相关系数值最大（见表5-8）。这说明，B类内资产业的地区空间依赖的连片性不大，只与最相邻的一个地区相关，空间效应的范围较小。

表5-8　2005~2010年B类内资产业空间自相关系数

年份	$r_{(y,W_{ij}^1y)}$	$r_{(y,W_{ij}^2y)}$	$r_{(y,W_{ij}^3y)}$	$r_{(y,W_{ij}^4y)}$	$r_{(y,W_{ij}^5y)}$	$r_{(y,W_{ij}^6y)}$
2005	0.2658	0.2945	0.2926	0.1799	0.2333	0.2626
2006	0.5335	0.4700	0.4271	0.4026	0.4793	0.5054
2007	0.5487	0.4836	0.4218	0.4050	0.4776	0.4901
2008	0.4634	0.5111	0.4621	0.4265	0.5103	0.5280
2009	0.4706	0.4478	0.4059	0.3786	0.4392	0.4394
2010	0.5721	0.5517	0.4639	0.4424	0.4852	0.4826
平均	0.4555	0.3881	0.3498	0.3326	0.4054	0.4244

2005~2010年，F类内资产业的各阶相邻空间自相关系数有不同幅度提升。2005年，F类内资产业的各阶相邻空间自相关系数在5%水平上都不显著，2010年F类内资产业的二阶、五阶和六阶的空间自相关系数在5%的水平上大于临界0.349，F类内资产业呈现出显著的空间自相关性；以平均水平看，六阶相邻空间自相关系数最大，二阶、五阶相邻空间自相关系数在5%水平上显著（见表5-9）。这说明，F类内资产业的空间依赖的连片性较大，一个地区的F类产业增长与相邻的多个地区的F类内资产业增长显著相关。

表 5－9　2005～2010 年 F 类内资产业空间自相关系数

年份	$r_{(y,W^1_{ij}y)}$	$r_{(y,W^2_{ij}y)}$	$r_{(y,W^3_{ij}y)}$	$r_{(y,W^4_{ij}y)}$	$r_{(y,W^5_{ij}y)}$	$r_{(y,W^6_{ij}y)}$
2005	0.1481	0.1998	0.1510	0.1838	0.2248	0.2443
2006	0.1753	0.4046	0.3208	0.3476	0.4322	0.4482
2007	0.1739	0.3859	0.2950	0.3217	0.4217	0.4457
2008	0.1788	0.3888	0.2874	0.3088	0.4136	0.4438
2009	0.1832	0.3870	0.2735	0.2892	0.3924	0.4270
2010	0.2286	0.4170	0.3044	0.3091	0.4146	0.4481
平均	0.1791	0.3706	0.2759	0.3032	0.4043	0.4278

2005～2010 年，S 类内资产业的空间自相关性有不同幅度下降，各年、各阶相邻空间自相关系数在 5% 水平上都不显著（见表 5－10）。这说明，S 类内资产业没有空间依赖性，呈独立性集聚。

表 5－10　2005～2010 年 S 类内资产业空间自相关系数

年份	$r_{(y,W^1_{ij}y)}$	$r_{(y,W^2_{ij}y)}$	$r_{(y,W^3_{ij}y)}$	$r_{(y,W^4_{ij}y)}$	$r_{(y,W^5_{ij}y)}$	$r_{(y,W^6_{ij}y)}$
2005	0.0756	0.1173	0.1334	0.1308	0.1622	0.1818
2006	0.0351	0.1115	0.1292	0.1251	0.1532	0.1726
2007	0.0191	0.1016	0.1215	0.1128	0.1381	0.1612
2008	－0.0020	0.0786	0.0995	0.0888	0.1077	0.1316
2009	－0.0208	0.0728	0.0886	0.0785	0.0958	0.1204
2010	－0.0068	0.0681	0.0855	0.0784	0.0966	0.1235
平均	0.0170	0.0915	0.1096	0.1022	0.1255	0.1484

2005～2010 年，CL 类内资产业的空间自相关系数有不同幅度提升。2005 年，CL 类内资产业的空间自相关系数在 5% 水平上显著，以六阶相邻空间自相关系数最大，2010 年仍是六阶相邻空间自相关系数最大，CL 类内资产业呈现出显著的空间自相关性。从平均值看，五阶相邻空间自相关系数最大（见表 5－11）。这说明，CL 类内资产业有空间依赖性，连片发展。

表 5-11　2005～2010 年 CL 类内资产业空间自相关系数

年份	$r_{(y,W^1_{ij}y)}$	$r_{(y,W^2_{ij}y)}$	$r_{(y,W^3_{ij}y)}$	$r_{(y,W^4_{ij}y)}$	$r_{(y,W^5_{ij}y)}$	$r_{(y,W^6_{ij}y)}$
2005	0.3588	0.3662	0.3583	0.3778	0.3599	0.3800
2006	0.4962	0.6287	0.6187	0.6099	0.6372	0.6283
2007	0.5240	0.6343	0.6192	0.6137	0.6364	0.6271
2008	0.5203	0.6124	0.6003	0.5978	0.6177	0.6085
2009	0.4740	0.5486	0.5296	0.5364	0.5629	0.5661
2010	0.4300	0.4930	0.4802	0.4910	0.5172	0.5239
平均	0.4906	0.5851	0.5711	0.5715	0.5969	0.5941

从5-12表看，2005年，CH类内资产业各阶相邻空间自相关系数在5%的显著性水平上都不显著，以四阶相邻空间自相关系数最大，一阶相邻空间自相关系数为负值。2005～2010年，CH类内资产业的各阶相邻空间自相关系数有不同幅度上升，2010年，一阶和三阶相邻空间自相关系数仍不显著，而其他各阶相邻空间自相关系数在5%的水平上显著，以六阶相邻空间自相关系数最大。从平均水平看，$r_{(y,W^4_{ij}y)}$为0.3988，是各阶相邻空间自相关系数中的最大值。另外，CH类内资产业的空间自相关系数表现出随相邻阶上升而增大的特点。

表 5-12　2005～2010 年 CH 类内资产业空间自相关系数

年份	$r_{(y,W^1_{ij}y)}$	$r_{(y,W^2_{ij}y)}$	$r_{(y,W^3_{ij}y)}$	$r_{(y,W^4_{ij}y)}$	$r_{(y,W^5_{ij}y)}$	$r_{(y,W^6_{ij}y)}$
2005	-0.0113	0.1846	0.1757	0.2150	0.1845	0.1909
2006	0.2181	0.4752	0.4694	0.5012	0.4910	0.4857
2007	0.1848	0.4354	0.4305	0.4682	0.4575	0.4573
2008	0.1885	0.4231	0.3892	0.4340	0.4370	0.4429
2009	0.1919	0.4103	0.3781	0.4238	0.4248	0.4327
2010	0.1651	0.3553	0.3177	0.3677	0.3652	0.3808
平均	0.1323	0.3750	0.3499	0.3988	0.3889	0.3942

从表5-13看，2005年，D类内资产业的各阶相邻空间自相关系数在5%的显著性水平上都不显著，以$r_{(y,W^6_{ij}y)}$值最大，$r_{(y,W^1_{ij}y)}$为负值。2005～2010年，D类内资产业的各阶相邻空间自相关系数有不同幅度上升，2010

年，$r_{(y,W_{ij}^{5}y)}$ 和 $r_{(y,W_{ij}^{6}y)}$ 已大于5%显著性水平的临界值，而其他各阶相邻空间自相关系数仍不显著，以 $r_{(y,W_{ij}^{5}y)}$ 值最大。从平均水平看，各阶相邻空间自相关系数在5%显著性水平上都不显著。

表5－13　2005～2010年D类内资产业空间自相关系数

年份	$r_{(y,W_{ij}^{1}y)}$	$r_{(y,W_{ij}^{2}y)}$	$r_{(y,W_{ij}^{3}y)}$	$r_{(y,W_{ij}^{4}y)}$	$r_{(y,W_{ij}^{5}y)}$	$r_{(y,W_{ij}^{6}y)}$
2005	-0.0479	0.0889	0.0513	0.0765	0.0867	0.0884
2006	0.0521	0.2312	0.1033	0.1328	0.1555	0.1576
2007	0.0115	0.2796	0.2036	0.2795	0.3307	0.3454
2008	0.0059	0.2975	0.2125	0.2917	0.3490	0.3544
2009	0.0985	0.3605	0.3351	0.3880	0.4315	0.4264
2010	0.0173	0.2984	0.2769	0.3271	0.3671	0.3622
平均	0.0298	0.2592	0.1993	0.2534	0.2872	0.2858

三、内资制造产业空间集群分布

1. 相关图

如果内资产业具有显著的空间自相关性，那么就可以进一步根据空间自相关性把各类内资产业集聚分布分为四类地区集群。①HH集群。位于第Ⅰ象限，表示一个内资产业的高产值地区与其多个相邻高产值地区的集群，即高—高型集群。②LH集群。位于第Ⅱ象限，表示一个内资产业的低产值地区与其多个相邻高产值地区构成的集群，即低—高型集群。③LL集群。位于第Ⅲ象限，表示一个内资产业的低产值地区与其多个相邻低产值地区的集群，即低—低集群。④HL集群。位于第Ⅳ象限产业，表示一个内资产业的高产值地区与其多个相邻低产值地区的集群，即高—低型集群。空间自相关性的强弱主要由第一象限的HH集聚和第三象限的LL集群决定，尤其是HH集群，是我国内资产业集聚的核心极，在空间分布中有较强的空间集聚效应，而LL集群则很难得到HH集群的空间辐射，这是"穷地区"俱乐部。

图5－3至图5－7分别展示了B类、F类、CL类、CH类和D类内资产业群的空间自相关性。图5－3为2010年B类内资产业与其一阶相邻空间自相关性，HH群、HL群、LH群和LL群地区数量分别为11、3、4和13个，HH群和LL群共计24个地区。图5－4为2010年F类内资产业与其六阶相

邻空间自相关性，HH 群、HL 群、LH 群和 LL 群地区数量分别为 13、4、6 和 8 个，HH 群和 LL 群共计 21 个地区。图 5－5 为 2010 年 CL 类内资产业与其六阶相邻空间自相关性，HH 群、HL 群、LH 群和 LL 群地区数量分别为 16、4、2 和 9 个，HH 群和 LL 群共计 25 个地区。图 5－6 为 2010 年 CH 类内资产业与五阶相邻空间自相关性，HH 群、HL 群、LH 群和 LL 群地区数量分别为 13、3、6 和 9 个，HH 群和 LL 群共计 22 个地区。图 5－7 为 2010 年 D 类内资产业与五阶相邻空间自相关性，HH 群、HL 群、LH 群和 LL 群地区数量分别为 13、3、6 和 9 个，HH 群和 LL 群共计 22 个地区。

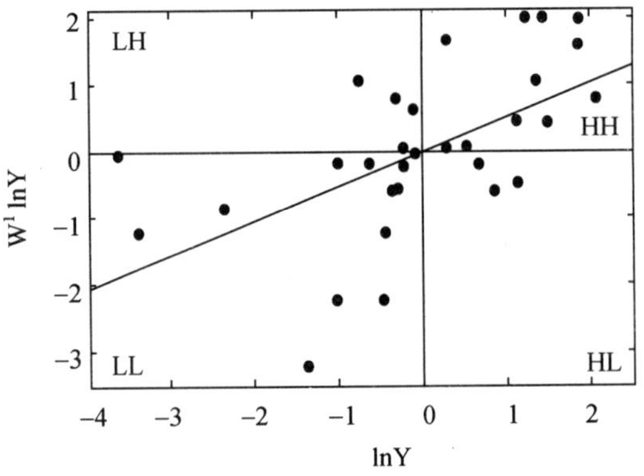

图 5－3　2010 年 B 类内资产业的空间自相关性

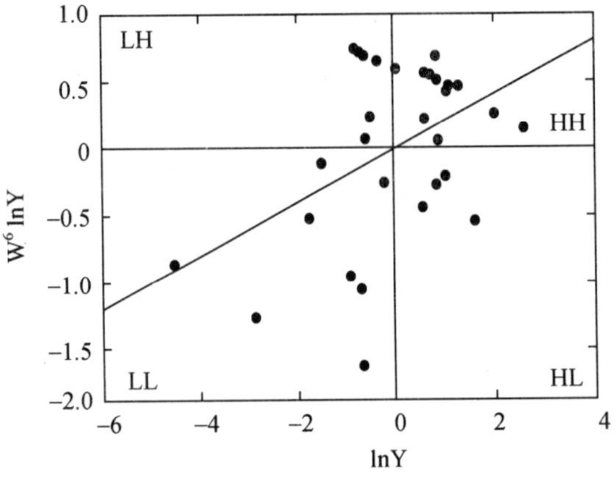

图 5－4　2010 年 F 类内资产业的空间自相关性

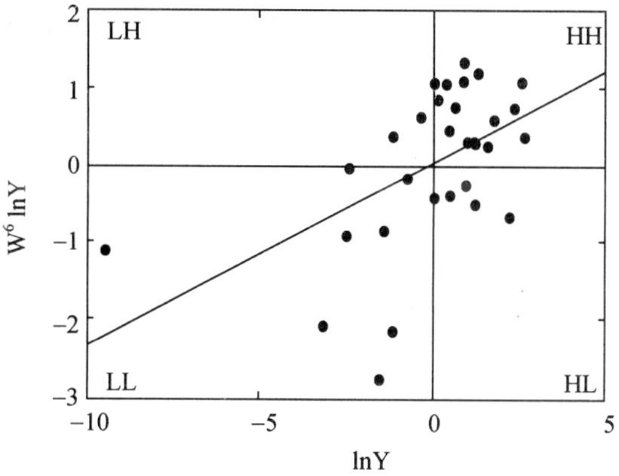

图 5－5　2010 年 CL 类内资产业的空间自相关性

可以看出，CH 类内资产业和 D 类内资产业的四类地区数量结构相同，其他三类有一定差别。相比而言，CL 类内资产业的 HH 类地区数量最多，为 16 个，B 类内资产业最少，仅为 11 个。这就说明，B 类内资产业空间更集聚，空间效应更集中。

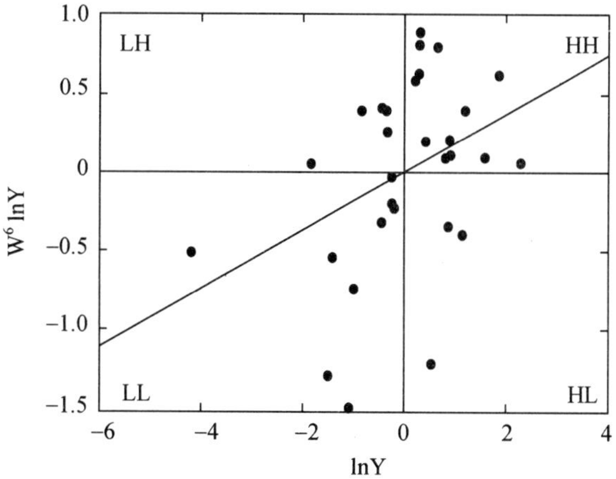

图 5－6　2010 年 CH 类内资产业的空间自相关性

2. 地区构成

表 5－14 为 2010 年我国 B 类、F 类、CL 类、CH 类和 F 类内资产业空

间集聚分布的地区构成。可以看出，HH群、HL群、LH群和LL群的地区构成已打破了三大区域界限，从空间地缘关系上更能体现内资产业集聚与转移的可能性特征。

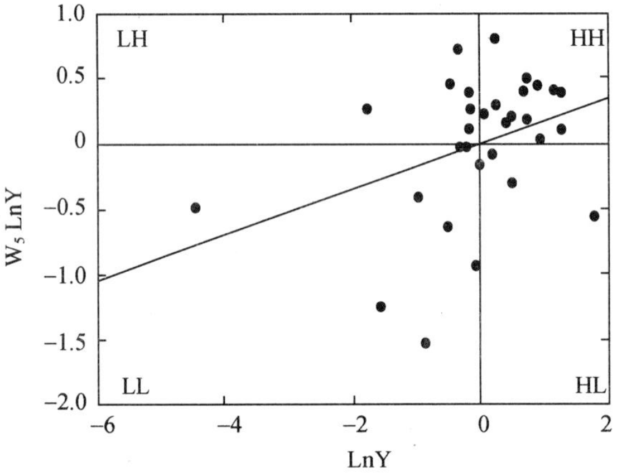

图5－7　2010年D类内资产业的空间自相关性

表5－14　2010年我国五类内资产业空间集聚分布的地区集群构成

产业	集群	地区构成
B类	HH	内蒙古、山西、河北、吉林、河南、陕西、山东、黑龙江、辽宁、湖南、安徽
	HL	天津、新疆、四川
	LH	重庆、北京、江苏、江西
	LL	湖北、西藏、青海、宁夏、云南、甘肃、贵州、海南、福建、上海、广东、广西、浙江
F类	HH	山东、河南、辽宁、江苏、河北、湖南、湖北、安徽、吉林、黑龙江、福建、浙江、江西
	HL	四川、广东、内蒙古、广西
	LH	北京、贵州、重庆、天津、山西、上海
	LL	陕西、新疆、云南、甘肃、海南、宁夏、青海、西藏
CL类	HH	安徽、上海、湖北、福建、江西、江苏、黑龙江、吉林、浙江、辽宁、北京、天津、山东、河北、湖南、河南
	HL	重庆、陕西、四川、广东
	LH	山西、贵州
	LL	海南、内蒙古、广西、甘肃、宁夏、西藏、青海、云南、新疆

续表

产业	集群	地区构成
CH 类	HH	山东、江苏、河南、浙江、辽宁、河北、湖南、湖北、吉林、安徽、上海、江西、福建
	HL	广东、四川、云南
	LH	山西、贵州、北京、天津、黑龙江、海南
	LL	西藏、内蒙古、广西、重庆、陕西、甘肃、新疆、宁夏、青海
D 类	HH	江苏、山东、河南、浙江、河北、辽宁、北京、内蒙古、湖北、上海、黑龙江、山西、湖南
	HL	广东、四川、贵州
	LH	福建、江西、吉林、天津、安徽、海南
	LL	广西、云南、陕西、重庆、甘肃、新疆、宁夏、青海、西藏

我们从表 5－14 可以看出，我国五类内资产业四类地区构成有相似之处，也有差异。B 类内资产业的 HH 类地区主要分布地是东北、西北、山西等，还有湖南；LL 类地区也有几个片区，除湖北外，其他 12 个地区连成片区，其中还包括东南沿海地区。F 类内资产业的 HH 类地区主要分布在东部沿海地区，连成片区，西部的内蒙古、四川和广西为 HL 类分散区域，西部的其他地区形成 LL 类大片区。CL 类内资产业的 HH 类地区主要分布在东部沿海、沿边地区，连成片区，西部的重庆、陕西、四川为 HL 类连片区域，西部的其他地区形成 LL 类大片区。

CH 类内资产业的 HH 类地区主要分布在东部沿海地区，连成片区，其中北京和天津为 LH 类地区，西部的四川、云南为 HL 类连片区域，西部的西藏、内蒙古、重庆、陕西、甘肃、新疆、宁夏、青海形成 LL 类主片区，广西为副片区。D 类内资产业的各类地区在空间分布上呈现出多元化格局，连成多个片区。HH 类地区和 LL 类地区形成两个连片区域，西部的内蒙古在 HH 类片区，广西、云南、陕西、重庆、甘肃、新疆、宁夏、青海、西藏形成 LL 类片区，四川、贵州为 HL 类片区。

总体上，我国五类西部优势产业所在的内资产业的 HH 类地区主要集中东部沿海地带，西部地区大多数是 LL“俱乐部”成员。当然，五类产业的差异也是明显的。相对来说，B 类、F 类和 D 类内资产业空间分布相近，其中，西部的内蒙古为 HH 类或 HL 类成员，而在 CL 类和 CH 类内资产业中，西部地区绝大多数是 LL 类成员。很明显，CL 类与 CH 类内资产业的空间集聚形态主要表现为 HH 类地区集群更集中，尤其在 CH 类内资产业中，HH

类区域有所收缩，而 LL 类区域面积扩大。这表明，CH 类内资产业空间集聚效应范围更小，广大中西部尤其是西部地区更难得到东部内资产业转移和溢出效应。内资制造业（CL 类和 CH 类）集聚东部沿海地带，中南部地区已形成一个承接东部内资制造业转移和溢出效应的地带，而西部、北部却距离内资产业集聚带较远，中心—外围结构已形成。

第四节　内资产业集聚效应
——基于 2005～2010 年空间面板数据

从世界范围看，沿海地区因有便利的出海港口，是产业集聚的主要区域，其对相邻地区产生明显的空间效应。根据地理定律，空间相邻辐射具有一定的空间限度，超过一定距离后辐射强度衰减为零。中国内资产业主要集聚在沿海地区，其空间效应具有一定的区域性，难以辐射到遥远的西部。中国内资产业的空间效应不仅与空间相邻集聚有关，而且可能与产业的规模和专业化分工有关，还与地区到沿海的距离有关。由于产业与空间异质性，不同的区域因此可能有不同的集聚效应。

一、计量模型

1. 内资产业集聚效应

对于产业空间集聚，除产业的空间相邻集聚外，还有产业的规模集聚和专业化集聚两类。前者主要是由于产业规模向一定的区域集中而形成集聚，这在低端产业中比较常见，可以用结构系数，即地区某产业产值占全部地区产业产值比重，集中度就是以最大的几个结构系数之和来计算的，它是绝对指标。这里把规模集聚称为第一类集聚。专业化集聚是第二类集聚。它由产业在地区之间的专业化分工产生产业集聚，其以区位商来衡量地区产业专业化水平和比较优势，是相对指标。区位商越大，专业化分工越强，越具有集聚倾向。

对于内资产业的非空间相邻集聚效应，估计的面板数据模型为：

$$\ln Yn_{it} = c + \delta_1 Sn_{it} + \delta_2 Qn_{it} + u_{it} \tag{5-3}$$

式（5－3）中，Sn_{it}、Qn_{it}分别为某产业 i 地区第 t 年的产业结构系数和区位商。δ_1、δ_2 分别表示第一类集聚效应和第二类集聚效应。

2. 内资产业空间相邻集聚效应

对于内资产业的空间相邻集聚效应，可能存在多种情况。为此，构造空间面板模型：

$$\ln Yn_{it} = \sum_{q=1}^{6} \lambda_q w_{ij}^q \ln Yn_{it} + u_{it} \quad (5-4)$$

式（5－4）中，Yn_{it}为内资产业产值，w_{ij}^q为 q 阶空间相邻矩阵，q（1，2，…，6）为空间相邻的阶数。λ_q 表示空间相邻集聚效应，即第三类集聚效应。

3. 内资产业空间集聚效应

为了全面识别不同的、最佳而全面的产业集聚效应模式，内资产业的三类集聚效应估计的面板数据模型为：

$$\ln Yn_{it} = c + \sum_{q=1}^{6} \lambda_q w_{ij}^q \ln Yn_{it} + \delta_1 Sn_{it} + \delta_2 Qn_{it} + u_{it} \quad (5-5)$$

式（5－5）中，δ_1、δ_2、λ_q 分别为第一类、第二类和第三类集聚效应的系数。

4. 内资产业的地理区位效应

总体上，HH 类地区大多数是沿海地区，LL 类地区是沿边地区。究竟内资产业增长是否具有区位效应？拟在式（5－5）中加入区位变量，面板数据模型为：

$$\ln Yn_{it} = c + \sum_{q=1}^{6} \lambda_q w_{ij}^q \ln Yn_{it} + \delta_1 Sn_{it} + \delta_2 Qn_{it} + \gamma D + u_{it} \quad (5-6)$$

式（5－6）中，D＝10000/d（d 为省区到沿海的距离）。

5. 内资产业集聚溢出效应

在产业增长方程的框架内引入三类集聚效应，检验三类集聚效应的稳健性，估计面板数据模型为：

$$\ln Yn_{it} = c + \alpha \ln Kn_{it} + \beta \ln Ln_{it} + \sum_{q=1}^{6} \lambda_q w_{ij}^q \ln Yn_{it} + \delta_1 Sn_{it} + \delta_2 Qn_{it} + u_{it} \quad (5-7)$$

式（5－7）中，K_{nit}、L_{nit}分别表示地区内资产业的资产和就业人数。α、β 为三类空间效应下的资产和就业的偏弹性系数。

6. 在内资产业集聚溢出效应下的地理区位效应

在式（5－7）中加入区位变量，面板数据模型为：

$$\ln Yn_{it} = c + \alpha \ln Kn_{it} + \beta \ln Ln_{it} + \sum_{q=1}^{6} \lambda_q w_{ij}^q \ln Yn_{it} + \delta_1 Sn_{it} + \delta_2 Qn_{it} + \gamma D + u_{it} \tag{5-8}$$

式（5－8）中，D＝10000/d（d为省区到沿海的距离）。

7. 内资产业集聚溢出效应的区域模式识别

在空间与集聚效应下，西部地区的内资产业增长模式是否与中部、东部模式一样，这需要对六类内资产业的集聚模式进行识别，方法就是在式（5－8）中加入虚拟变量，扩展后的面板数据模型为：

$$\ln Yn_{it} = c + \alpha \ln Kn_{it} + \beta \ln Ln_{it} + \sum_{q=1}^{6} \lambda_q w_{ij}^q \ln Yn_{it} + \delta_1 Sn_{it} + \delta_2 Qn_{it} + \varphi_1 D_e + \varphi_2 D_m + \varphi_3 D_w + \varphi_4 D_{em} + \varphi_5 D_{mw} + u_{it} \tag{5-9}$$

式（5－9）中，D_e、D_m、D_w 分别表示东部地区、中部地区和西部地区的虚拟变量，D_{em}、D_{mw} 分别表示东中部和中西部的虚拟变量。

二、参数估计

1. 六类内资产业的第一类、第二类集聚效应

在不考虑空间相邻效应的情况下，式（5－3）对六类内资产业的第一类、第二类集聚效应进行估计。对于六类内资产业，两类集聚效应都显著，但差别仍比较大。主要表现在，B类、S类、F类和CH类内资产业的第一、第二集聚效应都显著，而CL类的第二类集聚效应不显著，D类第二类集聚效应为负值（见表5－15）。显然，第二集聚效应没有表现出一致性，D类内资产业专业化分工出现“产业诅咒”。从Adj. R^2 看，S类内资产业集聚效应的解释力最大，D类次之，F类最小，F类和CL类接近。

表5－15　2005～2010年六类内资产业第一、第二类集聚效应估计

	$\ln Yn_{it}$											
变量	B类		S类		F类		CL类		CH类		D类	
	(1)		(2)		(3)		(4)		(5)		(6)	
	系数	t值	系数	t值	系数	t值	系数	t值	系数	t值	系数	t值
c	14.2797	31.0485	6.5225	9.6442	14.2870	23.6446	16.5884	95.3014	13.4447	20.6506	17.1805	50.8232
Sn_{it}	0.4701	3.6243	0.3570	6.2622	0.2288	8.6781	0.3157	9.5695	0.2729	9.4569	0.3147	13.1974

续表

变量	lnYn$_{it}$											
	B类		S类		F类		CL类		CH类		D类	
	(1)		(2)		(3)		(4)		(5)		(6)	
	系数	t值	系数	t值	系数	t值	系数	t值	系数	t值	系数	t值
Qn$_{it}$	1.6820	3.7139	10.2949	14.7348	1.7899	3.0621			3.3667	5.2789	-0.9071	-2.8323
Adj. R^2	0.4095		0.6311		0.3135		0.3286		0.3944		0.4893	
AIC	3.6220		4.3318		3.7364		4.1095		3.5259		2.5275	

2. 六类内资产业的空间相邻集聚效应

把 q=1，2，…，6 的各阶相邻空间变量分别加入式（5-4），保留5%显著性水平上t统计量显著的空间变量（见表5-16）。可以看出，六类内资产业都有显著的空间相邻集聚效应，但相邻集聚效应的形式仍有明显差别。从模型结构看，B类、CL类和D类内资产业双空间相邻效应的组合，B类内资产业有一阶和六阶相邻空间变量的组合，以六阶相邻集聚的边际效应大；CL类内资产业有二阶和六阶相邻空间变量的组合，仍以六阶相邻集聚的边际效应大。D类内资产业有四阶和六阶相邻空间变量的组合，也以六阶相邻集聚的边际效应较大；S类、F类和CH类内资产业只有单一空间相邻集聚效应，所不同的是S类内资产业的截距项显著。从 Adj. R^2 看，S类内资产业的 Adj. R^2 最小，是六类内资产业中唯一小于0.1的；CL类内资产业的 Adj. R^2 最大，超过0.3，其他产业 Adj. R^2 介于中间。总体上，低阶相邻空间效应只在B类和CL类内资产业中存在，而四阶以上空间相邻集聚效应同时存在于六类产业中，尤其是以六阶相邻集聚效应占多数。这说明，六类内资产业空间效应具有较广阔区域。

表5-16　2005~2010年六类内资产业空间相邻集聚效应估计

变量	lnYn$_{it}$											
	B类		S类		F类		CL类		CH类		D类	
	(7)		(8)		(9)		(10)		(11)		(12)	
	系数	t值	系数	t值	系数	t值	系数	t值	系数	t值	系数	t值
c			9.1781	2.7723								

续表

lnYn$_{it}$												
变量	B 类		S 类		F 类		CL 类		CH 类		D 类	
	(7)		(8)		(9)		(10)		(11)		(12)	
	系数	t 值	系数	t 值	系数	t 值	系数	t 值	系数	t 值	系数	t 值
$W_{ij}^1 lnYn_{it}$	0. 4701	3. 6243										
$W_{ij}^2 lnYn_{it}$							0. 3354	2. 5179				
$W_{ij}^4 lnYn_{it}$									0. 9853	146. 1788	0. 3611	2. 1150
$W_{ij}^6 lnYn_{it}$	0. 5233	4. 0861	0. 4685	2. 5699	0. 9858	135. 66	0. 6510	4. 9407			0. 6314	3. 6925
Adj. R^2	0. 2563		0. 0294		0. 1850		0. 3064		0. 1547		0. 2139	
AIC	3. 8472		5. 2940		3. 8973		4. 1420		3. 8488		2. 9534	
样本	186		186		161		162		186		157	

对比表 5－15 和表 5－16 的 AIC 值，表 5－15 中（1）～（6）的 AIC 值分别小于表 5－16 中对应的（7）～（12）的 AIC 值。从 Adj. R^2 和 AIC 看，第一类、第二类集聚比第三类集聚更能解释六类西部优势产业所在的内资产业的增长。

3. 六类内资产业的三类集聚效应

把六类内资产业的三类集聚效应在式（5－5）中进行估计，结果显示，六类内资产业都具有空间相邻和第一类或第二类集聚的线性组合效应。从空间相邻效应看，除 B 类有低阶的一阶相邻空间变量外，其他产业的空间相邻变量的阶数都在四阶以上，B 类内资产业中有一阶和六阶相邻空间效应，D 类内资产业中有四阶和六阶相邻集聚效应，S 类和 F 类内资产业有六阶相邻集聚效应，CL 类和 CH 类内资产业有四阶相邻集聚效应。从第一类、第二类集聚效应看，B 类、S 类、F 类和 CH 类内资产业的两类集聚效应都显著，而 CL 类和 D 类内资产业中只有第一类集聚效应显著（见表 5－17）。

对比表 5－16 和表 5－17 的 Adj. R^2 和 AIC 值，只有 S 类内资产业（14）的 Adj. R^2 比（8）的 Adj. R^2 有所下降，（14）的 AIC 值略有上升外，其他五类内资产业的（13）～（18）分别比（7）～（12）的 Adj. R^2 有所上升，AIC 值略有下降。这表明，三类集聚线性组合更能解释六类内资产业增长。

表 5－17　2005～2010 年六类内资产业三类集聚效应估计

变量	$\ln Yn_{it}$											
	B 类		S 类		F 类		CL 类		CH 类		D 类	
	(13)		(14)		(15)		(16)		(17)		(18)	
	系数	t 值	系数	t 值	系数	t 值	系数	t 值	系数	t 值	系数	t 值
$W_{ij}^{1}\ln Yn_{it}$	0.3401	2.9897										
$W_{ij}^{4}\ln Yn_{it}$							0.9376	106.4877	0.7484	22.3030	0.4460	3.7367
$W_{ij}^{6}\ln Yn_{it}$	0.4987	4.3262	0.3456	9.2894	0.8144	27.5986					0.4925	4.1116
Sn_{it}	0.1923	6.5967	0.3071	5.2826	0.2026	8.6325	0.2388	7.9575	0.2316	8.4123	0.2885	13.9111
Qn_{it}	2.0028	4.6832	10.7064	15.7049	2.2545	4.6442			3.4928	5.9646		
Adj. R^2	0.4537		0.6219		0.4607		0.4601		0.4576		0.6169	
AIC	3.5495		4.3565		3.4950		3.8915		3.4157		2.2399	

4. 六类内资产业的地理区位效应

当用式（5－6）估计六类内资产业地理区位效应时，在表 5－17 中加入省区到沿海的距离变量后再估计。结果显示，六类内资产业中 D 的系数都为负值，其中，CL 类和 CH 类制造业中，D 系数的 t 统计量在 5% 的水平上不显著；F 类内资产业 D 系数的 t 统计量只在 10% 水平上不显著，而在 B 类、S 类和 D 类内资产业中，D 系数的 t 统计量在 5% 的水平上显著。这表明，距离沿海的区位是这六类内资产业空间增长的决定因素，距离沿海越远，地理区位制约因素越大，越难发展。

对比表 5－18 中（19）、（20）、（21）和（24）与表 5－17 中（13）、（14）、（15）和（18）和 Adj. R^2 和 AIC 值，Adj. R^2 有所上升，AIC 值略有下降。这说明，它们是较优的模型。

表 5－18　2005～2010 年六类内资产业集聚效应下地理区位效应估计

变量	$\ln Yn_{it}$											
	B 类		S 类		F 类		CL 类		CH 类		D 类	
	(19)		(20)		(21)		(22)		(23)		(24)	
	系数	t 值	系数	t 值	系数	t 值	系数	t 值	系数	t 值	系数	t 值
$W_{ij}^{1}\ln Yn_{it}$	0.2021	1.6729										

续表

变量	$lnYn_{it}$											
	B类		S类		F类		CL类		CH类		D类	
	(19)		(20)		(21)		(22)		(23)		(24)	
	系数	t值	系数	t值	系数	t值	系数	t值	系数	t值	系数	t值
$W_{ij}^4 lnYn_{it}$							0.9403	93.5863	0.7534	22.4341	0.4563	3.8683
$W_{ij}^6 lnYn_{it}$	0.6409	5.2231	0.3477	9.4492	0.8204	27.8686					0.4870	4.1157
Sn_{it}	0.1851	6.4593	0.3296	5.6514	0.2005	8.5999	0.2419	7.9152	0.2354	8.5491	0.2935	14.2507
Qn_{it}	2.1920	5.1737	10.8958	16.0440	2.3202	4.8054			3.5137	6.0217		
D	−0.0085	−2.9585	−0.0092	−2.2814	−0.0051	−1.968	−0.0018	−0.5649	−0.0039	−1.5516	−0.0032	−2.3525
Adj. R^2	0.4761		0.6304		0.4690		0.4581		0.4617		0.6262	
AIC	3.5130		4.3390		3.4847		3.9005		3.4133		2.2206	

5. 在生产函数范式下的产业集聚溢出效应

（1）没有集聚效应下的生产函数。在没有空间集聚效应情况下，六类内资产业的生产函数也有所差别。S类内资产业（26）中，$lnLn_{it}$系数的t统计量在5%显著性水平上不显著，生产函数为资本驱动型，其弹性系数为1.0140，表现出规模收益不变型增长。B类的（25）、F类的（26）、CL类的（28）、CH类（29）和D类（30）中，资本和劳动力偏弹性系数都显著（见表5－19）。从偏弹性系数看，α值以D类内资产业最高，为0.9652，B类最小，为0.7969；β值以F类最高，为0.4287，CL类最低，仅为0.1299。进一步计算，α的平均值为0.8713，β的平均值为0.2770；（α＋β）为1.1483，其中，D类（30）的（α＋β）高达1.2764，呈现出规模收益递增型增长，而B类（25）和CL类（25）的（α＋β）约为1，表现出规模收益不变型增长。

（2）集聚效应下的内资产业生产函数。当同时考虑产业空间集聚效应和生产要素产出效应时，两方面因素的效应会发生变化。一方面在空间效应影响下，六类内资产业的生产函数发生一定的变化，另一方面在产业生产函数框架下，空间集聚效应的显著性也发生一定的变化，在5%显著性水平上建立联合效应模型（见表5－20）。从空间相邻效应看，除D类内资产业（36）有四阶和六阶相邻集聚效应外，其他产业只有一项空间相邻效应，B类（31）、S类（32）、F类（33）的显著项为六阶相邻变量，CL类（34）、CH类（35）中的显著项为四阶相邻变量。从第一类、第二类集聚效应看，第一类、第二类集聚效应没有兼得，只有B类（31）中的专业化集聚效应显著，S类、F类、CL类、CH类、D类内资产业的（32）～（36）中的规模集聚效应显著。从生产函数看，CL类内资产业的劳动力投入已不显著，与B类内资产业是同构的生产函数。此外，在空间效应下，各类内资产业生产模式也发生了变化，与表5－19相比，五类内资产业的α平均值由0.8951下降到0.8342，β平均值由0.2308下降到0.1980，（α+β）为1.1259，六类内资产业的（α+β）都有所下降。总体上，在空间效应下，六类内资产业的增长模式由规模收益递增型变为规模收益不变型。

表5－19 2005～2010年六类内资产业没有集聚效应时的生产函数估计

变量	$lnYn_{it}$											
	B类		S类		F类		CL类		CH类		D类	
	（25）		（26）		（27）		（28）		（29）		（30）	
	系数	t值	系数	t值	系数	t值	系数	t值	系数	t值	系数	t值
c	0.7290	2.2154	-0.0593	-0.5287	-1.4732	-2.4430	-0.6735	-2.4341	-0.8848	-3.5962	-3.9402	-5.2882
$lnKn_{it}$	0.7969	23.1369	1.0140	161.0219	0.8131	10.4150	0.9428	18.7537	0.8384	24.7226	0.9652	15.8636
$lnLn_{it}$	0.2159	6.3862			0.4287	6.0773	0.1299	2.2342	0.2993	7.5500	0.3112	4.6049
Adj. R^2	0.9564		0.9929		0.9489		0.9753		0.9747		0.8250	
AIC	1.1587		0.3740		0.5673		0.8100		0.3481		1.4564	
DW	2.1025		1.3798		1.1899		1.1450		1.1834		1.2783	

对比表5－20和表5－19看出，除B类（31）的Adj. R^2比（25）Adj. R^2低外，（32）～（36）分别比（26）～（30）的Adj. R^2略高，AIC

值低；同时，DW 值有较大幅度提升，空间自相关已消除。因此，表 5－20 中的模型普遍优于表 5－19 中的对应模型。

表 5－20　2005～2010 年六类内资产业的集聚溢出效应估计

	$\ln Yn_{it}$											
变量	B 类		S 类		F 类		CL 类		CH 类		D 类	
	(31)		(32)		(33)		(34)		(35)		(36)	
	系数	t 值	系数	t 值	系数	t 值	系数	t 值	系数	t 值	系数	t 值
c	-2.5570	-4.8765	-0.6469	-2.2383	-3.6121	-6.3661	-2.1472	-6.2513	-3.0324	-8.8845	-5.2272	-5.9939
$\ln Kn_{it}$	0.7718	22.4843	1.0013	152.1932	0.7042	10.9520	0.9721	76.0353	0.8443	32.7065	0.6489	10.1217
$\ln Ln_{it}$	0.2137	6.7577			0.4255	7.2374			0.2017	6.2711	0.3627	6.1191
$W_{ij}^{4}\ln Yn_{it}$							0.1319	6.3966	0.1714	9.1300	0.1889	2.6042
$W_{ij}^{6}\ln Yn_{it}$	0.1843	5.5661	0.0396	2.5664	0.2314	9.7201					0.1714	2.4223
Sn_{it}			0.0286	3.4457	0.0160	2.6614	0.0442	7.2955	0.0405	7.4348	0.0755	4.4683
Qn_{it}	0.5911	4.3042										
Adj. R^2	0.9528		0.9936		0.9664		0.9836		0.9862		0.8789	
AIC	1.1061		0.2675		0.1596		0.4074		-0.2482		1.1034	
DW	1.6769		1.6592		1.7373		1.3280		1.7288		1.6681	

6. 六类内资产业增长的区域模式识别

（1）B 类内资产业。表 5－21 报告的是以表 5－20 中的（31）为基础，在其中分别加入各区域的虚拟变量后的估计结果。可以看出，东部、东中部的虚拟变量系数是正的，t 统计量在 5% 水平上显著，而中部、中西部虚拟变量系数是负的，其中，中部虚拟变量系数的 t 统计量在 5% 水平上不显著，中西部虚拟变量系数的 t 统计量在 5% 水平上显著。这说明，对于 B 类内资产业，东部是一种增长模式，区位效应为正效应，西部、中西部又是另一种增长模式，区位效应为负效应。中部不存在显著的模式，将其划入东部或西部后，其增长模式随东部或西部增长模式而变化。因此也表明，B 类内资产业的中部模式区位效应不显著，是中立的，但相对西部而言，仍具有区位优势。

表 5－21 中（37）、（38）、（39）的 Adj. R^2 以（37）最高、AIC 值以（37）最低，（37）是最优的模型，同时对比（37）和（31），（37）的 Adj. R^2 有较大幅度提升，AIC 值有较大幅度下降。因此，（37）是解释 B 类内资产业增长中的要素投入、集聚及区位效应的最佳模型。

表 5－21　2005～2010 年空间效应下 B 类内资产业增长的区域模式识别

	$lnYn_{it}$									
变量	东部		中部		西部		东中部		中西部	
	(37)		(38)		(39)		(40)		(41)	
	系数	t 值	系数	t 值	系数	t 值	系数	t 值	系数	t 值
c	－2.3480	－4.776	－2.5787	－4.8246	－1.6733	－3.1814	－1.9782	－3.8946	－2.0200	－4.0347
$lnKn_{it}$	0.7648	23.823	0.7704	22.0354	0.7899	24.2678	0.7899	24.2678	0.7648	23.8227
$lnLn_{it}$	0.2437	8.095	0.2162	6.4507	0.1984	6.6212	0.1984	6.6212	0.2437	8.0953
$W_{ij}^{6}lnYn_{it}$	0.1560	4.966	0.1855	5.5123	0.1358	4.1478	0.1358	4.1478	0.1560	4.9658
Sn_{it}	0.5275	4.092	0.5917	4.2965	0.5212	4.0044	0.5212	4.0044	0.5275	4.0923
Dum	0.3280	5.224	－0.0172	－0.2251	－0.3050	－4.8933	0.3050	4.8933	－0.3280	－5.2235
Adj. R^2	0.9587		0.9525		0.9581		0.9581		0.9587	
AIC	0.9757		1.1165		0.9919		0.9919		0.9757	

（2）S 类内资产业。以表 5－20 的（32）为基础，在其中分别加入各区域的虚拟变量得表 5－22。结果表明，东部（42）、东中部（45）虚拟变量系数是正的，t 统计量在 5% 水平上不显著，但在接近 10% 水平上显著，而中部（43）、西部（44）和中西部（46）的虚拟变量系数是负的，但是 t 统计量在 5% 水平上不显著，（46）的虚拟变量系数在接近 10% 水平上显著。总的来说，S 类内资产业在 5% 的水平上的区位模式不明显。东部和西部增长模式的差异也是明显的，也就是东部的区位效应促进其增长，而西部的区位效应抑制其增长，中部区位效应极不显著。

表 5－22 中（42）与（44）的 Adj. R^2 一样，AIC 值以（42）略低。尽管（42）的 t 统计量在 5% 水平上不显著，但对比（42）和（31）看出，（42）的 Adj. R^2 略有上升，AIC 有所下降。因此，（42）仍是解释 S 类内资产业增长中要素投入、集聚及区位效应的最佳模型。

表 5-22　2005~2010 年空间效应下 S 类内资产业增长的区域模式识别

变量	东部 (42) 系数	东部 (42) t 值	中部 (43) 系数	中部 (43) t 值	西部 (44) 系数	西部 (44) t 值	东中部 (45) 系数	东中部 (45) t 值	中西部 (46) 系数	中西部 (46) t 值
被解释变量	$lnYn_{it}$									
c	-0.5966	-2.0595	-0.6641	-2.1613	-0.3366	-0.9527	-0.4206	-1.2969	-0.5172	-1.7262
$lnKn_{it}$	1.0021	152.4437	1.0015	149.7269	1.0003	151.7923	1.0003	151.7923	1.0021	152.4437
$W_{ij}^{6}lnYn_{it}$	0.0358	2.3009	0.0406	2.4650	0.0262	1.4721	0.0262	1.4721	0.0358	2.3009
Sn_{it}	0.0212	2.2287	0.0283	3.3352	0.0236	2.6566	0.0236	2.6566	0.0212	2.2287
Dum	0.0794	1.5639	-0.0083	-0.1680	-0.0841	-1.5162	0.0841	1.5162	-0.0794	-1.5639
Adj. R^2	0.9937		0.9936		0.9937		0.9937		0.9937	
AIC	0.2648		0.2781		0.2656		0.2656		0.2648	

（3）F 类内资产业。表 5-23 显示在（33）中分别加入各区域的虚拟变量估计后的结果。明显看出，中部虚拟变量系数是负的，t 统计量在 5% 水平上显著；而西部虚拟变量系数是正的，但是 t 统计量在 5% 水平上不显著，在 10% 水平上显著；东部虚拟变量系数虽然是正的，但虚拟变量的 t 统计量在 10% 水平上也不显著。显然，F 类内资产业增长的区位效应在 5% 的水平上存在明显模式，但中部和西部增长模式也有明显分歧，西部的区位效应促进 F 类产业增长，而中部的区位效应抑制其增长，东部区位效应极不显著，西部对 F 类内资产业的区位优势最明显。

对比表 5-23 中各式，（48）的 Adj. R^2 最高，AIC 值最低。（48）的 Adj. R^2 明显高于（33）的 Adj. R^2，（48）的 AIC 值最低于（33）的 AIC 值。因此，（48）是解释 F 类内资产业增长中的要素投入、集聚及区位效应的最佳模型。

（4）CL 类内资产业。在表 5-20 的（34）中分别加入各区域的虚拟变量后估计显示，只有东部和中西部虚拟变量系数的 t 统计量在 5% 水平上显著，东部虚拟变量系数是正的，而中西部虚拟变量系数是负的，中部和西部的虚拟变量系数的 t 统计量在 5% 水平上不显著（见表 5-24）。总体上，对 CL 类内资产业增长的区位效应在 5% 的水平上存在明显模式，东部和中西部增长模式呈对称性相反，东部的区位效应促其增长，而中西部的区位效应抑制其增长，也就是说，CL 类内资产业的增长有明显的区位依赖性。

表 5－23　2005～2010 年空间效应下 F 类内资产业增长的区域模式识别

变量	$lnYn_{it}$									
	东部		中部		西部		东中部		中西部	
	(47)		(48)		(49)		(50)		(51)	
	系数	t 值	系数	t 值	系数	t 值	系数	t 值	系数	t 值
c	-3.5132	-6.0473	-3.6850	-6.5841	-4.0246	-6.5745	-3.9310	-6.6252	-3.4781	-5.8791
$lnKn_{it}$	0.7007	10.8639	0.6530	9.8248	0.6748	10.2036	0.6748	10.2036	0.7007	10.8639
$lnLn_{it}$	0.4295	7.2728	0.4813	7.7718	0.4569	7.4663	0.4569	7.4663	0.4295	7.2728
$W_{ij}^{6}lnYn_{it}$	0.2259	9.1139	0.2521	10.1551	0.2617	8.8957	0.2617	8.8957	0.2259	9.1139
Sn_{it}	0.0149	2.4109	0.0136	2.2722	0.0172	2.8563	0.0172	2.8563	0.0149	2.4109
Dum	0.0351	0.8089	-0.1243	-2.5451	0.0937	1.7374	-0.0937	-1.7374	-0.0351	-0.8089
Adj. R^2	0.9663		0.9674		0.9668		0.9668		0.9663	
AIC	0.1667		0.1348		0.1536		0.1536		0.1667	

对比表 5－24 各式看出，(52) 和 (56) 的 Adj. R^2 和 AIC 值是相同的，除虚拟变量系数和 t 统计量符号相反外，其他参数是一致的。进一步对比 (52) 和 (34)，(52) 的 Adj. R^2 明显高，而 AIC 值低。显然，(52) 是解释 CL 类内资产业增长中要素投入、集聚及区位效应的最佳模型。

表 5－24　2005～2010 年空间效应下 CL 类内资产业增长的区域模式识别

变量	$lnYn_{it}$									
	东部		中部		西部		东中部		中西部	
	(52)		(53)		(54)		(55)		(56)	
	系数	t 值	系数	t 值	系数	t 值	系数	t 值	系数	t 值
c	-1.9625	-5.5673	-2.2782	-6.2822	-1.8917	-4.1660	-1.9452	-4.6744	-1.8459	-4.9694
$lnKn_{it}$	0.9740	76.6243	0.9745	75.2256	0.9708	75.3867	0.9708	75.3867	0.9740	76.6243
$W_{ij}^{4}lnYn_{it}$	0.1187	5.5316	0.1381	6.4732	0.1204	4.8864	0.1204	4.8864	0.1187	5.5316
Sn_{it}	0.0371	5.3359	0.0421	6.6715	0.0427	6.7964	0.0427	6.7964	0.0371	5.3359
Dum	0.1165	2.0307	-0.0598	-1.1194	-0.0535	-0.8609	0.0535	0.8609	-0.1165	-2.0307
Adj. R^2	0.9838		0.9836		0.9835		0.9835		0.9838	
AIC	0.3957		0.4113		0.4141		0.4141		0.3957	

（5）CH 类内资产业。在表 5－20 的（35）中分别加入各区域的虚拟变量估计，结果显示，没有一个区域虚拟变量系数的 t 统计量在 10% 水平上显著（见表 5－25）。这说明，对 CH 类内资产业来说，其增长的区位效应在 10% 的水平上不存在显著模式，也就说，CH 类内资产业的增长没有明显的区位依赖。

表 5－25　2005～2010 年空间效应下 CH 类内资产业增长的区域模式识别

变量	$lnYn_{it}$									
	东部		中部		西部		东中部		中西部	
	（57）		（58）		（59）		（60）		（61）	
	系数	t 值	系数	t 值	系数	t 值	系数	t 值	系数	t 值
c	－3.0625	－8.5828	－2.9718	－8.4905	－2.9181	－7.1446	－2.9392	－7.5870	－3.0745	－8.3032
$lnKn_{it}$	0.8466	31.4002	0.8519	30.9395	0.8454	32.5783	0.8454	32.5783	0.8466	31.4002
$lnLn_{it}$	0.1985	5.8358	0.1902	5.3908	0.1997	6.1558	0.1997	6.1558	0.1985	5.8358
$W_{ij}^4 lnYn_{it}$	0.1731	8.8185	0.1675	8.6141	0.1659	7.6447	0.1659	7.6447	0.1731	8.8185
Sn_{it}	0.0414	6.6386	0.0418	7.3335	0.0398	7.0763	0.0398	7.0763	0.0414	6.6386
Dum	－0.0120	－0.2981	0.0319	0.7956	－0.0211	－0.5119	0.0211	0.5119	0.0120	0.2981
Adj. R^2	0.9861		0.9862		0.9861		0.9861		0.9861	
AIC	－0.2379		－0.2409		－0.2389		－0.2389		－0.2379	

（6）D 类内资产业。在表 5－20 的（36）中分别加入各区域的虚拟变量估计后显示，中部的（63）、东中部的（65）和西部（64）中虚拟变量系数的 t 统计量在 5% 水平上显著，西部虚拟变量系数是正的，而中部、东中部虚拟变量系数是负的（见表 5－26）。这表明，D 类内资产业增长的区位效应在 5% 的水平上存在显著模式，西部和东中部增长模式呈对称性相反，西部的区位效应促其增长，而东中部的区位抑制其增长。也说明，对于 D 类内资产业的增长，西部具有明显的区位优势。

对比表 5－26 各式看出，（64）和（65）的 Adj. R^2 和 AIC 值是相同的，除虚拟变量系数和 t 统计量符号相反外，其他参数是一致的。进一步对比（64）和（36），（64）的 Adj. R^2 明显高，而 AIC 值低。显然，（64）是解释 D 类内资产业增长中要素投入、集聚及区位效应的最佳模型。

表 5-26 2005~2010 年空间效应下 D 类内资产业增长的区域模式识别

$lnYn_{it}$										
变量	东部 (62)		中部 (63)		西部 (64)		东中部 (65)		中西部 (66)	
	系数	t 值	系数	t 值	系数	t 值	系数	t 值	系数	t 值
c	-5.2332	-5.9883	-6.1917	-7.1013	-6.5477	-7.3780	-6.2318	-7.2067	-5.2756	-6.0053
$lnKn_{it}$	0.6518	10.1110	0.5953	9.4434	0.6170	10.0082	0.6170	10.0082	0.6518	10.1110
$lnLn_{it}$	0.3516	5.5932	0.4855	7.5025	0.4026	7.0222	0.4026	7.0222	0.3516	5.5932
$W_{ij}^{4}lnYn_{it}$	0.1906	2.6197	0.1802	2.5848	0.1928	2.7843	0.1928	2.7843	0.1906	2.6197
$W_{ij}^{6}lnYn_{it}$	0.1741	2.4493	0.2203	3.1896	0.2402	3.4601	0.2402	3.4601	0.1741	2.4493
Sn_{it}	0.0805	4.1630	0.0602	3.6111	0.0975	5.7645	0.0975	5.7645	0.0805	4.1630
Dum	-0.0424	-0.5357	-0.3173	-3.9941	0.3158	4.2940	-0.3158	-4.2940	0.0424	0.5357
Adj. R^2	0.8785		0.8883		0.8897		0.8897		0.8785	
AIC	1.1126		1.0283		1.0156		1.0156		1.1126	

三、结果分析

从表 5-21~表 5-26 看出，六类西部优势产业所在的我国内资产业的增长机制是比较复杂的，从各类内资产业的最佳模型（37）、（42）、（48）、（52）、（57）和（64）中看出：

（1）在空间集聚和区位影响下，原来只有资本和劳动力、技术投入的增长方式发生了变化。在 S 类和 CL 类内资产业增长中，劳动力投入的作用已不显著，而在 B 类、F 类、CH 类和 D 类内资产业增长中，劳动力投入的作用较显著，其中，在 F 类中劳动力偏弹性系数最高，为 0.4813，其次是 D 类内资产业，为 0.4026，CH 类内资产业仅为 0.1985。这表明，低端的 F 类、D 类内资产业增长对劳动力投入仍有较大依赖性，高端制造业对劳动力投入依赖性较小。

（2）在空间相邻集聚效应中，六阶相邻集聚效应占主导，其对 B 类、S 类、F 类和 D 类内资产业都具有稳健性正增长效应，其次是，四阶相邻集聚对 CL 类和 CH 类内资产业具有正增长效应，而 D 类内资产业增长中，四阶、六阶相邻集聚效应共同存在。这表明，高阶相邻集聚效应导致 HH 类地区连片形成集聚核心，HL类和LH类地区成为HH类保护带，而LL类地区在边缘，受空间分割，类聚分明。在这种集聚结构下，西部地区作为“穷地区俱乐部”成员，空间对优势产业发展是不利因素。

（3）对于第一类、第二类集聚效应，第一类集聚效应占主导，其对于S类、F类、CL类、CH类和D类内资产业具有溢出效应，而第二类集聚效应只对B类内资产业起显著的增长效应。这说明，目前的产业集聚效应主要是规模集聚的增长效应，没有更多地体现出专业化分工，换言之，目前的产业集聚效应还没充分地发挥地区专业化分工的比较优势。

（4）对于区位效应，各区域的差异较大。B类、S类和CL类，东部区位有正效应，D类中西部区位有正效应，而F类中，中部区位有负效应。对于CH类，区位效应不显著。这就意味着，CH产业增长没有空间依赖性，西部可以不受空间因素的制约，CH类优势产业可能超越区位劣势而发展。

第五节　东部内资产业转移促进西部优势产业发展的可靠性

产业转移是优化生产力空间布局、形成合理产业分工体系的有效途径，是推进产业结构调整、加快产业发展方式转变的必然要求。从直接投资阶段看，西部12个地区都还处在直接投资第一阶段，东部地区的福建、海南也处在直接投资第一阶段，东部地区的江苏、天津、浙江、辽宁、山东、河北处在直接投资第二阶段；广东、北京、上海处在第三直接投资阶段的过渡阶段（杨先明、赵果庆，2007）。东部有能力对西部进行产业转移，国务院颁发《中西部地区承接产业转移指导意见》，鼓励东部产业向中西部转移，然而，东部产业向西部转移的规模较小。从现在的情况看，西部地区利用东部产业转移发展优势产业仍存在多方面的困难。

（1）西部面临与国外的竞争。一方面，由于西部周边各国的发展水平低于西部地区水平，东部与西部周边邻国产业极差更大；另一方面，西部周边邻国资源丰富，劳动力成本更低，同时西部周边邻国也纷纷出台更优惠的引资政策，改善投资环境。近几年，东部对外直接投资规模快速提升，产业大量向越南、印度等国转移，西部反而轻淡。西部与周边各国对吸引东部产业转移的竞争日益激烈。

（2）西部面临与中部的竞争。西部六类优势产业所在的我国内资产业中，除冶炼化工业（S类）外，矿业（B类）、食品制造业（F类）、低端制造业（CL类）、高端制造业（CH类）和电力、热力、燃气及水的生产和供应（D类）五类内资产业具有显著的空间相邻集聚性，高—高类地区分布在东部，西部大部分地区为低—低型地区，已形成了明显具有中心—外围结构的空间集聚形态。这意味着，地区内资产业的增长能够带动相邻地区内资产业增长。研究表明，沿海内资产业聚集带已形成，同时内资产业转移具有空间梯度性，东部产业转移受到中部拦截，西部远离产业重心，获得东部产业转移的可能性仍比较小。

（3）西部优势产业的自生原因。研究表明，六类内资产业的集聚已发挥较强作用，其中规模集聚效应更为突出。产业转移需要在产业聚集租金、外部性、转移成本等因素与投资西部所得收益之间进行权衡。另外，B类、S类和D类内资产业对自然资源的依赖很强，转移难度较大；对于CL类内资产业，东部区位有显著正效应，这类内资产业也对地理区位有依赖性。对于CH类产业，区位效应不显著，转移难度较小，但承接的难度大，需要高等资源尤其是人力资源和R&D的配套投入。

总体上，西部地区承接东部内资产业转移方面还面临空间不利因素，与中部相比，东部产业向西部转移的成本高、收益小，东部产业向西部转移仍继续轻淡。因此，西部尤其是大西南地区利用东部内资产业转移促进其优势产业发展的可能性较小。

第六章 我国 FDI 产业集聚与西部地区优势产业发展

外商直接投资（FDI）是一种包括资本、技术和管理等“一揽子”资源的特殊国际资本。当 FDI 与当地资源融合后就形成产业，FDI 发生就意味着产业在国家之间发生转移。改革开放以来，中国吸收的 FDI 主要集聚在东部，加速了东部的产业发展，而西部 FDI 分布不足 5%。我国多次修订了《中西部地区外商投资优势产业目录》，鼓励 FDI 流向中西部，虽然西部 FDI 比例有所上升，但仍不足 10%。对于西部优势产业所在的我国 FDI 产业是否具有空间集聚效应、空间关联和溢出效应，直接关系到 FDI 产业能否向西部二次转移，促进西部地区优势产业发展。能否促进 FDI 西进，如何促进 FDI 西进并推动西部优势产业发展，已成为比较重要的问题。为此，我们有必要探讨六类 FDI 产业的集聚效应及其对内资产业增长机制的非线性转化效应。

第一节 FDI 集聚与国际产业转移

一、FDI 与国际产业转移

国际产业转移是指某些产业由某些国家转移到另一些国家。国际产业转移与国际贸易、国际投资最重要的一个区别点在于只有当产业贸易和产业投资所引起的产业成长累积到一定程度时，国际产业转移才会涌现。它们的共同点是：在实际经济活动中，国际产业转移往往是以国际产业投资的形式表现出来的。简而言之，国际产业转移是FDI发生的必然结果。

在世界产业转移过程中出现了以构建全球新兴产业链为目标、以跨国公司为主体、以优秀大型开发区为承载体，对研发、生产和服务等产业链的主要环节进行联动转移的方式。随着中国经济国际化程度提高和市场配置资源作用不断加强，中国和世界各国在产业链上进行纵向、横向分工与联动合作，产业转移呈现出多元化态势。

在进行区位选择时，第一是进行国家和区域的选择，该层次区位选择的主要目的是降低企业的生产成本和开拓新市场，主要考虑因素是投资对象国家和区域的经济制度、经济政策、政府的态度、劳动力素质和成本、市场的发育程度和消费水平；第二是进行投资地点的选择，其目的是降低建设成本和提高生产效率，主要考虑因素是投资场所的建设条件、基础设施配套水平、当地的税收政策、交通条件、产业配套能力等（王兴平，2005）。

随着经济全球化的深入，FDI多种理论对跨国公司和FDI区位选择特别是全球扩张进行了分析。FDI经典理论包括邓宁的国际生产折中理论、小岛清的日本式直接投资理论、弗农的产品生命周期理论、海默提出并由金德尔伯格发展完善的市场不完全理论。其中，小岛清的日本式直接投资理论将对外直接投资动机分为下列三种类型：自然资源导向型、劳动力导向型和市场导向型。张文忠等（2000）指出，跨国企业投资的区位行为主要有以下几个方面：劳动力成本指向性、市场指向性、劳动力指向性、资源指向性和污染产业转移性投资。张晓平等（2002）指出，美国跨国公司在中国的投资以市场占有型和利润寻求型为主。

王兴平（2005）对区位主体的普遍性区位需求偏好做了详细阐述：①有利于接近国际市场的地理区位。一般是一个国家的沿海或者边境地区，以及国际交往密切的国际性城市和区域中心城市。②有利于接近高素质、低成本劳动力和智力密集的地理区位。一般是在一个国家或者区域内教育发达、科研机构密集、劳动力资源丰富的地区。③具有优惠投资政策和完善的经济制度的地理区位。一般是在具有完善的市场经济制度的国家中，具有特别的投资优惠政策的区域，目前新兴市场经济国家的开发区正在成为吸引投资的热点区域。④投资环境良好的地理区位。一般是具有完善的基础设施、高效的社会服务体系和优良环境条件的区位。⑤资本富足、消费潜力大的地理区位。一般是一个国家或区域内经济相对发达、观念开放、金融体系完善的区域。

当前，世界产业转移的重心已开始由原材料工业向加工工业、由初级工业向高附加值工业、由传统工业向新兴工业、由制造业向服务业方向转变。另外，发达国家在转移劳动密集型产业或劳动密集型工序的同时，也已开始有选择地向发展中国家转移资本、技术双密集型产业或高技术产业的生产与部分 R&D 活动（周振华，2010）。

二、国内研究现状

20 世纪 80 年代初以来，中国吸收了大规模的 FDI。目前，中国固定资产投资和 GDP 对 FDI 的依存度远高出世界平均水平，也高于美国、日本等经济大国水平（UNCTAD，2011）。而截至 2010 年，FDI 的 87% 分布在东部、中部和西部分别仅有 9.04% 和 4.46% 的 FDI 分布，同时，58.63% 的 FDI 集中在制造业（商务部，2011）。FDI 在中国表现出空间与产业双重集聚的特点，这决定了 FDI 企业对地区工业有重要影响，其深远影响又莫过于促进中国工业集聚格局的变化。从产业集聚看，20 世纪 90 年代以来，地区差距贡献的 65% ~70% 是由产业向东部沿海集聚造成的（范剑勇，2008）。从 FDI 集聚角度看，改革开放以来，东部沿海地区吸引了全国 87% 的外资，导致经济增长远高于其他地区，东西部增长差异的 90% 来源于 FDI（魏后凯，2002）。显然，FDI 空间集聚加大了地区发展的差距。

目前，中国政府面临的严峻挑战之一就是地区之间的经济发展不平衡，东西部经济实力差距日益拉大，地区间收入差异也日益加剧。在这种情况下，促进区域经济协调发展成为国家关注的重点。我国先后实施了西部大开发和中部地区崛起战略，制定了《中西部外商投资目录》，鼓励 FDI 向中部和西部转移，力图通过增加中西部尤其是西部利用 FDI，发挥 FDI 集聚效应和辐射效应来促进区域经济的协调发展。然而，十多年来，FDI 的空间分布格局没有明显改变，FDI 仍没有明显西进，难以形成合理的 FDI 空间分布格局。

为什么 FDI 不集聚西部或西进？这是一个与 FDI 区位决定因素有关的问题。商务部和中国社会科学院联合课题组（2004）对我国外商投资梯度转移问题进行研究，结果也表明：外资西进趋势并不明显，原因是西部地区观念落后、配套能力不高、基础设施不完善、专业人才供给不足，东部地区政府不愿意外资从本地转移出去。此外，由于信息不对称，外商对西部缺乏了解，害怕上当受骗和安全没有保障，尽管中央对投资西部有优惠政策，但他们有的不敢贸然进入西部投资，有的还没有投资的打算。赵果庆（2004）应用动态经济学原理证实，由于西部 FDI 政策具有溢出效应，FDI 难以向西部转进。杨先明和袁帆（2009）从产业层面解释了 FDI 为什么不西进，其研究表明，劳动力成本、优惠政策等传统 FDI 区位变量未能较好地解释 FDI 的区位分布，新经济地理学所揭示的贸易成本、市场规模等在实证模型中具有统计显著性，而这些因素均对 FDI 分布给出不同的看法。目前，学术界能以传统的区位因素有效解释 FDI 分布，但对为什么 FDI 不能西进的问题尚未形成一致的观点。

我国 FDI 区位分布呈现出不均衡与集聚性的特点，空间因素已引起了广泛关注。Coughlin 等（2000）最早运用空间计量经济学方法对美国在华直接投资的区位分布进行了研究，发现一个省区所吸引的 FDI 与周围省区的 FDI 呈现正相关关系。Ng 和 Tuan（2003）分析了 20 世纪 80 年代以来制造业的外商直接投资在中国的区位分布。他们认为，由香港—珠江三角洲所构成的所谓“中心—外围”格局成功促进了来自中国香港地区及世界其他地区的 FDI 流入珠江三角洲的案例，诠释了聚集效应在吸引 FDI 中的重要性。王剑（2004）、王立平等（2006）基于省级截面数据对 FDI 区位的空间计量分析证实，除了传统区位条件之外，省份间的空间溢出效应显著影响了 FDI 的区位分布。李国平等（2007）、苏梽芳等（2008）运用省级空间面板数据模型进行研究也得出了类似的结论。何兴强、王利霞（2008）运用空间面板计量方法，对 1985～2005 年我国 30 个省市区的 154 个地级及以上城市的 FDI 区位分布的空间效应进行检验，发现样本城市的 FDI 之间存在显著的空间效应，周边城市的 FDI 增量可以增加某城市的 FDI 流入量。罗雨泽、朱善利等（2008）采用大数据样本研究了外商直接投资外溢效应在空间上的分布规律以及比邻效应。冯涛、赵会玉等（2008）运用空间统计学分析了中国 31 个省级区域和八大区域的 FDI 聚集特征及其影响因素，表明影响外商直接投资的因素在地理空间上的非均衡集聚导致了迥然不同的区域引资格局。

显然，FDI 的空间依赖性已得到越来越多文献的证实，众多学者从不同角度也实证检验了我国 FDI 的区位选择的空间因素。但是，现有成果几乎都忽略了 FDI 的产业功能，仍把 FDI 定位为一种资本来处理。另外，研究区域间潜在的相互影响时虽然有的文献已注意到了空间联系作用的存在，但并没有一个统计指标用来测度 FDI 空间集聚强度，也看不出 FDI 集聚类型与空间分布。实际上，FDI 是一个生产函数，一方面 FDI 产业聚集效应通过地理溢出可以促进相邻区域 FDI 产业的增长，另一方面空间依存性使区域内资源成本上升，相邻区域变得更具有吸引力。

一般而言，对空间数据进行分析，主要是要了解研究对象在空间上的分布特征和空间依赖性。空间依赖性是指空间中存在的现象并非独立存在，而是与相邻空间单元中的现象存在着某种空间关联性。Anselin（1988）认为，由于受到地域分布连续空间过程的影响，许多区域经济现象在空间上具有自相关性。FDI 产业的这种空间自相关性具体表现为一个地区 FDI 产业的发展不仅取决于自身的区位条件，还会受到相邻地区的 FDI 产业影响。赵果庆（2012）用空间计量经济学与趋势面分析相结合的方法，以 601 个县级以上城市人均 FDI 和空间位置坐标数据研究了 FDI 的空间集聚与趋势面。研究发现，空间因素与 FDI 集聚分布的相关性极其显著；从空间因素看，中国人均 FDI 分布可分成五个集聚区域，北部和西南地区难以吸引 FDI 入驻。罗宏翔和赵果庆（2012）把我国 FDI 产业分为 B 类、C1 类（低端制造业）、C2 类（高端制造业）和 D 类产业，并统计检验了 2003 年、2008 年我国 FDI 产业空间相关性和集聚强度，结果表明，B 类和 D 类 FDI 产业为非空间自相关性集聚，而 C1 类、C2 类 FDI 产业为空间自相关性集聚，高—高型地区群都分布在东部，绝大部分西部地区为低—低型地区。因此，西部地区难以得到东部 FDI 制造业的溢出效应，这是 FDI 产业难以西进的主要原因。

正是由于上述原因，这里将进一步验证西部优势产业所在的我国六类 FDI 产业分布中空间自相关性因素的存在性以及 FDI 产业的空间集聚效应的显著性，并揭示由空间因素决定的 FDI 产业空间集聚分布规律。基于 FDI 产业集聚的内资产业增长机制转化，对 FDI 产业集聚进行分类，试图解说 FDI 产业能否西进而促进西部优势产业发展，为西部优势产业发展政策的制定提供依据。

第二节　FDI 产业数据与统计分析

一、数据

FDI 产业是 FDI 的产业化体系。这里所使用的是 2005 年、2010 年全国

31个地区25个优势产业的FDI产业数据取自《国研网数据库》，图6－1顺序排列与图5－1相同。可以看出，2005～2010年FDI产业样本数增大，空间扩散的倾向更明显。

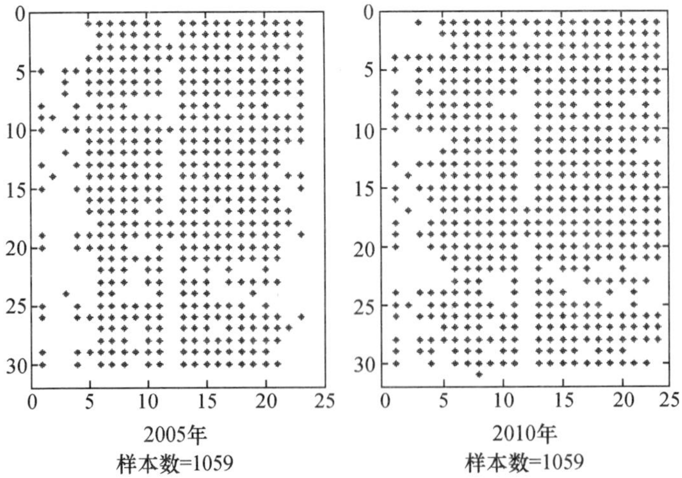

图6－1　2005年、2010年FDI产业数据分布结构

二、六类FDI产业描述性统计

从表6－1看出，六类FDI产业具有不同的分布和发展态势。先从产值平均值看，2005年全国六类FDI产业规模依次是CL类、CH类、F类、S类、D类和B类，比重依次是50.07%、17.83%、15.36%、9.20%、6.14%和1.39%；2010年六类FDI产业规模依次是CL类、S类、F类、CH类、D类和B类，比重依次是53.33%、17.35%、15.53%、7.02%、4.86%和1.90%。明显看出，CL类、F类、D类和B类FDI产业的位次没有变化，CH类与S类FDI产业的位次发生了对换，S类FDI产业由2005年的第四位上升到2010年第二位，CH类FDI产业由2005年的第二位下降到2010年的第四位。显然，FDI产业主要集中在CL类，其次是S类和F类FDI产业，D类和B类FDI产业的规模很小，CH类FDI产业规模居中。再从产值增量看，2005～2010年，六类FDI产业都有不同幅度的增长，结构系数也发生了显著的变化，S类、CL类、B类和F类FDI产业的比重分别上升了 8.15 个百分点、3.26 个百分点、0.51 个百分点和 0.17 个百分点，CH 类和 D 类 FDI 产业比重分别下降了 10.81 个百分点和 1.28 个百分点。这表明，FDI 流向 CL 类、S 类和 F 类产业，其优势不断增强，而 FDI 高端制造业大幅度衰退。这也说明，FDI 进入产业目标发生了变化，高端制造业受内资产业的挤出效应比较明显。

表 6-1　2005 年、2010 年六类 FDI 产业分布数据的描述性统计

指标	年份	平均值（亿元）	最大值（亿元）	最小值（亿元）	标准差	偏度	峰度	JB 值
B 类	2005	9.4	259.5	0	46.4	5.3	29	1015
	2010	45	825.8	0	146.5	5.1	27.8	928
F 类	2005	104	594.9	0	139.7	2.2	7.7	53.4
	2010	368.2	2392.6	3.2	502.9	2.6	10.4	106.6
S 类	2005	62.3	368	0	101.6	1.8	5	21.7
	2010	411.3	2202.8	0	640.1	1.9	5.3	25.5
CL 类	2005	339	2511.5	0	624.9	2.7	9.6	94.2
	2010	1264	9392.3	0	2104.1	2.5	9.1	80.1
CH 类	2005	120.7	1030.6	0	219.1	2.9	11.2	128.8
	2010	166.5	468.1	0.09	3128	818.4	2.4	7.6
D 类	2005	41.6	451.2	0	84.8	3.9	19	406.2
	2010	115.2	1049.9	0	203.7	3.6	16	283.2

再从分布看，2005 年和 2010 年，六类 FDI 产业 JB 值大于 5% 水平的临界值 5.99。这说明，这六类 FDI 产业都呈非正态分布，但是，JB 值差别也很大，D 类、B 类、CL 类、F 类、S 类 FDI 产业是很强的正态分布，而 S 类 FDI 产业相对比较弱，2010 年 CH 类 FDI 产业已降到临界值附近。从 JB 值增量看，2005 ~2010 年 F 类和 S 类 FDI 产业的 JB 值有不同幅度上升，依次上升 53.2 和 3.80，D 类、CH 类、B 类和 CL 类 FDI 产业依次有不同幅度的下降。从极差看，由于最小值几乎为零，所以最大值便代表了极差，2005 ~2010 年六类 FDI 产业极差都呈现扩大趋势，S 类、F 类、CL 类和 B 类 FDI 产业的极差扩大至三倍以上，D 类和 CH 类 FDI 产业的极差仅扩大至 2.327 倍和 0.454 倍。这几方面说明，2005 ~2010 年，我国六类 FDI 产业中的 S

类和F类FDI产业集中度高，且越来越集中；而CH类FDI产业的空间非均衡性有所收敛，集聚程度下降。

三、FDI产业的区域结构

从表6-2数据看出，六类FDI产业的区域分布有很大的差异。东部结构系数最高，在70%以上，中部与西部相当，不超过17%，说明FDI产业集聚在东部。比较中部与西部，西部除2005年的CH类FDI产业和2010年B类FDI产业结构系数略高外，西部其他FDI产业的结构系数仍低于中部。总体上，西部六类FDI产业规模比中部稍小一些。从结构系数增量看，2005~2010年，东部六类FDI产业的比重有不同幅度下降，以B类FDI产业下降幅度最大，下降了19.96个百分点，其次是D类和F类FDI产业，分别下降5.71个百分点和4.04个百分点，CL类和CH类FDI产业下降不明显。西部B类FDI产业比重上升幅度最大，上升了11.71个百分点，其次是D类FDI产业上升了2.27个百分点，F类和CL类FDI产业上升幅度与S类和CH类FDI产业下降幅度相当，不足1个百分点。

与中部相比，西部除B类FDI产业的上升幅度明显高于中部，CL类FDI产业上升幅度略高于中部外，西部S类、F类、CH类和D类FDI产业比重上升幅度明显低于中部。总体上，东部六类FDI产业有向西部转移的趋势，西部FDI产业中的低端产业的优势不断增强，而FDI高端产业却在衰退，同时，西部与中部存在明显竞争，中部FDI高端产业的优势比西部明显增强。这也意味着，FDI产业转移促进西部优势产业发展具有明显的选择性和倾向性，西部高端产业发展难度仍比较大。

表6-2　2005年、2010年我国六类FDI产业的区域结构

单位:%

区域	B类		F类		S类		CL类		CH类		D类	
	2005年	2010年	2005年	2010年	2005年	2010年	2005年	2010年	2005年	2010年	2005年	2010年
东部	95.33	75.37	77.40	73.36	88.16	85.87	84.46	84.15	87.78	86.43	81.99	76.28
中部	3.66	11.92	13.30	16.46	6.31	9.44	12.00	11.97	5.69	7.32	12.82	16.27
西部	1.01	12.72	9.31	10.17	5.53	4.70	3.54	3.88	6.53	6.25	5.18	7.45

四、FDI 产业重心

表6－3 报告的是以式（2－3）计算的2010 年六类 FDI 产业的重心。可以看出，除 B 类 FDI 产业外，S 类、F 类、CL 类、CH 类和 D 类 FDI 产业重心的差距较小，其经度为 115.777 ~ 117.2936 度，纬度为 30.6833 ~ 33.1136 度，经度差为 1.5166 度，纬度差为 2.4303 度，五类 FDI 产业的重心相对集中。

表 6－3　2010 年我国六类 FDI 产业的重心

单位：度

坐标	B 类	S 类	F 类	CL 类	CH 类	D 类
经度	113.7755	116.7036	116.5680	117.2936	116.9681	115.7770
纬度	28.4512	32.1927	33.1136	31.2846	30.8927	30.6833

进一步，B 类 FDI 产业重心在江西、湖南、湖北交界处，而 F 类、S 类、CL 类、CH 类和 D 类 FDI 产业重心相对集中在安徽西部，靠湖北、河南三省交界的地方。总体上，六类 FDI 产业重心在中部，偏离西部而且相对集中。

以式（2－4）计算，由于空间分布差异关系，西部各地区距六类 FDI 产业重心有较大差距。陕西离六类 FDI 产业重心的距离最小，距离为 844.31 ~ 991.43 公里，平均为 905.76 公里；而新疆离六类 FDI 产业重心的距离最远，在3000 公里以上，平均为 3481 公里；西藏离六类 FDI 产业重心平均为 2129 公里。西部 12 个地区离 B 类 FDI 产业重心最小，为 1378.74 公里，离其他五类 FDI 产业重心的距离为 1574.16 ~ 1651.32 公里，相对来说，西部 12 个地区离 CL 类 FDI 制造业最远，其次是 CH 类 FDI 制造业（见表 6－4）。

从中部看，2010 年中部地区离六类 FDI 产业重心的距离也存在较大差异。从产业看，中部地区离 B 类 FDI 产业重心的平均距离最远，为 953.96 公里，离 F 类 FDI 产业重心的距离最近，为 783.13 公里，极差为 170.83 公里。从地区看，黑龙江离六类 FDI 产业重心最远，距离为 2000.28 公里，其次是吉林，距离为 1746.43 公里；其他地区的距离在 900 公里以下，湖北、安徽仅为 293.02 公里和 194.18 公里（见表 6－5）。

表 6-4　2010 年我国六类 FDI 产业重心到西部地区距离

单位：公里

地区	B 类	S 类	F 类	CL 类	CH 类	D 类
重庆	814.97	1168.86	1184.52	1212.29	1170.24	1036.02
云南	1287.08	1746.41	1782.18	1763.02	1712.86	1581.82
西藏	1854.07	2192.88	2193.56	2247.51	2208.32	2074.83
四川	890.82	1193.42	1197.49	1248.78	1211.01	1078.41
贵州	813.39	1274.92	1315.46	1288.25	1237.77	1107.16
广西	871.59	1397.52	1465.72	1371.23	1315.08	1204.50
新疆	3371.85	3482.11	3431.44	3581.00	3564.97	3453.92
陕西	844.31	898.92	863.39	991.43	973.35	863.21
青海	1612.80	1729.86	1688.92	1823.07	1803.82	1689.58
宁夏	1391.25	1353.53	1290.39	1462.64	1457.19	1365.93
内蒙古	1393.87	1110.48	1015.33	1230.69	1250.86	1215.54
甘肃	1398.93	1502.24	1461.48	1595.87	1577.17	1464.09

表 6-5　2010 年我国六类 FDI 产业重心到中部地区距离

单位：公里

地区	B 类	S 类	F 类	CL 类	CH 类	D 类
山西	1057.87	783.57	693.66	903.74	919.68	877.59
江西	236.14	401.59	499.32	329.63	274.39	223.91
吉林	2140.71	1612.99	1541.25	1659.18	1715.35	1809.15
黑龙江	2394.63	1866.96	1794.73	1913.02	1969.22	2063.16
湖南	93.99	607.68	676.99	590.41	535.88	416.72
湖北	242.26	323.99	379.99	344.15	300.88	166.88
河南	923.07	610.74	519.28	731.06	749.18	715.41
安徽	542.98	73.45	159.81	64.13	112.94	211.81

对比表 6-4 和表 6-5，明显看出，与中部相比，西部地区距离 FDI 产业重心比较远。中部的江西、湖南、湖北、河南和安徽是西部承接东部 FDI 产业和国际产业转移的主要竞争对手。按 FDI 产业边际转移和梯度转移理论，中部地区比西部地区在承接东部 FDI 产业和国际产业转移方面更具优

势。由此也说明，中部 FDI 产业比重和参与度比西部高。

五、六类 FDI 产业参与度

从概念上讲，FDI 概念的核心是 FDI 对国内企业的控制，而不是外国资本的某个特定的货币值。根据 1977 年国际货币基金组织（IMF）的定义：FDI 是“在投资者以外的国家（经济）所经营的企业中拥有持续利益的一种投资，其目的在于对该企业的经营管理具有有效的发言权”。美国商务部对其国内的 FDI 的定义是：外国投资者的股份超过 10%。在中国，只有当外国资产股份占到 25% 及以上时，外国资本流入才归类为 FDI。也就是说，FDI 企业（三资企业）是指外商投资在企业股份中占 25% 以上的企业。显然，FDI 参与度是 FDI 集聚对产业所有权的集中体现。如果以 FDI 产业参与度代表产业对 FDI 的依存度，那么 FDI 产业参与度越高，跨国公司拥有的产业控制权也就越大，意味着 FDI 集聚强度也越高。

1. 六类 FDI 产业的资产参与度

FDI 产业对我国产业的参与度产生集聚效应，使我国内资产业对 FDI 产业产生较强的依赖性。从资产依赖看，2005 年、2010 年六类 FDI 产业资产的 19.23% 来自于 FDI 产业的贡献，其中，F 类和 CH 类 FDI 产业资产参与度超过 30%，分别为 32.65% 和 31.59%，D 类、CL 类、S 类 FDI 产业参与度约为 12% ~18%，而 B 类 FDI 产业参与度仅为 3.67%。从增量看，2005 ~2010 年六类 FDI 产业资产参与度平均上升了 2.753 个百分点，D 类和 S 类 FDI 产业的参与度上升幅度超过平均水平，分别上升 5.75 个百分点和 4.25 个百分点，CH 类、B 类、CL 类和 F 类 FDI 产业的参与度上升幅度低于平均水平，F 类 FDI 产业的参与度仅上升 0.58 个百分点（见表 6 -6）。

表 6 -6　2005 年、2010 年我国 FDI 产业对我国六类产业的资产参与度

单位:%

产业	2005 年	2010 年	平均	增量	产业	2005 年	2010 年	平均	增量
B 类	2.79	4.55	3.67	1.76	CL 类	15.74	17.46	16.60	1.72
F 类	32.36	32.94	32.65	0.58	CH 类	30.36	32.82	31.59	2.46
S 类	10.66	14.91	12.79	4.25	D 类	15.24	21.00	18.12	5.75

即使按中国较高的FDI阈值，FDI产业对F类、CH类产业的资产参与度也超过了30%，取得了主要的控制权。FDI产业对D类、CL类和S类产业的控制属于中度控制，而FDI产业很少进入B类产业。也就是说，D类、CL类、S类和B类产业对FDI的吸引力不足。这意味着，从现在情况看，FDI促进西部优势产业发展的可行性仍比较有限。

2. FDI产业的地区参与度

从地区看，FDI产业作为一个特殊企业种群集，其分布对我国地区产业产生了重要的影响，并进一步影响到地区发展差距。从表6-7看，2010年区域产业对FDI产业产值、资产和就业依存度仍属东部最高、中部次之、西部最低。FDI产业对西部与中部产业的三项参与度全都低于全国平均水平，且两区域差距相对较小。东部的产值参与度最高，就业参与度次之，资产参与度最低，而中部和西部依次为产值参与度、资产参与度、就业参与度。再进一步计算投入产出效率（产值参与度/资产参与度、产值参与度/就业参与度），FDI产业资产、就业产出效率东部分别为1.1597、0.9718，中部为1.0400、1.2624，西部分别为1.1152、1.3290。显然，资产产出效率以东部最高，西部次之；就业产出效率则以西部最高，东部最低。从总体上看，FDI产业对地区产业产值贡献呈现出东高西低的格局，而西部FDI产业参与效率明显高于中部，也就是说，西部FDI产业质量比中部高。

表6-7　2010年FDI产业产值对我国区域六类产业产值的参与度

单位：%

地区	产值参与度	资产参与度	就业参与度
东部	39.57	34.12	35.11
中部	13.51	12.99	10.29
西部	10.36	9.29	6.99
全国	21.54	19.06	17.82

从西部地区看，2010年西部地区产业对FDI产业产值、资产和就业依存度仍有较大差别（见表6-8）。从三项参与度平均值排序看，广西FDI产业参与度最高，为19.117%，其次是重庆、青海分别为15.51%和12.59%，内蒙古、四川、陕西和云南的FDI产业参与度为5%～10%，西藏、宁夏、贵州、甘肃和新疆的FDI产业参与度小于5%，新疆仅为2.29%。这说明，

FDI 在西部的区位选择也具有明显的倾向性，西南地区相对高一些。

表 6-8　2010 年 FDI 产业产值对西部地区六类产业产值的参与度

单位:%

地区	产值参与度	资产参与度	就业参与度	地区	产值参与度	资产参与度	就业参与度
重庆	19.3	18.34	8.89	贵州	3.72	3.34	3.98
云南	6.17	5.59	6.11	广西	21.85	18.3	17.2
西藏	8.42	3.02	3.35	甘肃	2.56	3.69	2.1
四川	8.5	8.77	6.6	新疆	2.06	2.01	2.82
陕西	8.35	6.1	6.32	青海	14.02	13.77	9.99
内蒙古	10.11	10.26	7.6	宁夏	5.81	4.756	4.15

显然，在我国 FDI 产业分布结构中，FDI 产业对中西部产业的贡献率还比较低，中西部地区产业发展主要是依靠内资产业，而东部则对 FDI 产业依赖度较高，受其影响较大。FDI 产业聚集于制造业尤其是东部的高端制造业，以提升我国制造业结构，同时也提高了我国东部制造业的技术水平和制造能力，使中国成为世界制造业加工厂。高端制造业具有较高的生产率和技术进步率，其对其他产业改造提供技术支持，因而它是一个以产业结构转换促进产业结构提升的有力的而且必不可少的发动机。地区之间的高端制造业的技术进步能力与关联强度的差异决定地区制造业的发展差异，决定地区产业增长率、增长方式和增长质量的差异，最终成为决定区域发展差距的重要力量。

第三节　FDI 产业集聚强度与空间自相关

一、集中度

从表 6-9 中的数据看出，六类 FDI 产业的三个地区集中度存在明显的差异。从平均水平看，2005～2010 年三个地区集中度平均水平排序依次是

B类、CH类、CL类、D类、S类和F类FDI产业，B类FDI产业的CR_3值高达82.64%，F类FDI产业的CR_3值仅为43.65%，相差38.99个百分点。从CR_3值增量看，2005~2010年B类FDI产业的CR_3值下降了22.64个百分点，CL类、D类和CH类FDI产业的CR_3值分别下降5.85个百分点、3.55个百分点和2.52个百分点，而F类和S类FDI产业的CR_3值分别上升1.15个百分点和0.38个百分点。从这两方面看，FDI产业绝大部分有空间扩散特征。也就是说，东部FDI产业具有向中部和西部转移的倾向。

表6-9　2005~2010年我国六类FDI产业的三个地区集中度

单位:%

年份	B类	F类	S类	CL类	CH类	D类
2005	92.75	42.01	48.63	58.00	56.17	55.72
2006	91.92	42.90	47.91	55.43	56.62	55.51
2007	85.42	44.43	48.72	55.65	57.05	55.90
2008	79.86	45.48	49.29	53.90	56.20	53.88
2009	75.76	43.92	48.31	52.55	54.23	53.06
2010	70.11	43.16	49.01	52.15	53.65	52.17

二、集聚强度

用表6-1中的峰度、偏度数据，以式（5-1）进行计算，2005~2010年六类FDI产业的集聚强度在1%的水平上显著，但差异也很突出（见表6-10）。从集聚强度值看，B类FDI产业集聚强度最高，六年平均值高达641.11，而S类FDI产业集聚强度的六年平均值仅为19.37，B类FDI产业集聚强度的六年平均值为S类FDI产业的33.10倍。从集聚强度增量看，2005~2010年D类、CH类、B类和CL类FDI产业集聚强度下降81.63、65.34、54.23和14.03，降幅分别为25.53%、54.13%、7.64%和15.17%；F类和S类FDI产业集聚强度上升47.52和4.56，升幅分别为89.12%和25.15%。从总体上看，六类FDI产业体系的空间集聚度较高，但集聚强度有升有降。

表6-10 2005~2010年我国六类FDI产业的集聚强度

年份	B类	F类	S类	CL类	CH类	D类
2005	708.91	53.32	18.13	92.47	120.69	319.73
2006	704.16	54.22	14.43	81.85	108.88	247.93
2007	699.96	84.18	15.81	96.48	60.50	265.02
2008	695.60	122.01	24.13	80.90	56.40	233.69
2009	383.32	100.49	21.06	79.08	48.45	254.14
2010	654.68	100.84	22.69	78.44	55.35	238.10

三、空间自相关性检验

表6-11报告的是以式（5-2）计算的2005~2010年B类FDI产业的空间自相关系数（以产值对数计算，下同）。2005~2010年，B类FDI产业的空间自相关系数大幅下降。2005年，B类FDI产业的空间自相关系数大于5%水平的临界值0.349，呈现出显著性，但到2010年，B类FDI产业各阶相关系数已小于5%水平的临界值，已变得不显著。从平均水平看，2005~2010年的B类FDI产业各阶相邻空间自相关系数在5%的水平上不显著。这说明，B类FDI产业的分布没有空间依赖性，连片性不大，呈孤立的点状分布。

表6-11 2005~2010年B类FDI产业的空间自相关系数

年份	$r_{(y,W_{ij}^1y)}$	$r_{(y,W_{ij}^2y)}$	$r_{(y,W_{ij}^3y)}$	$r_{(y,W_{ij}^4y)}$	$r_{(y,W_{ij}^5y)}$	$r_{(y,W_{ij}^6y)}$
2005	0.3249	0.2906	0.3522	0.4779	0.4811	0.4534
2006	-0.0656	-0.0252	0.1116	0.2150	0.2897	0.2816
2007	-0.1482	-0.1015	-0.1663	-0.2120	-0.0189	-0.0706
2008	-0.0592	-0.0192	-0.1109	-0.1578	0.0141	-0.0642
2009	-0.2106	-0.2118	-0.2802	-0.3810	-0.1744	-0.2154
2010	-0.1706	-0.1530	-0.2114	-0.2770	-0.2488	-0.2874
平均	-0.1052	-0.0728	-0.0633	-0.0193	0.1163	0.0803

表6－12报告的仍是以式（5－2）计算的2005～2010年F类FDI产业的空间自相关系数。2005～2010年，F类FDI产业的空间自相关系数有不同幅度提升。2005年，F类FDI产业的一阶相邻空间自相关系数在5%的水平上不显著，其他各阶空间自相关系数在5%的水平上显著，到2010年，F类FDI产业各阶相邻空间自相关系数大于5%显著性水平的临界值0.349，F类FDI产业呈现出显著的空间自相关性；以平均水平看，五阶相邻空间自相关系数最大（见表6－12）。这说明，F类FDI产业具有空间依赖，呈连片集聚，一地区F类FDI产业发展与相邻的多个地区F类FDI产业发展相关。

表6－12　2005～2010年F类FDI产业的空间自相关系数

年份	$r_{(y,W_{ij}^1 y)}$	$r_{(y,W_{ij}^2 y)}$	$r_{(y,W_{ij}^3 y)}$	$r_{(y,W_{ij}^4 y)}$	$r_{(y,W_{ij}^5 y)}$	$r_{(y,W_{ij}^6 y)}$
2005	0.3028	0.4336	0.4301	0.4392	0.4777	0.4862
2006	0.2750	0.3890	0.3967	0.4201	0.4462	0.4581
2007	0.4079	0.5343	0.5696	0.5786	0.5806	0.5249
2008	0.4440	0.5424	0.5955	0.6027	0.6057	0.5581
2009	0.4311	0.5068	0.5489	0.5612	0.5708	0.5161
2010	0.4025	0.4831	0.5351	0.5565	0.5835	0.5331
平均	0.3838	0.5100	0.5300	0.5466	0.5749	0.5570

2005～2010年，S类FDI产业的空间自相关系数有不同幅度提升。2005年，S类FDI产业的各阶相邻空间自相关系数在5%水平上都不显著，到2010年，S类FDI产业各阶相邻空间自相关系数在5%的水平上显著，S类FDI产业呈现出显著的空间自相关性，以四阶相邻空间自相关系数值最大，平均值也以四阶相邻空间自相关系数最大（见表6－13）。这说明，S类FDI产业的空间依赖性快速提高，一个地区S类FDI产业发展与相邻的四个地区S类FDI产业发展呈正相关关系。

2005～2010年，CL类FDI产业的各阶相邻空间自相关系数在5%水平上都显著，但2005～2010年CL类FDI产业各阶相邻空间自相关系数有升有降。从平均水平看，CL类FDI产业的四阶相邻空间自相关系数值最大（见表6－14）。这说明，CL类FDI产业的空间依赖的连片性较大，一个地区CL类FDI产业发展与四个相邻地区CL类FDI产业发展正相关。

表 6－13　2005～2010 年 S 类 FDI 产业的空间自相关系数

年份	$r_{(y,W_{ij}^1y)}$	$r_{(y,W_{ij}^2y)}$	$r_{(y,W_{ij}^3y)}$	$r_{(y,W_{ij}^4y)}$	$r_{(y,W_{ij}^5y)}$	$r_{(y,W_{ij}^6y)}$
2005	-0.0436	0.0051	0.0938	0.1110	0.1248	0.1159
2006	-0.0368	0.0280	0.1309	0.1531	0.1799	0.1749
2007	-0.0333	0.0546	0.1636	0.2182	0.2467	0.2348
2008	0.3183	0.4339	0.4795	0.5262	0.4645	0.4884
2009	0.3889	0.4558	0.4852	0.5464	0.4647	0.4957
2010	0.4576	0.4963	0.5261	0.5854	0.5091	0.5373
平均	0.0976	0.2401	0.3383	0.3863	0.3570	0.3570

表 6－14　2005～2010 年 CL 类 FDI 产业的空间自相关系数

年份	$r_{(y,W_{ij}^1y)}$	$r_{(y,W_{ij}^2y)}$	$r_{(y,W_{ij}^3y)}$	$r_{(y,W_{ij}^4y)}$	$r_{(y,W_{ij}^5y)}$	$r_{(y,W_{ij}^6y)}$
2005	0.5563	0.5451	0.5496	0.5815	0.5687	0.5759
2006	0.5576	0.5378	0.5385	0.5865	0.5614	0.5692
2007	0.5684	0.5397	0.5393	0.5909	0.5670	0.5749
2008	0.5929	0.5670	0.5631	0.6155	0.5897	0.5969
2009	0.5543	0.5539	0.5545	0.5982	0.5809	0.5878
2010	0.5387	0.5356	0.5423	0.5875	0.5691	0.5753
平均	0.5685	0.5492	0.5498	0.5981	0.5756	0.5829

从表 6－15 看，2005 年，CH 类 FDI 产业除一阶相邻空间自相关系数小于临界值外，其他各阶相邻空间自相关系数在 5% 的水平上显著。2005～2010 年，CH 类 FDI 产业的各阶相邻空间自相关系数有不同幅度上升，到 2010 年，除一阶相邻空间自相关系数外，其他各阶相邻空间自相关系数在 5% 水平上显著，以四阶相邻空间自相关系数值最大。从平均水平看，四阶相邻空间自相关系数为 0.4263，它是各阶相邻空间自相关系数中的最大值。

从表 6－16 看，2005 年 D 类 FDI 产业除一阶相邻空间自相关系数外，其他各阶相邻空间自相关系数在 5% 水平上显著。2005～2010 年，D 类 FDI 产业的各阶相邻空间自相关系数有不同幅度下降，到 2010 年，各阶相邻空间自相关系数在 5% 水平上已不显著。从平均水平看，D 类 FDI 产业除一阶相邻空间自相关系数外，其他各阶相邻空间自相关系数在 5% 水平上显著，以四阶相邻空间自相关系数最大。显然，D 类 FDI 产业的连片性下降，独立性增强。

表 6-15　2005~2010 年 CH 类 FDI 产业的空间自相关系数

年份	$r_{(y,W_{ij}^1 y)}$	$r_{(y,W_{ij}^2 y)}$	$r_{(y,W_{ij}^3 y)}$	$r_{(y,W_{ij}^4 y)}$	$r_{(y,W_{ij}^5 y)}$	$r_{(y,W_{ij}^6 y)}$
2005	0.2703	0.3543	0.3562	0.3916	0.3668	0.3720
2006	0.2640	0.3478	0.3504	0.3835	0.3535	0.3565
2007	0.2820	0.3809	0.3763	0.4123	0.3827	0.3859
2008	0.3145	0.4170	0.4194	0.4522	0.4339	0.4388
2009	0.3172	0.4002	0.3961	0.4344	0.4191	0.4241
2010	0.3219	0.4172	0.4111	0.4591	0.4300	0.4357
平均	0.2998	0.3894	0.3882	0.4263	0.4014	0.4067

表 6-16　2005~2010 年 D 类 FDI 产业的空间自相关系数

年份	$r_{(y,W_{ij}^1 y)}$	$r_{(y,W_{ij}^2 y)}$	$r_{(y,W_{ij}^3 y)}$	$r_{(y,W_{ij}^4 y)}$	$r_{(y,W_{ij}^5 y)}$	$r_{(y,W_{ij}^6 y)}$
2005	0.3011	0.4873	0.5697	0.5784	0.5846	0.5501
2006	0.3536	0.5142	0.5753	0.5820	0.5813	0.5533
2007	0.0252	0.3528	0.4214	0.4011	0.4324	0.4292
2008	0.0967	0.2324	0.2855	0.3979	0.3392	0.3514
2009	0.0933	0.2165	0.2723	0.3855	0.3225	0.3342
2010	0.0348	0.0649	0.1290	0.1533	0.1246	0.1643
平均	0.1812	0.3582	0.4239	0.4611	0.4393	0.4350

四、FDI 产业空间集群分布

1. 相关图

从表 6-11 至表 6-16 中看出，到 2010 年，B 类与 D 类 FDI 产业的空间自相关系数已不显著，F 类 FDI 产业的五阶相邻空间自相关系数最大，S 类、CL 类和 CH 类 FDI 产业均以四阶相邻空间自相关系数最大。图 6-2 为 2010 年 F 类 FDI 产业的五阶相邻空间自相关性，HH 群、HL 群、LH 群和 LL 群地区数量分别为 16 个、4 个、2 个和 9 个，HH 群和 LL 群地区数量共计 25 个。图 6-3 为 2010 年 S 类 FDI 产业的四阶相邻空间自相关性，HH 群、HL 群、LH 群和 LL 群的地区数量分别为 10 个、5 个、5 个和 11 个，HH 群和 LL 群地区数量共计 21 个。图 6-4 为 2010 年 CL 类 FDI 产业的四阶相邻空间自相关性，HH 群、HL 群、LH 群和 LL 群地区数量分别为 15 个、4 个、2 个和 10

个，HH 群和 LL 群地区数量共计 25 个。图 6－5 则为 2010 年 CH 类 FDI 产业的四阶相邻空间自相关性，HH 群、HL 群、LH 群和 LL 群地区数量分别为 16 个、5 个、3 个和 7 个，HH 群和 LL 群地区数量共计 23 个。

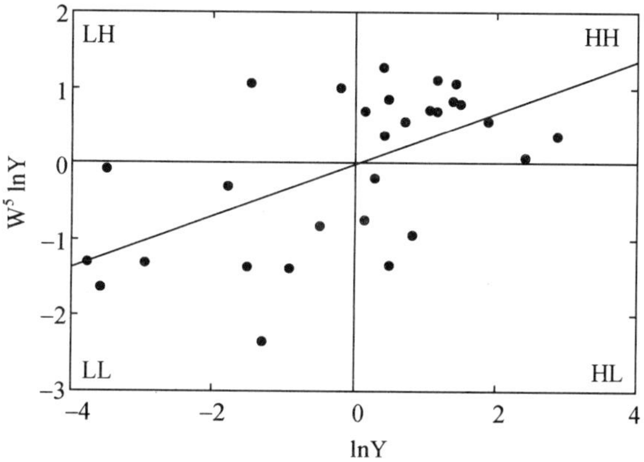

图 6－2　2010 年 F 类 FDI 产业的空间自相关性

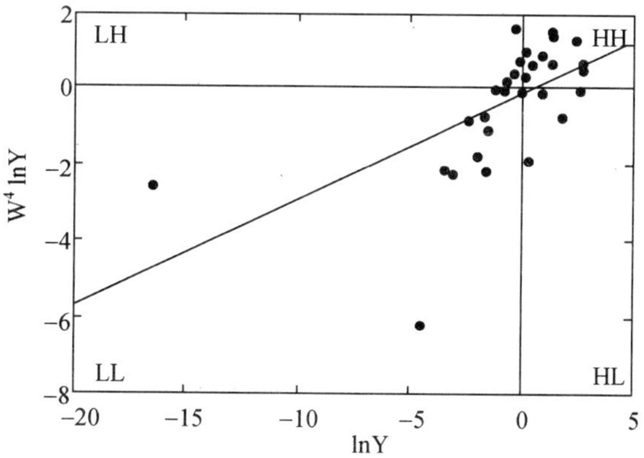

图 6－3　2010 年 S 类 FDI 产业的空间自相关性

2. 地区构成

表 6－17 为 2010 年西部优势产业所在的我国 F 类、S 类、CL 类和 CH 类 FDI 产业空间集聚分类的地区构成。可以看出，西部地区中，四川、陕西、广西、重庆的 FDI 产业比较强，但周边相邻地区比较弱；而云南、贵

州、甘肃、宁夏、新疆、青海、西藏是四类 FDI 产业很弱的地区，不仅自己弱，相邻地区也弱。

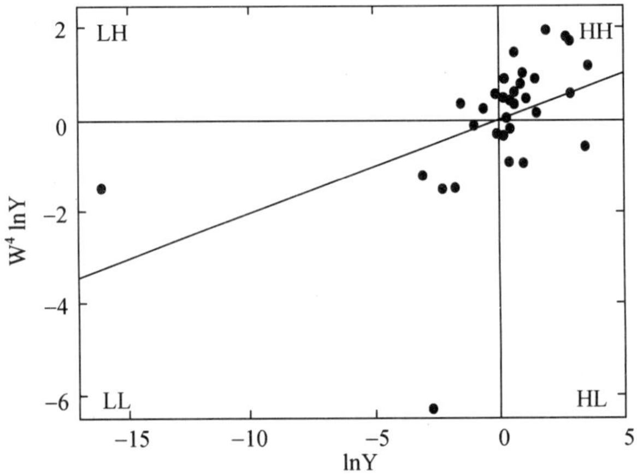

图 6－4　2010 年 CL 类 FDI 产业的空间自相关性

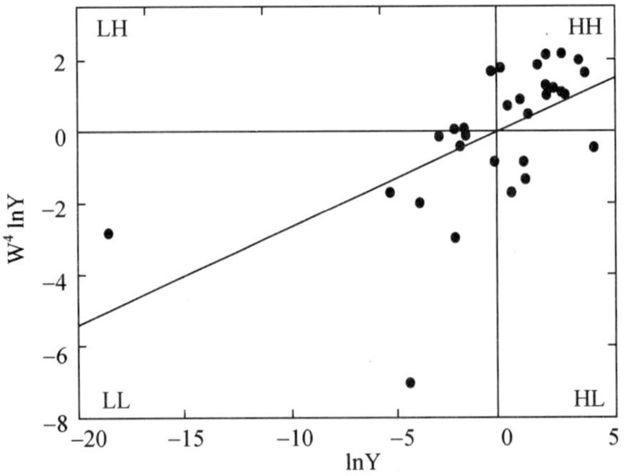

图 6－5　2010 年 CH 类 FDI 产业的空间自相关性

从表 6－17 看出，我国四类 FDI 产业四类地区的空间集聚地区构成有相似之处，也有差异。F 类 FDI 产业的 HH 类地区主要分布在东部沿海地区，还有西部的内蒙古，已连成片区，西部的陕西、四川和广西为 HL 类分散分布，西部的其他地区形成 LL 类大片区。S 类 FDI 产业的各类地区在空间分布上呈现出多元化格局，HH类地区和LL类地区形成两个连片区域，西部的内蒙古为LH类片区，广西、重庆为HL类连片区，其他为LL类片区。CL类FDI产业的HH类地区主要分布在东部沿海、沿边地区，形成连片区，西部的内蒙古为LH类片区，重庆、广西、四川为HL类连片区，西部的其他地区形成LL类大片区。CH类FDI产业的HH类地区主要分布地东部沿海地区，加上内蒙古，形成较大的连片区，西部的四川、陕西、广西、重庆为HL类连片区，西部其他地区形成LL类大片区。

总体上，我国四类FDI产业主要集中在东部沿海地带，西部地区大多数是LL类“俱乐部成员”。当然，四类FDI产业的差异也是明显的。相对来说，F类和CH类FDI产业空间分布相近，S类和CL类FDI产业的HL类空间分布相近。相对来说，F类和CH类FDI产业的HH集群面积更大，西部的四川、陕西、广西作为HL类，对周边西部地区具有辐射和带动作用。这表明，F类FDI产业、CH类FDI产业空间集聚效应范围大，相对来说，广大西部地区较易得到FDI产业转移和溢出效应。

表6-17 2010年我国四类FDI产业空间集聚分布的地区集群构成

产业	集群	地区构成
F类	HH	江西、黑龙江、内蒙古、北京、湖北、天津、河北、吉林、河南、浙江、辽宁、福建、上海、江苏、广东、山东
	HL	陕西、湖南、四川、广西
	LH	山西、安徽
	LL	西藏、青海、贵州、宁夏、海南、甘肃、新疆、云南、重庆
S类	HH	河北、江苏、上海、福建、山东、浙江、河南、山西、湖北、天津
	HL	广东、辽宁、海南、重庆、广西
	LH	内蒙古、安徽、北京、湖南、江西
	LL	吉林、黑龙江、云南、宁夏、陕西、四川、贵州、甘肃、青海、新疆、西藏
CL类	HH	江苏、上海、山东、浙江、天津、辽宁、吉林、湖北、福建、北京、安徽、河北、江西、河南、黑龙江
	HL	广东、重庆、广西、四川
	LH	湖南、内蒙古
	LL	陕西、山西、海南、云南、宁夏、贵州、甘肃、新疆、青海、西藏

续表

产业	集群	地区构成
CH类	HH	江苏、北京、上海、山东、浙江、福建、辽宁、天津、河北、湖北、河南、安徽、江西、内蒙古、湖南、黑龙江
	HL	广东、四川、陕西、广西、重庆
	LH	吉林、山西、海南
	LL	云南、贵州、甘肃、宁夏、新疆、青海、西藏

FDI产业集聚东部沿海地带，中南部地区因地理关系可有效地承接FDI产业转移和溢出效应，而西部尤其是西南地区距离FDI产业集聚带较远，在中心—外围结构边缘，难以承接FDI产业转移并获得溢出效应。Arrow（1971）和Findlay（1978）认为，外商直接投资的外溢发生机理与疾病传染原理相似，距离外商直接投资越近的地区，与之接触越频繁，外溢的速度也就越快，吸收的外溢效应也就越高。一些研究已经表明，外商直接投资外溢效应存在空间差异，外资企业处于集聚地区要比处于分散地区具有更大的技术转移效应（Thompson，2002）。一方面西部距离FDI产业集聚中心较远，另一方面又有中部隔离带存在，这是FDI产业难以向西部转进的重要原因。

第四节　FDI产业集聚效应
——基于2005～2010年空间面板数据

一、计量模型

从全国看，沿海地区因有便利的出海港口、良好的产业基础和率先开放的政策，是FDI产业集聚的主要地区，其对相邻地区产生明显的空间效应。我国FDI产业尤其是制造业主要集聚在沿海地区，其空间效应具有一定的区域性，难以辐射到遥远的西部地区。我国FDI产业的空间效应不仅与相邻空间自相关性强弱有关，还可能与地区到沿海的距离有关，同时，由于空间异质性，还可能表现出不同的区域性，不同的区域因此可能有不同的空间效应。所以，我们必须全面识别不同的 FDI 产业集聚效应和区位效应。

1. FDI 产业集聚效应

对于 FDI 产业空间集聚，同样有两个指标——结构系数和区位商。FDI 产业集聚效应估计的面板数据模型为：

$$\ln Yf_{it} = \phi_1 Sf_{it} + \phi_2 Qf_{it} + u_{it} \tag{6-1}$$

式（6-1）中，Sf_{it}、Qf_{it}分别为 i 地区第 t 年的结构系数和区位商。ϕ_1、ϕ_2 分别表示 FDI 产业的第一类集聚效应和第二类集聚效应。

2. FDI 产业空间相邻集聚效应

为了全面识别 FDI 产业空间相邻集聚效应的模式，构造面板模型：

$$\ln Yf_{it} = \sum_{q=1}^{6} \lambda_q w_{ij}^q \ln Yf_{it} + u_{it} \tag{6-2}$$

式（6-2）中，Yf_{it}为 FDI 产业产值，w_{ij}^q为 q 阶空间相邻矩阵，q（1，2，…，6）表示空间相邻的阶数，λ_q 表示 1～6 阶空间相邻集聚效应，即第三类集聚效应。

3. FDI 产业空间效应

对于 FDI 产业，三类集聚的联合效应估计的面板数据模型为：

$$\ln Yf_{it} = c + \delta_1 Sf_{it} + \delta_2 Qf_{it} + \sum_{q=1}^{6} \lambda_q w_{ij}^q \ln Yf_{it} + u_{it} \tag{6-3}$$

式（6-3）中，λ_q 为 FDI 产业第三类集聚效应，δ_1、δ_2 分别为 FDI 产业的第一类、第二类集聚效应系数。

4. FDI 产业空间的区位效应

FDI 产业集聚具有明显的空间结构，核心区的 FDI 产业所产生的效应具有一定的范围，这可能与地区到沿海的距离有关。在式（6-3）中引入代表区变量后的模型为：

$$\ln Yf_{it} = c + \delta_1 Sf_{it} + \delta_2 Qf_{it} + \sum_{q=1}^{6} \lambda_q w_{ij}^q \ln Yf_{it} + \gamma D + u_{it} \tag{6-4}$$

式（6-4）中，$D = 10000/d$（d 为省区到沿海的距离），γ 表示区位效应。$\gamma < 0$，表示距离沿海越近的省区，FDI 产业越容易发展；反之，$\gamma > 0$，表示距离沿海越远的省区，FDI 产业越不容易发展。

5. FDI 产业的集聚溢出效应

在 FDI 产业增长方程的框架内引入 FDI 产业空间集聚效应，估计三类集聚的溢出效应的面板数据模型为：

$$\ln Yf_{it} = c + \alpha \ln Kf_{it} + \beta \ln Lf_{it} + \delta_1 Sf_{it} + \delta_2 Qf_{it} + \sum_{q=1}^{6} \lambda_q w_{ij}^{q} \ln Yf_{it} + u_{it} \quad (6-5)$$

式（6－5）中，Kf_{it}、Lf_{it}分别表示 FDI 产业的资产和就业人数。α、β为三类集聚效应下的资产和就业的偏弹性系数。

6. 在 FDI 产业三类集聚溢出效应下的地理区位因素

在式（6－5）中加入区位变量，面板数据模型为：

$$\ln Yf_{it} = c + \alpha \ln Kf_{it} + \beta \ln Lf_{it} + \delta_1 Sf_{it} + \delta_2 Qf_{it} + \sum_{q=1}^{6} \lambda_q w_{ij}^{q} \ln Yf_{it} + \gamma D + u_{it} \quad (6-6)$$

7. 在 FDI 产业生产函数下的集聚效应的区域模式识别

研究西部地区的 FDI 产业增长机制是否与中部、东部模式一样，也是比较重要的。这需要对六类 FDI 产业区域增长模式进行识别，方法就是在式（6－6）中加入虚拟变量。扩展后的面板数据模型为：

$$\ln Yf_{it} = c + \alpha \ln Kf_{it} + \beta \ln Lf_{it} + \delta_1 Sf_{it} + \delta_2 Qf_{it} + \sum_{q=1}^{6} \lambda_q w_{ij}^{q} \ln Yf_{it} + \varphi_1 D_e + \varphi_2 D_m + \varphi_3 D_w + \varphi_4 D_{em} + \varphi_5 D_{mw} + u_{it} \quad (6-7)$$

式（6－7）中，D_e、D_m、D_w 分别表示东部、中部和西部地区的虚拟变量，D_{em}、D_{mw}分别表示东中部和中西部的虚拟变量。

二、六类 FDI 产业集聚效应

1. 六类 FDI 产业的第一、第二类集聚效应

在不考虑空间相邻集聚效应的情况下，以地区 FDI 产业产值比重与区位商表示的第一类、第二类集聚变量代入式（6－1）进行估计。对于六类 FDI 产业，产业集聚效应在 5% 水平上都显著，但差别仍比较大。主要表现在：B 类和 D 类 FDI 产业的第一类、第二类集聚效应都显著，而 S 类、F 类、CL 类和 CH 类 FDI 产业只是第一类集聚效应显著，第二类集聚效应不显著（见表 6－18）。显然，第一类、第二类集聚效应没有一致性。从 Adj. R^2 看，S 类 FDI 产业集聚的解释力最大，D 类 FDI 产业次之，F 类和 CL 类 FDI 产业接近，F 类 FDI 产业最小。

表 6-18　2005~2010 年六类 FDI 产业第一类、第二类集聚效应

变量	$\ln Yf_{it}$											
	B 类		S 类		F 类		CL 类		CH 类		D 类	
	(1)		(2)		(3)		(4)		(5)		(6)	
	系数	t 值	系数	t 值	系数	t 值	系数	t 值	系数	t 值	系数	t 值
c	12.073	71.784	14.542	129.276	14.932	126.485	15.477	102.553	15.085	149.065	13.2138	46.960
Sf_{it}	0.0708	8.6489	0.2764	15.1349	0.2728	12.6830	0.2809	12.0548	0.2210	14.5062	0.1684	10.5588
Qf_{it}	0.5571	4.5530									1.0700	4.0459
Adj. R^2	0.3908		0.5644		0.4662		0.5463		0.5391		0.4536	
AIC	3.5371		3.2946		3.3549		3.5522		3.1702		3.3570	
样本	156		177		184		180		180		161	
地区数	31		31		31		31		31		31	

2. 六类 FDI 产业第三类集聚的增长效应

把六类 FDI 产业当 q=1，2，…，6 的 $w_{ij}^{q}\ln Yf_{it}$ 分别代入式（6-2），保留 t 统计量在 5% 显著性水平上显著的空间变量（见表 6-19）。可以看出，六类 FDI 产业都有显著的第三类集聚效应，但第三类集聚效应的形式仍有明显差别。从模型结构看，B 类和 D 类 FDI 产业只有单项空间相邻集聚效应，B 类 FDI 产业是六阶相邻集聚效应显著，D 类 FDI 产业是五阶相邻集聚效应显著。S 类、F 类、CL 类和 CH 类 FDI 产业具有双项相邻集聚的组合效应，S 类 FDI 产业为四阶和五阶相邻集聚效应的组合效应，以后者的边际效应大；F 类 FDI 产业具有三阶和五阶相邻集聚的组合效应，以后者的边际效应大；CL 类和 CH 类 FDI 产业为一阶和五阶相邻集聚效应的组合效应，以后者的边际效应大。总体上，低阶相邻集聚效应在 CL 类和 CH 类 FDI 产业中存在，但以四阶以上相邻集聚效应为主导。这说明，六类 FDI 产业空间相邻集聚效应具有较广阔区域。

从 Adj. R^2 看，B 类 FDI 产业的 Adj. R^2 最小，是六类 FDI 产业中唯一小于 0.2 的；CL 类 FDI 产业的 Adj. R^2 最大，超过 0.5，其他产业 Adj. R^2 介于中间。对比表 6-19 和表 6-18 的 AIC 值，表 6-19 中（7）~（12）的 AIC 值分别大于表 6-18 中对应的（1）~（6）的 AIC 值。从 Adj. R^2 和 AIC 值看，第一类、第二类集聚比空间相邻集聚更能解释地

区产业增长。

表 6－19　2005～2010 年六类 FDI 产业相邻集聚效应

	$\ln Yf_{it}$											
变量	B 类		S 类		F 类		CL 类		CH 类		D 类	
	(7)		(8)		(9)		(10)		(11)		(12)	
	系数	t 值	系数	t 值	系数	t 值	系数	t 值	系数	t 值	系数	t 值
c	9.5024	13.5949									10.1989	14.9994
$W_{ij}^1 \ln Yf_{it}$							0.3547	3.9814	0.3704	4.2651		
$W_{ij}^3 \ln Yf_{it}$					0.5236	2.3246						
$W_{ij}^4 \ln Yf_{it}$			0.3893	2.5765								
$W_{ij}^5 \ln Yf_{it}$			0.6197	4.0796	0.8769	5.7599	0.6428	7.1603	0.6343	7.3412	0.3393	7.0150
$W_{ij}^6 \ln Yf_{it}$	0.3152	4.9624										
Adj. R^2	0.1322		0.21306		0.3843		0.5377		0.3586		0.2315	
AIC	3.8845		3.8861		3.5031		3.7717		3.5008		3.6921	

3. 六类 FDI 产业的三类集聚效应

把六类 FDI 产业的三类空间集聚效应放在式（6－3）中估计，结果显示，六类 FDI 产业都具有三类集聚的不同线性组合效应（见表 6－20）。从相邻集聚效应看，除 CL 类和 CH 类 FDI 产业有一阶相邻集聚变量项外，其他 FDI 产业的四阶以上空间相邻变量显著，B 类 FDI 产业中有六阶相邻集聚效应，F 类和 D 类 FDI 产业有五阶相邻集聚效应，S 类 FDI 产业中有四阶和五阶相邻集聚效应，CL 类和 CH 类 FDI 产业有一阶和五阶相邻集聚的组合效应。从第一类、第二类集聚效应看，B 类、D 类 FDI 产业的第一类、第二类集聚效应都显著，而 S 类、F 类、CL 类和 CH 类 FDI 产业只有第一类集聚效应显著。从组合效应看，B 类和 D 类 FDI 产业具有三类集聚的组合效应，S 类、F 类、CL 类和 CH 类 FDI 产业只有第一类和第三类集聚效应，第二类集聚效应不显著（见表 6－20）。

对比表 6－20 和表 6－18 的对应各式，Adj. R^2 都有所上升，AIC 值都有所下降，六类 FDI 产业的（13）～（18）是更优的模型，其三类产业集聚线性组合更能解释 FDI 产业增长。

表 6－20　2005～2010 年六类 FDI 产业三类集聚效应

变量	$lnYf_{it}$											
	B 类		S 类		F 类		CL 类		CH 类		D 类	
	(13)		(14)		(15)		(16)		(17)		(18)	
	系数	t 值	系数	t 值	系数	t 值	系数	t 值	系数	t 值	系数	t 值
c	9.8997	17.6581	6.9821	11.3465	4.4183	4.6489	4.6186	6.9311	5.8729	9.1175	9.1456	16.4877
$W_{ij}^{1}lnYf_{it}$							0.4034	6.7097	0.2789	5.2458		
$W_{ij}^{4}lnYf_{it}$			0.2042	2.3701								
$W_{ij}^{5}lnYf_{it}$			0.2977	3.5347	0.8803	7.9215	0.2702	3.8238	0.3144	5.6488	0.2857	8.1113
$W_{ij}^{6}lnYf_{it}$	0.2115	4.0457										
Sf_{it}	0.0665	8.4443	0.2460	18.1009	0.2288	13.1421	0.2162	14.3971	0.1897	17.7759	0.1460	10.6488
Qf_{it}	0.4641	3.9042									1.2720	5.6759
Adj. R^2	0.4464		0.7680		0.6811		0.7930		0.7859		0.6125	
AIC	3.4476		2.6754		2.8504		2.9793		2.4142		3.0195	

4. 六类 FDI 产业集聚效应的区位变化

在表 6－20 各式中分别加入省区到沿海的距离变量后再估计，结果表 6－21 显示，六类 FDI 产业中，只有 F 类 FDI 产业 D 变量系数的 t 统计量在 5% 的水平上显著；B 类 FDI 产业 D 变量系数的 t 统计量在 10% 的水平上显著。这表明，距离沿海的区位是 F 类和 B 类 FDI 产业集聚效应的决定因素，距离沿海越远，越难发展。

对比表 6－21 与表 6－20，（19）和（21）的 Adj. R^2 比（13）和（15）高，AIC 值比（13）和（15）低。这说明，对于 F 类、B 类 FDI 产业，（19）和（21）是较优的模型。

表 6－21　2005～2010 年六类 FDI 产业集聚效应的区域模式识别

变量	$lnYf_{it}$											
	B 类		S 类		F 类		CL 类		CH 类		D 类	
	(19)		(20)		(21)		(22)		(23)		(24)	
	系数	t 值	系数	t 值	系数	t 值	系数	t 值	系数	t 值	系数	t 值
c	9.9387	17.8381	7.0729	11.0526	4.6203	4.9645	4.5589	6.6954	5.9092	8.6967	9.0354	16.0493

续表

lnYf$_{it}$												
变量	B类		S类		F类		CL类		CH类		D类	
	(19)		(20)		(21)		(22)		(23)		(24)	
	系数	t值	系数	t值	系数	t值	系数	t值	系数	t值	系数	t值
$W_{ij}^{1}lnYf_{it}$							0.4121	6.5104	0.2764	4.9937		
$W_{ij}^{4}lnYf_{it}$			0.1960	2.2361								
$W_{ij}^{5}lnYf_{it}$			0.2985	3.5358	0.9613	8.6103	0.2665	3.7374	0.3142	5.6273	0.2998	8.0180
$W_{ij}^{6}lnYf_{it}$	0.1901	3.5674										
Sf_{it}	0.0658	8.4072	0.2423	15.8554	0.2190	12.6635	0.2201	12.6761	0.1889	16.4248	0.1460	10.6591
Qf_{it}	0.4675	3.9601									1.2737	5.6877
D	0.0068	1.7722	0.0011	0.5303	0.0067	3.1036	-0.0011	-0.4505	0.0003	0.1721	-0.0025	-1.1171
Adj. R^2	0.4540		0.7671		0.6957		0.7920		0.7848		0.6131	
AIC	3.4399		2.6851		2.8088		2.9893		2.4251		3.0239	

三、生产函数下的 FDI 产业集聚效应

1. FDI 产业生产函数

在没有集聚效应的情况下，六类 FDI 产业的生产函数有较大差别。B 类的（25）、S 类的（26）和 CL 类的（28）中，$lnLf_{it}$系数的 t 统计量在 5% 的显著性水平上不显著，FDI 产业生产函数为资本驱动型，其弹性系数分别为 0.9380、1.1014 和 1.0998，其具有不同的规模收益型增长。F 类、CH 类和 D 类 FDI 产业中，资本和劳动力变量都在 5% 的显著性水平上显著（见表 6-22）。从系数看，α 值 CH 类 FDI 产业最大，为 0.9709；F 类 FDI 产业最小，为 0.7995。β 值 F 类 FDI 产业最大，为 0.3104；CH 类 FDI 产业最小，仅为 0.1235。进一步计算，D 类、CH 类和 F 类 FDI 产业的（α+β）依次为 1.1672、1.0944 和 1.1099，都表现出规模收益递增型增长。

表 6－22　2005～2010 年六类 FDI 产业没有集聚效应下的生产函数

变量	$lnYf_{it}$											
	B 类		S 类		F 类		CL 类		CH 类		D 类	
	(25)		(26)		(27)		(28)		(29)		(30)	
	系数	t 值	系数	t 值	系数	t 值	系数	t 值	系数	t 值	系数	t 值
c	0.7428	1.9236	－1.4573	－4.4475	0.3547	1.0058	－1.6016	－10.3508	－0.9005	－2.9975	－2.0051	－5.0337
$lnKf_{it}$	0.9380	31.7974	1.1014	51.9907	0.7995	14.6367	1.0998	117.3837	0.9709	22.2810	0.9614	23.2578
$lnLf_{it}$					0.3104	5.5058			0.1235	2.6512	0.2058	4.8893
Adj. R^2	0.8669		0.9388		0.9752		0.9871		0.9739		0.9514	
AIC	2.0093		1.3313		0.2897		0.1871		0.3018		0.9371	
DW	1.6563		2.1131		1.3379		2.0646		1.5221		1.9842	

2. 生产函数下的集聚效应

在集聚效应下，六类 FDI 产业的生产函数发生一定的变化，以式（6－5）建立在 5% 显著性水平上的联合效应模型（见表 6－23）。从第三类集聚效应看，在生产函数框架下，CL 类、CH 类和 D 类 FDI 产业在 5% 的水平上没有显著的空间自相关性，其他 B 类 FDI 产业有六阶相邻集聚效应，S 类和 F 类 FDI 产业的显著项是一阶相邻集聚变量。从第一类、第二类集聚效应看，F 类和 CL 类 FDI 产业没有显著的集聚效应，D 类 FDI 产业有专业化集聚效应，但显著性水平相对较低，CH 类 FDI 产业有显著的专业化集聚效应，而 B 类和 S 类 FDI 产业则具有显著的规模集聚效应和专业化分工集聚效应。从三类空间集聚效应看，CL 类和 D 类 FDI 产业在 5% 显著性水平上没有显著集聚效应，F 类 FDI 产业只有相邻集聚效应，CH 类 FDI 产业只有第一类集聚效应，而 B 类和 S 类 FDI 产业具有三类集聚效应。从生产函数看，在集聚效应下，各类 FDI 产业的生产模式也发生了变化，与表 6－22 相比，通过计算，B 类、S 类和 D 类 FDI 产业的（$\alpha+\beta$）值略有下降，CH 类 FDI 产业（$\alpha+\beta$）值不变，空间效应作为内生增长因素，降低了 FDI 产业的规模报酬率，甚至改变了生产函数性质，如 S 类 FDI 产业。总体上，在生产函数投入量控制下，除 CL 类和 D 类以外，其余 FDI 产业的集聚效应具有稳健性。

表 6-23　2005~2010 年集聚溢出效应下六类 FDI 产业生产函数

变量	B类 (31)		S类 (32)		F类 (33)		CL类 (34)		CH类 (35)		D类 (36)	
被解释变量	$\ln Yf_{it}$											
	系数	t值	系数	t值	系数	t值	系数	t值	系数	t值	系数	t值
c	1.4257	3.5061	-1.2823	-3.0043	-0.2916	-0.7323	-1.7677	-8.5193	-1.0434	-3.4813	-1.7374	-3.6297
$\ln Kf_{it}$	0.8139	25.8846	0.9137	25.4682	0.7982	14.9840	1.1225	51.4782	0.9555	22.1337	0.9303	19.2815
$\ln Lf_{it}$					0.2800	5.0201			0.1391	3.0156	0.2148	4.9736
$W_{ij}^{1}\ln Yf_{it}$							-0.0066	-0.3857				
$W_{ij}^{4}\ln Yf_{it}$			0.1565	6.9121	0.0606	3.2189	-0.0043	-0.2316			-0.0001	-0.0074
$W_{ij}^{6}\ln Yf_{it}$	0.0657	2.8343										
Sf_{it}	0.0224	5.9114	0.0423	4.2346			-0.0081	-1.4073			0.0049	0.7584
Qf_{it}	0.1291	2.4465	0.1750	2.7537					0.2361	2.7287	0.1373	1.5767
Adj. R^2	0.8975		0.9521		0.9764		0.9871		0.9748		0.9514	
AIC	1.7672		1.1020		0.2446		0.2090		0.2715		0.9550	
DW	1.9254		2.0394		1.4667		2.0603		1.5042		1.9350	

3. 集聚效应下的 FDI 产业的区域增长模式识别

(1) B 类 FDI 产业。在表 6-23 的（31）中分别加入各区域的虚拟变量估计后，可以看出，东部、中部的虚拟变量系数是正的，西部虚拟变量系数是负的，t 统计量在 5% 水平上显著，而对于大区域，东中部和中西部虚拟变量系数的 t 统计量在 5% 水平上也显著（见表 6-24）。这说明，对于 B 类 FDI 产业，东部、中部是一种增长模式，其区位效应为正效应；而西部、中西部又是另一种增长模式，区位效应为负效应。以此也表明，B 类 FDI 产业的区位效应较为显著，在不同的区域有不同的区位效应模式，东部、东中部具有显著的区位优势，而西部没有区位优势，中部进入后的中西部也不具有区位优势。

表 6－24　2005～2010 年 B 类 FDI 产业增长的区域模式识别

变量	东部 (37)		中部 (38)		西部 (39)		东中部 (40)		中西部 (41)	
	$\ln Yf_{it}$									
	系数	t 值	系数	t 值	系数	t 值	系数	t 值	系数	t 值
c	1.5025	3.7906	1.4449	3.5425	2.1771	6.0417	1.6593	4.6539	1.8094	4.3640
$\ln Kf_{it}$	0.8099	26.4529	0.8167	25.7816	0.8230	28.7850	0.8230	28.7850	0.8099	26.4529
$W_{ij}^{6}\ln Yf_{it}$	0.0545	2.3860	0.0575	2.2650	0.0584	2.2465	0.0584	2.2465	0.0545	2.3860
Sf_{it}	0.0200	5.2852	0.0228	5.9567	0.0206	5.7778	0.0206	5.7778	0.0200	5.2852
Qf_{it}	0.1246	2.4266	0.1338	2.5162	0.1488	3.0400	0.1488	3.0400	0.1246	2.4266
Dum	0.3069	3.0907	0.0875	0.7905	−0.5179	−5.5785	0.5179	5.5785	−0.3069	−3.0907
Adj. R^2	0.9030		0.8972		0.9105		0.9105		0.9030	
AIC	1.7183		1.7759		1.6316		1.6316		1.7183	

（2）S 类 FDI 产业。表 6－25 报告的是在表 6－23 的（32）中分别加入各区域虚拟变量后的估计结果。可以看出，东部、中部变量系数的 t 统计量在 5% 水平上显著，而西部虚拟变量系数不显著，东部虚拟变量系数为正，中部虚拟变量系数为负，中西部虚拟变量系数也为负。这说明，在空间效应下的 S 类 FDI 产业增长也有不同的区域模式，东部具有正的区位效应，说明有区位优势，中部有不利的区位效应，西部没有明显的区位特征，但中部与西部合在一起后的中西部比中部更具有区位劣势。

（3）F 类 FDI 产业。表 6－26 显示的是在（33）中分别加入各区域的虚拟变量估计后的结果。可以看出，东部、西部 F 类 FDI 产业虚拟变量的 t 统计量在 5% 水平上显著，中部虚拟变量的 t 统计量在 10% 水平上显著，其中，西部虚拟变量系数是正的，且 t 统计量值最大，而东部虚拟变量系数却是负的。总的来说，对 F 类 FDI 产业增长的区位效应在 5% 的水平上存在显著的区域模式，东部区位效应为负，中部和西部区位效应为正，但两者差异也明显，西部的区位效应有促进 F 类 FDI 产业增长的显著力量。因此，西部 F 类产业有吸引 FDI 发展的区位优势。

表 6－25　2005～2010 年 S 类 FDI 产业增长的区域模式识别

$lnYf_{it}$										
变量	东部		中部		西部		东中部		中西部	
	(42)		(43)		(44)		(45)		(46)	
	系数	t 值	系数	t 值	系数	t 值	系数	t 值	系数	t 值
c	－0.9716	－2.2125	－1.3960	－3.2796	－1.3357	－2.6345	－1.3177	－2.8375	－0.7320	－1.5370
$lnKf_{it}$	0.9000	25.1408	0.9087	25.5367	0.9142	25.3488	0.9142	25.3488	0.9000	25.1408
$W^6_{ij}lnYf_{it}$	0.1472	6.5066	0.1735	7.3031	0.1590	6.1055	0.1590	6.1055	0.1472	6.5066
Sf_{it}	0.0304	2.7711	0.0382	3.7922	0.0428	4.1576	0.0428	4.1576	0.0304	2.7711
Qf_{it}	0.1721	2.7476	0.1672	2.6547	0.1744	2.7332	0.1744	2.7332	0.1721	2.7476
Dum	0.2396	2.4643	－0.1696	－2.1534	0.0180	0.1966	－0.0180	－0.1966	－0.2396	－2.4643
Adj. R^2	0.9535		0.9531		0.9519		0.9519		0.9535	
AIC	1.0784		1.0865		1.1131		1.1131		1.0784	

表 6－26　2005～2010 年 F 类 FDI 产业增长的区域模式识别

$lnYf_{it}$										
变量	东部		中部		西部		东中部		中西部	
	(47)		(48)		(49)		(50)		(51)	
	系数	t 值	系数	t 值	系数	t 值	系数	t 值	系数	t 值
c	－1.0124	－2.6584	－0.3267	－0.8246	－1.2520	－2.9982	－0.9391	－2.3843	－1.3100	－3.2893
$lnKf_{it}$	0.8488	17.2574	0.8360	14.7014	0.7322	14.2086	0.7322	14.2086	0.8488	17.2574
$lnLf_{it}$	0.2859	5.6291	0.2505	4.3368	0.3793	6.8050	0.3793	6.8050	0.2859	5.6291
$W^5_{ij}lnYf_{it}$	0.0593	3.4598	0.0417	1.9503	0.1188	5.6587	0.1188	5.6587	0.0593	3.4598
Dum	－0.2975	－6.1767	0.0993	1.8204	0.3129	5.1143	－0.3129	－5.1143	0.2975	6.1767
Adj. R^2	0.9804		0.9767		0.9793		0.9793		0.9804	
AIC	0.0622		0.2371		0.1191		0.1191		0.0622	

（4）CL 类 FDI 产业。在表 6－23 中的（34）中分别加入各区域的虚拟变量估计后，结果显示，东部虚拟变量系数的 t 统计量不显著，西部虚拟变量系数的 t 统计量在 10% 水平上显著，而中部虚拟变量系数的 t 统计量在 5% 水平上显著，且是正的（见表 6－27）。总的来说，对 CL 类 FDI 产业增长的区位效应在 5% 的水平上存在明显的区域模式，西部和东中部增长模式

呈对称性相反。中部的 CL 类 FDI 产业有增长的区位效应，也就是说，对 CL 类 FDI 产业的增长有明显的区位依赖，中部优势最突出，西部却具有区位劣势。

表 6-27 2005~2010 年 CL 类 FDI 产业增长的区域模式识别

变量	$lnYf_{it}$									
	东部 (52)		中部 (53)		西部 (54)		东中部 (55)		中西部 (56)	
	系数	t 值	系数	t 值	系数	t 值	系数	t 值	系数	t 值
c	-1.6536	-8.7920	-1.6147	-10.5160	-1.2955	-5.9282	-1.4023	-7.6266	-1.6794	-7.5531
$lnKf_{it}$	1.1036	90.9660	1.0992	118.2534	1.0835	87.0474	1.0835	87.0474	1.1036	90.9660
Dum	-0.0258	-0.4883	0.0893	2.0202	-0.1069	-1.9686	0.1069	1.9686	0.0258	0.4883
Adj. R^2	0.9871		0.9873		0.9873		0.9873		0.9871	
AIC	0.1969		0.1754		0.1766		0.1766		0.1969	

（5）CH 类 FDI 产业。在表 6-23 的（35）中分别加入各区域的虚拟变量后，估计结果显示，区域虚拟变量系数的 t 统计量都不显著（见表 6-28）。这说明，对 CH 类 FDI 产业增长的区位效应不存在显著模式，也就是说，对 CH 类 FDI 产业的增长没有明显的区位依赖。

表 6-28 2005~2010 年 CH 类 FDI 产业增长的区域模式识别

变量	$lnYf_{it}$									
	东部 (57)		中部 (58)		西部 (59)		东中部 (60)		中西部 (61)	
	系数	t 值	系数	t 值	系数	t 值	系数	t 值	系数	t 值
c	-1.1097	-2.9866	-1.0919	-3.3297	-1.0310	-3.2282	-1.0369	-3.3911	-1.1276	-2.7565
$lnKf_{it}$	0.9618	20.0181	0.9619	20.6451	0.9554	22.0685	0.9554	22.0685	0.9618	20.0181
$lnLf_{it}$	0.1361	2.8814	0.1328	2.6945	0.1380	2.9295	0.1380	2.9295	0.1361	2.8814
Qf_{it}	0.2362	2.7233	0.2387	2.7431	0.2369	2.7215	0.2369	2.7215	0.2362	2.7233
Dum	-0.0179	-0.3034	0.0186	0.3695	-0.0059	-0.1141	0.0059	0.1141	0.0179	0.3034
Adj. R^2	0.9747		0.9747		0.9747		0.9747		0.9747	
AIC	0.2821		0.2818		0.2825		0.2825		0.2821	

（6）D类FDI产业。在表6－23的（36）中分别加入各区域的虚拟变量后的估计结果显示，（62）～（66）中虚拟变量系数的t统计量都不显著（见表6－29）。这表明，D类FDI产业增长没有显著的区位模式。

表6－29　2005～2010年D类FDI产业增长的区域模式识别

	$\ln Yf_{it}$									
变量	东部		中部		西部		东中部		中西部	
	（62）		（63）		（64）		（65）		（66）	
	系数	t值	系数	t值	系数	t值	系数	t值	系数	t值
c	－2.0624	－5.0779	－1.9854	－4.8520	－2.0729	－5.1467	－1.9865	－4.9862	－2.1146	－4.9776
$\ln Kf_{it}$	0.9627	23.2361	0.9596	22.7415	0.9535	22.7528	0.9535	22.7528	0.9627	23.2361
$\ln Lf_{it}$	0.2129	4.9280	0.2073	4.8457	0.2265	4.9190	0.2265	4.9190	0.2129	4.9280
Dum	－0.0522	－0.7494	－0.0150	－0.2222	0.0864	1.1044	－0.0864	－1.1044	0.0522	0.7494
Adj. R^2	0.9512		0.9511		0.9514		0.9514		0.9512	
AIC	0.9460		0.9492		0.9418		0.9418		0.9460	

四、结果分析

通过计量估计，得到以下结论：

（1）六类FDI产业中都存在空间相邻集聚效应。这说明，FDI产业具有空间的异质性。空间自相关效应在空间形成“中心—外围”结构。在这种结构下，有的FDI产业存在不同的区域模式。西部的大部分地区在FDI产业空间结构的外围地带。相对来说，广西、四川、重庆和陕西具有地缘优势，而其他西部地区难以得到FDI产业中心区的空间辐射与产业转移效应。

（2）对于多数FDI产业增长，第一类、第二类集聚具有明显的增长效应。这说明，FDI产业增长对集聚效应仍有较大依赖性。这一点正好表明FDI产业没有大量入驻西部的原因，东部FDI产业具有空间集聚效应和外部效应，离开东部就意味着失去集聚租金。

（3）对于区位效应，各区域的差异较大。对于CH类和D类FDI产业，区位效应不显著，B类、S类FDI产业东部有正效应，F类FDI产业西部有正效应，而对于CL类FDI产业，中部却有正效应。这说明，西部有利于F类FDI产业发展，CH类和D类FDI产业也可以不受区位约束而获得发展，而西部对CL类FDI产业有明显不利的区位因素。

第五节　FDI 产业集聚对内资产业增长机制的非线性转换效应
——基于 2005~2010 年空间面板数据

一、平滑转换面板（PSTR）模型

1991 年，张培刚在《发展经济学通论》一书中对工业化概念及工业化的基本特征作了进一步的补充和发展。他将工业化重新定义为："国民经济中一系列重要的生产函数（或生产要素结合方式）连续由低级到高级的突破性变化（或变革）的过程。"这定义强调了两个方面内容：一方面是强调这种生产函数的变化过程必须是由低级到高级的，是不断前进的，是动态的，它既不是往返循环的，更不是倒退的；另一方面是强调这种变化过程必须是突破性的，是一种社会生产力（包括一定的生产组织形式）的革命或变革。

东部以区位优势和政策先发优势吸收和承接了 FDI 产业，而中西部地区 FDI 产业分布较少。在 FDI 产业的集聚溢出效应下，东部产业实现了产业组织结构和技术结构转变，而中西部，尤其是西部产业没有实现增长模式的转变，FDI 产业参与度较低，落后的、僵化的国有经济还占有较大份额。东部产业的集聚增长，使其成为中心区，而西部产业却日益边缘化，处在最外围地带。客观上，在 FDI 产业影响下，我国地区内资产业存在多种增长模式。如何识别我国内资产业不同的增长模式，以及如何估计 FDI 产业对不同增长模式形成中的转化作用，对于识别六类西部优势产业的发展机制具有重要意义。

对于面板数据分析来说，目前应用广泛的有固定和随机效应模型，以及动态面板效应模型等，这些模型一般假定各横截面单元（个体）的参数的同质性或时点不变性，但当个体差异相对较大时，基于这些假设的面板数据模型不足以描述所有横截单元的参数对应于某一变量具有非线性转换以及转换渐进性或突变性的行为特征。而在一般面板模型中加入平滑转换函数后的平滑转换面板（PSTR）模型可以较好地解决这个问题。首先，

PSTR 模型是一个非线性面板数据模型。非线性有两种含义，一种是模型中参数的非线性，另一种是变量的非线性。PSTR 模型所指的非线性是指模型参数的非线性，参数的非线性生动地刻画了面板数据的异质性。其次，PSTR 模型具有平滑转换回归（STR）类模型平滑转换的特性。

基于面板数据，建立非线性模型成为解决数据量不足的一个很好的选择。Hansen（1999）提出的面板门限回归（PTR）模型如下：

$$y_{it} = \mu_i + \beta_0 x_{it} I(q_{it} < c) + \beta_1 x_{it} I(q_{it} \geqslant c) + u_{it} \tag{6-8}$$

式（6-8）中，μ_i 为个体效应，I（·）为示性函数，当括号中条件满足时，则为 1，否则为 0。

PTR 模型隐含了一个假定，就是某一特定的临界点（阈值），变量从一种机制跳跃到了另一种机制，同时这种跳跃是离散的。但在实际生活中，有些机制的转换却并不是离散跳跃的，而是一个连续的、逐渐变化的过程。进一步，由 Gonázlez A.，Terasvirta T.，van Dijk（2004，2005）提出 PSTR 模型。实际上，PSTR 模型是 PTR 模型的一般形式。这个模型的参数可以随着一个含有外生变量的函数平滑转变。对于面板数据，基于此研究的模型随着某一外生变量可能光滑转换，由此体现所分析问题的非线性特征以及转换渐进性的行为特征。

简单的两体制 PSTR 模型的设定形式如下：

$$y_{it} = \mu_i + \beta_0 x_{it} + \beta_1 x_{it} g(q_{it};\gamma,c) + u_{it} \tag{6-9}$$

式（6-9）中，g（q_{it}；γ，c）是一个转换函数，取值在 0 和 1 之间连续变化，可观测变量 q_{it} 为转换变量，参数 γ 决定着转换的速度，参数 c 为转换发生的位置。目前，g（q_{it}；γ，c）常用的逻辑函数形式为：

$$g(q_{it};\ \gamma,\ c) = \left[1 + \exp\left(-\gamma \prod_{j=1}^{m} (q_{it} - c_j)\right)\right]^{-1},\ c_1 \leqslant c_2 \leqslant \cdots \leqslant c_m,\ \gamma > 0 \tag{6-10}$$

式（6-10）中，m 为机制（Regime）数，当 m=1 为二机制，即高机制和低机制。当 m=1，且当转换函数 g=0 时，对应的式（6-9）称为低机制，当 g=1 时称为高机制，g（q_{it}；γ，c）值在 0 与 1 之间平滑转换，从而体现了式（6-9）的系数以 c 为中心随着 q_{it} 的变化在 β_0 至 $\beta_0+\beta_1$ 之间单调转换，也就是变量在高、低两种不同机制间平滑转换。式（6-10）中，若 $\gamma \to \infty$，且 $q_{it} \neq c$ 时，则 $\lim\limits_{\gamma \to \infty}(-\gamma(q_{it}-c)) = \infty$，g（$q_{it}$；γ，c）变成示性函数 I（·），PSTR 模型转变为 PTR 模型。因此，PSTR 模型可以看作

是 PTR 模型的一种扩展。

对于 $m>1$ 时，如 $m=2$，当转换函数值为 1 时，称为外机制，当 $q_{it}=c_1+c_2$ 时，转换函数值达到最小值，称对应机制为中间机制。此时，$\gamma\to\infty$，式（6-9）变为一个三机制门限模型，两外机制是一致的而与中间机制不同，所以一般情况下，当 $m>1$，$\gamma\to\infty$，模型的不同机制仍然是两个；对于任意 m 值，若 $q_{it}=c$ 或 $\gamma\to 0$，$g(q_{it};\ \gamma,\ c)$ 取值为 0.5，PSTR 模型退化为线性固定效应模型。从式（6-9）和式（6-10）的设定可看出，PSTR 模型的最大特点是转换变量随着个体 i 与时间 t 的变化，被解释变量 y_{it} 在不同机制之间进行非线性平滑转换。

二、FDI 产业参与对内资产业增长机制的非线性平滑转换

一般来说，产业的技术主要包括物化技术即硬技术和非物化技术（包括组织管理技术等）即软技术。物化技术是指生产高质量、高可靠性、低生产成本产品的技术。这种技术具有知识产权，加上在研究开发过程中的经验沉淀，如果某项技术已在外部存在，则可以直接进行引进。在产业中表现为生产采用的装备，为生产的物质基础，这种技术固化在设备和生产线中。这种技术可以通过模仿、复制或改造进行溢出，只要一定的 FDI 企业拥有这种技术，当地企业就可以在学习和溢出中得到应用。“二战”后，丰田公司与英美等国的汽车公司签订了技术引进合同。但在与福特公司的谈判失败后，丰田公司放弃了“一揽子”技术引进策略，而主要集中在关键设备的引进上，注重对企业的技术采用能力的培养，努力把世界各国的先进技术融合成丰田自己的技术，为日后确立独特的技术优势打下了坚实的基础。软技术则是一种不可复制的技术如专利和难以模仿技术诀窍等，其具有核心技术的特性。这种技术是跨国公司所不愿意向外泄露的，当地企业只能通过 FDI 企业溢出的渠道部分得到。这种溢出主要通过人力资源的流动、交流而发生。

不管什么技术，都有一个外溢的效应。先进技术的拥有者，也并非有意转让或传播他们的技术，而是在其经济行为中自然地输出了技术，即技术外溢。FDI 企业的技术溢出因技术差距不同而不同，还可能与技术的属性和载体有关。FDI 作为资本、专门技术和技术的“一揽子”转移，其中既有

硬技术转移，又有软技术转移。自然，FDI 带来的资本及其技术改变了东道国的生产函数，强化了东道国的产业增长态势。随着产业转移，技术溢出也可能随之发生。为了进一步实证 FDI 产业的溢出效应，把 FDI 企业溢出效应分为以资产（如设备、生产工艺）为载体的硬技术溢出和以人员（技术诀窍）为载体的软技术溢出。无论是“学中干”，还是“干中学”，这两种溢出效应可能会同时发生，当然两者强弱会有不同，或许只有一种溢出效应显著发生。

跨国企业已成为中国产业一个有机的组成部分。在统计上，中国产业可以分成内资产业与 FDI 产业两个子系统，具有不同的生产函数。一般而言，FDI 产业是通过物化硬技术和人化软技术的溢出来提高东道国的产业生产力，而 FDI 产业资产占总资产比重和 FDI 产业从业人员占总从业人员比重表示的就是 FDI 产业对内资产业的间接作用即溢出效应。FDI 产业资产占总资产比重和从业人员占总从业人员比重分别表示 FDI 企业的两种参与程度，也是两种集聚强度。理论上，FDI 产业资产比重越高，FDI 产业集聚强度越大，物化技术溢出的可能性越大，FDI 产业职工人数比重越大，FDI 产业职工与 FDI 产业相互接触概率越大，FDI 产业核心技术扩散和溢出的可能性越大（赵果庆，2010）。

基于 FDI 产业资产集聚参与度的 PSTR 模型：

$$\ln Yn_{it} = c_0 + \alpha_0 \ln Kn_{it} + \beta_0 \ln Ln_{it} + g(Sk_{it};\gamma,c)(\alpha_1 \ln Kn_{it} + \beta_1 \ln Ln_{it}) + u_{it}$$

$$i=1,\ 2,\ \cdots,\ 31;\ t=2005,\ 2006,\ \cdots,\ 2010 \qquad (6-11)$$

式（6－11）中，Sk_{it}为 FDI 产业资产集聚度（参与度），g（Sk_{it}；γ，c）是一个Sk_{it}的转换函数。g（Sk_{it}；γ，c）设定为逻辑函数形式：

$g(Sk_{it};\ \gamma,\ c) = [1 + \exp(-\gamma \prod_{j=1}^{m}(Sk_{it} - c_j))]^{-1}$，其中，$c_1 \leqslant c_2 \leqslant \cdots \leqslant c_m$，$\gamma > 0$。

基于 FDI 产业人员集聚参与度的 PSTR 模型：

$$\ln Yn_{it} = c_0 + \alpha_0 \ln Kn_{it} + \beta_0 \ln Ln_{it} + g(Sl_{it};\gamma,c)(\alpha_1 \ln Kn_{it} + \beta_1 \ln Ln_{it}) + u_{ti}$$

$$i=1,\ 2,\ \cdots,\ 31;\ t=2005,\ 2006,\ \cdots,\ 2010 \qquad (6-12)$$

同样地，式（6－12）中，Sl_{it}为 FDI 产业人员参与度，g（Sl_{it}；γ，c）是一个Sl_{it}的转换函数，g（Sl_{it}；γ，c）设定为逻辑函数形式：

$g(Sl_{it};\gamma,c) = [1 + \exp(-\gamma \prod_{j=1}^{m}(Sl_{it} - c_j))]^{-1}$，其中，$c_1 \leqslant c_2 \leqslant \cdots \leqslant c_m$，$\gamma > 0$。

三、六类内资产业增长机制的 PSTR 模型参数估计

1. 基于 FDI 产业资产集聚的内资产业生产函数转换

从表 6－30 看出，FDI 产业资产集聚溢出对六类内资产业双要素生产函数有明显的转化效应。在 FDI 产业资产集聚的转化效应下，六类内资产业的 α_0、β_0、α_1、β_1 值有正的，也有负的，没有明显的规律，但 α_1、β_1 值一正一负。参数 γ 有较大的取值范围，S 类内资产业最小，仅为 0.7705，D 类内资产业最大，为 476.8972，这决定了转换机制有明显不同的形式。从 c 值看，转换发生的位置在资产参与度为 4.9789% ～25.7829% 之间，B 类和 D 类内资产业增长机制在资产参与度 5% 接近时发生低位转变，而 CH 内资产业增长机制却在 26% 附近发生高位转变。

表 6－30 FDI 产业资产集聚对六类内资产业增长机制转变的 PSTR 模型参数估计

变量	B 类 (67) 系数	B 类 (67) t 值	S 类 (68) 系数	S 类 (68) t 值	F 类 (69) 系数	F 类 (69) t 值	CL 类 (70) 系数	CL 类 (70) t 值	CH 类 (71) 系数	CH 类 (71) t 值	D 类 (72) 系数	D 类 (72) t 值
	$\ln Yn_{it}$											
c_0									-1.5046	-124.1097		
α_0	0.6905	11.0036	0.9748	14.4898	0.2854	5.2832	0.7298	9.4312	0.9311	22.7049	0.5124	11.8193
β_0	0.3371	5.1189	-0.0284	-0.3916	0.8762	12.9855	0.3541	4.142	0.2099	4.9995	0.6093	11.7378
α_1	0.2962	2.8355	-0.3026	-6.3648	0.059	1.5011	0.1576	3.0389	-0.2515	-4.9266	0.2313	5.2292
β_1	-0.4144	-2.6383	0.4928	6.564	-0.0718	-1.1936	-0.2167	-2.8368	0.3849	5.0397	-0.3629	-5.0531
γ	270.0071		0.7705		305.5968		16.7591		125.1176		476.8972	
c	4.9838		12.7821		15.8016		6.8409		25.7829		4.9789	
R^2	0.9435		0.9756		0.9863		0.9818		0.9770		0.9253	
AIC	-2.4689		-3.3260		-3.5648		-3.1432		-3.5260		-2.7695	
rss	14.2106		6.031		4.7498		7.2401		4.7617		10.5214	
样本	156		179		184		180		0.9792		161	

2. 基于FDI产业人员集聚的内资产业生产函数转换

从表6-31看出，FDI产业人员集聚对六类内资产业双要素生产函数有明显的转化效应。在FDI产业人员集聚的转化效应下，六类内资产业的α_0、β_0、α_1、β_1值有正的，也有负的，α_1、β_1值也是一正一负。参数γ的取值范围更大，S类内资产业最小，仅为0.0721，D类内资产业最高达678.4867，这决定了转换机制有明显不同的形式。从c值看，转换发生的位置在资产参与度为1.6733%～30.4472%之间，B类内资产业在人员参与度接近2%时发生低位转化，即低集聚转化，而S类内资产业却在30%附近发生高位机制转变。

表6-31 FDI产业人员集聚对六类内资产业增长机制转变的PSTR模型参数估计

变量	lnYn$_{it}$											
	B类		S类		F类		CL类		CH类		D类	
	(73)		(74)		(75)		(76)		(77)		(78)	
	系数	t值	系数	t值	系数	t值	系数	t值	系数	t值	系数	t值
c_0									-1.3328	-108.4513		
α_0	0.7635	11.4919	1.1329	12.6519	0.2609	5.4083	0.6757	8.9767	0.8361	11.4543	0.5347	10.997
β_0	0.2335	3.1236	-0.2951	-2.6656	0.8984	14.9821	0.4335	5.4049	0.306	2.9839	0.4838	8.5528
α_1	-0.1858	-1.6608	-1.3913	-8.2496	0.0540	1.3874	0.2686	5.3239	0.0435	0.4726	0.1768	3.2598
β_1	0.3002	1.8026	2.2660	8.4563	-0.0621	-1.0474	-0.3847	-5.1822	-0.0185	-0.1334	-0.2636	-3.0019
γ	11.4157		0.0721		0.4611		124.8789		0.2609		678.4867	
c	1.6733		30.4472		14.0441		19.9491		3.6800		7.5306	
R^2	0.9354		0.9737		0.9857		0.9824		0.9764		0.9249	
AIC	-2.3347		-3.4216		-3.5235		-3.1794		-3.4988		-2.7645	
rss	16.2520		4.4735		4.9501		6.9829		4.8933		10.5741	
样本	156		179		184		180		180		161	

3. S类内资产业的单要素增长机制转换

从表6-30和表6-31看出，在FDI产业资产集聚溢出的转化效应下，S类内资产业中的β_0为负值，这与生产函数理论不相符。把S类内资产业作为单变量生产函数，再对PSTR模型参数进行估计（见表6-32）。表6-32中（79）、（80）为FDI产业资产集聚转化模型，（81）、（82）是FDI

产业人员集聚转化模型。比较表 6－32 中（79）～（82）各式的 R^2、AIC 和 rss 值，（79）是最优的。虽然（79）各项指标不如（68）和（74），但指标相差不大，仍表示 FDI 产业资产集聚的一种转化模式，在 FDI 产业资产参与度为 11.206% 处发生机制转变。

表 6－32　FDI 产业资产集聚对 S 类内资产业单要素增长机制 PSTR 模型参数估计

变量	$lnYn_{it}$							
	(79)		(80)		(81)		(82)	
	系数	t 值	系数	t 值	系数	t 值	系数	t 值
c_0								
α_0	1.0103	61.5032			1.0106	51.9189		
β_0			0.9683	32.3769			1.0030	32.6584
α_1	0.0114	4.6239			0.0106	4.2430		
β_1			0.0139	2.4509			0.0435	4.2757
γ	1.3100		34.7107		2.5230		0.1812	
c	11.2062		19.6439		7.3252		25.0102	
R^2	0.9674		0.9261		0.9611		0.9170	
AIC	－3.0704		－2.2516		－3.0596		－2.3015	
rss	8.0454		18.2450		8.1326		17.3571	

4. F 类内资产业的单要素增长机制转换

同样地，从表 6－30 和表 6－31 看出，在 FDI 产业资产集聚的转化效应下，F 类内资产业中的 α_1、β_1 值的 t 统计量在 5% 水平上不显著。在 F 类内资产业单要素生产函数下，再对 PSTR 模型参数进行估计（见表 6－33）。表 6－33 中（83）、（84）为 FDI 产业资产集聚转化模型，（85）、（86）是 FDI 产业人员集聚转化模型。比较表 6－33 中各式，从 R^2、AIC 和 rss 值看，（86）是最优的。虽然（86）各项指标不如（69）和（75），但指标相差不大，（82）仍表示 FDI 产业资产集聚的一种转化模式，在 FDI 产业资产参与度为 18.6566% 处发生机制转变。

表 6-33 FDI 产业资产集聚对 F 类内资产业单要素增长机制 PSTR 模型参数估计

$\ln Yn_{it}$								
变量	(83)		(84)		(85)		(86)	
	系数	t 值	系数	t 值	系数	t 值	系数	t 值
c_0								
α_0	1.1806	43.7050			1.1660	45.7941		
β_0			1.1022	79.0899			1.1065	78.4320
α_1	0.0163	5.5666			0.0172	5.2010		
β_1			0.0147	4.3459			0.0198	5.4502
γ	285.7012		1030.8		163.3092		0.5251	
c	16.5673		15.8548		9.9013		18.6566	
R^2	0.9643		0.9829		0.9637		0.9833	
AIC	-2.6409		-3.3801		-2.6253		-3.4032	
rss	12.3611		5.9023		12.5559		5.7679	

四、内资产业在 FDI 产业非线性平滑转换下的机制模式

对表 6-30 至表 6-33 的 PSTR 模型统计参数进行分析，B 类的（67）、S 类的（79）、F 类的（86）、CL 类的（76）、CH 类的（71）和 D 类的（72）是比较合适的 PSTR 模型。

1. B 类内资产业

在 FDI 产业资产集聚溢出下的 B 类内资产业增长机制 PSTR 模型为：

$$\ln Yn_{it} = 0.6905\ln Kn_{it} + 0.3371\ln Ln_{it} + g_B \cdot (0.2962\ln Kn_{it} - 0.3144\ln Ln_{it})$$
$$(11.0036)\quad(5.1189)\qquad\qquad(2.8355)\qquad(-2.6383)\tag{6-13}$$

$$g_B = [1 + \exp(-270.0071(Sk_{it} - 4.9838))]^{-1}$$

从 g_B 函数看，FDI 资产集聚的转化速率值很高，转化速度较快，几乎是一

种突变机制（见图6－6）。在式（6－13）中，g_B 的不同取值产生两种机制：

（1）低机制。当 $g_B=0$ 时，$\ln Yn_{it}=0.6905\ln Kn_{it}+0.3371\ln Ln_{it}$。

（2）高机制。当 $g_B=1$ 时，$\ln Yn_{it}=0.9867\ln Kn_{it}+0.0227\ln Ln_{it}$。

很明显，在高机制与低机制下，B 类内资产业增长机制具有较大差异。高机制地区的资本弹性较高，人员弹性较小，产业增长几乎是由资产推动的；而低机制地区的资本弹性较低，人员弹性较高，产业增长中人员也是重要的推动力。

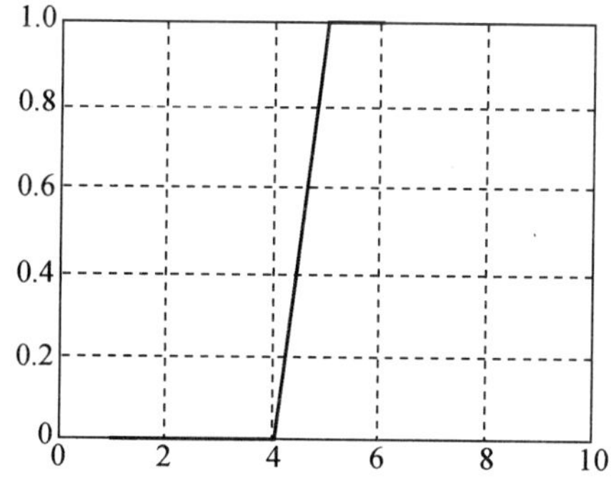

图6－6　B 类内资产业的 FDI 产业转化函数

2. S 类内资产业

在 FDI 产业资产集聚转化下的 S 类内资产业的 PSTR 模型为：

$$\ln Yn_{it}=1.0103\ln Kn_{it}+g_S\cdot(0.0114\ln Kn_{it})$$

$$(61.5032)\qquad\qquad(4.6239)\qquad\qquad(6-14)$$

$$g_S=[1+\exp(-1.3100(Sk_{it}-11.2062))]^{-1}$$

从 g_S 函数看，FDI 资产集聚的转化速率值很低，转化速度较慢，是一种渐变机制即平滑转变机制，既有高机制地区和低机制地区，又有中间转型机制地区（见图6－7）。在式（6－14）中，g_S 的不同取值产生两种机制：

（1）低机制。当 $g_S=0$ 时，$\ln Yn_{it}=1.0103\ln Kn_{it}$。

（2）高机制。当 $g_S=1$ 时，$\ln Yn_{it}=1.0217\ln Kn_{it}$。

在高机制与低机制下，S 类内资产业增长效率的差异也是比较明显的。对于同样的资本投入，高机制地区的资本弹性较高，而低机制地区的资本弹性较低。这说明，在 FDI 参与下，高机制地区 S 类内资产业的资本投入产出效率更高。

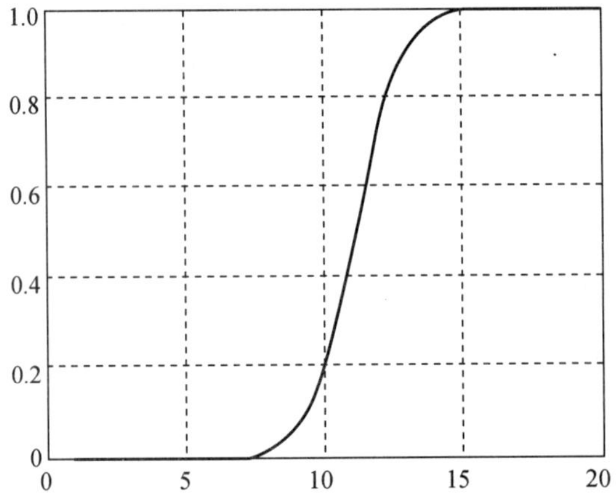

图 6-7　S 类内资产业的 FDI 产业转化函数

3. F 类内资产业

在 FDI 产业人员集聚转化下的 F 类内资产业的 PSTR 模型为：

$$\ln Yn_{it} = 1.1065\ln Ln_{it} + g_F \cdot (0.0198\ln Ln_{it})$$
$$(78.4320) \qquad\qquad (5.4502) \qquad\qquad (6-15)$$

$$g_F = [1 + \exp(-0.5251(Sl_{it} - 18.6566))]^{-1}$$

从 g_F 函数看，FDI 资产集聚的转化速率值很低，转化速度较慢，是一种渐变机制即平滑转变机制，既有高机制地区和低机制地区，也有中间转型机制地区（见图 6-8）。对于式（6-15）中，g_F 的不同取值产生两种机制：

（1）低机制。当 $g_F = 0$ 时，$\ln Yn_{it} = 1.1065\ln Ln_{it}$。

（2）高机制。当 $g_F = 1$ 时，$\ln Yn_{it} = 1.1263\ln Ln_{it}$。

在高机制与低机制下，F 类内资产业增长效率的差异也是比较明显的。对于同样的人员投入，高机制地区的人员投入产出弹性较高，而低机制地区的人员投入产出弹性较低。这说明，在 FDI 产业人员集聚参与下，高机制地区 F 类内资产业的劳动生产率更高。

4. CL 类内资产业

在 FDI 产业人员集聚转化下的 CL 类内资产业的 PSTR 模型为：

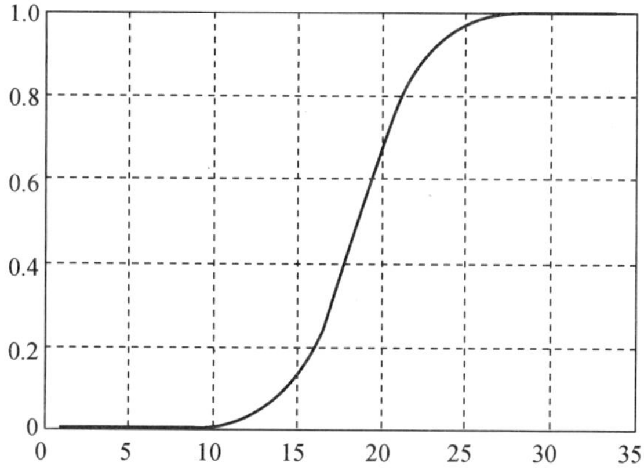

图 6－8　F 类内资产业的 FDI 产业转化函数图

$$\ln Yn_{it} = 0.6757\ln Kn_{it} + 0.43351\ln Ln_{it} + g_{CL} \cdot (0.2686\ln Kn_{it} - 0.3847\ln Ln_{it})$$
$$(8.9767)\qquad(5.4049)\qquad\qquad(5.3239)\qquad(-5.1822)\qquad(6-16)$$

$$g_{CL} = [1 + \exp(-124.8789(Sl_{it} - 19.9491))]^{-1}$$

对于 CL 类内资产业，FDI 人员集聚的转化速率值较高，接近一种突变机制，只存在高机制与低机制两种极端形式，没有中间型机制（见图 6－9）。在式（6－16）中，g_{CL}的不同取值产生两种机制：

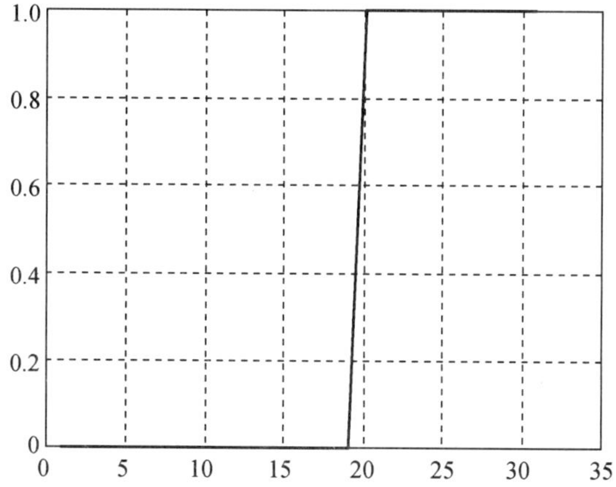

图 6－9　CL 类内资产业的 FDI 产业转化函数

（1）低机制。当 $g_{CL}=0$ 时，$\ln Yn_{it}=0.6757\ln Kn_{it}+0.4335\ln Ln_{it}$。

（2）高机制。当 $g_{CL}=1$ 时，$\ln Yn_{it}=0.9443\ln Kn_{it}+0.0488\ln Ln_{it}$。

显然，高机制与低机制下 CL 类内资产业增长机制具有较大差异。高机制地区的资本弹性较高，人员弹性较小，产业增长几乎是由资产推动的，而低机制地区的资本弹性相对较低，人员弹性相对较高，产业增长中人员也是重要的推动力。

5. CH 类内资产业

在 FDI 产业资产集聚转化下的 CH 类内资产业 PSTR 模型为：

$$\ln Yn_{it}=0.9311\ln Kn_{it}+0.2099\ln Ln_{it}+g_{CH}\cdot(-0.2515\ln Kn_{it}+0.3849\ln Ln_{it})$$
$$(22.7049)\quad(4.9995)\qquad(-4.9266)\quad(5.0397)\tag{6-17}$$

$$g_{CH}=[1+\exp(-125.1176(Sk_{it}-25.7829))]^{-1}$$

CH 类内资产业在 FDI 产业资产集聚参与下，地区分化速度较快，是一种突变机制，只存在高机制与低机制两种极端形式，两者非此即彼，没有转型机制（见图 6－10）。在式（6－17）中，g_{CH}的不同取值产生两种机制：

（1）低机制。当 $g_{CH}=0$ 时，$\ln Yn_{it}=0.9311\ln Kn_{it}+0.2099\ln Ln_{it}$。

（2）高机制。当 $g_{CH}=1$ 时，$\ln Yn_{it}=0.6796\ln Kn_{it}+0.5948\ln Ln_{it}$。

不难看出，高机制与低机制下 CH 类内资产业增长机制具有较大差异。高机制地区的资本弹性较低，人员弹性较高，两者差距较小，而低机制地区的资本弹性相对较高，人员弹性相对较低，产业增长以资本推动为主导，高端制造业人力投入相对不足。

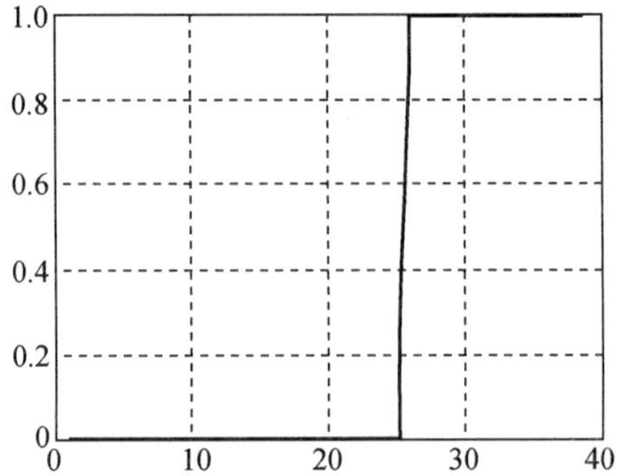

图 6－10　CH 类内资产业的 FDI 产业转化函数

6. D 类内资产业

在 FDI 产业资产集聚转化下的 D 类内资产业的 PSTR 模型为：

$$\ln Yn_{it}=0.5124\ln Kn_{it}+0.6093\ln Ln_{it}+g_D\cdot(0.2962\ln Kn_{it}-0.2313\ln Ln_{it})$$

（11.8193）　（11.7378）　　　（5.2292）　（-5.0531）

（6-18）

$$g_D=[1+\exp(-476.8972(Sk_{it}-4.9789))]^{-1}$$

D 类内资产业也是资产和人员两变量投入的增长产业。在 FDI 产业资产参与下，地区分化速度很快，是一种突变机制，只存在高机制与低机制两种极端形式，两者非此即彼，没有转型机制（见图 6-11）。在式（6-18）中，g_D 的不同取值产生两种机制：

（1）低机制。当 $g_D=0$ 时，$\ln Yn_{it}=0.5124\ln Kn_{it}+0.6093\ln Ln_{it}$。

（2）高机制。当时 $g_D=1$，$\ln Yn_{it}=0.7437\ln Kn_{it}+0.2464\ln Ln_{it}$。

很明显，D 类内资产业增长机制可以说只有两种类型。高机制地区的资本弹性较高，人员弹性较低，前者大于后者，而低机制地区的资本弹性相对较低，人员弹性相对较高，人员弹性高于资本产业弹性，在 FDI 产业资产集聚参与下，D 类内资产业增长以劳动力资源密集推动为主导。

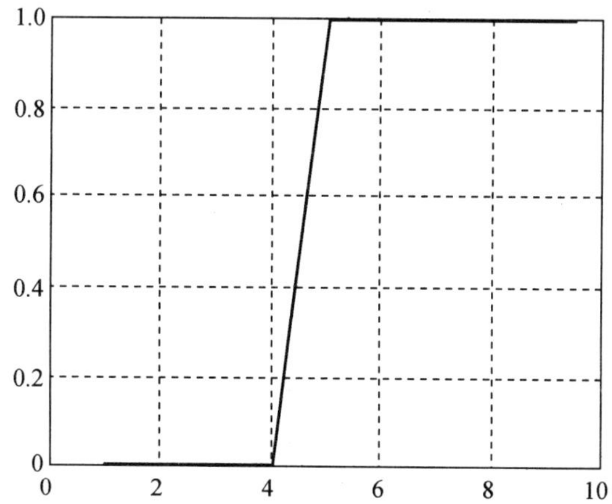

图 6-11　D 类内资产业的 FDI 产业转化函数

五、内资产业高低增长机制的地区构成

从表 6-34 中看出，在 FDI 产业集聚参与下，西部优势产业所在的六类

内资产业的低机制地区占多数，高机制地区占少数，尤其是B类和CH类内资产业，高机制地区只有三到四个。总体上，绝大多数西部地区是低机制地区，但差别仍存在。

B类内资产业中只有广东、浙江、广西、福建为高机制地区，其FDI产业的资产参与度分别为57.99%、10.80%、7.296%和5.612%，其他低机制地区的FDI资产集聚度较小，甘肃、上海、西藏为0。西部地区中只有广西属高机制地区，其他11个地区属低机制地区。FDI产业集聚参与导致B类内资产业两极分化较为明显。

S类内资产业中有9个高机制地区，海南的FDI产业的资产集聚参与度最高，为43.770%，宁夏为11.76%，其他低机制地区的FDI资产集聚参与度小于11.76%，西藏为0，新疆仅为0.50%。西部地区中只有宁夏属高机制地区，其他11个地区属低机制地区。在FDI产业参与下，S类内资产业两极分化也较为明显。

表6-34　FDI产业参与下六类内资产业高低机制的地区构成

产业	高机制地区	低机制地区
B类	广东、浙江、广西、福建	内蒙古、天津、吉林、青海、江苏、贵州、江西、海南、云南、辽宁、湖北、山西、四川、湖南、黑龙江、安徽、宁夏、河北、山东、新疆、陕西、河南、重庆、北京、上海、西藏、甘肃
S类	海南、广东、福建、重庆、上海、江苏、河北、浙江、宁夏	辽宁、河南、广西、青海、天津、吉林、湖北、山东、山西、湖南、黑龙江、内蒙古、陕西、北京、江西、安徽、贵州、云南、甘肃、四川、新疆、西藏
F类	上海、广东、天津、福建、北京、辽宁、西藏、吉林、浙江、江苏、山东、黑龙江、海南、江西	河北、内蒙古、广西、陕西、湖北、重庆、湖南、青海、四川、安徽、云南、甘肃、新疆、河南、山西、宁夏、贵州
CL类	广东、福建、上海、天津、海南、江苏、北京、辽宁、江西	浙江、广西、湖北、山东、安徽、河北、宁夏、吉林、重庆、四川、黑龙江、云南、湖南、山西、贵州、河南、陕西、新疆、内蒙古、青海、甘肃、西藏
CH类	上海、广东、福建	江苏、天津、北京、浙江、海南、黑龙江、广西、山东、重庆、辽宁、河北、陕西、湖南、四川、湖北、安徽、贵州、江西、宁夏、山西、云南、吉林、内蒙古、河南、青海、新疆、甘肃、西藏

续表

产业	高机制地区	低机制地区
D 类	广东、福建、江苏、山东、安徽、河北、重庆、辽宁、山西、浙江、河南、上海、天津、湖南	黑龙江、甘肃、北京、湖北、云南、吉林、江西、内蒙古、海南、四川、青海、新疆、西藏、宁夏、贵州

F 类内资产业中有 15 个高机制地区，几乎占一半。在高机制地区中，上海的 FDI 产业人员参与度高达 65.93%，江西为 19.30%。在低机制地区，河北 FDI 产业人员参与度高达 17.85%，贵州仅为 3.36%。在近半的高机制地区中，仅西藏位列其中，显然，西部地区中低机制地区占绝大多数。

CL 类内资产业中只有 9 个高机制地区，广东的 FDI 产业人员参与度为 57.25%，江西为 20.00%。22 个低机制地区中，浙江的 FDI 产业人员参与度最高，为 17.93%，西藏为 0。CL 类内资产业的高机制地区中没有一个是西部地区。

CH 类内资产业中只有上海、广东和福建为高机制地区，其 FDI 产业的资产参与度分别为 38.94%、37.46% 和 31.21%。低机制地区中，江苏 FDI 产业的资产集聚度最高，为 21.18%，甘肃为 1.34%、西藏为 0。FDI 产业参与导致 CH 类内资产业两极分化较为明显，高机制地区中没有西部地区。

D 类内资产业中有 16 个高机制地区，超过一半。在高机制地区中，上海的 FDI 产业资产参与度最高，为 24.65%，湖南最低，为 6.54%。在低机制地区中，黑龙江 FDI 产业的资产集聚度最高，为 4.65%，贵州、宁夏、西藏均为 0。重庆、广西和陕西位居 D 类内资产业高机制地区中，但低机制地区中西部地区仍占绝大多数。

第六节　FDI 产业促进西部优势产业发展的可靠性

到 2010 年，六类 FDI 产业都处于显著的集聚状态，其中，F 类、S 类、CL 类和 CH 类 FDI 产业均具有空间相邻集聚现象，高—高型地区大都分布在东部，绝大部分西部地区为低—低型地区，已形成了明显的单中心—多外围空间集聚形态，而B类和D类FDI产业没有空间相邻集聚，属于地理位置决定的集聚。进一步实证表明，六类FDI产业增长的空间集聚效应都显著，大多数产业还与区位因素有关。这说明，FDI产业转移具有空间梯度性，西部远离FDI产业集聚中心，这是FDI产业难以西进的主要原因。

目前，FDI产业沿海聚集带已形成。这意味着，邻近的中部地区吸引FDI能够带动本地区吸引更多的FDI。不言而喻，东部吸引FDI产业也在一定程度上带动中部的FDI产业入驻，还有一个重要方面，就是东部FDI产业向中部扩散转移的可能性远比西部大得多。以此可以预见，FDI产业空间集聚租金存在，集聚效应和辐射效应发挥，沿海产业聚集带仍是制造业FDI入驻的首选目标，中部次沿海区域的FDI产业会增加，而西部尤其是大西南地区的FDI产业转移仍继续轻淡。

FDI产业集聚东部，不仅拉大东部与西部产业发展的差距，而且导致西部和东部内资产业效率与增长质量差距的扩大。研究表明，FDI产业集聚提升了东部技术效率和产业结构水平，尤其是提升高端制造业的能力，建立起现代制造业体系，而西部产业由于FDI集聚不足，没有得到FDI的技术转移和溢出，仍在低效率的机制下运行。

总之，利用东部FDI产业向西部转移，促进西部地区优势产业发展还面临不利的空间因素。一方面是东部FDI产业集聚租金和向西部转移的成本很高，另一方面是西部地区自身FDI产业配套能力不足，而且，中部比西部相对具有区位优势，在空间效应下，中部承接东部FDI产业转移和国际产业转移的成本相对较低。因此，东部FDI产业和国际产业转移到西部，促进西部地区优势产业发展的难度更大，当然，四川、广西、重庆和陕西情况要好一些。

第七章 西部地区优势产业发展模式与空间布局

西部优势产业集群程度不高，空间分散发展是主流发展模式。这种发展模式对空间有较强的依赖。西部只有合理布局优势产业，推进优势产业集聚，培育优势产业集群才能转化资源优势，构造竞争优势，实现可持续发展，带动西部地区竞争力提升。为此，从地区与产业两维视角对西部优势产业进行再认识和分类，分类促进优势产业在成渝、关中—天水、北部湾三个重点区、多个开发区（产业园区）和多个基地集群，形成“点—线—面—带”空间集聚体系，发挥优势产业的集聚和辐射作用，形成引领和带动西部大开发的战略高地，才能使西部优势产业成为我国第四增长极的主动力。

第一节 西部地区优势产业发展模式

一、西部开发与“三线”建设布局启示

1964～1980年，根据中共中央和毛泽东作出的战略决策，在我国的西南、西北内陆地区开展了一场以调整工业布局、加强国防为主要目的的宏大的经济建设运动，史称“三线”建设。

新中国成立以后，为了改变旧中国工业布局不合理的状况，在生产力的布局上实行了均衡发展的方针。旧中国的经济是一种半殖民地经济，工业产能的70%集中在沿海一带，内地工业也主要集中在少数大城市；西部

地区工业基础薄弱，主要集中在西南的重庆、昆明等地，西北地区有零星分布。除西北有少数采矿业和重庆有若干制造业外，广大西部地区几乎没有多少近代工业，大多数地区主要是以农牧业为主，企业大部分为以手工劳动为主、设备简陋的小型轻工厂和修配厂。微弱的中国工业过于集中于东部沿海一隅，不仅不利于资源的合理配置，而且对于国家的经济安全也有极为不利的影响。

为了改变这种工业分布状况，“一五”、“二五”时期，国家对西部进行了重点投资，西部初步形成相对完整的工业体系和基础设施网络。第一个五年计划期间，中国政府把苏联援建的156项工程和其他限额以上项目中的相当大的一部分放在了工业基础相对薄弱的内地。考虑到资源等因素，将钢铁企业、有色金属冶炼企业、化工企业等选在矿产资源丰富及能源供应充足的中西部地区，将机械加工企业设置在原材料生产基地附近，并形成了若干工业中心以及川、贵、滇能源工业基地，形成了西安、成都等新兴技术和高精尖产品生产基地。

20世纪60年代中期开始的“三线”建设，是中共中央根据国际形势的急剧变化，为加强战备，进一步改变当时我国生产力布局的不合理状况而作出的一项重大战略决策。“三线”建设从1964年至1980年历时17年，涉及我国中西部13个省、自治区，先后安排了1100多个大中型建设项目，新建了成昆铁路等十条铁路干线，通车里程8046公里，新修公路23万公里，建设了攀枝花钢铁钒钛工业基地等一大批骨干企业。国家已在西部建设了一批核工业、航天、航空、船舶、兵器、电子科研生产基地。

通过大规模的“三线”建设，初步形成了以交通、能源为基础，以国防科技工业为重点，原材料工业和加工工业相配套，科研生产相结合，门类比较齐全的战略性后方基地。“三线”建设为我国中西部地区构建了现代工业的基本框架，增强了我国的国防实力，改善了我国工业生产力布局，促进了中西部地区经济发展和社会进步，取得了举世瞩目的巨大成就。

“三线”建设是当时特有的国际形势和国内形势的产物。“三线”建设在产业布局上有两个显著特点：点式布局、分工合作性差。一方面，“三线”建设奉行大分散、小集中，少数国防尖端项目更要靠山、分散、隐蔽。虽然有利战备，但经济上非常浪费，难以产生规模集聚经济和产业集群。工厂进山进沟分散布置，形成许多小工业点和工人镇，没有促进城市充分发展。另一方面，由于“三线”厂远离大城市，自己不建设相应的社会保障体系就不能生存，因而从一开始这些企业的各种社会保障、后勤服务一应俱全，片面追求“大而全”、“小而全”的工业体系。西部各地条块分割严重，地区经济相互封锁，生产力要素不能在区际充分自由流动，产业的社会化程度低。也就是说，西部地区产业分工分散，发育程度低。

“三线”建设是西部大开发的先行。分散的点式布局对当时和以后的经济发展产生了不利的影响，造成很大的后遗症。进入20世纪80年代，国际形势发生重大变化，党和国家的工作重心转到以经济建设为中心的轨道上来。为了解决“三线”建设的遗留问题，党中央、国务院作出对“三线”建设进行调整改造的重大决策，确定了“三线”企业调整改造的主要任务：一是企业布局调整。通过关、停、并、转、迁、换六种方式，重点解决选址不当、自然灾害严重、无明确产品方向、生产难以维持、远离城镇、没有社会依托等问题。二是产品结构调整。贯彻军民结合方针，围绕国家重点建设和国民经济发展需要，形成一批有竞争能力的拳头产品。三是技术改造。结合布局调整和产品结构调整进行技术改造，发展优势产品，推进技术进步。

“三线”建设对促进内地经济发展、改善工业布局起了很大的作用。“三线”建设使中国西部地区有了产业较为齐全的工业体系和相对成型的交通网，初步改善了我国工业东西部布局的不合理状况，大大缩小了东西部的差距。但是，由于其特定的历史原因，西部地区存在产业布局分散、布点盲目、重复建设等问题，而且“三线”建设时期形成的布局分散的局面并未因后来众多的工业区、开发区的建立得到根本改观。

布局的分散会使知识、技术以及信息的传播和扩散缓慢，造成企业之间的协作困难、供求市场失调等，缺乏集聚规模效益。在某种程度上，这显示出西部地区工业，尤其是制造业存在小而全、资源重复分散、缺乏集群与规模优势、协作能力差等问题。不仅使产业布局分散、结构雷同，而且致使资源浪费和环境污染、可持续发展能力弱。因此，西部地区只有通过加速产业整合，形成发展合力，才能提高整体竞争力。但是，在较长一段时期内这一问题无法完全解决，并成为制约该地区制造业发展的重要因素。

从“一五”和“二五”计划开始，我国就尝试在中西部建立新的工业基地，以改变工业过度集中于东部的不合理局面。“三五”和“四五”期间，国家进行大规模的“三线”建设，又新建了一系列工业基地。在优先发展内陆、追求空间公平的产业布局模式中，西部产业得到了较快发展。然而，遍地开花的点式布局对现在西部优势产业发展造成的影响就是路径依赖，集中度低、分工不足，难以集群发展。这给后来吸引外资以及提高产业竞争力带来不利的影响。这也是改革开放以来西部制造业大幅度衰退的原因之一。西部的许多“老三线”企业也曾是我国重要的产业基地，如今这些地方大多已经风光不再。改革开放以来，尤其是20世纪90年代以来，西部产业结构变动明显加速，专业化水平有所上升，变动方向基本正确，但产业竞争优势较弱，产业综合素质普遍较低。西部地区的产业结构是长期计划经济和战备投资的产物，在计划经济体制向市场经济体制转轨的过程中，结构性矛盾突出，与东部地区的差距加大。西部地区原有的要素投入优势也在逐步丧失，其发展速度、贸易条件和产业分工处于越来越不利的地位。

自从进入20世纪90年代以来，西部地区的能源开发与经济增长之间存在显著的负相关性，能源开发确实带来了“资源诅咒”效应。虽然实施西部大开发战略前能源开发负向作用于对外开放度、科技创新和人力资本投入，但“诅咒”效应尚未明显产生，而实施大开发后能源开发对科技创新和人力资本投入的负向作用有所增强，从而导致“诅咒”效应明显出现。实证发现，能源开发在西部主要通过其对科技创新和人力资本投入的挤出效应，以及滋生寻租和腐败而引起的政治制度弱化效应等三种间接传导途径来阻碍经济增长，其中，人力资本投入是作用最强的传导因素（邵帅、齐中英，2008）。

显然，西部地区要缩小与东部的发展差距，必须发展优势产业，就是要改变路径依赖，摆脱“资源诅咒”效应，而发展优势产业更是要转变传统的发展模式。也就是说，在国内外市场需求变化和经济全球化加速对西部产业发展带来新的机遇和挑战的新形势下，西部迫切需要探索优势产业发展的新模式，走适合西部地区优势产业发展的新路子。因此，走集聚、集群的优势产业发展之路，正是西部优势产业发展的关键所在。

二、产业集聚与集群分类

1. 产业集聚与产业集群的区别与联系

产业集群与产业集聚有许多共同之处，它们有密切的联系。首先，从性质上看两者都属于具有集聚效应的集约型经济。其次，从空间分布上看，两者都趋向于产业在同一个地理空间上的集中。最后，从生产布局上看，两者都是建立在专业化分工协作和集中化生产的基础上，通过规模经济和范围经济来提高效率、降低成本，从而增强了企业、地区乃至国家的竞争力。正是因为这些相同之处，使许多人将它们视为可以互相替代的同一个概念。实际上，产业集群与产业集聚有很大的区别：

首先，从概念上看，产业集聚是指在特定领域内同一个产业或几个不同但相关的产业及其支撑产业在一个地理空间上的集中、集合。而产业集群是指在特定领域内大量高度专业化的产业及其相关的支撑企业和其他组织机构等，既有竞争又有合作的网络中的企业深深地根植于当地不断创新的企业文化环境中。

其次，从方法上看，产业集群更多的是基于管理学和社会学角度的研究，研究的是一个产业的企业形成信任合作关系网络与根植性。而产业集聚是基于经济学的研究，研究的是多个产业在同一区位的分布形态，主要着力于外部规模经济和外部范围经济，特别注重产业从分散到集中的空间转变过程中产生的规模经济、外部性和溢出等效应。产业集聚是在某一共同空间发展，是生产力实现空间布局上的优化，是各种生产要素在一定地域的大量而有效的集中。

最后，从发展阶段来看，产业集聚是产业发展的初级阶段，而产业集群是产业发展的高级阶段。也就是说，产业集聚是产业集群发展的基础，产业集群是产业集聚高度发展的结果。当然，有的产业如低端产业集聚在一起，但是它们之间联系较少，就不能形成产业集群。因此，产业集聚只是产业集群形成的一个必要条件，而非充分条件。

当然，产业集聚是产业集群形成的内在要求，要形成产业集群，必须通过集聚来实现。集群是通过大量的产业企业不断地在同一地理空间上形成的集聚体。因此，产业集群是产业集聚的重要方式，通过产业集群这一新型的组织方式可以实现产业的空间集中分布。产业集群是综合发挥了聚集效应、联合行动效应、制度效应和文化效应的结果。在这个意义上，产业集群既是一个产业经济学范畴，也是一个区域经济学范畴。

在确定的研究对象上，产业集群与产业集聚在概念上并无多大的区别，两者的差异在于，产业集聚概念从产业视角看，更宏观；产业集群则是从企业视角看，是比较微观的集聚的一种形式或现象，或是产业聚集的一种新说法（西尔，2000）。显然，目前产业集群与产业集聚的本质是相通的。产业集聚注重的是一种动态描述，而产业集群注重的是一种静态描述。产业集聚更多的是指不同产业的企业在同一空间集中，而产业集群则是同一产业的企业在同一空间集聚。在研究方法上，研究产业集聚与研究产业集群基本上用的是相同的方法，模式的理论也是相同的，所以，在经济学家眼中，产业集群和集聚在经济意义上是一回事。

2. 产业集群分类

（1）互补型与共生型集群。从产业的角度来看，产业集群可以分为互补型集群和共生型集群。互补型集群是在同一区域，企业群属于两个或两个以上的产业，它们之间存在互补关系，而且是以一个产业为中心，其他产业为辅助产业。共生型集群是指集中在同一空间区域的企业群基本上属于同一个产业，相互之间以一种竞争合作形态共存。这些企业在产品上存在一些差异，但是，相互之间仍然存在分工协作的关系，而总体上属于同一产品市场上的供应者。

（2）内源性与外源性产业集群。产业集群的形成理论研究认为，产业集群的形成主要分为两类，内源产生型和外源迁入型。内源性产业集群，也称本地型产业集群，或原发型产业集群，或内植式产业集群，它由区域内部力量驱动，是依靠内部资源和内部市场形成的产业集群，其成长、演化基本上由区域内部企业所决定。而外源性产业集群，也就是外置式产业集群，主要由区域外部力量驱动，依靠外部资源和外部市场形成，其形成主要是依赖一定数量企业和来自地区外引入的相关产业。目前，在国内的外源性产业集群中，起主要推动和促进作用的迁移性资本是外商直接投资（FDI），因此这种外源性产业集聚往往又称为外资（FDI）驱动型产业集群。

（3）自发产业集群与政府主导产业集群。自发产业集群是指同一产业或与该产业相关联的大量企业自发集聚在特定区域，形成产业集群。而政府主导产业集群是通过政府的规划、引导和强有力的扶持，促使大量企业在特定区域内集聚，形成产业集群。

（4）自然资源型产业集群与非自然资源型产业集群。自然资源型产业集群则是以资源型产业的发展为前提的，并且立足于资源型产业、以自然资源的开发（包括勘查、评价、保护、再生等在内）和加工产业为主导的、由相互联系的众多企业和机构在一定的地理空间内集聚而形成的产业群落，它是低等资源密集型产业集群。而非自然资源型产业集群，主要是依靠非自然资源形成的高等资源密集型产业集群。高端制造业、高技术产业集群属于这一类。先进制造业不仅包括高新技术产业，也涵盖运用高新技术和先进适用技术改造的传统产业，因此，先进制造业集群代表的是非自然资源型产业集群。

三、产业集群新分类

产业集群是工业化过程中的普遍现象。产业集群是在某个领域内（通常以一个主导产业为核心），大量联系密切的企业以及相关支撑机构，在空间上集聚，形成上、中、下游结构完整（从原材料供应到销售渠道）的产业体系。产业集群一旦形成，将对本地区经济发展带来极大的提升作用，其对区域竞争优势的效应具体表现在成本优势、资源优势、创新优势、内部化优势、融资优势、专业化优势和品牌优势等方面。

西部优势产业中的主要构成部分是自然资源导向型产业，已有一些集群的雏形。这种自然资源型产业集群形成的初始动因是资源的天然禀赋。集群立足于自然资源型优势产业，是以资源型优势产业发展为前提的。自然资源型产业是以资源开发利用为基础和依托的产业。集群内的核心企业是以当地优势自然资源为依托，参与到产业链的分工之中，并通过不断地延伸与扩展的产业分工链而集聚在一起形成产业集群。自然资源要素成为该类产业集群竞争力的基础。从资源型产业集群的成长看，资源初级开发在资源型产业集群的形成中占有举足轻重的地位，并通过产业链条的不断延伸和拓展以及技术的升级而发展。该类产业集群特别是依托矿产资源而形成的产业集群往往建于资源产地或紧靠近其产地，对空间有较大的依赖性，资源的不可再生性对产业的持续性产生重要影响。

结合西部优势产业情况，自然资源型优势产业集群就是具有产业内联系，以资源开发利用为基础和联系纽带的企业在地理上的集中。资源型产业集群一般的发展规律是在资源丰富、市场需求旺盛时，集群发展迅速稳定；伴随着自然资源的减少或枯竭及质量的下降，以及市场需求的变化，资源型产业集群的发展会受到严重的影响，面临升级或转型。

优势产业之所以能够在区域经济中起主导作用，关键在于它能带动和推动区域经济的全面发展。优势产业与区域内多数产业之间存在着直接的或间接的经济联系。这种联系越广泛、越深刻，则优势产业的发展就越有可能通过聚集经济与乘数效应带动整个区域的经济发展，它决定着某个地区在区域分工体系中的地位和作用。从西部优势产业看，西部优势产业有：B类采掘业；CL类低制造业，包括分集食品工业、冶金工业、化工业；CH类高端制造业和D类能源产业。这几类产业之间具有较好的产业融合性。

西部地区优势产业集聚具有产业融合效应。融合是产业能量聚合，而聚合效应是竞争力的来源。按照我国《国民经济行业分类》（GB/T4754－2002）产业分类标准，矿产资源产业从上游到下游的产业链结构主要为：矿产资源地质勘探（地质勘查业，第三产业）→矿山采掘和选矿（采掘业，第二产业）→矿产品冶炼→矿产品深加工（制造业，第二产业）→产品销售（交通运输和仓储业、批发和零售业贸易，第三产业）。具体到某一种矿产资源，其在每一个节点都有相应的产品产出，而前一个生产环节的产品又是后一个生产环节的原料，并且在每一环节都会产生价值增值。在产业链上各种产业交织在一起，形成西部自然资源型产业集群。当然，西部地区的这种产业融合属于低层次上的产业融合。

西部优势产业集群就是以自然资源开发和加工产业为主导的，由众多相互联系的企业（或机构）在一定的地理空间范围内聚集而形成的产业群落。但是，西部优势产业集群中还有一部分是产业链高端的制造业。从理论上看，自然资源开发和加工产业的产品及生产过程没有可分性，产业链短，企业较少，一般是集聚发展，而产业链的高端制造业产品及制造过程有可分性，产业链分工比较发达，集聚企业尤其是小企业较多，集群发展是高端的制造业发展的主流模式。自然资源型产业集群一般位于自然资源富集地区，而高端的制造业却位于高等资源尤其是高端人力资源聚集的区位。

根据西部优势产业产品及生产过程的可分性，把西部优势产业集群分为不可分性的低端优势产业集群和可分性的高端优势产业集群。

（1）低端产业集群。低端产业是工业品制造的低级阶段，处在产业链的低端，是具有较低技术含量和低附加值的产业。低端制造业的显著特征是低技术、低附加值、高污染、高排放。由于其制造过程和产品的不可分，其产品不具有集成性和模块性，因而集群性较弱，一般是以一个大企业为龙头，若干企业配套形成产业集群体。

（2）高端产业集群。高端产业指的是高端制造业。从产业链所处环节上看，高端制造业处于某个产业链的高端环节。与低端制造业相比，高端制造业是产业化发展的高级阶段，是具有高技术含量和高附加值的产业。高端制造业的显著特征是低污染、低排放，具有较强的竞争优势。更重要的是，由于其制造过程和产品具有可分性，因而其产品具有集成性和模块性，因而易于形成企业集群。

值得一提的是，高新技术产业集群和战略新兴产业集群不一定是高端制造业集群。我国正通过建设国家级高新技术开发区着力打造高新技术产业集群。按国家统计口径，目前高新技术产业有医药制造业、航空航天器制造业、电子及通信设备制造业、电子计算机及办公设备制造业和医疗器械及仪器仪表制造业。其中的医药制造业不属于高端制造业，因此，医药制造业集群属于低端制造业集群。目前，我国正大力推进战略新兴产业发展。战略新兴产业是传统产业和新兴产业的融合，代表科技创新的方向，也代表着产业发展的方向。主要包括微电子和光电子器材和器件、新型功能材料、高性能结构材料、纳米材料和器件等，还包括水电、核电、风力发电、太阳能发电、沼气发电以及地热利用等清洁能源和可再生能源。显然，战略新兴产业更多的也是低端制造业。

可见，高端制造业是以低端制造业为基础，是钢铁、有色、石化、纺织等传统加工制造业向价值链的高端进行延伸。无论有多高的技术，也无论是否在价值链顶端，如果产品不可分，没有集成性和模块性，不能形成企业集群，都不能算是高端制造业，充其量只可以作为高端制造业的一个环节。只有高端制造业才能超越自然资源约束和空间分割，可以超越低端产业约束而获得集群发展。

四、西部地区优势产业集群分类

1. 低端优势产业集群

现有的西部优势产业集群大多数是以当地自然资源为基础并在此基础上发展起来的产业集群即资源开发型产业集群。西部自然资源型优势产业集群主要依赖当地丰富的矿产资源，基本形成了采矿、冶炼、加工、能源等产业一体化融合而成的、比较完整的集群体系。以开发和加工矿产资源、动植物资源、农业资源等为主导的有色金属冶炼与加工、黑色金属冶炼与加工、非金属矿业化工如磷化工和煤化工等、食品加工与制造等产业在一定区域集聚后而形成的产业群落都属于自然资源型产业集群。

（1）能源产业集群。西部地区拥有十分丰富的能源资源。①煤炭资源的保有储量占全国的40%左右，储量大、煤田地质构造简单，煤层稳定，煤种齐全，以长焰煤、不黏结煤为主，不黏结煤属于特低硫、特低磷、特低灰型，是优质动力和气化用煤，被称为“环保煤”。青海、甘肃、内蒙古等地也有丰富的优质煤，形成了一批煤化工产业集群。②西部地区原油的探明储量占全国的30%左右，天然气的探明储量占全国的90%左右。③西部地区水资源极其丰富，可开发水能源量占全国的80%以上。能源产业是我国经济社会发展的战略性资源。因此，可开发利用西部地区的能源资源，建设成国家能源产业基地。此外，促进石油天然气、风能、太阳能、地热水电和风电等新能源产业发展，以充分发挥西部地区可再生能源的资源优势。

（2）金属产业集群。西部地区的矿产资源十分丰富。已探明的稀土资源储量占全国总储量的95%以上。重庆的锶矿品位高、储量为全国第一。内蒙古西部包头地区的稀土金属储量全国为第一。在“高载能”金属产业领域，有色金属和钢铁是首当其冲的发展重点。西部有色金属集中在西北有色金属工业带和西南有色金属产业发展集聚带上。在西北，有色金属工业带包括以包头、银川、金川为中心的稀土、有色金属深加工基地；宁夏的钽、铌、铍加工生产基地；金昌镍钴生产基地、铂族贵金属提炼中心。在西南，有色金属发展带主要集中在四川南部、云南、贵州、广西一带。四川以攀枝花为中心，发展钒钛产业基地；贵州以遵义为中心，发展钛、锰及合金等材料的产业化基地，以贵阳、百色和平果为中心发展铝资源的深加工产业集群；云南以铅锌资源和锡矿的综合开发和利用，形成有色金属集群。

（3）非金属化工产业集群。西部地区的非金属矿也非常丰富，如青海省的钾盐、镁盐、锂矿、锶矿、石棉、冶金用石英岩、化肥用蛇纹岩、玻璃用石英岩等矿产储量居全国首位。西部地下水天然可采资源丰富，水资源占全国的80%以上，其中，西南地区占全国的70%。云南、贵州的磷矿也占全国的40%以上。西部地区以非矿产资源开发为导向形成石油、天然气化工、煤化工、磷化工等产业集群。

（4）生物资源加工制造产业集群。西部优势农产品大都是劳动密集型农产品，因生物资源多样性而存在多种集群，主要表现为特色种植业、特色畜牧业、中草药业和特色农产品加工业集群。①种植加工产业集群，如贵州酒产业集群、云南烟草加工产业集群、西藏藏药产业集群。②畜牧产业集群如内蒙古乳液产业集群等。

2. 高端优势产业集群

新中国成立以来，通过“三线”建设、改革开放和西部大开发三次工业建设浪潮，西部地区建立了基础民用、军事和外资企业为主体的高端制造业体系，拥有生产重大装备和基础设备的优势，形成了一定的产业集群雏形，如重庆的汽车、摩托车产业，四川的电子信息、机械冶金产业，都已具备一定的规模和档次。重庆摩托车产业集群是典型代表。重庆的摩托车产业集群已有拥有170多家摩托整车生产企业、3000多家摩托车配件企业以及大量的摩托车修理企业和社会中介机构，并且初步具有产业集群的特征。嘉陵、建设、宗申、隆鑫、力帆等几个大企业也已经成为国内外的知名品牌。

五、西部优势产业集群特点

西部优势产业发展有两大产业集群模式。一类集群是立足西部地区生物、非生自然资源的优势产业集群，这方面有农副产品加工产业集聚体、生物资源优势产业集聚体、矿产资源开发与加工产业集聚体，能源化工产业包括石油化工、天然气化工、煤化工、精细化工等集聚体。另一类集群是高端制造业集群如交通设备制造等。由于制造过程和产品是否可分对产业集群发展模式具有决定性作用，这也决定了两类产业集群之间存在明显不同的特征。

1. 不可分性产业集群特征

不可分性产业集群是立足于自然资源，以自然资源的开发和加工产业为主导的、由相互联系的众多企业和机构在一定的地理空间内聚集而形成的产业群落。以开发和加工矿产资源、动植物资源、农业资源等为主导的采掘业、加工等产业在一定区域集聚后而形成的产业集聚。这类西部优势产业由于产业链短、产品具有不可分性，生产难以实现模块化，外包性差，且主要以大企业为主，体现集聚特征，集群特征不明显。

（1）基础性强。自然资源是不可分性产业集聚发展的基本投入要素，而依赖于自然资源的资源型产业是国民经济发展的基础性产业，为大多数产业的发展提供最基本的生产资料和消费资料。任何产业的发展都离不开水、电、能源、食物的供应，而资源型产业正是提供这些基本供应的基础产业。另外，资源型产业所提供的食品、化工原料等也是经济发展的基础。

（2）产业链短。在所有的产业活动中，存在着一个从原材料一直到相关产品销售的基本增值过程，称为产业链。由于自然资源型产业是国民经济的源头性产业，主要以出售初级产品为主，短期内容易形成垄断，产生巨大的经济利益，成为当地经济发展的支柱，但由于产业链短，加工深度不够，无法通过上下游产业之间的互动和外溢机制来促进区域内产业集群的发展。同时，这种自然资源密集型主导产业和初级加工方式极大地限制了产业链的延长，造成产业分工层次低，产品附加值低，资本积累速度慢，自我发展能力弱，产业竞争力不强。

（3）受政府影响约束大。自然资源型产业是直接连接自然界与社会的产业，是处于产业链上游，无论是产品的价格，还是产品的需求，都和国家宏观经济发展密切相关，国家对任何产业的调控都会影响到资源型产业的发展。同时，由于资源型产业关系到国民经济发展的命脉，国家对资源型产业的管制更为严格。我国的自然资源大多数属于国家所有。公民个人只有自然资源的使用权，没有所有权，只有在政府允许的情况下才能够进行有偿开发和交易。从矿产资源来说，我国对矿产资源的勘查、开采等活动进行严格控制；从生物资源来说，粮油、烟草、棉花等产业也是在政府的严格管制下发展。

（4）关联性较弱。由于资源型产业属于上游产业，资源产品作为其他产业的原材料和动力源，一方面，资源型产品不可分；另一方面，一种资源型产业主产品与另一种资源型产业主产品彼此独立、不相关。因此，资源型产业集聚是非关联型集群。

（5）可持续性差。资源型产业的不可持续性是由资源本身和资源开发的性质决定的。一方面，资源是有限的、稀缺的，当不可再生资源开发到一定程度或可再生资源开发过度时，依赖于自然资源的资源密集型产业就会面临着资源耗竭和产业衰退问题，这就使得资源密集型产业具有不可持续性。另一方面，资源开发意味着对矿产、土地、动植物资源和能源的大量耗费和使用，资源开发会对景观、土地、植被、生物多样性、水资源等产生不同程度的破坏或影响。矿产类资源型产业大部分是高耗能、高污染排放的产业，种植业也会由于化学肥料、农药等的使用对土地、水源等造成破坏，畜牧业和生物类产品的加工也会在不同程度上对生态环境产生一定的负外部性。资源开发的外部性也使得资源型产业具有一定的不可持续性。

（6）容易引发“资源诅咒”现象。一方面，资源富集地区大多数利用当地的资源优势大力开发资源型产业，使资源开发成为区域经济发展的支柱和动力。然而，资源型产业对资金、技术、人才、土地等经济要素的需求，容易形成“引力场中心”，造成经济要素向资源型产业的单向流动，打破原有的经济平衡，束缚和窒息其他经济要素的生成和增值，遏制当地的社会创新能力（李密枝，2005）。另一方面，得到资源型产业发展好处的人们开始对资源产生过度的依赖，盲目投资、上项目，不求开辟更多可持续性的发展道路，逐步形成不愿脱离本地资源优势思考发展战略的模式。地方政府也容易形成地方保护主义。资源型产业的这种特征也被称为“资源诅咒”（Sachs 和 Wanner，1995）现象。

2. 可分性优势产业集群特点

高端制造业是可分性产业，产业链条长、配套环节多，需要适宜的生产组织方式才能获得很强的竞争力。产业集群最初也是从高端制造业如汽车制造业中产生的，并且也是各产业中最有利于构筑制造业竞争优势的一种生产组织方式。产业集群促进制造业发展、提升企业竞争力，主要表现在以下几个方面：

（1）有利于节约生产成本。企业在区位选择上趋于集聚，能够节约成本，提高经济效益。首先，产业集群中的各企业共同利用各种基础设施、服务设施、公共信息资源和市场网络，共同利用某些辅助企业，缩短运输距离，从而节约生产和运输成本，并互相交流，减少交易成本。其次，产业集聚区内熟练劳动力的集聚和流动，可降低企业的人力资源开发成本。最后，交易成本的降低，促进企业间联系紧密、便利，促进技术创新，加快技术溢出和知识扩散，使企业群体拥有了集群成本优势。正是这种外部性的存在，产业集群实现了集群体内范围经济效应和企业规模经济效应，形成产业集群内部资源的聚合优势。

（2）有利于专业化分工。由于高端制造业产业链条长，配套环节多，专业化分工程度高，企业往往更专注于生产某一环节的产品或价值活动，形成核心能力；同时，利用自身的技能与别的企业紧密合作，提高效率，协同参与价值链的全部增值活动。产业集群内集聚众多同一产业的关联企业，在这种情况下，生产系统被分解为许多部分，分散在众多企业中，可以形成集成化和模块化产品或研发，企业间的专业化分工更加深化专业化分工集聚。这些专业化的企业集群进行多样化产品的生产，使产业集群内部的企业协同合作，极大地推动了相关企业的一体化发展。

（3）有利于提升创新能力。产业集群在形成过程中，也逐步形成了内稳定的创新机制，使集群企业具有很高的学习与创新能力。产业集群内专业化技能的集中是创新机制发挥作用的基础。由于集群内企业在地理位置上邻近，企业间的空间相邻效应，使各种正式和非正式交流渠道畅通，使得知识与信息在企业内部和企业间的交流加快，共同分享技术和知识，也使技术的溢出效应产生于集群企业间，产业技术效率和技术进步产生正反馈机制，不断放大。这种协同效应既增强产业集群体的整体竞争力，又提高了集群体内企业的竞争力。

（4）有利于形成品牌效应。品牌效应是企业非价格竞争的重要手段，品牌的打造是一个长期、艰难的历程，需要较大的技术和资金投入，单个企业独自打造品牌往往具有难度。品牌效应更重要的是品牌体现出的具有个性的企业文化，而这种文化的形成根植于企业群体共同的理念和价值观。显然，产业集群为企业集中优势力量打造知名品牌提供了捷径。产业集群由于存在大量生产同一产品或相关产品的企业，可以通过各种行业协会或其他中介组织将企业组织起来，提升品牌，集中广告宣传力度，而改变单个企业因广告费用过大而不愿投入的状况，一旦品牌形成，每个企业都能享受这种品牌效应所带来的好处。

不难看到，在一条或多条完整的产业链条上，从低端产品到高端产品都存在于不同的价值增值环节，不同的环节可以在不同的区位形成不同的子产业集群。但由于地区发达水平不同，地区在价值链上的分工和地位存在明显的差距。一般而言，发达地区从事价值链高端的生产增值活动，而后发达地区则只能从事价值链低端的生产活动。后发达地区不具备高端生产从资源到相关产品和服务的能力，因此后发达地区产业集群主要集中在一些技术含量不高的自然资源密集型环节，如资源的初级开发提炼、农产品加工等，这些产业对企业的规模、技术、劳动力素质要求较低，产业的进入壁垒低，导致上游产业与下游产业之间的能力断层，无法通过上、下游产业之间的互动和外溢机制来促进地区内产业集群的形成与发展。

当然，尽管同属于自然资源型产业集群，但生物类资源型产业集群和矿产类资源型产业集群却有着明显的不同。主要表现在，生物资源型产业集群的资源是可再生资源，而矿产资源型产业集群的资源是不可再生资源。但是，两类产业集群发展的主要依托是资源要素，因此，产品结构比较单

一、产业链形式简单，缺乏多样性和活力，也不具有互补性、网络性。这也使得两类资源型产业的集群特点展现不充分，也就是资源型产业集群内成员间基本上没有形成知识流，对周边地区的外溢效应弱，整个系统趋向成为一个相对封闭的循环系统。资源型产业集群依附于自然资源向集群化发展转型中存在着诸多困难。如果产业导向和政策不鼓励或不支持资源型产业集群的网络化发展，结果只会是资源型产业的健康发展受到限制，集群化不能实现，资源密集型地区永远处于富饶的贫困状态，资源优势不能转化为产业优势。

第二节　西部地区优势产业发展的集聚区

西部地区国土面积大，优势产业发展不能采用均衡发展的传统方法，必须要突出重点，在重点地带、重点区域集聚发展。中央已不“撒胡椒面”，而支持重点区域的集聚发展。目前，西部进入国家战略的有三个规划区：成渝经济区、关中—天水经济区、广西北部湾经济区。这三个经济区的工业力量较强，科技和人力资源充足，基础设施完善，产业发育程度较高，也有一些优势产业集群，具有优先承接产业转移的系统条件。这三个地区正是西部优势产业的重要集聚发展空间，可以发展成为带动和支撑西部优势产业发展的三大集聚高地。

一、成渝经济区

成渝经济区是长江流域重要的战略板块，开发历史悠久，发展道路独特，水资源、水能资源、天然气资源和钒钛等矿产资源特别丰富；有良好的工业、农业、交通、科技、教育基础，是西部经济最发达、经济密度最高的区域；是国家重要的国防科技研发生产基地；也是西部城市密度最高的城市密集区、全国少有的双核城市群；是长江上游生态环境的安全保护带，具有巨大的生产能力和开发潜力，能够成为带动西部地区优势产业发展的重要增长极。

成渝两地在历史、文化、产业、环保诸方面，都具有联系和互补，而且两地产业的互补优势已在逐步显现。成渝间大规模交通建设更将为两地的产业合作和发展带来机遇。目前，成渝两地有“成渝南线”（成都—内江—重庆）、“成渝北线”（由两条线组成：成都—遂宁—重庆，绵阳—遂宁—重庆）、“成渝中线”（成都—简阳—雁江区—乐至—安岳—大足—璧山—北碚青木关附近接入遂渝高速，全长270公里，比成渝南线缩短70公里，比成渝北线缩短30公里），成渝经济区环线和沟通区外的大规模交通建设，将为两地产业合作和发展奠定坚实的基础。特别是成渝经济区空间结构的双核型，重庆和成都的双核驱动，在成渝经济区建设中具有举足轻重的作用。四川省“十一五”规划的五大经济区中，川东北经济区、川南经济区与重庆有着紧密联系，它们的发展离不开重庆的辐射带动，同时，它们又是重庆的重要腹地。向家坝、溪洛渡等金沙江大规模水电开发，川东北大型天然气田的发现和开发，不仅是四川的机遇，也是重庆的机遇，更是两地合作发展的机遇（林凌等，2005）。

在产业结构上，成渝经济区的能源工业、机械装备尤其是重型机械装备制造业、国防工业在全国占有重要地位。近年来，成渝经济区以IT产业为先导的高新技术产业、电子信息产业、特色农副产品加工业发展迅速，势头很好。三峡水利枢纽竣工后，长江黄金水道的作用将大幅增强，成渝经济区的西部物流枢纽功能也大大加强。成渝经济区将成为带动和支撑西部大开发的重要战略高地，依托重庆和成都两个特大城市，重点发展重大装备制造、高技术、水电、农副产品生产加工、天然气化工产业，加快生态文明建设，保护长江上游生态屏障。

成渝经济区作为我国重要的装备制造业基地之一。德阳、成都和乐山的大型发电设备、重型机械、大型工程机械、交通运输设备，重庆、綦江和江津等地的金属制品业、通用设备制造业、专用设备制造业、电气机械及器材制造业、仪器仪表及文化办公机械制造业、武器弹药制造业、电子及通信设备制造业等产品的生产规模和技术处于全国领先水平。成渝经济区的高新技术产业主要分布在绵阳科技城、成都高新区和经济技术开发区、重庆高新区和经济技术开发区。为了发展成为带动和支撑西部大开发的重要战略高地，抓住建设国家统筹城乡综合配套改革试验区的机遇，成渝经济区应重点发展能源及化学工业、装备制造业、高新技术产业、特色农产品加工业等优势产业，着力引导加工业与农业、制造业与生产性服务业、能源工业与矿产资源加工业的紧密联结，形成相互支撑、相互促进的跨领域链条式集群发展模式，努力改变工业支撑比较单一的局面。

在我国实施的沿海、沿江的“T”字形国土开发战略中，成渝经济区与长江中下游特别是最发达的长江三角洲遥相呼应。从功能上看，成渝经济区是我国西部的东部，在我国东、中、西互动的区域发展战略中发挥着承接传递的作用。从发展现状看，成渝经济区与珠江三角洲、长江三角洲、京津冀等沿海发达地区相比，的确存在较大差距，但是在整个西部地区，成渝经济区又是优势产业发展基础最好、发展水平最高的区域。成渝经济区的能源工业、机械装备尤其是重型机械装备制造业、国防工业在全国占有重要地位，电子信息产业发展迅速，特色农副产品加工业也具有相对优势；三峡库区形成后，保护和治理长江上游生态环境的重要性也日益突出。

二、关中—天水经济区

关中—天水经济区是我国西部智力资源最密集、工业基础较好、基础设施完备和城市化程度较高的地区之一。依托西安、咸阳、宝鸡、天水等城市，重点发展高技术、装备制造工业、航空航天工业、现代农业等优势产业集群，加快建设西（安）咸（阳）经济一体化示范区。仅关中地区就有 4 个国家级开发区和 2 个省级开发区，集中了 3 个国家级星火技术密集区和 13 个省级星火技术密集区，在区域优势产业发展中发挥着越来越重要的带动作用，关中—天水经济区的发展方向是我国重要的高新技术产业带和先进制造业基地。

（1）资源加工。以宝鸡、渭南、铜川、商洛、天水等地为重点，加快重要矿产资源开发及深加工优势产业。宝鸡重点发展铅锌、钛产业，建设钛材料生产和集散基地。渭南重点发展煤炭、化肥、钼精深加工等产业，建设钼产业生产科研基地。铜川重点发展铝加工、建材、陶瓷等产业，建设现代建材基地。商洛重点发展钼、钒等采冶加工和多晶硅等新型材料产业。天水以非金属矿产资源开发利用为重点，大力发展建材产业，依托辐射区内延安、榆林、平凉、庆阳等地的煤炭、石油、天然气资源，促进能源化工优势产业向资源综合利用方向延伸。

（2）生物食品加工。优化农副产品加工布局，促进农副产品加工聚集区建设。大力提升农业产业化水平，重点发展粮油、果蔬、畜禽、奶制品等深加工业。以培育龙头企业发展带动农产品基地建设，积极培育一批知名品牌和竞争力强的企业，形成产业集群。加快发展杨凌国家级农业高新技术产业示范区，成为我国干旱、半干旱地区农业科技创新中心、现代农业发展示范辐射高地，着力打造现代农业创新、国际科技合作、现代农业企业孵化、良种繁育、标准化生产、农产品加工、现代物流和休闲农业等示范项目，形成“核心示范—区内带动—区外辐射”的示范推广新格局。

（3）高端制造业。关中—天水经济区以陇海铁路天水—潼关段和天（水）宝（鸡）潼（关）高速公路为轴线的国家级高新技术产业开发带和星火产业带，以及以高新技术和先进实用技术为特色的产业体系已基本形成，拥有电子信息、装备制造、有色冶金、医药、果业以及畜牧等优势产业，成为陕西省乃至西北片区经济发展的火车头和发动机。关中—天水先进制造业基地建设，要以国家级和省级开发区为重点，在高技术优势领域努力培育若干优势产业集群，加快传统产业的技术改造和优化升级，努力保持高技术产业的快速发展，形成若干具有较强研发能力和较大产业规模、拥有关键技术知识产权、核心竞争力突出、在国内外有一定影响的高端龙头企业，带动关联产业集群化发展，全面提高综合竞争力。政府要进一步搞好园区基础设施和外围配套工程建设，强化服务功能，优化投资环境，将其发展成为国家重要的先进制造业集聚基地。

三、北部湾经济区

广西北部湾经济区地处我国沿海西南端，由南宁、北海、钦州、防城港四市所辖行政区域组成，是近年来发展迅速的一个沿海经济区，也是中国西部唯一的沿海区域。北部湾经济区毗邻我国经济发达的粤、港、澳地区，面向东盟，对内是西南地区最便捷的出海大通道，对外是促进中国与东盟全面合作的重要桥梁和基地，同时也是东亚进入东南亚的一个连接点。北部湾经济区海岸线曲折，海岸线东起粤桂交界处的洗米河口，西至中越边境的北仑河口，长1500多公里，海岸线迂回曲折，多溺谷、港湾。港口资源十分丰富，具有良港条件的有防城港、钦州港、北海港、铁山港、珍珠港等。沿海岛屿有697个，岛屿岸线长600多公里，总面积84平方公里。此外，丰富的海洋生物资源、土地资源、岸线资源、矿产资源、能源资源、动植物资源、淡水资源和旅游资源为北部湾经济区的优势产业集聚区发展提供了资源条件。

根据空间布局和岸线分区，北京湾地区规划建设5个功能组团：

一是南宁组团。主要包括南宁市区及周边重点开发区，发挥首府中心城市作用，重点发展高技术产业、加工制造业、商贸业和金融、会展、物流等现代服务业，建设保税物流中心，成为面向中国与东盟合作的区域性国际城市、综合交通枢纽和信息交流中心。

二是钦（州）防（城港）组团。主要包括钦州、防城港市区和临海工业区及沿海相关地区，发挥深水大港优势，建设保税港区，发展临海重化工业和港口物流，成为利用两个市场、两种资源的加工制造业基地。

三是北海组团。主要包括北海市区、合浦县城区及周边重点开发区，发挥亚热带滨海旅游资源优势，重点发展电子信息、生物制药、海洋开发等高技术产业和出口加工业，拓展出口加工区保税物流功能。

四是铁山港（龙潭）组团。主要包括北海市铁山港区、玉林市龙潭镇，充分发挥深水岸线和紧靠广东的区位优势，重点建设铁山港大能力泊位和深水航道，承接产业转移，发展临港型产业，建设海峡两岸（玉林）农业合作试验区。

五是东兴（凭祥）组团。主要包括防城港东兴市、崇左凭祥市城区和边境经济合作区及周边重点开发区，发挥通向东盟陆海大通道的门户作用，发展边境出口加工区，拓展凭祥经济技术合作区功能，建立凭祥边境综合保税区。

目前，广西北部湾经济区的电子信息、医药、铝业加工、造纸、食品加工、建材等产业集群已经初具规模。另外，石化、钢铁、船舶制造业等已经基本具备产业集群的雏形。

（1）电子信息产业。广西北部湾经济区的电子信息产业体系主要集中在南宁、北海两市，已初步形成各自的产业特色。南宁电子信息产业集群以富宁精密电子有限公司为核心企业，形成铝材深加工、电子信息、环保节能、新型材料等产业的集聚区。截至2008年底，南宁市已有350多家电子信息技术企业，通过认证的软件企业有70多家，通过认证的软件产品有150多个。2007年底，首批笔记本电脑在北海工业园区中国电子北海产业园广西长城计算机公司生产下线，迈出了北海打造北部湾电子信息产业基地的第一步。如今，北海正在逐步形成一个完整的电子信息产业链。

（2）铝加工业。广西有色金属资源丰富，铝土矿资源储量为7.8亿吨，居全国第二位，南宁占2/3。南宁铝加工业以江南工业园、六景工业园为主要载体，以南南铝业、南南铝箔公司等企业为龙头，发展电解铝、铝板带箔以及民用、工业用铝型材等产品。南宁铝工业现有企业 30 多家。

（3）医药工业。医药工业是广西北部湾经济区的优势产业之一。近年来，医药工业积极吸收和开发先进技术，产业规模不断壮大，产业组织逐渐优化，重点项目稳步推进。目前，南宁市有规模医药企业 23 家，主要涉及中成药制造、医用材料制造、化学药品制剂制造等方面。其中，康华药业、桂西药业、博科药业等企业在国内同行业中具有一定的知名度。

（4）食品加工业。食品加工业是广西北部湾经济区各城市的传统优势产业，各类食品原料资源十分丰富，加工制造基础较好。目前，食品产业已发展成为门类较齐全、具有较强市场竞争能力的产业，在大力发展粮油加工业的同时，着重致力于绿色食品和海洋生物保健食品的开发。目前，南宁市的主要优势产业是食品工业，制糖、烟草、罐头、酿酒、淀粉、饮料、乳制品等产业已初步形成一定规模的工业体系，南宁、防港、钦州三市已成为广西主要的食品加工产业区。

（5）重化工业。重化工业属于资源、能源、资金、技术密集型产业，产品链长，带动性强，市场需求大，对环保和安全性要求高，资源要有稳定保证。北部湾经济区应依托港口、资源、区位优势，着力改善沿海地区硬环境，进一步完善沿海地区路网、管网、口岸、供水、供电、排水、信息等与产业发展密切相关的基础设施，夯实发展基础，提高承载能力，为展开大工业布局创造更好的环境和条件。把发展临海重化工业作为重中之重，引进国内外大公司、大集团，高起点、大规模地加快沿海石化、能源、铝加工、钢铁、船舶修造等重大工业项目建设，促进临海重化工业集群发展，成为我国重要的临海重化工业基地。

北部湾经济区大规模优势产业集群的条件基本具备。北部湾经济区是中国与东盟的结合部，泛珠三角经济区与东盟经济区、东亚与东南亚的连接点，也是西南地区加强与东盟和世界市场联系的重要门户，开发潜力巨大。北京湾地区应重点发展临港型产业，集聚发展大型炼油、石化一体化工业。以南宁为核心的环北部湾地区是一个有机整体，其发展方向是成为西部大开发的重要支撑点，建成西南地区的主要出海口和出口加工基地，以及临海重化工业基地。

第三节　西部地区优势产业集聚发展的优势区位

优势区位是指优势产业已经形成一定的集聚规模，并具备进一步发展条件的区位。这种区位是空间上的一个区域，可以是开发园区、产业带，也可以是基地、资源富聚区。西部优势产业发展的优势区位，大致分为三个层面，第一层面是西部各省市区的国家级高新区与经济开发区；第二层面是将呼（和浩特）包（头）银（川）、新疆天山北坡、兰（州）西（宁）格（尔木）、陕甘宁等地区建成产业带；第三层面是将滇中、黔中、西江上游、宁夏沿黄经济带、西藏“一江三河”等建成省域产业集聚点。

一、国家级产业园区

国家级经济技术开发区（简称“国家级经开区”），为改革开放后所设立的国家级现代化工业园区。它是我国对外开放地区的重要组成部分，它们大都位于各省、市、自治区的省会等中心城市，在沿海开放城市和其他开放城市划定小块的区域，集中力量建设完善的基础设施，创建符合国际水准的投资环境，通过吸收利用外资，形成以高新技术产业为主导的现代产业结构，成为所在城市及周围地区发展对外经济贸易的重点区域。国家级经济技术开发区努力建设成为促进国内发展和扩大对外开放的结合体；成为跨国公司转移高科技、高附加值加工制造环节，研发中心及其服务外包业务的重要承接基地；成为高新技术产业、现代服务业和高素质人才的聚集区；成为促进经济结构调整和区域经济协调发展的重要支撑点；成为推进所在地区产业集群的重要区位力量。

目前，90 个国家级经济技术开发区，西部地区有 22 个。它们是：①陕西省航空经济技术开发区；②金昌经济技术开发区；③关中—天水经济技术开发区；④遵义经济技术开发区；⑤曲靖经济技术开发区；⑥广安经济技术开发区；⑦德阳经济技术开发区；⑧陕西省航天经济技术开发区；⑨万州经济技术开发区；⑩重庆经济技术开发区；⑪乌鲁木齐经济技术开发区；⑫西安经济技术开发区；⑬成都经济技术开发区；⑭昆明经济技术开发区；⑮贵阳经济技术开发区；⑯石河子经济技术开发区；⑰西宁经济技术开发区；⑱呼和浩特经济技术开发区；⑲南宁经济技术开发区；⑳银川经济技术开发区；㉑兰州经济技术开发区；㉒拉萨经济技术开发区（见附录1）。

国家高新技术产业开发区（简称“国家高新区”、“国家级高新区”），属于我国批准成立的国家级科技工业园区，特点是依托于智力密集和开放环境，依靠科技和经济实力，吸收和借鉴国外先进科技资源、资金和管理手段，通过优惠政策和各项改革措施，实现软、硬环境的局部优化，最大限度地把科技成果转化为现实生产力而建立起来的产业集中区域。主要产业领域为电子与信息技术；生物工程和新医药技术；新材料及应用技术；先进制造技术；航空航天技术；海洋工程技术；核应用技术；新能源与高效节能技术；环境保护新技术；现代农业技术；其他在传统产业改造中应用的新工艺、新技术。

截至2011年，我国国家高新技术产业开发区总数已达88家，西部有20家。它们分别是：①西安高新技术产业开发区；②成都高新技术产业开发区；③重庆高新技术产业开发区；④桂林高新技术产业开发区；⑤兰州高新技术产业开发区；⑥昆明高新技术产业开发区；⑦贵阳高新技术产业开发区；⑧南宁高新技术产业开发区；⑨乌鲁木齐高新技术产业开发区；⑩包头稀土高新技术产业开发区；⑪大庆高新技术产业开发区；⑫宝鸡高新技术产业开发区；⑬绵阳高新技术产业开发区；⑭杨凌农业高新技术产业示范区，⑮柳州高新技术产业开发区；⑯白银高新技术产业开发区；⑰昌吉高新技术产业开发区；⑱银川高新技术产业开发区；⑲青海高新技术产业开发区；⑳自贡高新技术产业开发区（见附录1）。

国家级经济技术开发区与高新技术开发区（统称“国家级开发区”）是我国重要的空间经济现象，旨在从国家层面上鼓励省市区政府为吸引外部高等生产要素，促进高新技术与现代制造发展而划出一定范围并在其中实施特殊政策和管理手段的特定区域。国家级开发区通过结合本地的资源禀赋优势和历史、社会文化因素，制定发展规划来吸引产业实体进驻，其首要目的在于促进高新产业、高端制造业集群发展。

二、基地（非省会城市）

西部地区应充分利用资源优势，进行集中布局，建设若干个国家重要的产业基地，促进西部地区优势产业发展，成为优势产业发展的重要集聚基地。未来，西部可以逐步形成7大优势产业基地：陕西、宁夏、内蒙古、贵州、新疆等煤炭生产、煤电一体化和煤化工基地；新疆、川渝、陕甘宁、青海、内蒙古石油天然气开发及石油天然气化工等能源生产及能源化工基地；广西、贵州铝，云南铅、锌，四川钒、钛，甘肃铜、镍等有色金属采、选、冶、压延加工等融合的产业基地；内蒙古稀土工业开发、研究和生产基地；青海柴达木、新疆罗布泊钾肥和云南、贵州磷复合肥生产基地；西安、成都、重庆等高端制造产业基地；内蒙古、新疆等有关地区棉、麻等植物纤维和农副产品加工基地。西部产业基地的重点是要形成能源化工产品加工基地，如煤炭资源丰富的内蒙古、陕西、贵州，应大力发展煤化工、煤焦油加工、煤层气化工以及煤合成甲醇、二甲醇、合成汽油等化工产业基地；具有丰富天然气资源的四川则应发展天然气化工基地；云贵地区磷矿资源丰富，应加快磷矿资源深加工产业的发展，使之尽快成为我国重要的磷肥、磷复合肥生产基地和磷精细化工产业基地；青海盐湖资源丰富，应加快形成包括钾肥加工业，金属镁、锂、锶等深加工利用在内的大盐湖产业链，形成基地式产业集聚体。基地建设的关键是在西部形成两大产业集群基地。

（1）能源及化工基地。煤炭生产及煤电一体化基地，分布在陕西、宁夏、内蒙古、贵州、云南、新疆、甘肃。大型水电基地分布在金沙江、雅砻江、澜沧江、黄河上游、红水河、乌江等。大型石油、天然气开采及加工基地，分布在新疆、川渝、陕甘宁、青海、内蒙古、广西沿海。值得一提的是，当输油管道建成后，云南安宁将建成我国重要的石油化工基地。煤化工基地，分布在陕西、内蒙古、宁夏、贵州。可再生能源基地包括：发展风能、太阳能的新疆、内蒙古、宁夏、甘肃、新疆生产建设兵团、西藏，发展生物质能的广西、云南、四川、重庆、贵州，发展地热发电业的西藏等。甘肃为国家石油储备基地。

（2）优势矿产资源开采及加工基地。有色金属综合开发利用的分布是：云南、新疆的铜；广西、贵州、重庆、内蒙古的铝；云南的铅锌；四川钒钛；陕西的钼；甘肃的镍；青海的钠镁锂；宁夏的钽铌铍。稀土开发、研究和生产基地分布在内蒙古、四川、甘肃。钾肥基地分布在青海柴达木、新疆罗布泊。磷复肥基地分布在云南、贵州。钢铁基地以包钢、攀钢、酒钢、柳钢、昆钢、八一钢厂、水钢等企业为龙头。

三、资源富集区

西部地区水能、石油、天然气、煤炭、稀土、有色金属等能源矿产资源储量大，可再生能源开发利用潜力很大，地区自然资源多种多样。有的西部地区由多种资源共生，形成多种资源富集区。为了西部优势产业的长远发展，统筹规划资源富集区，建设一批重要的能源矿产资源开发的产业聚集区，不断提高能源矿产资源供应能力和产业风险应对能力。统筹资源富集区的资源合理开发利用与生态环境保护、基础设施建设和区域经济社会发展的关系，培育大型企业集团，推进通道建设，推动资源开发利用方式的转变，构建资源富集区的现代资源开发利用产业集聚体系。

（1）鄂尔多斯盆地。重点加大煤炭、石油、天然气、煤层气、页岩气等资源的勘查开发力度，着力推进大型煤电基地建设，适度有序地发展石油化工和煤化工产业。

（2）塔里木盆地。重点加强油气资源勘探开发，加快石油和天然气产能建设，提高西气东输能力，适当扩大石油天然气化工产业的规模，提升加工利用水平，建设库尔勒石油天然气化工基地。

（3）川渝东北地区。重点加大天然气、页岩气资源的勘查力度，增加天然气后备储量，支持开发大中型天然气田，建设天然气精细化工和大型复合肥、氮肥生产基地。

（4）天山北部及东部地区。重点推进吐哈、准东、伊犁河谷煤电一体化和煤化工基地建设，加快阿尔泰山铜镍及铅锌等资源开发，建设有色金属加工生产基地。

（5）攀西—六盘水地区。重点开发利用煤、铁及钒钛、铜、铅锌、稀土等矿产资源，加强矿山整合，建设攀枝花—西昌钢铁、钒钛加工基地和六盘水、毕节、黔西南煤炭产业基地。

（6）桂西地区。重点推进铝、锰资源的开发利用和深度加工，延伸加工产业链，提高产品生产技术水平，建设百色生态型铝产业示范基地。

（7）甘肃河西地区。重点加强镍钴铜、钨钼及铁钒铬等资源综合开发和深度加工，延伸产业链，建设金川、酒泉、嘉峪关金属综合加工产业基地。

（8）柴达木盆地。重点加强盐湖资源的综合开发利用，扩大钾肥生产能力，发展氯碱化工、金属镁及锂、硼产品，构建循环经济产业链，建设柴达木资源综合开发产业基地。

四、产业带

从发展高端产业的角度看，西部地区有全国性高端优势产业带：

（1）成渝制造业带。成渝制造业带已经形成了以重庆为中心的重化工业集聚带和以成都为中心的高端制造业集聚带。因此，应选择重点产业集群进行培育，有目标地改造传统产业，在机械电子、生物制药、生态农业与食品加工等优势产业领域实现新的聚合。

（2）关中高新技术产业带。位于西陇海—兰新线上的关中高新技术产业带，发展目标是围绕集约化农业技术、电子信息技术、新材料技术、光机电一体化和先进制造技术、生物医药技术等优势产业带，建立一批相关的重点实验室和工程技术中心，开发一批技术含量高、附加值高和市场容量大的产业集聚带，力争建成中国西部的“硅谷”。

五、优势产业集聚区

在西部的有些区位，不仅只有一种优势产业，而是多种优势产业集聚，虽然没有形成优势产业的企业集群，但多种低端产业集聚的同一区位形成融合的优势产业集聚区。

（1）呼包银榆地区。全国重要的能源化工基地、农畜产品加工基地、新材料和原材料产业基地，北方地区重要的冶金和装备制造业基地。

（2）兰西格产业区。全国重要的新能源、盐化工、石化、有色金属和农畜产品加工产业基地，区域性新材料和生物医药产业基地。

（3）天山北坡产业区。该地区包括西陇海—兰新经济带上从乌鲁木齐到石河子的一段。把乌鲁木齐及其周边地区建设成为陇海—兰新经济带向西开放的前沿产业基地，我国石油和天然气资源的战略储备基地、生产供给基地和加工利用基地，现代化农牧业示范基地。

（4）滇中产业区。全国重要的烟草、能源基地和区域性资源精深加工产业基地。

（5）贵遵产业区。要充分发挥该区军事工业的优势，在水电开发和铝、磷资源开发的基础上，建设我国西南地区最大、全国重要的能源原材料及加工产业基地，以航天航空为重点的装备制造基地，烟草产业基地，名酒及绿色食品基地。

（6）宁夏产业区。全国重要的能源化工、新材料产业基地，清真食品及穆斯林用品和特色农产品加工基地。

（7）藏中产业区。西藏“一江两河”及其毗邻地区已发现的矿产有37种，可以建成西藏的综合性矿产资源工业基地，藏药产业、水电产业后备基地。以日喀则和江孜为重点，建成全国重要的农林畜产品生产加工基地。

（8）陕甘宁产业区。全国重要的能源化工产业基地、现代旱作农业示范区、黄土高原生态文明示范区。

（9）柳南北钦产业区。该地区的发展目标是新兴工业发展和传统优势产业改造并重，形成具有相对较高的产业结构层次的产业集聚区。

总体上，西部优势产业发展必须坚持“大集聚、大集群”的思路，要适当集中力量，突出重点领域和重点区域，走集群化的发展道路。但由于西部地区差异较大，西南、西北片区的两大优势产业集群仍有较大差别。西南地区的生物资源开发以绿色产业、烟草产业为主，工业以成、渝、贵州的制造业，成（都）德（阳）绵（阳）的高端制造业包括高新技术产业，贵州、云南的磷化工，重庆和攀枝花的钢铁工业，广西、贵州的铝精深加工业为集中代表。西北地区的生物资源开发以藏药业、生物药品和生物工程产业、农畜产品加工为主，工业以关中和兰州的高端制造业包括高新技术产业、宁夏的新材料产业、内蒙古的能源和冶金工业、新疆的石油天然气开采及加工业、青海的大盐湖产业和能源及高耗能工业为代表。西部地区要依托主要交通干线和中心城市，以高新区、开发区和资源富集区为依托，实行重点开发，逐步在西部地区建成有集群规模效益和市场竞争力的优势产业基地，以此带动整个西部优势产业在优势区位的集群发展。

第四节　西部地区优势产业集群发展的空间布局

按照区位优势，西部地区优势产业发展将突出重点区域。在促进合理布局方面，着力支持重点区域、优势区位，同时，依托基础较好的中心城市和资源富集区，促进西部地区优势产业集中布局，集聚集群化发展。

一、生物资源产业

西部大开发以来，西部地区基础设施建设和生态环境有了较大改善，为西部生物资源产业发展创造了条件。西部地区要进一步促进优势产业布局的形成和产业发展方式的转变，从而使西部生物资源产业告别分散布局和粗放式增长模式，转向规模化、集群化生产。西部地区还要着力延长生物资源产业链条，大力提升附加值，积极培育一批知名品牌，重点扶持一批带动力强的龙头企业，以龙头企业带动产业集群发展。西部地区要充分发挥其独特的生物资源优势，加快建设并形成一批生物资源深加工产业基地，注重发展绿色、无公害、有机的食品加工和医药产业等低关联集群。

（1）畜产品工业。西部地区特别具有畜牧业优势。全国五大牧场都在西部，围绕这个优势，在新疆、青海、西藏、宁夏、四川、云南等地发展畜产品加工业，在内蒙古、新疆、宁夏形成大型鲜奶、肉类和羊绒生产加工产业基地。

（2）制糖工业。在广西、云南培育甘蔗加工产业集群，在新疆、内蒙古培育甜菜加工集聚区。

（3）烟草工业。以云南为主，贵州参与形成全国重大的烟草工业集聚区。

（4）酿酒工业。在四川、贵州形成高档白酒产业集群基地，尤其在四川泸州、贵州仁怀等地形成酒产业集聚基地。着力打造贵州遵义和四川宜宾、泸州“金三角”白酒产业集聚区。在甘肃、新疆、宁夏、云南形成高档果酒产业集群基地，形成贺兰山东麓、河西走廊葡萄酒文化长廊。

（5）茶叶加工业。在云南、贵州、广西、四川、重庆分别形成茶叶加工产业集群基地，重点发展云南普洱茶业集群。

（6）中（民族）医药工业。西部地区中药材资源非常丰富，几乎包括汉、藏、蒙、维、傣、壮等各个民族经过几千年传承下来的行之有效的药方，是中华民族的宝贵财富。重点在宁夏、四川、甘肃、新疆、青海分别发展枸杞、甘草、红花等中药材，建设中药材生产基地。在青海、西藏、宁夏、四川形成藏药产业集群，在内蒙古、云南和贵州形成蒙药、傣药、苗药生产基地。在成都、重庆、贵阳建设制药产业走廊，形成制药企业生产和原材料供应集群体系。以西安为中心建成全国高新技术制药产业基地。

二、能源产业

能源是西部金属矿产业和非金属矿产业发展的重要基础，其已融入矿产业发展中，形成一体化集群发展格局。西部地区应充分利用其能源资源优势，优化能源结构，促进集中布局，提高优势资源加工增值比重，建成国家重要的能源产业生产、接续基地和重要的能源化工产业基地。

（1）传统能源资源产业。①煤电。布局在陕西、宁夏、内蒙古、贵州、云南、新疆、甘肃。建设陕北、黄陇、神东、宁东、蒙东、云贵及新疆等大型煤炭基地，建设陕北、彬长、准东、鄂尔多斯、宁东、陇东、锡林郭勒、呼伦贝尔、贵州等大型煤电基地，有序开展煤制天然气、煤制液体燃料和煤基多联产示范，稳步推进产业集群化发展。②水电。科学规划建设金沙江中下游、雅砻江、大渡河、澜沧江中下游、黄河上游和雅鲁藏布江中游河流（段）水电基地。大型水电基地布局在金沙江、雅砻江、澜沧江、黄河上游、红水河、乌江等。③大型石油、天然气开采及加工基地布局在新疆、川渝、陕甘宁、青海、内蒙古、广西沿海。建设塔里木和准噶尔盆地、鄂尔多斯盆地等石油生产基地，鄂尔多斯、川渝和塔里木以及青海等天然气生产基地，克拉玛依—独山子、兰州、乌鲁木齐、昆明安宁等炼油基地，克拉玛依—独山子、兰州、彭州等石化基地，达州、长寿等天然气精细化工产业基地。

（2）现代能源产业。可再生能源生产基地分布在新疆及建设兵团、内蒙古、宁夏、甘肃。西藏以风能、太阳能为主，广西、云南、四川、重庆、贵州以生物质能为主，西藏以地热发电为主。建设蒙西、蒙东、甘肃酒泉、新疆哈密等千万千瓦级风电基地。

（3）能源化学产业。充分利用西北油气、煤炭等资源，积极发展石油、天然气化工、煤化工等。因地制宜发展石油化工、煤化工和天然气化工工业，把煤化工基地布局在陕西、内蒙古、宁夏、贵州。加快建设煤制油、甲醇、二甲醚、乙烯、化肥等化学工业项目。

三、矿产业

矿产业包括有色金属、黑色金属、非金属矿石的开采、冶炼和加工多环节。西部地区矿产资源优势突出，分布集中，具备形成矿产业集群的资源基础，是我国矿产资源开发的重要基地。

（1）高载能产业。稀土、钒钛、铜、铅、锌、磷等稀有、有色及非金属资源在西部地区十分丰富，同时西部地区又有丰富的水电资源，两个特殊优势产业融合就是高载能产业。铜业分布在云南、新疆；铝业分布在广西、贵州、重庆、内蒙古；铅锌业分布在云南；钒钛业分布在四川；钼业分布在陕西；镍业分布在甘肃；钠镁锂业分布在青海；钽铌铍业分布在宁夏。稳步发展西藏中部地区铜铬产业，建设藏青工业园区。

（2）钢铁业。建设广西防城港钢铁产业基地、四川攀西钒钛产业基地，以包钢、攀钢、酒钢、柳钢、昆钢、八钢、水钢等为主体进行布局。

（3）稀土业。分布在内蒙古、四川、甘肃。推进内蒙古包头稀土基地、高新区稀土深加工基地建设。

（4）非金属矿业。钾肥生产分布在青海柴达木、新疆罗布泊；大规模钾肥生产分布在青海柴达木、新疆罗布泊等地；大型磷化工和磷复肥生产分布在云南、贵州；碱化工生产分布在四川、新疆、青海等地。

四、高端制造业

高端制造业也是西部重要的优势产业之一，它是多数西部地区的主导产业或支柱产业。高端制造业产业关联度高、需求弹性大、对经济增长带动及促进作用强，是西部产业结构升级的方向。其中，装备制造业的国防科技工业企业存量资产大、技术门类全，在多方面具有专业开发和制造的优势，以国防科技工业为主体的西部装备制造业对西部优势产业集群发展具有重要作用。

西部地区重大装备制造业重点发展核电装备制造、重型燃机、大型冶金化工成套设备、重型机械和大型工程施工成套设备、汽车、摩托车、内燃机、环保成套设备、输变电成套设备、大型数控机床、数字智能型仪器仪表、轨道交通设备、工程机械、农业机械、水力及风力发电成套设备等。重点发展清洁高效发电装备、智能输配电设备、石化成套装备、钻井设备、工程机械、重型装备、数控机床、汽车、摩托车等装备制造业，形成一批竞争力较强的装备制造业集群基地和国家级研发生产基地。大力发展高端装备制造产业，加快发展支线飞机和通用飞机及以配套为主的航空装备、轨道交通、新一代卫星、运载火箭及其应用，发展国防军工专用制造装备。加快构建军民结合、寓军于民的装备科研生产体系，推动国防科技与民用科技互动发展、双向转移。

（1）发电、输变电成套装备。重大电力装备生产布在重庆、西安、德阳、成都、自贡、宜宾、昌吉、银川、南宁、西宁等地。

（2）大型机械及轨道交通装备。工程机械、轨道交通装备及配套生产布在包头、柳州、重庆、西安、宝鸡、天水、石嘴山、昆明、贵阳、泸州、资阳等地。

（3）石化成套装备。石油化工设备及石油钻探设备生产布在德阳、兰州、宝鸡、西安、榆林、克拉玛依等地。

（4）汽车摩托车零部件。汽车、摩托车及其零部件生产布在重庆、成都、西安、柳州、包头、乌鲁木齐等地。

（5）数控机床。数控机床及数字智能型仪器仪表研发生产布在重庆、银川、西安、宝鸡、成都、天水、昆明、贵阳、西宁等地。

（6）航空航天。国家航空高新技术产业基地布在西安阎良，民用航空产业布在成都、贵阳、安顺。

（7）重大医疗仪器设备。布在重庆、西安、绵阳、贵阳。

（8）国防军工专用制造装备。布在重庆两江新区。

五、高技术产业

高端制造业与高新技术产业、战略性新兴产业有密切关系。高端制造业是科学技术物化的基础，是高新技术产业化的载体，也是战略性新兴产业的重要基础，而高新技术产业、战略性新兴产业又是西部优势产业的重要支撑。自2000年起，国家发改委开始实施西部高新技术产业化专项，主要包括特色生物资源开发转化，特色矿产资源的开发、转化及节能、环保技术的开发产业化等，突出生物技术、先进适用技术与资源优势的结合，提升西部工业的技术水平，促进西部资源的有效利用，促进资源的转化增值和优势高技术产业的发展。西部优势产业发展也重视高技术产业发展及布局优化。

（1）航空航天。布在陕西、四川、贵州。

（2）集成电路、软件、通信设备。布在成都、绵阳、西安、重庆。

（3）数字音频、视频产品。布在西安、绵阳、重庆。

（4）有色金属、稀土等高性能材料。布在陕西、贵州、广西、新疆、云南、甘肃。

（5）生物产业。布在四川、陕西、重庆、云南、甘肃、新疆、广西。

第五节　西部各地区的优势产业空间布局

近年来，以四川、重庆为代表的地区产业集群发展势头较为迅猛，产业集群整体处于成长期。由于具备产业集群发展所需要的自然资源、土地资源和劳动力资源的优势，西部地区优势产业集群发展有很大的潜力。西部地区应更加注重充分发挥区域比较优势，深入实施以市场为导向的优势资源转化战略，围绕建设国家能源基地、资源深加工基地、装备制造业基地，大力发展优势产业集群，包括低端产业集群与高端产业集群。

1. 内蒙古

（1）蒙西沿黄优势产业带。包括呼和浩特、包头、鄂尔多斯、乌兰察布、巴彦淖尔、乌海和阿拉善七盟市。重点发展农畜产品加工基地、装备制造和重型汽车产业集群、金属（钢铁、有色）产业集聚基地。

（2）蒙东优势产业区。包括呼伦贝尔、通辽、赤峰、兴安四盟市和锡林郭勒盟（蒙东地区）。重点拓展煤化工产业基地、有色金属产业基地、重型装备及农牧业机械产业集群、太阳能光伏产业基地、生物制药产业基地和农副产品加工业集聚基地。

2. 广西

（1）北部湾优势产业区。包括南宁、北海、钦州、防城港四市。重点发展石化、钢铁、装备制造、铝加工、新能源、临海重化工业等产业基地。

（2）西江优势产业带。包括柳州、桂林、来宾、梧州、玉林、贵港、贺州七市。柳州、桂林、来宾重点发展食品、有色金属基地、机械集群与柳州汽车产业集群；梧州、玉林、贵港、贺州重点发展装备制造业集群，争取建成承接产业转移示范区。

（3）桂西资源富集优势产业区。包括百色、崇左、河池三市。重点发展有色金属、化工、制糖、食品等产业集聚基地。

3. 重庆

（1）优势产业核心区。包括渝中、涪陵、大渡口、江北、沙坪坝等22个区县，是重庆优势产业集聚区。其中，涪陵、大渡口重点发展装备制造业集群、精细化工基地；江北、沙坪坝、九龙坡、北碚、南岸重点发展工程机械、输变电设备、轨道交通等装备制造业集群、汽车摩托车及其零部件集群；万盛、渝北、巴南、长寿、双桥、江津、合川重点发展有色金属产业基地、装备制造业集群与汽车摩托车及其零部件集群；永川、綦江、南川、璧山、潼南、大足、荣昌等地重点发展农产品加工产业基地。

（2）渝东北优势产业区。包括万州、开县、丰都、忠县、垫江等11个区县。重点发展精细化工基地，装备制造业集群区，生物医药产业基地，大型铸造基地，锰、钡深加工产业基地。

（3）渝东南优势产业区。包括黔江、武隆、彭水、石柱、秀山、酉阳六个区县。集中发展矿产品深加工（锰硅镁钒）产业基地、生物制药产业基地、金属材料产业基地、装备制造集群和农产品加工产业基地。

4. 四川

（1）成都优势产业区。包括成都、绵阳、德阳、雅安、眉山、资阳六市。重点建设：成绵（成都、绵阳）高端制造业集群，发展航空航天基地，石油化工基地；成德资（成都、德阳、资阳）重大装备制造业集群，发展汽车、轨道交通等高端装备集群，发电设备和工程机械产业集群。

（2）川南优势产业区。包括乐山、内江、自贡、宜宾、泸州五市。重点围绕页岩气开发，建设化工产业集聚区；围绕端装备、新能源装备、生物医药装备制造产业基地，建设装备制造产业集聚区；围绕饮料基地、食品基地、白酒基地等，建设食品加工业集聚区。

（3）川东北优势产业区。包括广元、巴中、达州、南充、遂宁、广安六市。重点发展石油天然气化工产业基地、农产品加工业基地。加快发展成渝合作示范区，承接成渝产业转移，发展载货汽车等制造业集群。

（4）攀西优势产业区。包括凉山彝族自治州、攀枝花市。依托钒钛、稀土等优势资源，重点建设钒钛产业基地，精细磷化工产业基地和优质农产品深加工产业基地。

（5）川西北优势产业区。包括阿坝藏族羌族自治州、甘孜藏族自治州。集中建设藏药产业基地和药材产业基地。

5. 贵州

（1）黔中优势产业区。包括贵阳市和遵义、安顺、黔东南、黔南、毕节五市州的部分区县。集中建设轨道交通产业集群、名优白酒产业集聚区、磷化工与煤化工产业基地、有色金属产业基地、生物制药产业基地、新能源与能源原材料产业基地、以航空航天为重点的装备制造业集群。

（2）黔北优势产业协作区。包括遵义市和毕节、铜仁两市的部分区县，重点发展有色金属产业基地、化工产业基地、装备制造产业集群、名优白酒与特色食品产业集聚区。

（3）毕水兴集聚区。以毕节、六盘水和黔西南州的兴义市为依托，重点建设煤化工产业基地、黄金基地、医药产业基地、装备制造业集群。

（4）“三州”等民族地区。包括黔东南、黔南、黔西南三州等民族自治地区。重点发展食品产业基地、民族医药产品加工基地。

6. 云南

（1）滇中优势产业区。包括昆明、曲靖、玉溪、楚雄四州市，加快建设滇中产业集聚区（产业新区）。昆明重点发展高端数控机床、高压输配电成套设备、汽车零部件等先进装备制造业集群基地，以及石油化工、煤化工与磷化工产业集聚基地；曲靖重点建设光电子、载货汽车、煤化工、有色金属等产业基地；玉溪加快发展生物医药、装备制造、半导体照明（LED）、铸造、磷化工等产业基地；楚雄打造国家级钛材、复合材产业基地，生物医药基地，高压输配电成套设备产业集群，特色食品加工产业基地。

（2）滇东南地区。以红河、文山两州为中心，红河重点发展钢铁、有色金属和农特产品深加工等产业基地，文山重点发展以三七为代表的生物医药基地。

（3）滇东北地区。以昭通为依托，重点发展煤洁净化利用、有色金属和酿酒等产业形成的特色产业集聚区。

(4) 滇西及滇西北地区。包括大理、丽江、保山、迪庆、怒江、德宏六州市。丽江重点建设生物医药、农畜产品深加工等产业基地；大理重点发展有色金属、农畜产品深加工等产业基地；保山、迪庆、怒江、德宏重点发展珠宝玉石加工和农畜产品深加工业基地。

(5) 滇南及滇西南地区。包括普洱、临沧、西双版纳三州市。发展成为糖、茶、酒等生物产业集聚区。

7. 西藏

(1) 藏中地区。包括拉萨、日喀则、山南、林芝等地市。发展优势矿产采选业基地、高原生物和绿色食（饮）品产业基地、藏药产业基地、农畜产品深加工产业基地，积极发展新能源、节能环保产业基地。

(2) 藏东地区。以昌都地区为中心，重点发展有色金属采选业基地、高原生物和绿色食（饮）品产业基地。

(3) 藏北地区。包括那曲地区和阿里地区东部。主要发展畜牧产品加工业基地、矿泉水开发基地、盐湖资源和多金属矿产业基地。

(4) 藏西地区。以阿里地区为中心，重点发展特色畜牧产品加工和盐湖资源开发等产业基地。

8. 陕西

(1) 关中—天水优势产业核心区。包括陕西西安、咸阳、宝鸡、渭南、铜川五市及甘肃天水市及陕西杨凌农业高新技术产业示范区，辐射甘肃陇南、平凉、庆阳。关中地区集中做大做强汽车、轨道交通装备、机床、输配电、工程机械、石油机械等高端关联产业集群，以及化工产业基地和有色金属（钛）产业基地。杨凌示范区重点发展生物医药、绿色食品产业集聚区，打造农业机械产业基地。天水地区重点建设数控产业集群、输配电产业基地、航空产业基地、食品和医药产业基地。

(2) 陕北优势产业区。包括延安、榆林两市。依托煤、油、气、盐资源，重点打造石油炼化等产业集聚基地，积极发展太阳能光伏、风电装备等新能源产业基地。

(3) 陕南优势产业区。包括汉中、安康、商洛三市。重点打造装备制造业集群、非金属材料产业基地、太阳能光伏产业基地、绿色食品及生物制药产业基地。

9. 甘肃

（1）兰白优势产业核心区。包括兰州、白银、兰州新区。兰州重点建设先进制造业集群；白银建设成全国重要的有色金属新材料产业基地；兰州新区优先发展先进制造、轨道交通装备产业集群和精细化工产业基地。

（2）河西优势产业区。包括酒泉、嘉峪关、张掖、武威四市。集中发展新能源装备、新材料、煤化工、精细化工等多产业集聚基地，建设酒嘉（酒泉、嘉峪关）新能源及新能源装备制造业基地、现代高载能产业基地、冶金新材料产业基地和张掖钨钼产业基地。

（3）陇东优势产业区。包括平凉和庆阳两市。重点发展能源化工、有色金属、食品、中医药、轻工等产业基地，建设陇东煤炭和煤电化产业基地，建设平庆（平凉、庆阳）能源化工产业基地。

（4）金武优势产业区。包括金昌和武威两市。重点发展有色金属、新能源及新能源装备、碳基新材料、食品、化工等产业集聚区，建设有色金属冶炼产业基地和新材料产业基地。

10. 青海

（1）青海东部优势产业重点开发区。包括西宁、海东、海南州贵德县、黄南州同仁县和尖扎县。重点围绕盐湖化工发展化工产业集群基地；围绕数控机床、环保设备、大型铸锻件、石油机械，建成装备制造产业集群基地；发展农副产品加工、绿色食品、中藏药等优势产业集聚区。大力发展有色金属及精深加工产业基地和生物医药产业基地。

（2）柴达木优势产业重点开发区。位于海西州。重点发展盐湖化工产业基地、高原生物产业基地；集中发展油气化工、煤化工和有色金属产业集聚区。

（3）环青海湖优势产业区。包括海北州祁连县、刚察县、海晏县、门源县，海南州共和县、贵南县，海西州天峻县。重点发展畜牧加工、优势资源开发等产业基地。

（4）三江源优势产业区。包括玉树，果洛，海南州兴海县、同德县，黄南州泽库县、河南县，海西州格尔木市唐古拉山镇。重点发展农畜产品加工、汉藏药材精深加工等产业基地。

11. 宁夏

（1）宁夏沿黄优势产业区。包括银川、石嘴山、吴忠、中卫四市。依托银川经济技术开发区、灵武羊绒产业园区以及石嘴山、吴忠、中卫的工业园区，集中发展装备制造业集群，新能源、新材料、清真食品、生物制造、医药等产业基地。把宁东建设成为全国重要的煤化工产业基地。

（2）固原优势产业区。依托固原经济开发区，发展中药材加工、农副产品加工产业；依托固原清水河工业园区，发展农副产品深加工、中药材加工产业基地；依托岩盐资源，发展盐化工产业基地。

12. 新疆

（1）天山北坡优势产业带。包括乌鲁木齐—昌吉产业集聚区、克拉玛依—奎屯—乌苏产业集聚区、伊犁河谷产业集聚区、石河子—玛纳斯—沙湾产业集聚区和博乐—精河—阿拉山口产业集聚区。重点发展石油化工、现代煤化工、氯碱化工、装备制造、有色金属、钢铁、食品、粮油加工等优势产业基地。

（2）东疆优势产业带。包括吐鲁番—鄯善产业集聚区和哈密产业集聚区。重点发展有色金属产业、石材及深加工和绿色食品加工业基地。

（3）巴州—阿克苏优势产业带。包括阿克苏--阿拉尔产业集聚区、库尔勒—轮台产业集聚区、库车—拜城产业集聚区和且末—若羌产业集聚区。重点发展化工、装备制造、矿产资源开发、建材、食品等产业集群，建设中成药、民族医药产业基地。

（4）南疆三地州优势产业带。包括喀什产业集聚区、和田产业集聚区、克州产业集聚区。集中发展钾盐和膨润土等非金属矿加工、高附加值天然气化工等产业集聚区，发展生物医药等新兴产业基地。

（5）北疆沿边优势产业带。包括塔城—和丰产业集聚区、哈巴河—富蕴优势产业集聚区。主要发展优势矿产资源深加工和农畜产品精深加工，建设特色食品生产加工基地。

第六节　西部地区优势产业发展的空间布局政策

西部地区优势产业的布局重点将放在具有比较优势的区位上，以产业基地、工业园区等集群方式发展，成为西部地区优势产业发展的主导模式。

西部地区优势产业的发展，必须坚持“分类指导、区别对待、突出重点、兼顾一般”的原则，要集中力量，突出优势领域和重点区域，使其逐步走上规模集聚与专业化、集群化的发展道路。

一、统筹优势产业在重点区域一体化发展

当前国家重点构建关中—天水经济区、成渝经济区、北部湾经济区三大战略高地，就是为三个经济区承接国内外产业转移、实现产业集群发展创造有利的政策环境。在西部优势产业集群发展中，三大经济区也是西部优势产业尤其是高端产业集群的首要区位。除广西北部湾外，其他两个经济区横跨两个省区，关中—天水经济区分布在陕西和甘肃两省，成渝经济区分布在四川省和重庆市。我国行政划分严格，且地方政府对于产业活动的干预较多，政府之间缺乏统一规划管理，整体区域观念薄弱，各自为政，政策环境差异大，多个利益主体之间容易造成不正常竞争，使得资源浪费和重复建设严重。因此，成渝、关中—天水和广西北部湾三大经济区要打造西部优势产业集群发展的“金三角”战略联盟，形成带动和辐射周边地区的联动发展格局。这不仅要打破省市区级的行政界线，而且还要打破省市区内部市县级的行政界线，形成西部优势产业发展的三元动力机制，以点带面，从一体化角度优先推进三个经济区的优势产业发展。要根据各地比较优势发展优势产业，相互之间取长补短，实现合理分工，避免产业间的重复建设，降低资源浪费。要打破地方政府保护主义，涉及多个行政区域的优势产业资源、多个行政主体的优势产业集群，要统筹各区产业主体之间的利益，实现多区域资源共享、利益共享，从而带动西部地区优势产业集群的一体化推进。

三区一体化所形成的不仅是整合效应，而且是制度效应。三区一体化可以有效地带动西部优势产业集群率先发展，而西部优势产业的融合与一体化集群是三区一体化的核心，最终都必须通过相应的制度建设来实现。这种制度安排，将成为西部优势产业在重点经济区、优势区位集聚的重要软基础，同时也是优势产业集群成长的重要保障。有了制度的保障，便可以消除行政障碍和行政壁垒，真正实现资源共享、市场相互开放、科技人才流动、产业密切分工合作以及跨区域的基础设施共建，推动优势产业集群的形成、发展和升级。有了制度保障，才能实现三区优势产业布局一体

化、区域基础设施建设一体化、区域市场一体化。显然，制度创新将成为西部三区优势产业形成“金三角”战略联盟、实现大集群发展的必要条件。

二、促进西部优势产业集群递进式发展

我国东部产业转移符合产业梯度转移的一般规律。主要体现在我国东部产业向产业集聚水平高、条件优越的重点区域集聚转移，东部产业转移区位分布与承接区位的产业集聚分布呈高度匹配性，具有产业从一个集聚区向另一个相邻集聚区或次相邻集聚区扩散的转移趋势，分梯级承接转移产业的特征更明显。为了适应产业转移新形势，必须以承接东部产业转移的方式促进西部优势产业发展，把西部优势产业发展按区位优势与距产业重心距离分为四个梯队，雁形推进。第一梯队是成渝、关中—天水和广西北部湾三个经济区，要尽量承接国内外产业，打造成西部优势产业的三大集群体。第二梯队是内蒙古包头、贵州黔中和陕西非关中—天水经济区部分。第一梯队与第二梯队地区构成沿中部、沿东部优势产业带。第三梯队是甘肃非关中—天水经济区部分、宁夏、滇中。第四梯队是西藏“一江三河”和新疆天山北坡区。以成渝、关中—天水经济区构成西部优势产业发展主核心区，广西北部湾为副核心区，扎实推进优势产业在成渝、关中—天水和广西北部湾等经济区集聚发展。支持呼和浩特、包头、兰州、西宁、格尔木以及陕、甘、宁等优势产业集聚区发展。培育滇中、黔中、西江上游、宁夏沿黄、西藏“一江三河”、银川、新疆天山北坡等优势产业集聚区，形成对周边地区具有辐射和带动功能的战略新高地。

三、完善西部各项法律法规和规章制度

中央政府要统筹西部三大经济区优势产业发展，应当从制度建设上来逐步推进三大经济区一体化，也就是以制度一体化促进优势产业区一体化，形成西部优势产业发展的大集聚区。规范区域内企业登记、注册程序，统一企业投资优惠、税收优惠政策等，实现区域内企业无差别管理，制止地方政府保护主义。逐步制定区域内统一财政、税收、工商、物价、社会保障等政策，借鉴长江三角洲经济区经验，建立行政审批“绿色通道”，减免有关手续和收费，建立“一次审批”制度，提高审批速度，培育和构建统

一、开放、规范的共同市场，促进生产要素的自由流动，促进三个经济区内市场配置资源机制的不断发展与完善。

从产业集群经验看，产业集群能否形成，关键还在于制度保障。我国要制定《西部优势产业发展促进法》，从土地、资源开发与保护、环保、资金、税收、转移支付等方面保障优势产业集群化发展。尤其是设立西部优势产业高端制造业基金和军转民基金等，提高西部地区重大装备制造研发设计、核心元器件配套、加工制造和系统集成的整体水平，保障逐步形成一批竞争力较强的重大装备制造业基地和国家级研发生产基地。重点保障发展核电装备制造、重型燃机、大型冶金化工成套设备、重型机械和大型工程施工成套设备，汽车、摩托车、内燃机、环保成套设备，输变电成套设备，大型数控机床、数字智能型仪器仪表，轨道交通设备，工程机械，农业机械，水力及风力发电成套设备等集群。如四川成都、德阳、自贡的电站设备及重型机械制造，昆明、重庆、宁夏的机床生产，四川、陕西、重庆以及贵州的汽车及仪器仪表制造业，均是其他地区的产品所不能替代的。对西部来说，以法律来保障培育西部地区高端制造业集聚，对提升西部优势产业竞争优势，实现产业升级与发展方式转变也具有不可替代的作用。

四、尽快制定《西部地区优势产业空间布局规划》

从目前的形势来看，西部优势产业规划包括推行规划编制协调一体化，推行区域市场一体化，推行优势产业发展与布局一体化，推进西部基础设施建设的一体化。

（1）以国务院批准的成渝、关中—天水、北部湾经济区发展规划为基础，统筹安排西部地区优势产业发展，由国务院西部地区开发领导小组办公室牵头，联合国家发展改革委、农业部、国土资源部、商务部等有关部门，坚持分类指导、区别对待、突出重点的原则，尽快编制《西部地区优势产业空间布局规划》，明确西部优势产业的空间范围、发展目标、基本思路、重点区位，提出国家支持西部优势产业发展的重大政策措施。在此基础上，结合主体功能区规划，突出生态文明建设，有关部门发布《西部地区优势产业的区位目录》，作为国家相关政策支持的依据。

（2）面向优势产业，西部各地要采取强有力的措施，推动省市区工业园区尤其是国家级开发区转型升级。一是应在调整西部各地土地利用总体规划和城市总体规划修编工作中切实保证工业园区用地需求，优先安排并预留建设用地机动指标，以满足高端优势产业集群发展需要。二是应把西部各地国家级和省级工业园区作为长期承接国内外产业转移的重点，为引进的项目统筹合理安排用地指标。三是应尽快建立优势产业领域重大产业项目用地报征审批的“绿色通道”机制，力争满足项目用地需求。

（3）强化西部优势产业布局规划的法律地位。制定并早日出台《西部地区优势产业规划编制条例》，各级各类相关规划的编制都要严格按规定的程序进行，避免规划编制和编制过程的随意性。各地区、各部门在审批优势产业布局规划时，不仅要审查规划的内容，还应该审查规划编制的程序，以逐步确立优势产业布局规划的法律地位。有了法律保障，便可以消除政策障碍和行政壁垒，真正实现资源共享、市场相互开放、科技人才流动、产业合作以及跨区域的基础设施共建，推进西部地区优势产业在优势区位的快速发展。

五、依托优势区位推进西部开发区优势产业集群发展

改革开放以来，工业园区作为一种政策特区在西部各地区的经济发展中扮演了重要的角色。它以优越的基础设施环境、优惠政策等，在吸引资金、经济增长、创造就业机会等方面都产生了良好效益。在西部各大城市，已有一批由政府规划和扶持的经济开发区和工业园区。其特点是规模较大，基础设施齐全，政府给予较多的优惠政策，区位优势十分明显，加之政府主导，这些园区一方面集中了西部地区的很大部分的优势产业（见附录2），成为区域经济的增长点，另一方面也吸引了大量的企业，有的是大型龙头企业，也有相当一部分是跨国公司。促进优势产业在园区集群、集聚发展，可以有效避免分散布点、增加运输和交易成本、浪费资源、破坏环境等弊端，更可以有效促进专业化生产、社会化协作和集约化发展。显然，西部工业园区为西部地区优势产业集群的形成创造了基础和条件，也为承接产业国内外产业集群转移提供了优质空间。

（1）加大三大经济区资源整合力度。三大经济区要按照“一区多园”发展模式，构建工业园区的优势产业发展和空间布局新格局，以充分挖掘和发挥工业园区的体制机制、政策环境、集群优势，发挥优势工业园区在

促进优势产业集群化发展方面的基础性作用，带动西部优势产业集群发展，促进优势产业发展融入国内国际分工，带动传统产业优化升级，提升自主创新能力。尤其是三大经济区要充分发挥各地优势，加强专业化分工，鼓励各地优势产业向专业化、集群化方向发展，不断延长优势产业链条，增加优势产业附加值，发挥产业链整体优势，提高对优势产业的配套能力。

（2）加强西部高端产业集群在国家级开发区中的龙头作用。鼓励和支持西部地区国家级经济技术开发区和高新技术产业园区重点发展优势产业。要在开发区内重点建设一批产品质量档次和技术含量高、核心竞争力强的高端优势产业。国家要在拓展发展空间、科技成果转化和人才引进等方面给予支持，同时注入资本金支持战略性重点产业发展。对西部地区特有的战略性资源开发项目，国家通过注入资本金给予重点扶持。

（3）西部地方开发区积极配合。除国家级产业园区外，西部省市区要统筹规划省市区各级产业园区建设，面向优势产业，合理规划工业园区的产业定位和发展方向，形成布局优化、产业集聚、用地集约、特色明显的优势产业园区体系，并通过科学规划、改造和提升工业园区，形成若干优势产业集群。首先，应按照“优势产业—产业整合—优势产业集群”的原则，对现有工业园区进行改造，提高西部地区各类工业园区的总体规划水平，强化工业园区规划，明确园区优势产业定位。其次，发展和培养工业园区竞争优势的重要途径是要合理规划优势产业布局，形成新的产业组织形式和模式，引导优势产业集群形成。再次，积极研究制定促进优势产业园区发展的法规、金融、财政、人力资源、可持续发展等公共政策。最后，要重点规划好工业园区基础环境、公共环境设施，实现园区内公共资源共享，降低生产成本，增强园区综合配套能力，引导转移产业和项目向工业园区集聚。

六、优化西部优势产业集群

西部地区的工业体系基本上是在“三线”时期作为全国的能源、原材料基地，在国家重点投资推动下建设而成的。西部地区优势产业主要为采掘、能源、原材料工业及农牧业等初级产品，对自然条件依赖性强，综合利用产品少、深加工产品少、附加值增值能力低、产业链条短。这是重工业超前发展的直接结果，导致西部地区产业结构畸形，产业链缺损严重。西部优势产业大都产业链短，这是当前西部地区产业集群发展较差的原因所在。

西部优势产业只有互相依存形成完善的产业链，实现集群式发展，才能满足提升其核心竞争力的需要。因此，西部地方政府要做好西部优势产业的规划布局，对优势产业集聚点进行通盘考虑；注重龙头企业的培育，利用大集团、大企业产业链、配套协作细化的优势，带动关联产业、关联技术、关联中小企业的集聚，形成“协同作战”的西部优势产业集群链和产业链。政府要倾注更多的精力关心西部优势产业中小企业集群链的建设和发展；在产品研发、人才培育、融资和物流平台建立、政策和法律支持上创造好服务平台，提升西部优势产业的分工协作水平。强化民营企业的优势产业配套能力，促进集群链和产业链进一步延伸、加长，分工协作进一步细化、完善。为逐步拉长产业链，政府要积极推动产业集群内部的产业分工更为精细化，促进企业集中于某一工序或某一种中间产品的生产，形成几百家、几千家企业参与的一个完整的产业链，实现生产要素供给—产品设计研发—产品生产—市场营销—品牌创造—物流服务等构成产业链的纵向一体化集群。

七、创新西部优势产业规划协调机制

为了有效地推动西部优势产业布局规划的顺利实施，必须创新优势产业规划协调新机制，成立国家级区域规划委员会，通过制度创新消除行政壁垒，根据西部地区优势产业发展差异和问题的具体情况，可设置若干下属的区域优势产业布局规划委员会。国家级区域规划委员会应该由国务院西部地区开发领导小组办公室牵头成立，归口国家发展和改革委员会，将国家发改委、国家建设部、国土资源部三个部委纳入西部优势产业发展规划工作委员会，负责西部优势产业规划制定、组织、实施、协调与控制。同时，在省、自治区、直辖市可成立省级优势产业布局委员会。由省级人民政府牵头成立，将省级建设厅、发改委、国土资源厅三个厅局组成优势产业布局委员会。西部各省区优势产业发展规划由省优势产业发展委员会负责编制和审批，规划分别由省建设厅、省发改委、省国土资源厅组织实施。省级优势产业发展委员会由主管工业的省级领导担任，人员中一半以上应是国内知名专家、学者，充分发挥专家、学者对规划的审批、仲裁、调节作用。

第八章　西部地区优势产业发展的促进政策

西部优势产业集群发展不足，除了优势产业本身原因如产业链短、产业发育较慢等因素外，还与空间区位、产业转移、产业结构和区域发展战略有较大的关系。可以说，西部优势产业能否集群发展，受主观与客观多重因素影响，也就是说，西部优势产业集群发展需要集成化的系统条件，其中，机遇和政府政策起关键作用。在国家促进东部产业转移、西部优势产业发展和深入推进西部大开发展的背景下，国家能否形成促进西部地区优势产业发展的“一揽子”政策，有力地克服西部优势产业集群形成的不利因素，形成优势产业集聚的“凹地”，已成为西部优势产业集群发展的决定因素。为此，我们认为，国家除了组织制定实施西部地区优势产业空间布局规划外，还要制定一系列保障措施，包括西部优势产业的组织政策、要素集聚政策、承接产业转移政策、产业结构政策、财税政策及投资金融政策等，形成西部优势产业集聚集群发展的政策支持体系。

第一节　产业组织与促进政策

西部优势产业集群，无论是低关联性集群，还是高关联性集群，它们都是西部优势产业发展的一种空间组织形式。通过利用政府政策改善西部优势产业组织，实现优势产业组织的合理化，引导优势产业向优势区位定向集聚，并借此提升资源有效利用的效率，便成为西部优势产业组织政策的首要任务。西部优势产业既集中集聚，获得规模集聚效应，又能够保持优势产业内部各个企业之间的有效分工，达到适度集中或竞争，获得专业化集群效应，实现集聚效率与竞争效率的均衡。为此，政府一方面要加速西部优势产业规模化和专业化发展，建立大批量生产的组织体系，对经济规模的形成适时引导，这样才能取得规模经济利益；另一方面，通过政策诱导内部企业产生和外部企业植入，保证有充足的微观竞争主体，促进有效竞争，从组织上保证资源的充分利用和企业集群形成。

一、培育优势产业集群的龙头

西部优势产业的企业受条块分割影响，大而全、小而全，专业化协作程度不高、生产集中程度较低，导致产业集约化程度低，规模效益低。虽然烟草、食品、电子产品、汽车等优势产业领域有一些名牌产品，但与东部相比，市场占有率较低，这主要是由于优势产业集群中龙头企业的实力相对较弱。

（1）必须加快西部地区优势产业的企业战略性重组，鼓励西部地区优势产业的企业进行跨地区的集团性重组。同时，支持中央大型企业、东中部地区企业和外商企业，通过控股、参股、并购等多种形式，参与西部地区优势产业的企业改组改造，形成产业集群的龙头企业，培育出在全国有影响力的品牌，带动优势产业集群发展。

（2）通过对西部优势产业的现有企业进行重组，包括改造、兼并和重组，形成大规模产业集团，或形成大中小企业结合的产业集群。

（3）对产品由大量零部件组成的可分性高端产业，鼓励小企业的发展，形成中、小企业并存，企业数目较多的竞争性产业集群组织结构；对于关联性差的企业集群，要形成以少数大型龙头企业（集团）为竞争主体的产业结构，形成大、中、小企业合理分工协作、规模适当的产业组织结构。这其中值得注意的是西部优势产业的企业重组是向优势空间集聚，而不是分散企业的指标相加。

二、以国有企业战略性重组培育优势产业集聚主体

国有企业是一种低效率的企业组织形式。由于国有企业普遍的低效率，哪个地区的国有企业比重越大，企业集群越少，哪个地区的经济就越没有活力。改革开放以来，东部地区国有企业比重大幅下降，广东已不足10%，

而西部地区的国有企业比重仍居高难下，使得西部产业的发展远远落后于东部地区。西部地区优势产业集中在采掘业、电力、化学原料及化学制品制造业、烟草加工业、黑色金属冶炼及压延加工业、有色金属冶炼及压延加工业、石油和天然气开采业等基础领域，这些优势产业也是国有企业最集中的产业。国有企业的经营机制不灵活，优胜劣汰机制尚未形成，还未能成为优势产业集群真正所需要的主体。如果西部国有企业占主导的状况没能发生根本性的转变，则西部优势产业集群的发展难以实现，充其量是集聚发展。因此，政府必须加大优势产业的国有企业改革与改组力度，加快西部地区国有企业战略性重组步伐；将烟草、电力等国家垄断领域中的国有企业进行股份制改造，最大限度地降低国有股的控股比例；对于小型采掘业，实行开采权的有偿转让；对于竞争型产业，尤其是高端制造企业，则实行国有控股有序退出，吸引非国有投资主体介入，形成非国有控股的多元主体的公司法人治理结构，促进建成现代企业制度，变成真正的优势产业集群主体。

三、大力发展民营经济

非国有制企业发展缓慢是制约西部优势产业集群形成的重要因素之一。由于市场化改革的滞后，以及思想观念、政策的滞后，西部地区的非公有制企业发展缓慢，缺乏对优势产业集群的有力推动和支撑，也是优势产业技术创新的内在动力不足的一个重要原因。大力发展西部优势产业中民营企业为主体的非国有企业是促进西部优势产业集群发展的重要途径。同时，要加大西部国有企业改革力度，这也是促进优势产业企业集聚发展的制胜一招。一是要加大力度，促进民间资本投资西部优势产业领域，细分市场，激活竞争，促进中小民营企业健康发展；二是建立平等、开放、有序的民营企业成长的社会经济环境，培育出一批能够适应西部当地优势产业发展的和高效运转的企业组织，并以此促进优势产业集群发展。此外，吸引国内外企业集聚西部优势产业，增加外置式产业集群的数量。

四、培育高端企业集群主体

产业链短是制约西部优势产业集群发展的重要原因。大体上，我国地域在产业链上的分工格局是西部处在低端的原材料和能源生产及粗加工环节，而东部处在高端深加工环节。而高端深加工具有可分性和关联性，可以有大量关联中小企业集群。鉴于此，国家在加快开发西部地区优势产业原材料基地的同时，鼓励和支持延伸产业链，相应对开发高端产品的企业在资金、技术、人才、政策上给予支持，培育高端中小型企业，甚至是微型企业。通过广泛建立小企业与大中型企业合理的分工协作关系，形成小企业对大中型企业的专业化配套和专业化服务，提高生产的社会化水平，努力促使它们走上“专、精、特、新”的集聚配套西部地区优势产业发展之路。引导和鼓励大、中、小、微型企业各自发挥优势，在公平竞争和互利互惠中实现集群发展，把市场机制与政策引导有机结合起来，从而使西部地区优势产业走向高端集群发展的道路。

五、培育中介企业与完善中介服务体系

建立和完善西部优势产业公共服务企业，建立中介服务体系，吸引风险投资保险机构、投资顾问机构、科技评估机构、会计师事务所、律师事务所、信用担保机构、人才培训中心、技术交易中心等中介机构，为西部优势产业发展提供优质服务，促进西部优势产业集群发展壮大。

第二节　高级资源形成与促进政策

西部优势产业发展很大程度上取决于要素禀赋条件。按照波特的划分，生产要素可以划分为两种，分别为初级生产要素（Basic Factor）和高级生产要素（Advanced Factor）。初级生产要素包括天然资源、非技术人工与半技术人工、融资等；高级生产要素则包括现代通信的基础设施、高等教育人力（如电脑科学家和工程师）以及各大学研究所等。波特指出“高级生产要素是创造出来的生产要素”。因此，低端生产要素和高端生产要素的区别在于，前者是被动继承的，或只需要简单的私人及社会投资就能拥有。显然，对西部低端优势产业集群来说，更多的是基于低端（初级）资源，而对于高端产业集群来说，更多的是需要高端（高级）资源。而西部地区

的高级资源就显得相对稀缺了。因此，促进高端资源形成并向优势产业尤其是高端产业定向集聚，不仅对西部优势产业集群成长，而且对产业结构调整、增长方式转变和可持续发展，都具有显著的意义。

一、人力资源开发与培育体系

人才是西部优势产业发展的基础和根本。由于经济比较落后，西部地区人力资本投资不足，人均投入基本上只有东部的一半，而西部资金、人才、资源却流向东部。西部地区优势产业一直没有被明确界定，优势产业集群体系的发展还没有引起政府、企业和各种社会力量的高度重视，特别是缺少针对优势产业的人才资本的投资和开发政策，人才难以合理集聚在优势产业。因此，必须始终把人力放在优势产业发展的重要战略位置上。第一，必须尽快建立支撑西部地区优势产业发展的人才支撑体系，积极建立人才资源可持续发展机制，大力培养和储备各类优势产业技术人才和管理人才。西部高等院校要围绕地区优势产业的人才需求，根据优势产业特点，科学设置专业，改革课程设置。第二，依托地方优势产业，拓展办学形式，通过与优势产业企业合作，实施定向培养、委托培养和学术交流与合作的人力资源开发模式，培养西部地区优势产业发展急需的各类人才，实现人力资源的产业化。第三，加快职业教育基础能力建设步伐，健全职业教育培训网络，重点建设一批高水平的职业院校，推进院校与企业共建实训基地，支持职业院校面向优势产业发展与其承接产业集群转移的需要，新增和调整相关专业，定向培养中高级技工和熟练工人。

二、加强企业家队伍建设

熊彼特认为，企业家是企业成功的重要因素。对西部地区优势产业集群而言，企业家是最稀缺的高级资源。培育西部优势产业的企业家队伍，激发其创业激情显得更为重要。

（1）必须创造良好的政治、经济制度环境，确保西部地区优势产业的企业家队伍成长，激发其创业创新的活力。尤其要抓紧扶持、培育优势产业企业、科技型中小企业的成长。政府应对优势产业的关键性环节进行示范性高风险投入，创办产业孵化器，同时鼓励企业家的管理创新，重视企业家的培养和企业家素质的提高，塑造企业家精神。

（2）为了在优势产业领域培养一批擅长经营、具有市场开拓能力的优秀企业家，必须建立西部地区优势产业的企业家的创新激励机制，充分调动企业家的积极性和创造性，建立通过技术入股、管理入股和股票期权、创业股、年薪制等参与分配的新机制。

（3）设立国家级西部优势产业企业家奖励基金，重奖在优势产业领域取得重大经济效益和社会效益的企业家，充分体现企业家的价值，同时，使企业家在社会上享有地位、在政治上享有荣誉。

三、加大高端人才引进力度

在国际与国内产业分工中，具有竞争优势的是处于新技术前沿的高端产业。高端产业的显著特征是企业雇用高端领军人才，强调研发和新产品开发的重要性。目前，西部地区优势产业技术创新人才状况不论从规模、质量还是结构等方面都有待进一步优化提升。其关键是高端领军人才与西部优势产业发展的不协调性日益显现，在与东部、中部的人才竞争中，西部地区优势产业吸引人才和留住高端领军人才的难度更大。

（1）西部要创新高层次人才引进、使用、激励和服务保障机制，积极为高端领军人才搭建创新创业平台。推动人才合理流动，实行来去自由的政策，吸引东部沿海地区和海外高端领军人才。

（2）建设一大批优势产业的园区、研究机构和骨干企业，使之成为吸纳高端领军人的“聚宝盆”，尤其是要吸引在国外有一定影响的学科、技术带头人或曾在国外高科技企业工作过的留学人员，以各种方式为西部优势产业服务，同时也要吸引一批勇于创新、具有国内外先进水平的高端人才向优势产业集聚。

（3）在西部地区优势产业高端人才缺失的情况下，要对于高端领军人才采取灵活的人才策略，创造良好的环境，加大引进高端领军人才的力度，实施“不求所有，但求所用”的“柔性引才”战略。要根据西部优势产业人才基础较差、吸纳力不强的实际情况，借外智，用外力，以兼职、咨询、技术合作、投资兴办企业或担任企业技术顾问等方式，在人事关系不变动的情况下实现高端领军人才引进。

四、以军民结合大力推进西部优势产业核心技术创新

高新技术产业发展的前提条件是必须有一支高素质的科学技术队伍，而西部的部分地区科技实力并不落后。这是由于在新中国成立初期，尤其是20世纪60年代“大三线”建设时期，西部地区有许多从全国各地内迁的和兴建的大中型科研院所及拥有雄厚科技力量的国防、军工企业，像川陕等省即使与沿海地区相比也算是科技强省。甘肃酒泉、四川西昌拥有集高、新、尖技术于一体的卫星发射中心和一批军工企业；绵阳是闻名全国的科技城，其“军转民”技术的典型——长虹集团曾经是家电行业的龙头老大；陕西省在许多领域的研究水平居国内领先地位或达到国际先进水平，特别是在空间技术、电子信息、机电一体化、新材料和高效节能技术等领域优势明显。通过在高端优势产业集群中发展高新技术产业和战略性新兴产业，就可以将珍贵的人才优势转化为优势产业的竞争优势。

（1）加快军民联合，突破一批高端优势产业的核心技术，提升重大集成制造新能力。军民联合加强基础研究、前沿技术研究，增强优势产业原始创新能力。

（2）推动军民企业建立主导技术研发创新的共享机制，联合军民企业共同出资开展关键基础技术研发，共担风险、共享成果，对符合国家战略性新兴产业的项目，政府要从政策和资金上给予支持。

五、增强西部地区优势产业的技术能力支撑

技术能力包括技术进步能力和技术效率是西部优势产业集群发展的重要高端资源。目前，西部资源导向型优势产业的竞争优势主要来自自然资源及其相应的技术能力，还缺乏向产业链高端拓展的技术能力支撑。西部高端制造业以及相关的战略性新兴产业仍需要更高的技术能力，为此必须制定有效的政策，切实促进西部地区优势产业核心技术形成。

（1）建设西部优势产业的技术创新支持体系。集成中央和地方的科技资源，形成中央和地方联动机制，围绕西部优势产业发展需求，建设各类优势产业技术创新体系，全面提高优势产业技术能力，尤其是核心技术能力。以优势产业的重大项目引导，促进跨区域的技术合作和攻关联盟建立。

加大西部高等院校、科研机构在优势产业技术领域的引领作用和辐射作用。支持有条件的西部地区组织实施国家重大产业科技项目。西部地区要以优势产业为导向，提升自主创新能力，加强科技成果向优势产业转化，加快先进适用技术的推广与应用，促进西部地区优势产业技术能力提升。

（2）建设以优势产业为主体的技术创新体系。激励和引导西部优势产业真正成为研究开发投入的主体、技术创新活动的主体和创新成果应用的主体。国家要加大国家科技计划对西部优势产业技术创新的支持。鼓励西部企业参与国家科技计划项目的实施，对重大专项和科技计划中有产业化前景的重大项目，优先支持有条件的西部优势产业企业集团、企业联盟牵头承担，或由企业与西部高校、科研院所联合承担，建立面向西部优势产业的开放和共享的长效机制，整合科技资源为西部优势产业技术创新服务。加大对西部地区优势产业的中小企业的支持力度，建立适应中小型企业技术创新需要的投融资机制，建立和完善支持中小企业技术创新的信息、技术交易、产业化服务的平台，营造扶持西部中小企业技术创新的良好环境。

（3）大幅度增加财政科技投入，强化西部优势产业研发投入增长的保障机制。加大对西部地区的优势产业科技转移支付，通过资金支持、政策引导、创新机制等方式，促进西部地区优势产业技术发展和能力提升。创新财政对西部优势产业技术投入的机制，建立和完善多元化、多渠道的研发投入体系，综合运用财政拨款、基金、贴息、担保等多种方式吸引社会资金向西部优势产业集聚。中央及西部各级政府要引导金融机构加大对西部优势产业技术创新的投入力度。深入推动创业风险投资事业发展和促进西部优势产业自主创新的多层次资本市场建设。

第三节　产业结构优化与促进政策

西部地区产业结构优化和优势产业发展存在密切关系。西部优势产业中绝大多数是目前西部地区的主导产业，其次是支柱产业。其代表着现阶段西部地区产业结构演化的方向。西部地区产业结构优化目标主要是通过产业结构向合理化和高级化方向逐步调整，产生较好的结构效应。这样，产业结构优化为优势产业发展创造更好的发展环境，而优势产业发展又能促进西部地区产业结构的优化与升级。显然，西部地区产业结构优化是提高整体资源配置效率的重要前提，是提升产业增长质量和转变发展方式的主要路径。由于优势产业集群能够产生强大的规模集聚和专业化集聚效应，能够促进西部优势产业的集约增长。因此，优势产业集群也是西部产业结构优化的方向。西部产业结构的优化就是通过政府政策促进产业结构的高度化和合理化，推动资源向优势产业定向集聚与再配置，实现西部优势产业由低端集聚向高端集群转变。

一、推进西部地区产业结构高度化

产业结构高度化主要是指产业结构从低水平状态向高水平状态的发展。这是一个动态的过程。产业结构高度化的一般规律是产业结构的发展顺着劳动密集型产业、资本密集型产业、技术（知识）密集型产业分别占优势地位的方向演进；由低附加价值产业占主导的产业结构向高附加值产业占主导的产业结构演进；由低加工度产业占优势地位的产业结构向高加工度产业占优势地位的产业结构方向演进。按波特的资源划分标准，产业结构高度化是产业结构由低等资源密集型产业占主导向高等资源密集型产业占主导的方向演化。显然，产业结构的高度化是通过产业间优势地位的更替来实现的。

目前，西部地区产业结构中能源、矿产以及农畜产品资源开发加工产业占优势，除四川、重庆和陕西外，高端制造业比重小，且处在衰退之中，资源密集型产业所占比重较大，产业结构层次不高，走的是依靠发展采掘、能源和原料产业，输出能源与原料的路子。西部地区的资源加工产业仅停留在以初级加工为主的阶段，还没有形成一条从资源开发到粗加工再到深加工的完整的产业链。调整西部地区的产业结构，就是要充分发挥西部地区的资源优势，变潜在的资源优势为现实的优势产业集群竞争优势，其关键是要拓展资源综合利用和精深加工增值环节，实现资源的工业化向集群制造化转变。

（1）集中力量扶持资源型优势产业发展。西部地区具有丰富的电力、石油天然气、煤炭、有色金属、化学矿产、中药材等资源，应集中力量，支持这些优势产业尽快做大做强，建设全国重要的糖业、有色金属、石化、钢铁、生物医药、民族医药基地。大力发展糖制品、乳制品、石化、有色金属和以钢铁为主的冶金业、以壮藏药为重点的民族医药产业，使之成为西部地区重要的集群型优势产业。

（2）促进产业链向精深加工环节延伸。以产业集群方式发展西部优势产业，就是要依靠科技进步，重视加强科学技术的应用和推广，提高科技成果的转化率，不断增强优势产业产品加工生产中的科技含量，增强深加工能力，拓展产业链，提高资源的深加工系数，增加产品的附加值，实现经济增长方式由粗放型向集约型转变。为此，应建立优势产业深加工技术管理与推广服务体系，加快新产品的研发、培育和推广，形成具有西部地区优势的名优产品，加快实施名牌带动战略。要以西安、成都、重庆等优势区位为中心，整合当地现有的科教资源，使科研院所为优势产业升级服务，把人才和科技优势转化为西部资源深加工的现实生产力。此外，重要的是在资源的深加工中，要把新材料和精细加工作为主攻方向。

（3）大力发展高端制造业集群。高端制造业具有技术含量高、附加值高、信息密集度高和关联性强，以及产业控制力较高、带动力较强和产品可分性高的特点。高端制造业集群成为产业结构高度化的重要标志。一是大力发展西部地区高端装备制造产业。要立足于西部地区的优势，优先发展高档数控机床、现代轨道交通装备、智能化仪器仪表、精准农业机械、航空航天设备、电子专业设备以及重大的节能环保装备等，实现自主化和本土化。重点支持大型成套装备制造企业的系统集成产品。二是发展有优势的重型工程机械，加快培育具有国际竞争力的大企业、大集团。三是整合西部力量，发展汽车与摩托车集群，着力推进新能源汽车开发与研制，形成我国重要的交通运输设备制造业基地。四是加快家用电器、电子信息产业集群发展。

（4）对传统产业进行改造和提升。现阶段，传统产业仍然是西部工业经济的主体，要抓住信息化带动工业化这个机遇，通过微电子、计算机、网络技术的应用，紧紧围绕增加品种、提升质量、清洁生产、节能降耗、安全生产等方面鼓励西部企业广泛采用新技术、新工艺、新设备、新材料，大力加强传统产业技术改造，推动传统产业研究开发、设计、制造及工艺技术的变革，提高传统产业的技术水平，推动产品从低端集聚走向高端集群。注意把传统产业的改造与培育发展战略性新兴产业结合起来，准确把握当前世界的科技发展动态，着力突破制约西部优势产业集群发展的关键环节，积极培育新的集聚增长点。

（5）有选择地发展高新技术产业。高新技术产业的发展水平是衡量产业结构优化的一个重要标志。西部地区要充分发挥区位优势和部分原“三线”基地的技术优势，把电子及信息设备制造业、机电一体化产品制造业、航天航空业作为高新技术产业发展的重点，提升高端制造业集群的高技术支持能力。同时，把医药产业包括生物药业、民族药业放在突出位置加以发展。

二、推进西部地区产业结构合理化

产业结构的合理化是西部优势产业集群发展的关键因素。只有西部地区各类产业间具有协调的比例，各类产业之间的关联效应才可以合理发挥，优势产业的集群发展才能带动其他产业的发展，从而提升整个西部地区优势产业的聚合质量。产业结构的合理性在很大程度上决定了资源尤其是稀缺资源的配置效果。如果产业结构扭曲，则会严重降低资源配置的效果，导致劣势产业占有优势资源，优势产业资源不足而难以发展，制约着产业高度化提升。

西部地区产业结构合理化要根据消费需求和资源条件，对初始不理想的产业结构进行有关变量的调整，使资源在各产业间得到合理配置及有效利用。按四分类产业结构，从纵向上看，产业结构合理化就是大幅度退出劣势产业资源和适度退出支柱产业资源，扶持先导产业，强化主导产业发展；从横向上看，就是大幅度退出比较优势减弱型劣势产业资源，适度退出比较优势减弱型优势产业资源，扶持比较优势增强型劣势产业，大力强化比较优势增强型优势产业发展。也就是说，西部产业结构合理化的关键是处理好优势产业和非优势产业的关系。在积极发展优势产业、推进集群发展的同时，还要稳健地、有序地退出劣势产业，把资源重新配置到优势产业上。

（1）稳健地退出劣势产业。对不具备较好发展条件的劣势产业，要下决心退出。主要是要加大劣势产业企业的退出力度，尤其对于那些不符合国家产业政策、技术水平低、产品质量差、浪费资源、污染严重、不具备安全生产条件、产品没有市场的企业，以及因生产能力过剩而纳入全国总量控制范围的企业，尽量依据《破产法》坚决予以淘汰。

（2）具有发展前景的劣势产业，要拓宽渠道进行振兴。西部劣势产业的退出也并非一概而论。对于高端制造业的重要配套产业中的衰退企业，还要采取振兴的策略与对策。这种劣势产业的振兴，可以是优势产业企业对劣势产业企业进行兼并，也可通过劣势产业企业重组、改造等方式进行，政府对这两种方式都要给予资金、技术等方面的支持，使西部高端衰退产业重现活力。

三、鼓励劣势产业向外转移

西部地区劣势产业，是西部地区的边际产业。在西部为加速优势产业集群发展而进行产业结构调整中，推动产业结构升级，要向周边国家转移落后和过剩产能，实施“走出去”战略。尼泊尔、缅甸、柬埔寨、老挝、越南、孟加拉国、印度、巴基斯坦、印度尼西亚的直接投资阶段与发展阶段还处在较低的阶段，其中，尼泊尔、缅甸和柬埔寨还处在工业化前的准备阶段，只能进行初级品生产，其他国家处在工业化初期阶段（赵果庆，2004）。西部地区的工业化水平远超前于周边国家，这就具备了向其进行边际产业转移的基本条件。从地缘位置看，产业转移的第一站是周边国家。仅从澜沧江—湄公河次区域看，各国投资产业不仅为西南地区转移劣势产业提供空间，也可以建立优势产业境外基地（见表8－1），壮大部分优势产业。

表8－1　澜沧江—湄公河次区域各国主要产业及发展重点

国家	柬埔寨	老挝	缅甸	泰国	越南
鼓励外商投资产业	高科技工业、劳动密集型产业、出口产业、旅游业、农用工业产业、基础设施建设及能源生产、环保产业、建立开发区	手工业、农林加工业、电力和矿产、交通运输、能源、通信、环境人力资源开发、旅游	农业、畜牧水产业、加工制造业、能源、矿业、服务业、交通运输和房地产业	农业及农产品生产加工，研发等科研、基础服务业及公共事业、大型货运业、环保产业、机械工业、高新材料	重工业、轻工业、食品加工、农林渔业、基础设施建设、文化教育

续表

国家	柬埔寨	老挝	缅甸	泰国	越南
最具潜力合作领域	农林渔业、资源开发、基础设施建设	旅游开发、农林加工业	矿产开发、石油与天然气开发、畜牧水产业、通信、水电	承包工程和劳务合作、金属业、机器及汽车产业、贸易、投资、农业	电力工业、建材工业、食品工业、木材加工业和造纸业、服装工业
最具投资价值产业	制糖业、渔业、建材、食品工业、旅游业、商业、金融业	矿产开发、水电产业、林木种植加工、居民服务业	矿产开发、租赁土地农业开发、贸易、水电	药业、矿产开发、畜产品加工	矿产加工、水产加工

资料来源：各国政府、商务网站及亚洲开发银行、东盟官方网站及有关文字资料。

西部地区应从转移边际产业开始，逐步优化产业结构，将西部地区生产能力过剩的产业向周边国家转移出去。为此，要健全对境外直接投资的服务体系，在金融、保险、外汇、财税、人才、法律、信息服务、出入境管理等方面，为西部边际产业“走出去”创造条件，包括：简化对外投资审批程序，规范监督管理；放宽对外投资外汇管制；国家财税金融政策扶持；对产业转移提供综合咨询与信息服务；等等。

第四节　承接产业转移与促进集群政策

产业转移包括对外产业转移与承接产业转移两方面。产业向优势区位转移是实现产业集群的重要因素。从东部经验看，承接国际产业转移不仅加快东部产业集聚形成，尤其是亚洲太平洋经济合作组织（APEC）工业园区的形成，而且实现了产业结构升级和产业发展方式转变。尽管中央政府采取了有力措施，促进产业向西部转移，但是东部地区产业转移出来的动力不足，产业向西部转移仍比较少。这一方面与东部产业集群有关，因为向外转移的企业会失去集聚租金与利益，另一方面也与西部条件有关，如产业集群不足、配套能力差、转移成本过高、区位劣势等。研究表明，无论 FDI 产业，还是内资产业，西部距其重心比较遥远，而中部“近水楼台”先接受转移。另外，我国 FDI（主要是东部）流出在加速，2010 年已达 680 亿美元，居世界第五位（中国外商投资报告，2011）。显然，西部地区承接产业的拉力不够，大规模的产业转移并没有出现，西部承接产业仍面临严峻的挑战。这意味着，只有强有力地促进西部优势产业、优势区位参与国内外承接产业转移的竞争，才有可能吸引产业向西部优势产业定向集聚转移，推进西部地区优势产业集聚、集群发展。

一、完善承接产业转移的相关与辅助配套产业

产业，尤其是高端制造业，一般要控制价值链的核心环节，而通过内部化能力在当地整合非核心环节的企业而形成中心—外围的企业集群结构。一个地区是否具有较强的产业配套能力，已经成为该地区吸引产业规模转入的重要“转移环境”。国际产业向西部地区转移一直较少，东部向西部产业转移也不成规模，这与西部地区产业配套能力不强有较大关系。

任何产业都不能脱离其他产业而孤立地存在和发展。只有为产业提供良好的协作配套能力的地区，才最有可能成为承接产业转移的重地。电子、汽车等高端制造业的“产业链”集群特点突出，需要零配件和不同工艺流程的配套，当地要有各种零配件企业，但西部地区各种零配件企业较少，或分散不集聚，这样，龙头企业想要转移到西部地区，当地却没有较完善的配套，做配套的小企业也要一并迁移，龙头企业和配套企业只能集群式地整体转移。目前，转移至西部的企业，其产品多数属于自成体系。因此，西部地区必须提高优势产业配套能力，依托区位优势和资源优势，推进产业集聚，延长产业链条，打造产业集群，形成相互关联和支撑的产业配套体系。在纵向上，注重优势产业的上下游配套，建设区域性研发中心、销售中心和采购中心；在横向上，在加工制造环节，为终端产品提供各类原材料、零部件乃至装备制造的生产配套。

（1）制定西部优势产业承接产业转移及配套能力的建设规划。西部优势产业配套能力不仅对优势产业集群发展是重要的，而且对吸引产业向优势区位集群转移也是十分必要的。首先，要面向西部地区优势产业发展，从需求出发制定西部地区承接产业转移及配套规划。规划要在调研的基础上全面掌握优势产业转移及配套现状，制定西部地区优势产业转移及配套

的指导性意见，出台承接产业转移及配套目录、规划及实施方案。在组织上还要成立优势产业转移及配套工作领导小组，加强对产业转移及配套工作的组织、协调和指导，提高西部地区优势产业承接转移及配套能力。要强调的是，对于西部地区承接产业目录、配套目录与优势产业发展的重要环节要有相互匹配的能力建设，达到较高的一致性（见附录4），这是西部实施承接产业转移的一个重要方面。

（2）完善西部优势产业配套体系。统筹规划西部优势产业及其配套产业的集群发展，既要做大做强优势产业，又能建立起完善的产业配套体系，吸引转移产业及配套企业向西部优势产业集聚。在西部优势产业配套体系上，要以优势产业及其现有大企业为配套基础，以中小民营企业为主要配套对象，加强企业协作，延伸优势产业链，优化优势产业的组织结构，推进高端制造业与先进制造业互动发展，各类优势产业形成有序、协调的分工及配套能力体系。

（3）优选优势产业配套工程。工程项目是产业配套的载体，产业配套项目要通过招商引资得到体现和落实。西部地区应围绕提高优势产业的配套能力，优选配套项目，以招商引资方式，把吸引优势产业配套工程项目作为招商引资的主要方向。按照“龙头项目—产业链—配套产业集群”的发展思路，围绕优势产业，全力推进优势产业链配套环节的招商引资。

（4）改善优势产业配套环境。优势产业配套企业集群也需要各种条件的支撑，需要有一个适合于配套产业集群成长的“土壤”，即产业配套集群形成的环境。要健全体制机制，坚持“政府引导、企业为主、市场运作”的基本原则，走市场化配置配套资源的道路，促进优势产业配套企业健康发展。

（5）依托工业园区建设，提高西部地区优势区位对优势产业的配套能力。西部各工业园区是承接产业转移的优势区位，也是形成配套企业集聚的空间。园区的优势在于集中资源配置、共享基础设施、集中治理污染、集约利用土地，也是配套企业集群的较好区位选择。要把西部各级开发区及工业园区作为优势产业配套的重要载体和基地，这需以优势产业集群发展为导向完善园区产业规划，挖掘园区产业优势，推动工业园区产业集中和集群发展，并使其中一部分为优势产业的定点、定向配套企业集群园区。在促进配套企业向园区聚集的同时，积极引进和培育相关配套服务业，努力使各产业园区成为承接产业转移的主要空间聚点（见附录2）。

二、集中政策优势促进产业向西部优势区位集群转移

产业转移的区位选择指向是优势区位。由于西部地区距离我国产业重心和国际产业转出地比较遥远，与中部相比，西部不具有地理区位优势，但是，西部地区中的局部区位仍有比较优势，也具有梯度性。因区域性梯度差异，使得产业转移成为可能，在这种情况下，布局显得格外重要。因此，西部地区也要在空间上做好梯度承接产业转移的准备。

（1）以三个经济区为突破口，梯度承接产业集聚转移。产业转移往往是在少数适宜的区位上首先发生集结，具有梯度扩散的特点。西部地区的成渝经济区、关中—天水经济区、广西北部湾三个经济区离我国产业集聚中心区距离近，更重要的是有国家支持其在西部优先发展的政策优势。这三个经济区作为西部优势产业聚集区，尤其是高端制造业的集群区，也可能是承接国内外高端制造业集聚转移的突破口。因此，要加强规划统筹，优化产业布局，率先支持、引导转移产业向三个经济区集聚，促进产业转移园区化、集群化，增强三个经济区的产业集聚能力。随后，发挥三个经济区的引领和带动作用，加快内蒙古、贵州承接国内外产业转移的速度，与三个经济区构成承接国内外产业转移带，最后，向西部地区第三、第四梯度由近及远推进。西部地区要紧紧依托大中城市和工业园区，建立一批承接优势产业转移的示范区，尤其是高端示范区，鼓励国内外产业向优势区位大规模转移，加快优势产业发展步伐。

（2）引导转移产业向园区集中。要把工业园区作为承接产业转移的重要载体和集聚区，加强园区交通、通信、供水、供气、供电等配套基础设施建设，增强园区综合配套能力，引导转移产业和项目向园区集聚，形成各具特色的优势产业集群。同时，发挥好园区已有重点产业、骨干企业的带动作用，吸引产业链条整体转移和关联产业协同转移，提升优势产业集聚能力，促进专业化分工和社会化协作。

（3）加强统筹规划，优化园区布局。布局对承接产业的重要性在于承接产业转移应该有先后顺序，突出重点，兼顾一般，必须与区位比较优势梯度相适应。首先，国家要制定政策，增强西部国家级工业园区的优势产业集聚能力和产业转移的承接能力，优先促进转移产业向三大经济区的国家级园区集聚（见附录1），然后，依次向贵州、内蒙古以及其他国家级工

业园区由近及远推进。同时，西部地区依据各自优势产业构成、特点和分布，制定分类促进规划，引导各类转移产业向园区集中。要着力建设或改造一批承接东部与国际产业转移的主题园区，努力使各产业园区成为承接产业转移、带动本地优势产业快速发展的基地和龙头。总体上，西部地区形成工业园区承接主体的格局（见附录2），更好地发挥转移产业在优势产业聚集中的促进效应。

（4）实施地区外突破，促进合作工业园区建设，吸引产业集群式转移。联合共建合作产业转移工业园区是一个共赢的选择。产业转移合作园区实行“风险同当、利益共享”原则，建立产业集群共同体，达成产业输出地和承接地的双赢，实现企业集群或产业链式的“一揽子”转移。通过新建或现有工业园重组、改造，建成一批合作工业园区如APEC工业园区、独资工业区、高端产业园区，形成功能定位合理的工业园区体系。这其中的关键是财税政策、土地宏观调控等问题，由合作双方按协议规定工业园区产生的税收等各种费用的两地分担比例。

（5）创新合作工业园区方式。通过利益机制东西部合作共建工业园区，既能激励产业输出地投资方的积极性，又能有效解决西部地区引资难、区域产业发展动力不足等问题，同时也有利于加快产业向西部地区优势产业的集聚转移，实现产业转移区与承接区的无缝对接。合作工业园区方式主要有：异地工业集群园区和配套园区，由产业输出方在承接地建立异地化的工业园区或西部优势产业配套产业园区；鼓励东部地区、外国与西部地区共建产业园区；对口支援工业园区，探索深化东部对口支援西部方式，以建设合作园区及实现产业对口转移。西部各地和国家有关部门应制定相应措施，鼓励东部地区开发区和企业通过租赁、股份经营等方式在西部地区现有开发区和工业园区内设立“园中园”、“区中区”，形成“一个优势产业、一个园区、一个龙头、一批品牌、一批配套企业”的专业化集群发展模式。

三、大力促进国际产业向西部优势产业的集群转移

FDI在我国具有地区与产业双重集聚的特点。一方面，FDI集聚在高端制造业，FDI工业对高端制造业的参与度最高，高端制造业已处于受控状态，另一方面，东部对FDI工业依存度较高，中部和西部的FDI工业参与度

很小（赵果庆、杨怡爽，2011）。FDI 对产业具有明显的溢出效应，这一点以汽车产业（西部优势产业所在产业）为例得到实证（赵果庆，2009）。更重要的是 FDI 产业对西部优势产业所在内资产业具有明显的非线性转化效应，而西部地区大多数属于“低水平俱乐部”。因此，在新一轮国际产业转移中，西部地区优势产业在吸引国际产业转移方面面临重大的机遇和挑战，来自高端制造业的挑战更大，只有以更大的力度构建西部地区吸引 FDI 的长效机制，克服地理力量影响，才能有效促进 FDI 向西部优势产业集聚、集群发展。

（1）对国际产业转移的承接必须坚持要以发展西部优势产业，尤其是高制造业集群为导向，大规模引导外资投向西部优势产业。

（2）努力使西部优势产业所在的企业成为跨国公司的生产基地或整个国际产业链的一部分，借助跨国公司的资金、技术、品牌和营销渠道优势，带动西部优势产业产品进入国际市场。

（3）要重视关键设备、专利、专有技术、软件等配套技术的引进，通过引进增强西部优势产业自主创新能力；同时，注意对引进的高、精、尖技术的系统消化和吸收，并加以创新，提升企业自身的核心技术和关键技术。

（4）鼓励西部优势产业与国外大型跨国公司合作，创出自主国际品牌，参与国际市场竞争；积极借助跨国公司的技术优势、信息优势、市场拓展优势，加强与境外大企业的联系，促进西部优势产业的技术、人才、资金、产品等方面的国际化，提高西部高端制造能力。

四、完善西部优势产业承接产业转移的支持体系

（1）科学制定西部地区承接产业转移的规划，积极承接适合本地优势产业发展的转移产业。西部地区政府在构建承接机制时，应遵循产业转移的客观规律和产业匹配性原则。优势产业发展一般具有一定的路径依赖，选择承接的产业时必须充分考虑本地的优势产业承接能力，如技术基础、资源禀赋状况、人力资本水平、环境状况等系统条件。在统筹规划西部地区优势产业布局时，根据各地实际规划发展各类农产品加工业及相关深度加工产业，合理布局开发能源、矿产资源的产业，注重生态环境保护等相关产业配套发展，促进高端制造业的重合产业发展。

（2）为西部承接产业转移营造良好的环境。完善基础设施建设，加强公共服务平台建设，打破地区封锁，消除地方保护，为承接产业转移营造良好的环境。一是完善承接区位的交通基础设施。加强西部地区间交通干线和区域内基础交通网建设，加快构建便捷高效的综合交通运输体系。促进物流基础设施的资源整合和有效利用，完善现代物流体系，进一步降低产业转移成本。二是强化公共服务支撑。发展西部跨地区产业技术创新战略联盟，建立完善的公共信息、公共试验、公共检测、技术创新等服务平台，规范发展技术评估、检测认证、产权交易、成果转化等中介机构。加快社会诚信体系建设，建立西部地区间信用信息共享机制。三是改善承接产业转移软环境。西部地区要积极与沿海发达地区对接，对照长三角和珠三角软环境的各项指标，寻找自身差距，加以改进，主要是创建法制严明、服务良好、商务成本低的环境，着眼于优化服务环境，提高政府行政效能，促进投资贸易便利化。规范政府行为，清理各种变相优惠政策，避免盲目投资和恶性竞争。

（3）建立西部承接产业转移引导组织。由国家财政部、商务部等牵头，在西部地区建立“承接产业转移促进中心”，按照市场导向、优势互补、集群布局的原则，有序协调西部各地区承接国内外产业转移。要把西部承接东部产业转移与东部优化调整产业结构结合起来，形成东西部地区合理的产业分工格局。同时，建立“西部承接产业转移基金”，既助于东部地区产业转出，又有助于西部地区的承接产业转入。支持东部地区企业通过多种方式与西部地区优势产业所在的企业建立长期的合资合作关系。

五、完善与出台相关制度法规

（1）制定《西部承接产业转移指导目录》。2012 年 7 月 26 日，我国工业和信息化部（以下简称“工信部”）颁布《产业转移指导目录》（2012 年本）。这是工信部首次就推动产业有序转移出台的综合性指导文件，此文件着眼于解决产业转移过程中出现的各地之间盲目竞争、产业无序流动、落后生产能力转移等问题，对实现区域协调发展具有重要意义。对于西部产业转移，该文件一方面指出西部地区 44 个区位（经济区、产业带、开发区）工业发展导向，另一方面指明西部 12 个地区优先承接发展的产业目录。这种差别化产业政策，为推动西部地区加快承接产业转移赢得更大的发展机遇提供了政策支持。然而，该文件关于西部产业转移的内容并不是针对优势产业制定的，政府还须根据西部地区的优势产业进行修订，制定专门、指向优势产业的《西部优势产业承接产业转移指导目录》。

（2）编制《西部地区承接产业转移优势区位目录》。西部地区地域辽阔，各地、各区位的优势产业发展条件差别较大，优势产业也有较大差异。从现有条件看，并不是所有西部地区、每个地区各个区位都具备大规模承接产业转移的条件。尤其是，西部地区在主体功能区划中有不少地区属于限制和禁止开发区域，这些地区不适宜大规模承接产业转移。因此，对西部地区而言，首先要依托北部湾地区、成渝地区、关中平原地区等重点开发区域和产业园区，引导和促进沿海转移产业和外商投资向这些地区的优势区位集中，使之成为产业转移的首要承接地；其次是把呼包鄂榆（呼和浩特、包头、鄂尔多斯、榆林）、黔中、滇中、藏中南、宁夏沿黄经济区以及天山北坡等地区培育成为承接产业转移的重点集聚区。为此，西部各地要以工业园区为承接产业转移的目标区位，要把承接产业转移与优势产业配套、产业结构升级结合起来，制定详细的承接产业转移优势区位目录，鼓励和吸引东部地区公司和跨国公司到西部地区设立生产制造基地、配套基地、研发中心和地区总部。

（3）加快制定《西部地区优势产业外商投资目录》。从 2012 年 1 月 30 日起，我国施行国务院批准的《外商投资产业指导目录》（2011 年修订）。国家发展和改革委员会与商务部发布第 4 号令，公布《中西部地区外商投资优势产业目录》（2008 年修订），自 2009 年 1 月 1 日起施行。从目前情况看，其中的《西部地区外商投资优势产业目录》（见附录 3）的内容已难满足西部优势产业集群发展的需要，必须加快制定专门的《西部地区优势产业外商投资目录》，延长高端制造业及优势产业链，明确延伸产业内容。对符合国家产业政策的产业转移项目，根据权限优先予以核准。

（4）增大吸引 FDI 的力度。以《西部地区外商投资优势产业目录》为基础，西部各地区要从优势产业的自身条件出发，制定本地区外商投资促进规划，各地要认真实施国家各项优惠政策，并在环境、资源、人力、生产、技术、市场等方面给予支持，引导国外投资者尤其是大型跨国公司向优势产业集聚投资，促进西部地区优势产业发展和产业结构的优化升级。

六、杜绝"二高一低"（高污染、高能耗、低技术）产业向西部转移

从产业转移理论看，无论是国内，还是国际，发达地区与国家向外转移的产业一般是边际产业。产业转移往往先从劳动密集型、资源加工型低端产业的转移开始，然后依次到资本密集型、技术密集型产业的转移。这种产业转移中有相当部分是高污染、高能耗、高物耗、低附加值的产业，产业转移的同时，污染也随之转移。从东部看，东部的边际产业也并非完全是西部地区优势产业的重合产业，东部高端制造业也是其优势产业，集群优势又延缓产业转移，资源及劳动密集型产业也并非到衰落阶段。另外，东部省区产业转移首先转向本地区不发达区域，因此，东部向西部转移的产业的数量与质量不容乐观。而且，西部地区是我国大江、大河的发源地，是我国天然的生态屏障，同时也是生态脆弱地区。西部在承接国内外产业转移时，不能走先污染后治理的老路，要把生态保护和生态文明建设放在首位，并贯穿于承接产业转移的整个过程中，避免低水平复制。

（1）严把产业准入门槛。西部产业承接必须符合区域生态功能定位，严格按主体功能区规划承接产业，严禁国家明令淘汰的落后产能和高耗能、高排放等不符合国家产业政策的项目转入，尤其是转入禁止开发区。对高污染、高能耗、高物耗、低附加值的转移产业承接要严加控制，对于超出环保指数的产业，宁缺毋滥，即使它是西部优势产业的重合产业，也坚决予以拒接。全面落实环境影响评价制度，对承接项目的备案或核准严格执行有关能耗、物耗、水耗、环保、土地等标准，做好水资源论证、节能评估审查等工作。

（2）推进资源节约集约利用。加强耕地资源保护，防止在承接产业转移中侵占基本农田。制定相关产业建设用地控制标准，提高土地投资强度和用地密度。加强水资源保护和合理利用，建立和推行用水定额管理制度，大力提高废污水处理回用率。鼓励企业采用节能、节水、节材、环保先进适用技术，改造生产流程及实施相关项目建设，降低单位产出的能源资源消耗。严把资源节约关，防止落后和过剩产能向西部地区转移，鼓励和支持承接产业转移园区发展循环经济。

（3）加大污染防治和环境保护力度。加强承接产业转移中的环境监测。

加强产业园区污染集中治理，建设污染物集中处理设施并保证其正常运行，实现工业废弃物循环利用。大力推行清洁生产，加大企业清洁生产审核力度。严格执行污染物排放总量控制制度，实现污染物稳定达标排放，完善节能减排指标体系及监测和考核体系。加强对西部生态系统的保护，在优势产业集群发展过程中着力改善生态环境。

第五节　区域合作机制创新与促进政策

产业是一个开放的体系，它必须与外部环境发生物质、能量和信息交换才得以存在与发展。而产业集群是高效、集约和集聚式地利用物质、能量和信息的一种组织形式。西部优势产业发展就是要扩大开放，加速物质、能量和信息集聚，产生聚合能，这就要求有一个更开放的环境。扩大内陆开放，创新区域合作机制是实现物质、能量和信息向优势产业集聚的内在要求。由于西南片区与西北片区的区位地缘、优势产业有所不同，在区域合作上的优势也有差异，两片区不仅各自要实现区内一体化，而且要实现两片区一体化；同时还要与其他区域合作，在合作的机制与合作框架下，加速产业转移与资源配置，强化优势产业发展。

一、推进西部地区一体化

（1）加强西南六省区市七方协作区合作，推进一体化进程。西南六省区市七方协作区包括云南、贵州、四川三个省，广西、西藏两个自治区，重庆直辖市和成都市，其前身是1984年初四川、云南、贵州、广西和重庆市共同创立的四省区五方经济协调会。随着西藏自治区和成都市的先后加入，变成五省区七方经济协调会，1997年重庆市升格为直辖市后，形成现在的六省区市七方经济协调会。西南六省区市七方经济协调会已经形成了大西南地区稳定的区域合作协调机制，其运行的执行由西南六省区市七方经济协调会承担。经济协调会是跨省区、开放型、区域性的高层次横向经济协调组织，遵循“自力更生、多方联合、国家支持、共谋振兴”的方针，按照“扬长避短、形式多样、互利互惠、共同发展”的原则，发展横向经济联合与协作，已取得显著成果。但是西南六省区市七方协作区目前还停留在经济协作阶段，而且经济联合与协作基本上还是政府主导。随着西部大开发的深入推进，西南六省区市七方协作区要创新合作机制与合作方式，逐步走向一体化发展道路，为优势产业的合作与联动发展创造条件。

（2）构建西北六省区一体化合作新模式。西北五省区的习惯说法，包括陕西省、甘肃省、青海省、宁夏回族自治区和新疆维吾尔自治区。现在的“西北六省区”是“西北三省二区”再加上内蒙古自治区，形成西北片区。相对西南六省区市七方协作区来说，西北六省区协作区的合作机制尚未完全形成，要以共谋优势产业发展为纽带，加快一体化进程。其一是以新疆天山北坡经济带为核心，以兰新线和沿黄城市为纽带，构建优势产业集群。其二是以西安为中心，构建兰州、宝鸡、银川高端优势产业集群基地，发挥比较优势，大力发展医药工业、装备制造业、食品工业等优势产业。

（3）推进西部两片区一体化。尽管西部西南片区与西北片区合作机制、合作基础、合作方式存在显著差异，但在西部大开发的旗帜下，振兴西部的目标和愿望是一致的。因此，西部各地区要求同存异，全力合作，推进一体化，为优势产业集聚、集群发展创建统一的、开放的环境。一是市场一体化。市场一体化要求形成各种要素市场的有机统一体，它包括一体化的资本市场、一体化的消费市场、一体化的技术市场、一体化的人力资源市场、一体化的产权市场等。因此，西部地区要尽快构筑区域经济一体化的要素综合市场，消除各种形式的地方壁垒，为优势产业集群发展提供一个完善、开放、要素自由流动的环境，发挥市场配置优势资源的决定性作用。二是交通网络一体化。以铁路、高速公路及其他快速干道建设为纽带，完善西部区域内以铁路和高等级公路为主的交通网布局，加快西部地区城市间快速干道的配套与衔接，完善交通、物流网络。三是信息一体化。要建设覆盖整个西部地区的信息网络平台，包括建设区域一体化的企业信息平台和信息服务体系。四是西部地区优势产业一体化。西部地区优势产业一体化，是西部一体化的核心内容。根据比较优势形成产业分工，实现西部地区产业结构合理化，以提升产业结构高度化和集群能力。在集群体系内的企业群可利用企业内各方的资源、品牌、资金、信息等要素进行优势整合，形成跨地区的优势产业基地，乃至形成全国性的产业中心。

二、深化东西部区域合作

（1）健全合作机制，发挥区域性合作组织的作用。目前，我国东部与西部发展不平衡、不协调、不可持续的问题依然比较突出。东部地区要摒弃竞争排他观念，树立互惠互利和区域协调发展的大局观，通过西部优势产业与东部的分工和协同，从区域产业一体化的整合中产生集聚和累积效应，从而促进西部地区优势产业可持续发展。国家要先支持内蒙古与京津冀，贵州、广西与珠三角，重庆与长三角地区开展合作，构筑区域产业合作新格局。

（2）推进全国区域产业一体化。首先，应该运用行政手段，打破省际分割，打破地域界限，消除壁垒和一体化抗拒，先从行政体制上解放市场。其次，放手发挥市场机制自身的内动力，促成其形成覆盖西部的各种要素市场。加快形成西部地区商贸网络，加大商品交流的广度和深度，促进生产要素互动、互补式流动。最后，结合区域的优势产业布局调整，开展区域性的产业资产重组、异地并购、产权交易等业务，为区域产业一体化打下基础。

（3）促进区域间的相互协作、信息沟通和交流。这是降低交易成本、推动和促进区域间生产要素合理流动的有效途径。一是要围绕各区域比较优势，健全区域间相互协作和合作的机制，鼓励和支持各地区间开展多种形式的区域经济协作和技术、人才合作，形成以东带西、东中西共同发展的新格局。二是要通过规范发展各类中介组织、充分利用现代科技手段等方式来完善和促进区域间的信息沟通和交流，以最大限度地实现信息透明化和解决信息不对称问题，提高要素流动速度与效率。

（4）促进东中西部良性互动，规制优势产业的发展环境。一是要树立开放经济的观念，从全局、整体利益出发，维护全国性统一市场的形成。二是要适应市场经济要求，把政府职能进一步转换到主要为市场主体提供服务和创造良好发展环境上来。三是要加强交通、电力和通信等基础设施建设，以降低交通、信息和管制等方面产生的跨区域交易成本和产业转移成本。

（5）创新地区协作与对口支援机制。在防止重复建设和禁止落后技术向西部转移的前提下，在投资、财政、税收、信贷、经贸、工商、劳动力、统计等方面采取积极有力措施，支持东部、中部地区企业到西部地区以投资设厂、参股入股、收购兼并、技术转让等多种方式进行产业合作。

（6）要搭建制度平台促进东西部互动。政府要将优惠措施纳入制度化轨道，通过财政补贴、贷款贴息等方式，鼓励外商和东部地区的企业到西部投资兴业，促进产业向西部地区有序转移。推动东西部合作共建西部地区优势产业园区，园区的税收和各种规费由合作双方按协议分担，从而实现产业输出地和承接地的“双赢”。要健全工作协调机制促进东西部互动，进一步推动东部与西部省区政府间的高层会晤和工作协调机制，建立日常工作联系，加强沟通、协商和配合，为实现产业转移提供有效的制度平台。

（7）加强区域产业转移合作。完善东西部区域产业互动合作机制，在合作框架下实现产业转移与承接。推动建立西部地区与其他省区间产业转移统筹协调机制、重大承接项目促进服务机制等，引导和鼓励东部沿海地区产业向西部地区梯度转移。同时，充分发挥行业协会、商会的桥梁和纽带作用，搭建产业转移促进平台。提升各类大型投资贸易会展活动的质量和水平。在西部条件较好的区位，尤其是三大经济区，设立承接产业转移示范区和高端产业承接区，充分发挥其典型示范和带动作用。做好产业转移与对口支援、对口帮扶工作的衔接。

（8）加强区域产业互动合作。加强西部与东部地区广泛开展的基础设施、生态建设、环境保护、特色农业、矿产资源开发利用、重大装备制造等领域的互动合作和项目对接工作，引导和支持各类生产要素在更大范围内流动和配置，促进区域间形成合理的产业分工格局。推动西电东送、西气东输、西煤东运等资源协作区域的政府间合作。

三、促进西部劣势产业向外转移

西部因地理位置偏远和政策滞后，对外开放进程比较缓慢，加快扩大内陆沿边开放，是西部优势产业发展的内在要求。鼓励和支持西部地区全面参与中国—东盟自由贸易区、上海合作组织、湄公河流域开发、两廊一圈、中印缅孟经济走廊等次区域合作，扎实推进泛北部湾经济合作区建设进程，在多边区域合作框架下，以项目带动产业转移，吸引国际产业向西部地区优势产业转移。同时，鼓励和支持西部地区边际产业向周边国家转移，实现产业结构合理化，以优势产业发展为核心，支撑桥头堡建设。

（1）全面推进西部地区对外开放。加强综合交通运输通道建设，打造重庆、成都、西安、昆明、南宁、贵阳等内陆开放的战略高地。积极推动宁夏形成我国面向阿拉伯、伊斯兰国家开放的重要窗口。积极推进重庆两路寸滩和西永、四川成都、广西钦州、陕西西安等海关特殊监管区域建设。继续支持办好中国西部国际博览会、中国—东盟博览会、中国—亚欧博览会，充分发挥其对外开放和区域合作平台的载体功能与带动辐射作用。依托中心城市和城市群，加强对外经贸合作，开拓国际市场，提升外贸规模，扩大边境贸易，扩大外商投资优势产业领域，在西部培育一批深加工基地、服务外包基地、保税物流基地。

（2）支持大西南地区参与次区域合作。中国与东盟国家的次区域合作已比较成熟。按泛北部湾合作有关协议，广西与协定泛北部湾经济合作有关国家建立了合作关系。广西、云南要凭借其独特的区位优势，充分利用大湄公河（简称GMS）与中越“两廊一圈”合作基础，与大湄公河次区域国家建立涉及具体项目的合作机制。着力建立南宁—新加坡经济走廊沿线省市的行政首长工作组机制，利用现有的GMS合作机制，分段分区域地推进南宁—新加坡经济走廊南宁—曼谷段沿线省市的合作。突出中越“两廊一圈”建设，在GMS框架下建立与越南、老挝和泰国的沟通协调机制。同时，与越南建立物流合作机制，将与越南的跨境运输与口岸直通纳入《大湄公河次区域的跨境运输协定》框架，实现跨境运输的直进直出。

（3）完善上海合作组织，促进大西北地区参与次区域合作。2001年6月15日，中国、俄罗斯、哈萨克斯坦、吉尔吉斯斯坦、塔吉克斯坦和乌兹别克斯坦六国元首会聚上海，宣布上海合作组织正式成立，并签署了《上海合作组织成立宣言》。目前，上海合作组织成员国区域总面积达3000多万平方公里，人口为15亿左右。与新疆一样，陕、甘、宁、青四省区便利的地理位置条件也决定了它们与俄、哈、吉、塔、乌五国携手共建经贸同盟的必要性。

上海合作组织自成立以来，各方一直致力于推动区域经济合作与一体化。区域经济一体化可以在两个层面展开：一是实质层面，意指成员国之间经济活动中各种人为限制和障碍逐步被消除，各国市场得以融为一体，企业面临的市场得以扩大；二是形式层面，意指成员国之间签订条约或协议，逐步统一经济政策和措施，甚至建立超国家的统一组织机构，并由该机构制定和实施统一的经济政策和措施。根据《上海合作组织成员国政府间关于区域经济合作的基本目标和方向及启动贸易和投资便利化进程的备忘录》，能源、交通运输、电信、农业、旅游、银行信贷领域，水利和环境保护领域以及促进中小企业实体间的直接交流是合作的主要方向。在此基础上，西北地区在交通、港口、服务业、能源、农产品加工等更多方面与周边国家开展合作，推进投资合作向优势产业的纵深方向发展。

（4）有效利用中国—东盟自由贸易区合作平台，加快产业转移进程。中国和东盟 10 国建立的自由贸易区，称为中国—东盟自由贸易区（CAFTA）。东盟与中日韩（10＋3）领导人会议于 2009 年 1 月 1 日举行，中国—东盟自由贸易区正式启动，这是世界上人口最多的自由贸易区，是全球第三大自由贸易区，也是由发展中国家组成的最大自由贸易区。随着中国—东盟自由贸易区建成，中国与东盟合作已发生积极而深刻的变化，已由一般贸易向全面合作快速发展，由各自独立的板块市场走向一个相互融合的大市场。东盟首次成为中国企业在国外投资的第一大市场。

按照《中华人民共和国与东南亚国家联盟全面经济合作框架协议》，中国—东盟自由贸易区包括货物贸易、服务贸易、投资和经济合作等内容。其中，货物贸易是自由贸易区的核心内容，除少数敏感产品外，其他全部产品的关税和贸易限制措施都已逐步取消，实现零关税。次区域经济合作最重要的动因是合作方在经济上存在互补性，这种互补性促使生产要素跨国界流动，加快产业跨国转移，从而实现了资源在次区域范围内的合理配置。

西部地区尤其是大西南地区，要充分利用 CAFTA 合作机制，利用合作框架和机制中的各种优惠的经贸安排、资金自由流动、次区域间投资等，在自由贸易区中谋求优势产业更大的发展空间。一是加快水能资源的开发合作。坚持可持续发展和与下游国家互利互惠的开发原则，发挥云南水能资源优势和技术优势，积极开展与 GMS 国家的水电开发合作，构建中国—大湄公河次区域能源产业大通道，促进能源资源在更大范围内优化配置；稳步推进云南与大湄公河次区域国家电力联网建设及电力贸易，不断扩大向 GMS 国家的售电规模；共建大湄公河次区域跨国电网及区域电力市场。二是加大矿产资源开发合作。充分利用国内外“两种资源、两个市场”，积极推动西南地区与 GMS 国家的矿产资源开发合作，在周边国家建立优势产业资源基地。三是采取多种措施，加大资金支持力度，降低企业“走出去”成本，推进西部边际产业向 GMS 国家转移。积极争取亚洲开发银行等国际组织的支持，建立 GMS 产业转移基金，支持西部地区优势产业承接区域内跨国资源，鼓励企业走向 GMS 国家发展。四是推进中印缅孟经济走廊建设，西部有条件的地区可以合资或独资等方式参与柬埔寨、泰国、越南的经贸合作区开发建设，建立异地产业园区，实现产业集聚转移。云南优势产业要率先利用“中印缅孟经济走廊”建设机遇，建立异地优势产业基地。

第六节　专项促进政策

西部优势产业的集群发展，离不开中央政府的大力支持。在中央政府的政策工具中，最重要的是财政政策，其次是金融政策、土地政策等。为促进西部地区优势产业发展，必须进一步改善投资环境，引导和支持产业有序转移和承接，在财税、金融、投资、土地等方面给予必要的政策支持。

一、财税政策

中央政府要通过税率、转移支付等政策，支持西部地区改善优势产业发展的资源配置环境，优化优势产业的承接环境，促进西部地区优势产业、配套产业和承接转移产业的集群化。对西部地区三大经济区、工业园区以及优势产业项目、配套项目和承接转移项目实施财政贴息，对一些优势产业产品，政府作为第三方进行采购。

（1）实施税收优惠政策。对西部地区优势产业发展与转移项目，在符合国家现行政策规定的前提下，按照能免则免、能减则减、就低不就高的原则进行。对符合条件的国家级经济技术开发区和高新技术开发区的公共基础设施项目贷款实施财政贴息。对投资西部地区优势产业的项目和外商投资优势产业的项目，在投资总额内进口的自用设备按规定免征关税。

（2）加大财政扶持力度。对符合国家产业政策的西部地区优势产业需要承接转移的企业，其上缴的各项税收中的地方所得部分以适当比例返还给企业。属“飞地产业”引进和承接的企业，其上缴的税收中的地方所得部分，由转出方和企业落户地政府协商确定分成比例，其他税收优惠政策按国家制定的相关政策执行。由财政出资设立“西部承接优势产业转移专项基金”，建立中央、西部省市区、市三级财政支持产业转移及项目建设的支撑体系，加大对产业转移和优势产业新建项目的基础设施、公共服务平台建设的支持力度；对鼓励类的产业转移项目和优势产业项目，银行贷款要给予财政贴息。对优势产业园区内城市建设配套费用实行先征后返、各级全额返还给工业园区的方式，用于基础设施建设。各级财政在新投产和新扩建优势产业企业增加上缴的税收地方分成部分提取一定比例的资金，专项用于产业转移项目的扶持。

（3）中央财政要加大对西部地区优势产业的转移支付力度，加大资金保障，改善优势产业及承接产业转移环境。加大资金投入，争取国家财政对西部国家级工业园区（见附录1）公共基础设施项目贷款贴息，大力改善园区基础设施条件，扩大优势产业承接转移的能力。整合相关促进西部优势产业发展的资金，加大对各级园区基础设施建设、公共服务平台建设、激励机制建设和鼓励重大产业转移项目、新建优势产业项目的支持力度。对投资西部地区国家鼓励类的优势产业和外商投资优势产业的项目，符合国家减免税费政策规定的，一律按规定给予减免。对优势产业给予股权投资机构和股权交易财税扶持鼓励。

（4）优先布局重大优势产业项目。合理调整全国产业分工布局，由国家审批或核准的，符合西部地区优势产业发展的重大产业项目在同等条件下优先安排在西部优势区位。按照统一规划，支持西部地区具备基本条件，有资源、有市场、有效益的优势产业资源就地加工转化。中央大企业应当积极参与西部地区优势产业重大项目建设。

（5）中央政府投入向西部优势产业倾斜。从中央预算内资金和长期建设国债资金中安排一定额度，支持西部地区优势产业发展。重大装备制造、高端制造、高新技术产业化、农副产品加工、资源深加工等方面的投资补助和贴息，对西部地区给予倾斜。对西部地区老工业基地改造、军工基地转型、资源密集区枯竭矿山治理，在资金投入上也要给予适当照顾。对经国家认可的农业产业化龙头企业固定资产投资贷款给予贴息。西部地区各级政府也要加大资金投入力度，支持优势产业发展。

二、金融政策

国家要鼓励和引导金融机构对符合条件的西部优势产业承接转移项目

和建设项目提供信贷支持。鼓励金融机构在风险可控的前提下为东部地区企业和跨国公司并购、重组西部地区优势产业的企业提供支持。支持西部地区金融机构参与全国统一的同业拆借市场、票据市场、债券市场、外汇市场和黄金市场的投融资活动。鼓励和引导外资银行到西部地区设立机构和开办业务。支持有条件的西部地区开展人民币自由兑换业务。支持符合条件的西部优势产业企业发行企业债券、中期票据、短期融资券、企业集合债券和上市融资。

（1）创新适应西部地区优势产业集群发展的金融组织体系。人民银行总行应充分考虑西部地区优势产业集群发展的实际情况，特别是要加快推进西部地区优势产业发展，提升产业结构，转变发展方式，在协调各商业银行总行的信贷规模、资金安排等方面给予西部地区倾斜，加快对西部地区上报优势产业项目的信贷资金审批速度。地方性金融机构要满足西部地区优势产业多样化发展的需求，组建多元化的地方性金融机构，包括：积极发展西部区域性商业银行；组建西部优势产业发展银行，对优势产业实行政策性补贴的低贷款利率；建立西部优势产业中小企业发展银行，并在此基础上建立西部中小企业信用担保组织，直接为西部优势产业的中小企业进行融资服务；积极引进全国或区域性股份制商业银行和外资银行，鼓励其在西部地区设立分支机构，为优势产业开展业务。

（2）创新适应西部地区优势产业集群发展的金融产品。中央政府应制定倾斜性的货币政策，通过政策性银行进一步加大对西部地区优势产业发展提供的信贷支持力度。政府通过对优势产业的扶持意向，引导金融资源流入西部地区优势产业。针对西部发展优势产业集群的实际情况，可以采取的倾斜性货币金融政策，主要包括：实行较低的法定准备金；对贷款利率进行补贴；放宽市场准入标准；增加再贷款、再贴现的额度；适当延长再贷款期限等。还要增强银行对西部优势产业集群中的中小企业金融支持的积极性，对中小企业实行优惠利率和贴息政策，以弥补银行对中小企业贷款融资的高成本和高风险代价。建立西部优势产业的中小企业发展基金，其一是中央和西部地方各级财政的专项基金，其二是通过证券市场发行证券，向社会直接筹资。支持金融机构对西部优势产业企业及承接转移企业提供专利权、商标专用权、专有技术等无形资产的抵押贷款。加大对西部地区优势产业企业上市的培育力度，支持符合条件的企业在境内外上市融资。支持符合条件的上市公司通过公司债、可转债、增发新股等方式再融资，支持承接优势产业转移项目。推动西部地区优势产业上市公司战略重组，多渠道扩大直接融资规模。支持西部地区有实力的转移企业按照国家规定发行企业债券和短期融资券、中期票据等非金融企业债务融资工具融资，允许转移企业以股权融资、项目融资和资产证券化融资等方式筹集资金。设立“西部优势产业投资基金”和各种建设债券，积极开展融资租赁项目，采用 BOT、TOT、ABS 等投融资方式，引导外资和社会资金参与各类优势产业进行资本集聚。

（3）创新适应西部地区优势产业集群发展的全方位金融服务。各类银行要树立为西部地区优势产业创造价值的经营理念，不仅从授信、结算等方面对西部地区优势产业进行全方位的金融支持，还应发挥人才、网络、资金、经验、信息等优势，积极创新开发适合西部地区优势产业融资需求的个性化金融产品。要根据企业所在优势产业的特点，灵活制定不同的金融支持方案，由单一的资金支持向综合性金融服务转变。积极运用多种金融工具为西部地区优势产业企业提供结算、汇兑、转账、代理等多种金融服务。对于西部地区优势产业价值链高端的中小企业，金融机构更要通过贸易融资、封闭贷款、短期授信等方式给予支持，扩大银行承兑和票据贴现业务。金融机构要参与西部地区优势产业企业的理财咨询，在市场信息、企业改制、企业上市、资产重组、人员培训、国际合作和企业资信等方面提供全方位的金融服务。大力发展股权投资，引进股权投资基金和股权投资机构落户西部地区，发展创业投资、股权投资和风险投资，支持优势产业企业与转移企业运用创业投资等方式拓展融资渠道。

（4）创新适应西部地区优势产业发展的信用担保体系。全面推进西部地区社会信用体系建设，为支持西部地区优势产业发展及其承接产业转移提供良好的信用环境。一是建立以政府为主体的信用担保体系，由各级财政出资设立具有法人资格的西部担保机构，实行市场化、公开化运作，接受政府监督，并将担保资金列入政府年度预算。二是成立商业性担保体系，出资主体以法人、自然人为主。按《公司法》的有关规定，担保机构组成有限责任公司，独立核算、自负盈亏。三是建立互助型担保体系。中小企业为缓解自身贷款难问题，根据自愿原则，自发组建担保机构，可以自我出资、自我服务、自担风险，按规定缴纳一定的会费就可以获得数倍于会费的担保贷款额度。四是加大对转移产业的信贷投入力度，结合承接国内外产业转移特点，创新贷款担保、审批方式，增加对外转移企业的贷款额度，适当放宽对企业贷款的抵押条件，探索开发符合承接转移产业的金融产品，大力推行担保机构担保贷款。五是把昆明建成面向东南亚、南亚的国际金融中心。

（5）营造金融支持西部地区优势产业发展的良好环境。一是大力发展直接融资，提高直接融资比重，形成多层次、互补式的融资结构，帮助优势产业做大做强。二是要依法保护金融机构的权益，规范企业行为，加大打击恶意逃废金融债务行为的力度。三是提高企业信用意识，培育企业信用观念。在西部优势产业领域倡导诚实守信的风气，营造良好的企业信用氛围。四是地方政府应制定鼓励金融机构支持优势产业发展的优惠政策，包括减免税费、提供贴息等，调动金融部门支持西部地区优势产业发展的积极性，为金融机构增加信贷投入创造良好的外部环境。

（6）广泛吸引国内民间资本。为积极引导国内民间资本投向西部地区优势产业，国家应制定更加优惠的投资激励政策。采取减免税收、财政贴息或低息等措施，鼓励国内尤其是东部优势产业企业兼并收购西部地区优势产业企业，进行跨地区资产重组。鼓励和引导民间资本优先进入西部三大经济区及其他优势区位的优势产业，也鼓励民间资本投向优势产业配套的基础设施、市政公用事业和社会事业等。

三、土地政策

（1）实行差别化的土地利用和土地管理政策。在确保耕地数量和质量，严格控制工业用地增加，坚持节约、集约用地的前提下，统筹安排用地指标，对西部三大经济区的优势产业重大产业项目以及国家鼓励发展的高技术产业、战略性新兴产业、高端制造业项目，优势产业链拓展新工艺和新产品项目优先给予用地保障。

（2）制定新标准，探索新制度。严格执行工业用地出让最低价标准，制定西部优势产业中优先发展高端制造业、矿产资源和生物资源产品深加工项目的用地支持目录，依据国家产业政策导向的最低价标准实施政策，根据西部不同地区优势产业，采用优势产业用地弹性出让和年租制度。

（3）对用地集约型优势产业转移承接项目优先供应土地，鼓励采取短期出让或租赁方式取得工业用地，降低企业前期投入成本。

四、科教文化政策

（1）加强与东部地区科技合作与交流，在有条件的领域建设西部地区优势产业技术创新战略联盟。

（2）引导西部优势产业园区建立技术创新体系，为园区内优势产业企业搭建研发平台，与有关高校、科研机构开展产学研合作，推进公共服务平台建设。

（3）鼓励支持西部有条件的优势产业企业建立研发机构和中试基地；支持西部地区高等学校提升人才培养与创新服务能力，结合西部地区优势产业发展与承接产业转移重点办好配套专业。

（4）创新人才培养模式，遴选一批适应西部优势产业发展需要的特色专业及课程进行重点建设。

（5）吸引高端人才向西部地区优势产业集聚。建立西部地区优势产业发展功勋奖，并将一些资源如长江学者等向西部地区优势产业相关的学科倾斜。

第九章　结论与政策精要

改革开放以来，我国东部与西部发展差距迅速扩大，其关键原因是西部改革开放滞后，加上区位劣势，在区域比较优势重组的浪潮中竞争性产业大面积衰退，民营企业发展不足，更主要是未能有效地承接国际产业转移，导致高端制造产业集群发展不足。世纪之交，国家启动了西部大开发战略，但政策的产业指向不明显，其后中央颁布《关于促进西部地区特色优势产业发展的意见》，已取得一定的成效。但西部地区与东部地区产业发展差距仍很大，突出的问题是产业结构不合理，优势产业自身发展能力弱。西部大开发的成功关键在于有效地促进西部发展优势产业，以促进产业结构调整，促进资源优势向产业优势转化。如何评价我国西部大开发的产业政策效应？西部地区优势产业有哪些、在哪里发展？如何发展是纵深推进西部大开发中促进西部地区优势产业发展的基核。

第一节　西部地区优势产业发展的问题与政策难点

一、西部大开发及产业政策响应

实施西部大开发以来，为促进西部地区加快发展，国家出台了若干有关政策措施。同时，建成西气东输、西电东送、青藏铁路等一批重大工程，涉及公路、铁路、民航、水电等社会经济发展领域，极大地夯实了西部的产业基础，产业发展的软件与硬件环境得到加强，西部地区产业发展取得了显著成效。

（1）已抑制住产业继续向东部集聚的格局。总体上，现在我国产业重心已向西部有所移动，已抑制住产业继续偏向东部的势头。然而，四类产业重心的变动仍有差距，主要表现在，采掘类（B类）和电气水（D类）产业重心向西部移动，而低端制造业（CL类）和高端制造业（CH类）重心变动较小，尤其是CH类产业重心变动最小。这说明，制造业集聚在东部，其集聚效应强，集群度高，产业难以成规模向西部转移而扩散。

（2）我国产业体系空间分布呈现出较为明显的集聚特征。我国产业集聚强度值偏高的产业占多数。总体上，我国产业集聚强度属超强集聚，但强度有所减弱，偏向合理分布状态，这说明区域一体化效应在加强。目前，我国产业集聚强度有下降趋势，这意味着，我国东部产业在空间上有转移扩散倾向。这验证了近年我国促进东部产业向中西部转移的政策已有所成效，同时也说明我国实施中部崛起和西部大开发战略的效应日益显现，中部与西部优势产业规模不断增强。

（3）西部产业结构失衡，低端化倾向明显。改革开放以来，我国区域产业比较优势发生较大的重组，东部地区向高端产业集聚的趋势越来越明显，而西部高端产业发生明显衰退，东西部产业极差明显扩大。西部大开发以来，西部工业结构水平不但没有明显改善，反而在降低。主要表现在西部B类和D类产业地位得到加强，而制造业尤其是高端制造业地位在下降。这意味西部地区的产业结构水平在下降，低端产业竞争力加强，工业结构升级和增长方式转换的难度更大。这也表明，西部地区的产业发展对自然资源的依赖更加紧密。

（4）西部产业发展具有较强的路径依赖，增长方式难以改变。西部地区产业产出的能源单耗远高于东部地区的水平，外部成本十分高昂，环境成本、生态成本非常高。这说明，西部地区的产业增长方式比沿海省区更粗放，能源消耗大，集约程度低，依然沿用传统的、高投入的、高污染的增长方式。这与西部地区高载能优势产业有密切关系。西部是我国重要的生态屏障，西部地区产业粗放增长方式给我国可持续发展和生态安全带来严峻的挑战。

（5）西部产业发展具有内向性。改革开放以来，东部承接了大规模的国际产业集聚，已把内向型经济转为外向型经济，而西部地区却失去承接国际产业转移而进行产业升级以及参与国际分工的机会，这主要表现在西部地区产业体系的开放度较低，产业外向度低，增长方式仍以内向式增长方式为主导。由于不能有效利用国际先进资源改造西部产业增长机制，西部地区优势产业增长对自然资源更加依赖，不断向低端集聚。

（6）产业转移政策效果不明显。无论是内资产业，还是FDI产业，在空间上都已形成了中心—外围式分布结构，云南、新疆、西藏在最外围地带。这种结构对西部承接产业转移产生了较大的抗拒。国家即使出台了促进国际产业（FDI）与东部产业向中西部转移的诸多政策，但这些措施的优惠力度不大、政策效应不强，尚未呈现出有规模地向西部地区转移产业的局面。这表明，西部产业内部具有难以承接产业转移的空间约束和结构性障碍。同时，一些深层次问题逐渐暴露出来，对产业集聚分布的空间结构有制约作用，包括来自中部地区和周边国家的强烈竞争，以及自身对优势产业配套动力不足。

二、西部大开发的产业政策问题

（1）产业政策与西部优势产业实际情况结合不够。西部地区在高耗能产品上具有资源优势，这些产业的发展无疑对促进西部地区经济的发展起到了积极作用，但实际上，这些产业的多数刚好受到国家产业政策的较多限制，如能源双控制。这就将西部推到了优势资源无法充分发挥效益的局面。显然，西部产业政策还没有充分考虑到西部地区优势产业的实际情况。在不违背国家总体发展规划的前提下，对西部优势产业，国家产业政策应适当放宽，加大支持力度。目前，国家针对西部出台的各项政策、措施等，基本上已覆盖了西部大开发所涉及的各个方面。但总体上看，提出的各项政策原则性的较多，具体的措施较少，因而政策的系统性不强，可操作性不高。这种现象在已出台的各项政策、措施中普遍存在。

（2）产业政策未体现西部地区的内部差异。西部地域广大，区域内自然环境、经济发展水平和资源禀赋的差异很大，产业各具优势。研究表明，资源导向型产业正向西北片区移动，而高端制造业却向西南片区移动。国家的产业政策只有和西部地区的实际相结合才能产生较明显的效果。目前，国家针对西部的政策主要是针对西部的总体情况而制定，较少针对西部地区产业发展的具体情况，仅有《促进特色优势产业发展意见》等少数文件，即使如此，文件没有体现西部地区内的区域差异，更缺乏针对西部地区优势产业的政策体系。

（3）目前的产业政策不够完善和具体。西部大开发期间国家所制定的西部地区产业政策比较笼统和片面，缺乏一个完整的指向优势产业的政策体系。这不利于西部地区优势产业的持续、稳定发展。另外，西部地区产业结构的矛盾依然没有很好地解决。这主要表现在西部地区工业化程度依然较低，采掘、原料工业所占比重大，产业链条较短，产品加工层次低；基础设施相对落后，产业配套条件差，不能形成较强的集聚、集群效应，难以推进西部地区优势产业加速发展；虽然西部地区高新技术水平不断提高，但在全国的地位逐渐降低。这些表明，西部地区产业结构政策效果不显著，产业政策有待进一步细化。

（4）西部产业空间布局分散，未能促进产业集聚。虽然国家已批准实施广西北部湾、成渝、关中—天水三个经济区规划，但只规定了产业方展方向，没有具体的产业规划。对于整个西部来说，有各地区承接产业转移目录，但还没有一个系统的承接产业布局规划。受多种因素影响，西部企业规模小、产业分布分散、低水平重复建设严重、没有形成大的产业集聚区、产业集群不明显、产业结构刚性较强，这是西部优势产业发展受限的根本原因。

三、西部产业政策的方向与难点

（1）我国产业体系的空间分布的合理化仍有较大的空间，但难度较大。对于西部产业发展，应以优势产业发展为主，优化空间结构，不能不顾区域差异，而泛泛地讲“促进国内外产业向西部转移”。我国实施西部大开发战略，但东部产业难以向西部地区转移，同时，西部没有建成现代制造业体系，尤其是西部高端产业能力衰退，没能有效地参与国际分工和竞争，未能发挥西部产业的巨大潜力，使东部、中部、西部产业能力配置日趋不合理，尚未达到优化我国产业空间分布和布局的目的，难以充分发挥产业体系的空间集聚效应，区域不协调发展加剧。显然，西部在吸引东部产业转移上仍有难以逾越的空间障碍，政策设计上仍有盲区。

（2）西部地区工业化进程缓慢，产业增长乏力。西部大开发以来，产业重心已向西部有所移动，西部大开发政策已有一定的成效，但西部地区与东部地区的产业极差还很大，高端制造业差距尤其突出。西部地区与东部地区在我国产业分工中的地位和角色截然不同，西部地区更多的是从事原料生产和初级品加工，东部地区主要从事的是深加工制造和精密加工，进行高附加值创造和技术创新活动。西部地区优势产业的关联效应弱，产业链短，创新能力弱，附加值低，其外部化资源也比较缺乏，不仅导致西部产业增长动力不足，而且增长方式粗放，增长质量低，具有日益低端化倾向。如何优化西部地区产业结构，转变增长方式？这一直受到各级政府重视，但政策效果还很有限。西部地区优势产业发展要面临高端化及产业升级的巨大挑战。

（3）国际产业向西部转移难度大。FDI 在中国显示出产业与地区双重集聚，而且 FDI 产业对地区内资产业机制具有非线性转化效应。西部地区的产业优势在采掘业以及建立在采掘业之上的金属冶炼和非金属矿物制品业，电力、烟草加工业等初级品加工业等环节也具有比较优势，而高端制造业集群程度较低，对 FDI 产业的承接能力较弱。西部地区优势产业发展缓慢，是因为西部地区比较优势产业体系仍以自然资源开发利用为导向。对发达国家而言，这些产业早已转移到发展中国家，其优势产业已不在这些方面。对于新兴工业化国家，自然资源导向型产业也不是其边际产业。也就是说，西部大部分优势产业的 FDI 主体是缺位的。如何加大力度，吸引 FDI 产业向西部地区优势产业集聚，这仍然是一个政策难题。

（4）指向西部优势产业的各种政策融合难度大。目前，西部承接国际与东部产业转移的效果不佳，产业结构调整难度大，而西部地区优势产业发展离不开承接国内外产业转移，也离不开产业结构的调整。同时，西部地区优势产业发展还与深化所有制、分配制度等方面的改革，财政税收、金融、土地、主体功能区政策等有很大关系，更重要的是与西部大开发战略、西部对内对外全方位开放也密不可分。目前，努力消除西部优势产业发展的体制和机制性障碍，实现各种政策的融合，形成一体化的促进西部地区优势产业发展的政策体系，是主导方向，但难度大。此外，防止污染型产业向西部优势产业转移，严把产业准入门槛，也不能不说是一个政策难点。

第二节 西部地区优势产业及其特点

一、西部优势产业

以两维度优势产业指标识别出西部优势产业 23 个，并按其在产业链中的位置分为六类：

（1）采掘业。包括煤炭开采和洗选业（B6）、油和天然气开采业（B7）、黑色金属矿采选业（B8）、有色金属矿采选业（B9）和非金属矿采选业（B10）。

（2）食品工业。包括农副食品加工业（C13）、食品制造业（C14）和饮料制造（C15）。

（3）冶炼工业。包括石油加工炼焦及核燃料加工业（C25）、黑色金属冶炼及压延加工业（C32）和有色金属冶炼及加工业（C33）。

（4）低端制造业。包括烟草制品业（C16）、化学原料及化学制品制造业（C26）、医药制造业（C27）和非金属矿物制品业（C31）。

（5）高端制造业。包括金属制品业（C34）、通用设备制造业（C35）、专用设备制造业（C36）、交通运输设备制造业（C37）和电气机械及器材制造业（C39）。

（6）电气水业。电力、热力的生产和供应业（D44），燃气生产和供应业（D45），水的生产和供应业（D46）。

二、西部地区优势产业

西部地域广阔，地区差别也比较大，西部12个地区有130个优势产业，即使西部23个优势产业也分布不均，西部地区的优势产业差别比较大（见表4－18、表4－19）。

（1）各地区优势产业数量差别比较大。四川的优势产业有26个之多；贵州、云南、陕西、青海、宁夏、内蒙古的优势产业数超过10个；西藏优势产业数最少，仅有7个。

（2）西部高端产业较弱。重庆、广西有C36、C37，四川有C34、C35、C37、C39，陕西有C36、C37，内蒙古有C36，新疆、贵州有C39，云南、青海、西藏、甘肃没有高端制造业。西部地区高端制造业中没有通信设备、计算机及其他电子设备制造业（C40）和仪器仪表及文化办公用机械制造业（C41）。

（3）优势产业在大西南片区与大西北片区仍有明显区别。大西南片区的高端制造业相对要强一些，优势产业总体上也强于大西北片区。

三、西部地区优势产业的重点环节

根据《产业转移指导目录》，以西部地区优势产业为导向，初步得到西部地区优势产业率先发展的重点环节（见附录4）。其主要集中体现西部地区优势产业发展的关键技术突破、产业链延伸与承接转移产业的重要环节，为西部地区优势产业发展的重中之重。

四、西部地区优势产业的特点

西部优势产业主要有四大类产业，一是采掘业，二是能源产业，三是低端制造业，四是高端制造业。相对来说，高端制造业的发展能力比较弱。从资源结构看，西部地区优势产业充分体现了西部地区的资源优势，是自然资源或低端资源导向性的产业。西部地区优势产业的突出特点：一是以资源开发为导向，产业链延伸不够，深加工能力薄弱，附加值低。二是由于产业价值链没有充分延伸并缺乏专业化分工，产业关联度低，企业彼此之间的内在联系较少，产业集群程度不高。这正是西部地区优势产业发展的瓶颈所在。

第三节 西部地区优势产业的集聚与集群发展

西部优势产业绝大部分是自然资源密集型产业，其产业链比较短，附加值低，只算是传统优势产业。由于受自然资源空间分布的分割，西部优势产业在空间上呈点状分布，如广西百色铝产业群。西部高端制造业中出现一些产业集群雏形，如重庆摩托车、广西汽车等，但仍比较弱小。西部优势产业尚未呈现出产业带（轴）、大集聚区（面），这是西部地区优势产业发展的最大缺陷，这样不仅难产生空间集聚效应，还制约着集群效应与承接产业转移的成功率。显然，走集聚、集群的发展模式，是西部地区优势产业发展的根本出路。

一、西部地区优势产业的集聚区位

西部地区优势产业发展要兼顾产业转移空间承载区和重点生态保护区，要系统地把握资源开发和生态保护的关系，促进优势资源向深加工业集群集聚，建设国家重要的能源化工、金属冶炼及压延深加工、新材料和食品加工基地，以及区域性的高端制造业基地，尤其是先进装备制造业集群基地，促进优势产业向优势区位集聚。西部地区优势产业集聚发展空间依据区位优势，有序推进，梯度发展。首先是成渝、关中—天水、广西北部湾三大经济区，它既是西部优势产业重要的集聚、集群区，又是承接产业转移的集群区。其次是呼包鄂榆（呼和浩特、包头、鄂尔多斯、榆林）、黔中、桂东、兰州—西宁。最后以滇中、藏中南、宁夏沿黄经济区以及天山北坡等作为第三梯队。

二、西部地区优势产业的集群

生产过程和产品可分性对产业发展方式具有决定性的影响。可分性产品的生产可以实现集成化、模块化、分包化，因而易导致企业的空间集群区形成；而不可分性产品在空间上只能与相关产业形成产业集聚区。西部自然资源型优势产业集群主要依赖于当地丰富的自然资源，形成了采掘、冶炼、加工、能源等产业融合的产业集群体系。西部优势产业中有能源产业集群、金属产业集群、非金属化工产业集群和生物资源加工产业集群。从产业链所处环节上看，还有高端制造业集群。高端制造业是自然资源工业化的高级阶段，是具有高技术含量和高附加值的产业，可以超越自然资源与空间的约束，可在非自然资源优势区位实现企业集群发展。

在西部优势产业集群中，有两个因素是值得关注的。一是多优势产业融合集群。多优势产业融合集群是西部两个以上具有紧密关联的产业链条的若干产业环节聚合成而成的产业集群，也就是形成多产业集聚区的主要力量。只有通过相关多产业的集群，才能提高西部多优势产业企业扎堆密度，多链聚合能有效提升综合利用资源的效率，构建循环经济，尽可能提升增值空间。二是核心龙头企业。核心龙头企业是西部优势产业集群形成和发展的重要基础和依托，也是产业集群升级的最重要动力。西部地区没有东部那样的区位优势，人文、市场环境及体制优势，靠中小企业自发聚集形成产业集群的基础薄弱、进程缓慢，难以实现优势产业集群发展。因此，西部地区必须培育壮大一批核心龙头企业，充分发挥其在优势产业集群建设中的带动效应和聚合效应，逐步衍生和吸引更多相关企业集聚扎堆。

三、西部地区优势产业集群的组织模式

西部地区着重抓好成渝、关中—天水、环北部湾（广西）等优势产业集聚区的建设，使之成为带动和支撑西部高端优势产业发展的集聚区。然后要依托三个经济区的主要交通干线和中心城市，以高新区、开发区和工业园区为载体，实行重点集群布局，争取得到国家的大力支持。西部低端优势产业发展采用的是基地、集聚区等空间组织形式。高端制造业集群就是企业集群，一般采用工业园区形式。西部地区优势产业所在的集聚区位，可灵活采用不同的组织模式。

西部优势产业主要包括能源、石油化工、冶金、食品、高端制造业等，其涵盖23个大类产业，也涉及高新技术产业和部分战略性新兴产业。西部地区优势产业的集聚布局也十分不平衡：四川、重庆、广西、陕西主要布局高端制造业尤其是装备制造业基地；内蒙古、四川、云南、广西、甘肃主要布局冶金工业基地；内蒙古、陕西、四川、新疆、贵州主要是能源化工产业基地；四川、陕西、新疆、甘肃、云南主要是石油化工基地；四川、陕西是西部主要的高新技术产业基地和战略性新兴产业基地。

（1）能源与石油化工产业。能源工业是西部重要的优势产业。西部集聚全国比较重要的天然气、水电、煤炭、石油资源。西北地区是我国最大的煤炭生产区，是仅次于东北的第二大石油天然气产业集聚区。西南地区是我国最大的水电产业集聚区。内蒙古、陕西依托丰富的煤炭资源，煤电产业集群效应显著。新疆、四川、陕西油气产业集聚明显。西南四川、云南、广西、贵州水力发电量居全国第二至第五位。蒙南陕北的鄂尔多斯、榆林、延安区域是西部最大、我国主要的能源产业集聚区之一，可建成煤电产业集群，其中：鄂尔多斯是我国产煤第一大市；榆林能源产量折合油气当量居全国第一。可考虑把克拉玛依建成西部最大的石油产业城；四川石油化工在产业链中端化学制品上的产业集聚效应明显，聚集了千余家企业，把川西和川南建成两个主要的石化产业集聚区；把兰州、滇中建成西

部石油化工产业的重要集聚区。

（2）冶金工业。内蒙古、四川、云南、广西、甘肃是西部冶金产业集聚的主要省份。围绕攀钢集团有限公司、包头钢铁（集团）有限公司、酒泉钢铁（集团）有限公司等钢铁企业，云南铜业集团、云南锡业集团以及西北铅加工厂、中铅贵州分公司等有色金属龙头企业，聚集了一大批中小型钢铁、有色金属的冶炼、加工企业，形成一批冶金产业集聚区。可考虑把滇中（东）打造成西部最大的有色冶金产业集聚区；把包头建设成全国最大的稀土工业集聚区、西部最大的钢铁产业集聚区；巩固攀枝花作为全国最大的钒钛基地的地位；把赤峰建成“中国有色金属之乡”；把金昌建成我国最大的镍钴生产基地和铂族金属提炼中心；把重庆九龙坡、贵阳建成重要的铝加工基地。

（3）装备制造与高新技术产业。一是围绕长安汽车集团股份有限公司、四联仪器仪表集团有限公司、五菱汽车集团控股有限公司、广西柳工集团有限公司、中国第二重型机械集团公司、东方电气集团有限公司、成都飞机工业（集团）有限公司、西安飞机工业（集团）有限公司、中国西电集团公司等核心企业，形成重庆主城、关中、成德绵、桂中北等装备制造业集群区。把重庆一小时经济圈建成西部最大的装备制造业集群区。重庆主城9区作为其核心区，是西部装备制造业集聚密度最高的区域，以长安汽车集团股份有限公司、庆铃汽车（集团）有限公司等为龙头，建成西部最大的交通运输设备制造集群区（西部最大的汽车制造、船舶制造基地）；以四联仪器仪表集团有限公司为龙头，构成西部最大的仪器仪表基地，成为西部重要的输变电设备制造业集聚区。随着惠普笔记本项目及其他高新技术项目的推进，将使重庆主城成为我国西部重要的高新技术产业基地。二是把成德绵地区建成西部第二大装备制造业集群区。目前，成德绵是西部最大的高新技术产业集聚区。依托成都神刚集团、二重集团（德阳）重型装备股份有限公司建成重要的工程机械、重型机械装备基地；依托东方汽轮机有限公司、东方电机有限公司以及自贡的东方锅炉股份有限公司建成西部甚至全国最大的发电设备制造业集聚区；依托成都飞机工业（集团）有限公司成为我国第二大航天航空产业基地。三是把关中地区建成西部第三大装备制造业集群区。目前，关中地区是西部第二大高新技术产业集聚区，未来将依托西安飞机工业（集团）有限公司、中国西电集团公司建成我国最大的航天航空产业基地和西部最大的输配电产业基地，依托比亚迪、陕西汽车集团控股有限公司形成西部主要的汽车、新能源汽车制造业基地，依托宝鸡机床厂、秦川机床厂建成西部主要的机床生产集群基地。四是把桂东北地区发展成为西部第四大装备制造业集聚区。依托五菱汽车集团控股有限公司、广西柳工集团有限公司等企业，建成西部重要的汽车制造基地、最大的工程机械制造业基地。五是依托内蒙古第一机械集团有限公司、内蒙古北方重工业集团有限公司，把包头建成西部重要的装备制造业集聚区。六是依托贵航集团公司，把贵阳建成我国重要的航天航空生产基地。

第四节　十五个促进政策精要

西部大开发成功的关键在于发展优势产业集群。西部优势产业集群发展，也是西部优势产业发展方式的重大改变，是一场革命。只有采取各种正确有力的措施提升西部地区优势产业的竞争优势，才能顺利实现整个西部地区经济的持续发展。为此，政府必须根据不同产业集聚、集群的自身规律和当地优势产业发展的实际状况，充分考虑国内外产业转移态势和我国区域经济政策变化，体现国家对西部优势产业的政策倾向，制定促进西部优势产业集聚、集群发展的规划，包括空间定位与布局规划、产业结构、产业链拓展、承接产业转移、财政金融等一体化政策，促进优势资源向优势产业与优势区位集聚，完善西部优势产业集聚发展的生态环境，实现西部优势产业发展方式的根本变化，提升西部地区经济增长的质量，缩小东西部产业极差，使西部优势产业成为西部大开发的生力军。

（1）制定西部地区优势产业发展规划。扎实推进成渝、关中—天水和广西北部湾地区高端产业集群发展，支持呼和浩特、包头、银川、新疆天山北坡、兰州、西宁、格尔木、陕甘宁等地区优势产业带发展，培育滇中、黔中、西江上游、宁夏沿黄、西藏“一江三河”等优势产业集聚区，形成点、线、面的立体优势产业集群的战略高地。西部地区优势产业发展的关键在于必须对其加强规划和分类指导，应由国务院西部地区开发领导小组办公室牵头，联合国家发展和改革委员会、农业部、国土资源部、商务部等有关部门，共同编制《西部地区优势产业发展规划》，并把优势产业空间布局作为重要组成部分。要充分考虑支撑条件和约束因素，根据资源环境承载能力和发展潜力，确定优势资源开发和优势产业发展方向。要促进优势产业集中布局、土地集约利用、资源节约使用和污染集中处理，合理开发、利用和保护资源，推进西部优势产业集群化发展。以工业集聚区为主要载体，使低端优势产业建立优势产业循环经济与低碳发展模式。

（2）完善西部产业园区体系建设，为优势产业提供优质的集群空间。要统筹规划西部地区产业园区建设，把产业园区作为优势产业集群重要的载体和平台，同时，引导外来转移产业向优势产业园区集聚，促进产业园区规范化、集约化、配套化发展。在西部不同地区、不同优势产业领域，建设或改造一批高起点的优势产业园区，发挥园区对人才、技术、资金和信息的集聚优势，利用工业园区的综合功能，推动优势产业科技成果的孵化和产业化，提高优势产业集约化水平，形成高端工业园区。鼓励东部地区到西部地区共建产业园区，设立“区中区”、“园中园”，联合建立异地产业园区，支持东部地区对口支援产业合作园区建设。此外，要在西部形成国家级、地区级和异地三位一体的园区体系，高端工业园区、承接转移产业园区、配套产业园各发挥专长，为西部地区优势产业构建有利的集群条件。建议批准西藏国家级高新产业区，有条件的西部地区建设保税区和加工贸易承接园区，支持有条件的沿边地区设立边境经济合作区、跨境经济合作区。同时，对有条件的地区级产业园区进行升级，升格为国家级园区，增加西部国家级出口加工区，优先在三个经济区增设保税区。

（3）培育和吸引高端要素，动员高端要素向优势产业、优势区位集聚。大力培育资本、人才、技术、产权等高端要素市场，提高资源的市场化程度，使各类产业要素向西部地区优势产业、优势区位集聚。西部优势产业发展，高端人才是最宝贵的要素。要围绕优势产业发展的需要，制定有利于吸引人才、留住人才、鼓励人才创业的政策。重点培养一批擅长经营、具有市场开拓能力的优秀企业家，以及勇于创新、具有国内外先进水平的高级科技人才。充分发挥高等院校、科研院所、科技园区、企业研发中心、重大科技攻关项目和国家工程中心等机构在集聚人才方面的作用和功能，搭建优势产业人才创业平台。依托高等院校，以优势产业为导向，加快建立优势产业人才培养基地，重点加强对优势产业中小企业各类人才的培养。建立人才激励机制，对引进的人才要给予优厚的待遇，提供发展的空间。

（4）改善内外直接投资环境，加大承接产业转移力度。吸引国际、国内产业向西部地区优势产业转移是实现西部优势产业集聚集群发展的重要途径。西部地区位于我国产业中心—外围结构的外缘地带，一方面，面临中部和周边国家对吸引东部与国际产业转移的投资竞争；另一方面，西部优势产业所在的内资产业集聚东部，产生较高的集聚租金。为了克服不利的空间因素，要分梯度地承接产业转移，把成渝、关中—天水和广西北部湾三个经济区放在首位。西部要积极制定吸引国际知名企业和国内有实力的企业到西部优势区位投资的有关政策，鼓励和支持东部大型国有企业集团、有实力的民营经济、跨国公司在西部地区设立子公司或与当地合资开办企业。依托西部大中城市和产业集聚区，建立一批承接产业转移的产业园区及示范园区。完善产业配套规划，统筹规划配套环节，建立一批承接产业转移的配套园区，完善西部优势产业配套体系，推动承接转移产业的企业集群发展，提升配套能力。承接产业转移的集群导向是优势产业深加工，延长产业链环节，努力促进承接产业向高端集聚。当然，东部向外转移产业大部分是西部地区的非优势产业和低端产业，因此，要防止东部低端产业向西部转移，要严格空间准入制度，耗能和耗水大、资源回收率低、综合利用率低的落后和面临淘汰的产能严禁向西部地区转移。

（5）加大西部优化产业结构的力度。西部地区优化产业结构的关键在于促进高端优势产业发展，而有序退出低端劣势产业。一方面，通过自身能力的培育和承接产业转移，加快西部地区优势产业集群发展，其关键是着力培育新能源、矿产和生物资源深加工、高端制造业尤其是装备制造业，形成新的产业发展优势。值得一提的是，西部高端制造业中的电气机械及器材制造业（C39）、电子设备制造业（C40）和仪器仪表办公用机械制造业（C41）是高端薄弱环节，它们已不是西部优势产业，但其对西部产业结构升级和传统优势产业改造较为重要，因此也要强力引进东部集聚力强的龙头企业，突出发展中小企业，围绕高端产业建设企业集群。另一方面，对于劣势产业的退出，要建立市场与行政相结合的退出机制，对限制开发区、重点开发区的产业过剩能力，要有序退出，更重要的是促进边际产业向周边国家转移，建立优势产业资源基地。

（6）围绕西部地区优势产业，完善金融体系，创新金融服务。对西部优势产业来说，资本支持是重要的推动力。要创造优势产业的良好投资环境，建立多元化的投融资体制。一是在中央政府的强力推动下，在西部地区建立起重庆、成都、西安三个金融中心，形成西部金融“金三角”，利用好各种资本市场工具，筹集社会资金，支持优势产业发展。二是设立西部优势产业发展与扶持基金，对发展优势产业给予资金补充，用于引进技术、开发新产品及奖励有突出贡献的企业人员等。三是设立西部优势产业投资基金，建立风险投资体系，支持有条件的企业发行股票和债券，努力拓宽企业直接融资渠道，扩大西部地区优势产业直接融资规模。四是实行优惠的法定存款准备金率，增强西部地区金融机构对优势产业的信贷投放能力。五是在支付清算、征信管理、货币发行等方面进一步改善服务，加强对西部地区优势产业的支持，以更好地服务于西部优势产业集群发展。六是安排国际金融组织贷款、外国政府贷款等各类国外优惠贷款和技术援助资金，继续向西部地区优势区位、优势产业倾斜，重点支持优势产业配套基础设施建设、节能减排和优势产业链拓展。七是采取投资补贴、贴息贷款、税收优惠、加速折旧等措施，鼓励国内民间资本进入西部地区优势产业。八是要特别重视推进优势产业信用体系建设，以诚信吸引更多的域外资金流向西部地区优势产业。

（7）加大对西部的财政支持力度，扩大转移支付。按西部优势产业发展的总体规划，增强对西部地区优势产业的资金投入支持力度。根据西部各地优势资源的开发条件，尤其是资源开发所能带动产业的多少情况，安排好西部优势产业发展的总体顺序，以免有限的资金因“撒胡椒面”而收不到应有的效果。中央政府要通过转移支付和直接投资等方式增强对西部的资金支持力度，帮助西部修建优势产业的配套工程设施，为西部优势产业发展创造良好的环境。采取投资补贴、贷款贴息等方式，对金融机构参与西部优势产业发展给予财政政策支持。扩大国家政策性银行对西部地区的信贷规模。对西部优势产业的建设项目资金，主要应由财政性建设资金、其他专项建设资金、银行贷款和外资解决，不留资金缺口，对重要项目，可以建立专项长期建设国债。探索建立支持西部优势区位的优势产业长期发展的长效机制，资金可通过财政拨款、债券、彩票和募捐等多种渠道筹集，重点支持优势产业的发展。加大对优势产业的信贷投入和财政贴息力度。对于投资西部优势产业的企业，所有项目进口的设备均免征关税。对于从事西部地区优势产业生产经营活动的企业加大出口退税幅度。

（8）加大西部全国战略基地与重大项目建设。国家在西部地区要建成国家能源基地、资源深加工基地、装备制造业基地。国家要优先审核批准西部地区有条件就地加工转化的能源、资源开发利用项目。支持西部地区矿产资源勘查开发，加强综合加工利用能力，延伸产业链，形成一批深加工产业基地。同时，支持在西部地区发展新能源、新材料、节能环保、生物医药、信息网络、新能源汽车、航空航天等战略性产业。由国家审批或核准的重点产业项目，在同等条件下优先安排在西部地区。支持西部地区具备基本条件，有市场、有效益的资源就地加工转化。鼓励中央大企业参与西部优势产业基地与重大项目建设。

(9) 以深度推进西部大开发强化优势产业发展。西部大开发的深度推进，必须依靠优势产业的发展。坚持要把深入推进西部大开发战略与西部地区优势产业集群发展有机结合起来，把西部优势产业放在西部大开发向纵深推进的优先战略位置上。加强西部优势产业基础设施建设，扩大铁路、公路、民航等建设，建立立体交通体系，加快推进油气管道和主要输电通道及联网工程建设。加强生态环境保护，推进重点生态功能区建设，继续实施重点生态工程，构筑国家生态安全屏障，以优势产业集群发展推进生态文明建设。发挥资源优势，在资源富集区布局一批资源开发及深加工项目，建设国家重要能源基地、战略资源接续基地和优势产业集聚区。大力发展科技教育，增强西部地区自我发展能力。坚持以线串点、以点带面，推进广西北部湾、关中—天水、成渝三个经济区优势产业一体化，培育中国第四经济增长极，推动呼包鄂榆、黔中、滇中、藏中南、兰州—西宁、宁夏沿黄、天山北坡等优势区位的优势产业持续发展，培育西部优势产业的增长点。

(10) 以西部优势产业发展为核心，创新东西区域互动合作新机制。以直接投资形式的产业转移无论对转出地还是对转入地，都具有产业结构优化与产能放大的效应，产业转移合作是现阶段区域合作的核心。应大力加强东部与西部地区优势产业合作，建立市场化的、跨地区的产业合作机制。积极探索建立区域良性互动的有效机制和互惠互利的协作形式，引导东部地区企业积极参与西部地区优势产业发展，促进东部企业向西部地区优势产业集聚转移，实现优势互补、互惠互利、共同发展。加大东部地区和中央单位对口支援西部地区的力度，探索发达地区对口帮扶西部欠发达地区的产业合作新机制，鼓励东部地区在西部建立对口产业园区。打破行政区划和市场分割，引导和支持东部地区各类生产要素尤其是高端资源向西部地区优势产业聚合，以多种方式积极参与西部优势产业发展和资源深加工基地建设。改善政府服务，提高工作效率，加强组织领导和统筹协调，为减少东部产业与西部地区优势产业的分工摩擦，促进东部产业向西部优势产业转移，尽快建立一个有效的东部产业转移与西部优势产业承接的无缝对接机制，通过各地方政府的相互协商和合作，合理地制定相关政策，统一安排部署，为东部地区产业转移与西部地区承接产业转移创建新的平台。

（11）扩大西部对外开放，加强次区域合作，在合作框架下实现产业转移。加大西部地区对外开放力度，促进西部地区优势产业充分利用“两个市场、两种资源”，不断提高吸收外资的质量和扩大其规模，扩大优势产业产品出口，支持西部边际产业向外转移。积极参与东南亚、东亚、中亚、东北亚地区各国的双边、多边投资贸易合作，探索边境地区开发和对外开放的新模式。鼓励和支持西部地区全面参与中国—东盟自由贸易区、上海合作组织、东盟—湄公河流域等区域的开发合作，加快北部湾经济合作区的合作步伐。共同推进跨境基础设施和物流体系建设，加快“亚欧大陆桥”、“西南大通道”建设，以重点边境口岸为桥头堡，形成优势互补、共同发展的国际走廊，推进形成陆港联运的国际通关机制，支持边境口岸和跨境基础设施建设。给予沿边地区更多的优惠政策和自主权，包括建立一批边境自由贸易区或经济特区，支持在西部地区部分重点城市航空港口设立保税港区试点；建设来料加工区和出口加工区，发展高附加值的出口加工业；在西部沿边省区的边境地区设立自由贸易区，“准自由贸易区”。加快发展边境贸易，加强西部地区优势产业与周边国家在能源、科技、基础设施和人力资源等领域的合作。发挥西部地区资源、产业、劳动力等优势，提高西部地区承接国内国际产业转移的能力，更要加速西部边际产业向周边国家转移的步伐。

（12）建立中央与地区两级政府协调的支持政策。政府引导和扶持是西部优势产业发展的重要保障。中央政府要制定一系列有利于西部地区发展优势产业的特殊政策：制定有利于吸引外部资本以及外部的技术、人才到西部发展优势产业的政策，如土地使用权、税收、市场准入等优惠政策；放宽项目审批权，扩大地方政府的项目审批权限，充分调动地方政府对项目跟踪检查和综合服务的积极性；除了关系全国全局的重大项目必须由中央或国家部委统一审批外，其他项目均应由地方政府自主审批。对于西部地区优势产业，国家应给予相应的金融支持政策，如：提供低息或贴息贷款；允许优势产业企业发行债券或在同等条件下优先上市融资，扩大优势产业企业的直接融资渠道；国家应制定优惠政策，鼓励西部地区优势产业优化重组和改造升级。

从西部各地方政府来说，要为本地区优势产业发展创造良好的条件。一是要根据中央对西部优势产业发展的相关政策，认真做好本地区优势产业集群培育和发展规划。二是要转变观念，既要大胆借助外部力量如承接产业转移等，实现本地区优势产业跨越式发展，也要树立市场经济观念，摒弃等、靠、要意识，培育本地区优势产业的内生能力。三是要努力改善当地的投资环境，吸引外地企业和资金、人才等向本地优势区位和优势产业集聚。

（13）发挥西部科技资源优势，重构西部优势产业的核心能力。在优势产业选择上，要积极发展高端制造业，这是西部地区提升优势产业核心能力的关键点。陕西、四川、重庆等省（市）是科技资源“存量”富集之地，要率先依托现有中心城市的科技人才优势和军工企业技术优势，重点建设一批产品质量档次和技术含量高、核心竞争力强的高端优势产业集群。强化西部国家级经济技术开发区和高新技术产业园区创新基地和孵化器建设，加大研发投入，形成西部高端产业核心能力区。要充分发挥西部地区高等院校和科研院所的人才、科研优势，大力推进产、学、研结合，支持高校、科研院所积极参与到西部地区优势产业的建设中去，为西部地区优势产业核心能力建设提供更强大的技术支撑。加大投入，整合各方资源，实现重点突破，攻克一批对西部地区优势产业发展有重大影响的核心技术。要鼓励西部地区企业提高技术研究与开发的开支比重，对于企业研究开发新产品、新技术、新工艺的投入，给予税收上的优惠。同时，要加大对西部地区科技型中小企业风险投资的支持力度，建立以企业为主体的优势产业技术创新体系。

（14）完善西部优势产业配套能力体系。西部地区应从单纯的要素投入转向优势产业配套能力的建设和提升。从基础设施配套能力、人力资源供给、社会环境、技术创新环境、投资软环境等方面入手，推进西部地区优势产业配套能力建设。提高西部地区对优势产业的配套服务能力，为西部优势产业提供配套服务。鼓励中小企业到西部优势产业集群创业，围绕西部优势产业配套发展服务业及下游产业。加快形成一个机构完善、功能齐全的生产、销售、信息服务网络体系，构建西部优势产业的信息服务支持平台，为西部地区优势产业提供快捷、准确、便利的信息服务。建立和完善金融结算体系、商品检测体系、物流配送体系、加工服务体系和信息服务体系，提高西部优势产业中对中小企业的社会化服务和配套能力。

（15）加强西部地区优势产业发展的相关立法。由国务院有关部门牵头，联合国家发展和改革委员会、财政部、国土资源部、商务部等有关部委，共同编制《西部地区优势产业发展规划》，明确西部优势产业的范围、发展目标、基本思路、战略重点和空间布局，提出国家支持西部优势产业发展的重大政策措施。有关部门还要制定《西部地区优势产业发展目录》，以作为国家相关政策支持的依据。制定《西部地区优势产业承接产业转移目录》，明确指出要依托西部地区产业基础和劳动力、资源等优势，推动优势区位承接产业转移。面向西部优势产业，制定《西部地区优势产业外商投资目录》，进一步明确不同区位鼓励承接产业环节及优惠政策。

附　录

附录1　国家级工业园区名单

地区	经济技术开发区	高新技术产业开发区	保税区	边境经济合作区	出口加工区
内蒙古	呼和浩特经济技术开发区	包头稀土高新技术产业开发区		满洲里边境经济合作区 二连浩特边境经济合作区	呼和浩特出口加工区
广西	南宁经济技术开发区	桂林高新技术产业开发区 南宁高新技术产业开发区		凭祥边境经济合作区 东兴边境经济合作区	北海出口加工区
重庆	重庆经济技术开发区	重庆高新技术产业开发区			重庆出口加工区
四川	成都经济技术开发区	成都高新技术产业开发区 绵阳高新技术产业开发区			成都出口加工区 绵阳出口加工区
贵州	贵阳经济技术开发区	贵阳高新技术产业开发区			

续表

地区	经济技术开发区	高新技术产业开发区	保税区	边境经济合作区	出口加工区
云南	昆明经济技术开发区	昆明高新技术产业开发区		瑞丽边境经济合作区 畹町边境经济合作区 河口边境经济合作区	昆明出口加工区
西藏	拉萨经济技术开发区				
陕西	西安经济技术开发区	西安高新技术产业开发区 宝鸡高新技术产业开发区 杨凌农业高新技术产业示范区			西安出口加工区
甘肃	兰州经济技术开发区	兰州高新技术产业开发区			
青海	西宁经济技术开发区				
宁夏	银川经济技术开发区				
新疆	乌鲁木齐经济技术开发区 石河子经济技术开发区	乌鲁木齐高新技术产业开发区		伊宁边境经济合作区 塔城边境经济合作区 博乐边境经济合作区	乌鲁木齐出口加工区

注：经外交部、科技部报国务院批准，1990 年，西安为西部 APEC 科技工业园区；2000 年，杨凌、成都又成为了西部第二批 APEC 科技工业园区。

附录2 西部地级工业园区发展环节与功能

地区	开发区名称	批准时间	主要产业	主要功能	配套功能	承接功能
内蒙古	内蒙古金山经济开发区	2003-03	乳业、机械、纺织	CHL	SHL	ITHL
	内蒙古呼伦贝尔经济开发区	2002-09	乳业、工业硅冶炼、新型建材	CL	SL	ITL
	内蒙古呼伦贝尔岭东工业园区	2003-07	木材加工、农药、农畜产品加工业	CL	SL	ITL
	内蒙古满洲里工业园区	2003-07	木材加工			
	内蒙古乌兰浩特经济开发区	2003-03	农畜产品加工、制药	CL	SL	ITL
	内蒙古通辽经济开发区	2001-09	乳业、饲料、包装	CL	SL	ITL
	内蒙古赤峰松山经济开发区	1992-10	农畜产品加工、非金属材料加工	CL	SL	ITL
	内蒙古锡林郭勒经济开发区	2001-12	肉食品加工、生物制药、机械	CHL	SHL	ITHL
	内蒙古鄂尔多斯东胜经济开发区	2003-01	羊绒纺织	CL	SL	ITL
	内蒙古达拉特经济开发区	2001-03	纺织、农副产品加工、建材	CL	SL	ITL
	内蒙古鄂尔多斯上海庙经济开发区	2001-12	生物制药、化工、建材	CL	SL	ITL
	内蒙古准格尔经济开发区	1999-10	电石、煤炭深加工、高岭土加工	CL	SL	ITL
	内蒙古巴彦淖尔经济开发区	1993-01	绒纺、食品、医药	CL	SL	ITL
	呼和浩特鸿盛工业园区	2006-04	服装、机械、食品	CHL	SHL	ITHL
	呼和浩特裕隆工业园区	2006-04	毛纺、乳业、建材	CL	SL	ITL
	内蒙古包头铝业产业园区	2006-04	电解铝及铝深加工	CL	SL	ITL
	内蒙古包头九原工业园区	2006-04	钢铁、稀土、工业硅	CL	SL	ITL
	内蒙古阿荣旗工业园区	2006-04	大豆加工、肉类加工、淀粉生产	CL	SL	ITL
	内蒙古莫力达瓦工业园区	2006-04	农畜产品加工、食品加工	CL	SL	ITL
	内蒙古陈巴尔虎旗工业园区	2006-04	煤炭及煤深加工	CL	SL	ITL
	内蒙古霍林郭勒工业园区	2006-04	金属制品加工、化工	CHL	SL	ITHL

续表

地区	开发区名称	批准时间	主要产业	主要功能	配套功能	承接功能
内蒙古	内蒙古林西工业园区	2006－04	畜产品加工、绒毛加工、制药	CL	SL	ITL
	内蒙古察哈尔工业园区	2006－04	乳业、农畜产品加工、食品	CL	SL	ITL
	内蒙古磴口工业园区	2006－04	乳业、食品、化工	CL	SL	ITL
	内蒙古杭后工业园区	2006－04	农畜产品加工、食品	CL	SL	ITL
	内蒙古武川经济开发区	2006－05	建材、铁合金、化工	CL	SL	ITL
	内蒙古包头兴胜经济开发区	2000－10	生物制药、农副产品加工、电子	CHL	SHL	ITHL
	内蒙古包头石拐工业园区	2006－05	铁合金、电石、金属冶炼	CL	SL	ITL
	内蒙古宁城经济开发区	2006－05	食品加工	CL	SL	ITL
	内蒙古鄂尔多斯苏里格经济开发区	2001－07	新材料、化工	CL	SL	ITL
	内蒙古托克托工业园区	2006－06	生物制药、金属冶炼	CL	SL	ITL
	呼和浩特金海工业园区	2006－08	服装、建材、机械	CHL	SHL	ITHL
	呼和浩特金桥经济开发区	2001－12	石油化工、生物制药、建材	CL	SL	ITL
	内蒙古和林格尔经济开发区	2000－12	乳业、毛纺、食品	CL	SL	ITL
	内蒙古赤峰红山经济开发区	2002－12	制药、农畜产品加工、新材料	CL	SL	ITL
	内蒙古鄂托克经济开发区	2001－04	铁合金、新材料、煤化工	CL	SL	ITL
	内蒙古呼伦贝尔伊敏工业园区	2003－06	新材料、煤化工	CL	SL	ITL
	内蒙古乌海经济开发区	1998－08	化工、金属产品加工、建材	CL	SL	ITL
	内蒙古阿拉善经济开发区	2002－01	盐化工、煤化工、金属产品加工	CL	SL	ITL
广西	南宁—东盟经济开发区	1990－12	医药、农副产品加工	CL	SL	ITL
	广西桂林西城经济开发区	1994－11	汽车零部件、食品、医药	CL	SH	ITL
	广西灵川八里街工业园区	1992－06	医药、食品、机械制造	CHL	SH	ITHL
	广西柳州高新技术产业园区	1992－09	机械制造、电气器材	CH	SH	ITH
	广西鹿寨经济开发区	1992－12	化工、造纸	CL	SL	ITL
	广西柳州阳和工业园区	1994－11	汽车及零部件、机械制造	CH	SH	ITH
	广西梧州工业园区	2002－09	林产林化、日用化工、医药	CL	SL	ITL
	广西玉林经济开发区	2002－12	食品、彩印、医疗设备	CHL	SHL	ITHL
	广西钦州港经济开发区	1996－06	石化、磷化工	CL	SL	ITL
	广西北海工业园区	2003－03	机械制造、轻工	CHL	SH	ITHL
	广西合浦工业园区	1992－07	制革、饲料、变性淀粉	CL	SL	ITL

续表

地区	开发区名称	批准时间	主要产业	主要功能	配套功能	承接功能
广西	广西贺州旺高工业园区	2002－05	服装、食品、医药	CL	SL	ITL
	南宁江南工业园区	2006－02	铝材加工、水泥制品、剑麻纺织	CL	SL	ITL
	广西北流日用陶瓷工业园区	2006－02	陶瓷、水泥及配套产业	CL	SL	ITL
	广西良庆经济开发区	2006－05	食品、建材、有色金属深加工	CL	SL	ITL
	广西梧州长洲工业园区	1991－05	手表、日用化工、不锈钢带	CL	SL	ITL
	广西贵港江南工业园区	2006－05	建材、化工、饲料	CL	SL	ITL
	广西容县经济开发区	1991－09	食品、制药、机械	CHL	SHL	ITHL
	广西北海高新技术产业园区	2006－05	海产品深加工、感光材料、轻工机械	CHL	SHL	ITHL
	广西百色工业园区	2006－05	铝加工、农副产品深加工	CL	SL	ITL
	广西宜州经济开发区	1992－12	丝绸原料加工、食品、制药	CL	SL	ITL
	南宁仙葫经济开发区	2001－01	印刷、食品精细加工	CL	SH	ITL
	南宁六景工业园区	2002－12	制药、农产品加工、钢结构产品	CL	SL	ITL
重庆	重庆建桥工业园区	2002－12	食品、生物制药、新材料	CL	SL	ITH
	重庆港城工业园区	2002－12	汽车及零部件、新型建材	CH	SH	ITH
	重庆井口工业园区	2002－12	汽车摩托车及零部件、输变电设备、生物制药	CHL	SH	ITHL
	重庆西彭工业园区	2003－07	铝加工、机械、电子	CHL	SH	ITH
	重庆茶园工业园区	2002－12	机械、电子、生物制药	CHL	SH	ITH
	重庆同兴工业园区	2002－12	装备、生物制药、仪器仪表	CHL	SHL	ITHL
	重庆万盛工业园区	2002－12	汽车玻璃、新型建材、医药及医疗器械	CHL	SH	ITHL
	重庆双桥工业园区	2003－03	重型汽车及零部件	SH	SH	ITH
	重庆空港工业园区	2002－12	汽车摩托车及零部件、纺织、包装	CH	SH	ITHL
	重庆花溪工业园区	2002－12	汽车摩托车及零部件、机械	CH	SH	ITH
	重庆正阳工业园区	2003－07	食品、医药、新型建材	CL	SL	ITL
	重庆合川工业园区	2003－03	纺织、医药、机械	CHL	SHL	ITHL
	重庆永川工业园区	2002－12	机械、食品、包装	CHL	SHL	ITHL
	重庆江津工业园区	2002－12	机械、电子、医药	CHL	SH	ITH
	重庆铜梁工业园区	2002－12	机械、制鞋、食品	CHL	SHL	ITHL

续表

地区	开发区名称	批准时间	主要产业	主要功能	配套功能	承接功能
重庆	重庆大足工业园区	2003－07	小五金、锶盐、汽车摩托车及零部件	CHL	SHL	ITH
	重庆荣昌工业园区	2002－12	机械、医药、食品	CHL	SHL	ITHL
	重庆垫江工业园区	2003－07	机械、医药	CHL	SHL	ITHL
	重庆梁平工业园区	2002－12	食品、医药、纺织	CHL	SHL	ITHL
	重庆北部新区工业园区	2002－12	汽车及零部件、光电子、生物制药	CHL	SH	ITH
	重庆璧山工业园区	2002－12	制鞋、机械	CHL	SHL	ITHL
	重庆九龙工业园区	2006－05	汽车及零部件、精密机械、机电一体化	CH	SH	ITH
	重庆潼南工业园区	2006－05	化工、医药、机械	CHL	SHL	ITHL
	重庆西永微电子产业园区	2006－05	微电子	CH	SH	ITH
	重庆万州工业园区	2002－12	化工、新型建材、纺织	CL	SL	ITL
	重庆渝东经济开发区	1993－04	新型建材、电子、化工	CHL	SHL	ITHL
	重庆李渡工业园区	2003－03	化工、新型建材、包装	CL	SL	ITL
	重庆涪陵经济开发区	1997－08	机械、食品、新型建材	CHL	SH	ITHL
	重庆长寿化工产业园区	2001－12	化工	CL	SL	ITL
	重庆晏家工业园区	2003－03	新型建材、机械	CHL	SHL	ITHL
	重庆武隆工业园区	2003－03	铝制品加工、机械	CHL	SH	ITH
	重庆丰都工业园区	2003－07	汽车零部件、医药、食品	CHL	SH	ITL
	重庆开县工业园区	2003－07	新型建材、机械、纺织	CH	SH	ITH
	重庆云阳工业园区	2003－07	农副产品深加工、矿产加工、机械	SHL	SH	ITH
四川	四川金堂工业园区	1994－05	机械、食品、化工	CHL	SHL	ITHL
	四川彭州工业园区	1997－05	医药、机械、家具	CHL	SHL	ITHL
	四川双流经济开发区	1992－08	生物制药、食品、光机电	CHL	SHL	ITH
	成都新都工业园区	1992－08	机械、电子、医药	CHL	SHL	ITHL
	四川都江堰经济开发区	2001－03	机械、印刷、包装	CHL	SHL	ITHL
	四川自贡高新技术产业园区	1992－05	机械、电子、生物制药	CHL	SHL	ITHL
	四川攀枝花钒钛产业园区	2000－12	有色金属、化工、电冶	CL	SL	ITH
	四川德阳经济开发区	1992－08	机械、新材料、服装	CHL	SH	ITH
	四川广汉经济开发区	1991－07	石油装备、制药、纺织	CHL	SHL	ITHL
	四川绵阳工业园区	2001－07	电子、新材料、生物工程	CHL	SH	ITH

续表

地区	开发区名称	批准时间	主要产业	主要功能	配套功能	承接功能
四川	四川绵阳经济开发区	2001－07	电子、机械、食品	CHL	SHL	ITHL
	四川广元经济开发区	1993－08	食品、医药、机械	CHL	SHL	ITHL
	四川泸州经济开发区	1993－02	食品、医药、机械	CHL	SHL	ITHL
	四川内江经济开发区	1992－07	电子、医药、机械	CHL	SHL	ITHL
	四川乐山高新技术产业园区	1992－07	机械、半导体材料、医药化工	CHL	SHL	ITHL
	四川遂宁经济开发区	1993－02	医药、农副产品加工、机械	CHL	SHL	ITHL
	四川南充经济开发区	1993－05	化工、医药、新型建材	CHL	SHL	ITHL
	四川宜宾经济开发区	1992－07	纺织、纸制品、机械	CHL	SHL	ITH
	四川达州经济开发区	2003－03	天然气化工、钢铁、农副产品加工	CL	SL	ITL
	四川广安经济开发区	1996－01	饲料、食品、家电	CHL	SHL	ITHL
	四川资阳经济开发区	1995－10	机械、医药、建材	CHL	SHL	ITHL
	成都锦江工业园区	2006－02	印刷、生物制药、机械	CHL	SHL	ITHL
	成都金牛高新技术产业园区	2006－02	电子、生物制药、机械	CHL	SHL	ITHL
	四川新津工业园区	2006－02	食品、机械、日化	CHL	SHL	ITHL
	四川江油工业园区	2006－02	食品、新材料、机械	CHL	SHL	ITHL
	四川三台工业园区	2006－02	纺织、机械、电子	CHL	SHL	ITHL
	四川资中经济开发区	2006－02	建材、食品、机械	CHL	SHL	ITHL
	四川隆昌经济开发区	2006－02	机械、纺织、食品	CHL	SHL	ITHL
	四川蓬安工业园区	2006－02	食品、机械、化工	CHL	SHL	ITHL
	四川雅安工业园区	2006－02	食品、化工、机械	CHL	SHL	ITHL
	四川巴中经济开发区	2006－02	食品、纺织、机械	CHL	SHL	ITHL
	四川眉山经济开发区	2006－02	机械、食品、电子	CHL	SHL	ITHL
	四川彭山经济开发区	2006－02	医药、化工、电子	CHL	SHL	ITHL
	成都武侯工业园区	2006－04	电子、生物制药、机电一体化	CHL	SHL	ITHL
	成都台商投资工业园区	1993－12	食品、医药、包装	CL	SL	ITL
	四川夹江经济开发区	2006－08	建筑陶瓷、铝材加工	CL	SL	ITL
	四川简阳经济开发区	2006－08	机械、食品、农副产品深加工	CHL	SHL	ITHL
	四川阿坝工业园区	2006－08	机械、非金属矿物加工	CHL	SHL	ITHL

续表

地区	开发区名称	批准时间	主要产业	主要功能	配套功能	承接功能
贵州	贵阳白云经济开发区	1992－05	高附加值铝加工、新材料、电子	CHL	SHL	ITHL
	贵州遵义经济开发区	1992－07	机械、电子、食品	CHL	SHL	ITHL
	贵州安顺经济开发区	1992－05	航空机械、生物制药	CHL	SHL	ITHL
	贵州凯里经济开发区	1999－07	生物制药、电子、食品	CHL	SHL	ITHL
	贵州龙里工业园区	2006－03	制药、食品、电子设备	CHL	SHL	ITHL
	贵州修文医药产业园区	2006－06	制药、食品	CL	SL	ITHL
	贵州安顺西秀工业园区	2006－08	制药、食品、农副产品深加工	CL	SL	ITHL
	贵州安顺黎阳高新技术产业园区	2001－04	航空机械制造、汽车零部件	CH	SH	ITH
	贵州都匀经济开发区	1995－09	机械制造、光电信息	CH	SH	ITH
	贵州玉屏大龙经济开发区	1999－07	金属产品加工、化工	CHL	SHL	ITHL
	贵州六盘水钟山经济开发区	1995－11	煤化工、农副产品深加工	CL	SL	ITL
	贵州六盘水红果经济开发区	1992－07	煤化工、机械制造	CHL	SHL	ITHL
	贵州兴义顶效经济开发区	1995－09	制药、食品、建材	CHL	SHL	ITHL
云南	云南曲靖经济开发区	1992－08	生物制药、农副产品深加工、机械	CHL	SHL	ITHL
	云南宣威经济开发区	1994－08	化工、食品、机械	CHL	SHL	ITHL
	云南玉溪高新技术产业园区	1998－09	卷烟、生物制药、新材料	CL	SL	ITL
	云南玉溪经济开发区	2003－01	卷烟辅料、新型建材、生物制药	CL	SL	ITL
	云南开远经济开发区	1999－06	新型建材、化工、农副产品深加工	CL	SL	ITL
	云南楚雄经济开发区	2006－05	生物制药、新型建材、食品	CL	SL	ITL
	云南文山三七药物产业园区	2000－06	生物制药	CL	SL	ITL
	云南华坪经济开发区	1999－06	煤化工、有色金属产品加工、新型建材	CL	SL	ITL
	云南嵩明杨林工业园区	1992－09	食品、再生橡胶、生物制药	CL	SL	ITL
	云南西双版纳磨憨经济开发区	2002－03	新型建材、食品、橡胶制品	CL	SL	ITL
	云南腾冲经济开发区	1996－06	木材加工、石材加工、矿产品加工	CL	SL	ITL
	云南迪庆经济开发区	1994－07	生物制药、农副产品深加工、有色金属产品加工	CL	SL	ITL
	云南蒙自经济开发区	1992－11	矿产加工、生物化工、食品	CL	SL	ITL
	云南大理经济开发区	1992－11	非金属矿物加工、食品、印刷	CL	SL	ITL
	云南德宏芒市经济开发区	1993－04	化工、农副产品深加工、矿产加工	CL	SL	ITL

续表

地区	开发区名称	批准时间	主要产业	主要功能	配套功能	承接功能
陕西	陕西高陵泾河工业园区	1993－08	机械、精细化工、医药	CHL	SH	ITH
	西安浐河经济开发区	1994－09	机械、服装、钢材加工	CHL	SH	ITHL
	陕西户县沣京工业园区	2001－03	机械、医药、包装材料	CHL	SH	ITHL
	西安灞桥工业园区	2002－09	机械、新型建材	CHL	SH	ITH
	陕西岐山蔡家坡经济开发区	1995－03	机械、建材、纺织	CHL	SH	ITH
	陕西咸阳高新技术产业园区	1992－05	电子、医药、化工	CHL	SH	ITHL
	陕西铜川经济开发区	1993－11	食品、新材料、电源	CHL	SH	ITHL
	陕西渭南高新技术产业园区	1988－08	化工、农副产品加工、电子	CHL	SH	ITH
	陕西汉中经济开发区	1999－06	中药、精密机械、电子	CHL	SH	ITHL
	陕西安康工业园区	2001－09	生物制药、新材料、食品	CL	SL	ITL
	陕西榆林神府经济开发区	1994－09	化工、建材	CL	SL	ITL
	陕西榆林经济开发区	1999－02	化工、建材、服装	CL	SL	ITL
	西安韦曲高新技术产业园区	2006－05	机械、电子、食品	CHL	SH	ITHL
	西安阎良高新技术产业园区	2006－05	汽车及零部件、新型建材、电子	CHL	SH	ITH
	陕西蓝田工业园区	2006－05	新型建材、生物制药、农副产品深加工	CL	CL	ITL
	西安郭杜工业园区	2006－08	机械、电子	CH	SH	ITH
	西安未央工业园区	2006－08	电子、医药	CHL	SH	ITHL
甘肃	甘肃省白银西区经济开发区	1988－08	有色金属深加工、农副产品深加工、纺织	CL	CL	ITL
	甘肃陇南西成经济开发区	1988－08	有色金属产品加工、建材、农副产品加工	CL	CL	ITL
	兰州榆中和平工业园区	2006－04	有色金属产品加工、新材料、精细化工	CL	CL	ITL
	甘肃嘉峪关工业园区	2006－03	机械、农副产品深加工、纺织	CHL	SH	ITHL
	甘肃永昌工业园区	2006－03	农畜产品加工、金属制品加工、建材	CHL	SH	ITHL
	甘肃白银平川经济开发区	2006－03	建材、农产品加工、煤化工	CL	SL	ITL
	甘肃天水经济开发区	2006－04	电器、农副产品加工、制药	CHL	SHL	ITHL
	甘肃玉门经济开发区	2006－03	农产品加工、化工、机械	CHL	CH	ITHL

续表

地区	开发区名称	批准时间	主要产业	主要功能	配套功能	承接功能
甘肃	甘肃酒泉工业园区	2006－03	机械、农畜产品深加工、生物制药	CHL	CHL	ITHL
	甘肃张掖工业园区	2006－03	农副产品加工、生物制药、新型建材	CL	CL	ITL
	甘肃高台工业园区	2006－03	农产品加工、化工、建材	CL	CL	ITL
	甘肃民乐工业园区	2006－03	化工、食品、农产品深加工	CL	CL	ITL
	甘肃山丹城北工业园区	2006－03	建材、农副产品加工、煤化工	CL	CL	ITL
	甘肃武威工业园区	2006－03	农副产品加工、机械、化工	CL	CL	ITL
	甘肃陇西经济开发区	2006－03	现代中药、农副产品深加工、建材	CL	CL	ITL
	甘肃临洮经济开发区	2006－03	农副产品加工、建材	CL	CL	ITL
	甘肃华亭工业园区	2006－04	有色金属产品加工、化工	CL	CL	ITL
	甘肃静宁工业园区	2006－03	农副产品深加工、建材、机械	CHL	CHL	ITHL
	甘肃庆阳西峰工业园区	2006－03	石油化工、农产品加工、医药	CL	CL	ITL
	甘肃东乡经济开发区	2003－01	农畜产品加工、食品、机械	CHL	CH	ITHL
	甘肃临夏工业园区	2006－03	机电、农畜产品加工	CHL	SH	ITHL
	兰州连海经济开发区	1988－08	机械、铝合金新材料、炭素	CHL	SL	ITHL
	兰州九州经济开发区	2006－08	电子、机械、食品	CHL	SH	ITH
	兰州西固新城工业园区	2006－08	精细化工、机械、电子	CHL	SH	ITH
	甘肃白银高新技术产业园区	2006－06	精细化工、新材料、医药	CL	SL	ITL
	甘肃临泽工业园区	2006－08	农产品深加工、建材	CL	SL	ITL
	甘肃武威黄羊工业园区	2006－08	食品、医药	CL	SL	ITL
	甘肃定西经济开发区	2006－08	机电、食品、塑料	CHL	SH	ITHL
	甘肃岷县工业园区	2006－08	医药、农副产品加工、建材	CL	SL	ITL
	甘肃平凉工业园区	2006－08	农副产品深加工、新型材料、化工	CL	SL	ITL
	甘肃临夏双城经济开发区	2006－08	建材、农畜产品加工、机械	CHL	SH	ITH
	甘肃广河经济开发区	2006－08	农副产品深加工、机械	CHL	SH	ITH
	甘肃永靖工业园区	2006－08	化工、机械、农副产品加工	CHL	SH	ITHL
	甘肃金昌经济开发区	1988－08	有色金属产品加工、化工、机械	CHL	SH	ITHL

续表

地区	开发区名称	批准时间	主要产业	主要功能	配套功能	承接功能
宁夏	宁夏石嘴山工业园区	1997－05	化工、新型建材	CL	SL	ITL
	宁夏固原经济开发区	1997－07	中药材加工、农副产品加工、纺织	CL	SL	ITL
	宁夏灵武羊绒产业园区	2006－03	羊绒加工			
	宁夏贺兰工业园区	2006－03	食品、生物制药、新型建材	CL	SL	ITL
	宁夏永宁工业园区	2006－03	医药、电子、建材	CHL	CH	ITHL
	宁夏吴中红寺堡工业园区	2006－03	中药材加工、农副产品加工	CL	SL	ITL
	宁夏固原清水河工业园区	2006－06	农副产品深加工、中药材加工	CL	SL	ITL
	宁夏宁东化工产业园区	2003－07	煤化工、氯碱化工、精细化工	CL	SL	ITL
	宁夏石嘴山经济开发区	2006－08	机械、新材料、煤基炭材	CHL	SH	ITH
	宁夏平罗工业园区	2006－08	煤化工、精细化工、冶炼	CL	SL	ITL
	宁夏吴忠金积工业园区	2006－08	农副产品深加工	CL	SL	ITL
	宁夏同心羊绒产业园区	2006－08	羊绒加工			
	宁夏盐池工业园区	2006－08	医药、建材	CL	SL	ITL
	宁夏中卫工业园区	2003－04	造纸、化工	CL	SL	ITL
	宁夏中宁工业园区	2006－08	建材、化工、农副产品深加工	CL	SL	ITL
新疆	新疆霍城经济开发区	2000－10	农副产品深加工、新型建材	CL	SL	ITL
	新疆奎屯经济开发区	1992－12	棉纺、农产品加工	CL	SL	ITL
	新疆昌吉高新技术产业园区	2000－06	化工、新型建材、医药	CL	SL	ITL
	新疆鄯善化工产业园区	2003－03	化工	CL	SL	ITL
	新疆库尔勒经济开发区	2000－07	石油化工、医药	CL	SL	ITL
	新疆和硕经济开发区	1996－07	农副产品加工、石材加工、医药	CL	SL	ITL
	乌鲁木齐水磨沟工业园区	2006－04	建材、木器、食品	CL	SL	ITL
	新疆米泉工业园区	2006－04	机械制造、农牧产品深加工、线缆生产	CL	SH	ITHL
	乌鲁木齐头屯河工业园区	2006－08	制药、机械制造、建材	CHL	SH	ITH
	新疆吐鲁番经济开发区	2006－08	建材、矿产开发加工	CL	SL	
	新疆石河子工业园区	2006－08	农副食品加工、农业节水技术开发、生物工程技术研发与应用	CH	SL	ITH

注：CH——高端制造业；CL——低端制造业；SH——高端配套；SL——低端配套；ITH——高端产业转移；ITL——高端产业转移；CHL——高低制造业混合；ITHL——高低产业转移混合。

附录3　西部地区外商投资优势产业目录（2008年修订）

一、内蒙古自治区

（1）退耕还林还草、退牧还草、天然林保护等国家重点生态工程后续产业开发。（2）节水灌溉和旱作节水技术、保护性耕作技术开发与应用。（3）甜菜糖精深加工及副产品综合利用。（4）铜、铅、锌、铝精深加工（勘查、开采、冶炼除外）。（5）非金属矿（红柱石、膨润土、白云石、晶质石墨、珍珠岩、沸石）综合利用及精细加工（勘探、开采除外）。（6）毛纺织、针织品高新技术产品开发。（7）煤炭加工应用技术开发和产品生产（中方控股）。（8）稀土深加工及应用产品生产。（9）天然气下游化工产品开发和利用（列入《天然气利用政策》限制类和禁止类的除外）。（10）蒙药材加工（列入《外商投资产业指导目录》限制类、禁止类的除外）。（11）以牛羊内脏为原料的生物制药产品的开发利用（列入《外商投资产业指导目录》限制类、禁止类的除外）。（12）少数民族特需用品、工艺美术品、包装容器材料及日用玻璃制品生产。（13）特殊品种（超白、超薄、在线Low－E）优质浮法玻璃技术开发及深加工。（14）日产4000吨及以上水泥熟料新型干法水泥生产。（15）洗中煤、焦炉煤气余热发电、供热等综合利用。（16）增值电信业务（需在我国入世承诺框架内）。（17）道路旅客运输（中方控股）。（18）城市供气、供热、供排水管网建设、经营（大城市中方控股）。（19）冰雪、森林、草原生态旅游资源开发、建设和经营。（20）旅游景区（点）保护、开发和经营及其配套设施建设。

二、广西壮族自治区

（1）退耕还林还草等国家重点生态工程后续产业开发。（2）动植物药材资源开发生产（列入《外商投资产业指导目录》限制类、禁止类的除外）。(3) 蔗糖精深加工及副产品综合利用。(4) 松香深加工。(5) 重晶石深加工。(6) 丝绸产品深加工。(7) 少数民族特需用品、民族特色工艺品及包装容器材料生产。(8) 高档日用陶瓷生产。(9) 特殊品种（超白、超薄、在线 Low－E）优质浮法玻璃技术开发及深加工。(10) 日产 4000 吨及以上水泥熟料新型干法水泥生产。(11) 高性能子午线轮胎生产。(12) 汽车零部件制造（汽车变速箱，汽车发动机曲轴、连杆、缸体、缸盖，发动机电子喷射系统，汽车减振器，离合器，发动机正时链，汽车车灯，汽车仪表）。(13) 大型工程机械关键零部件技术开发与制造。(14) 增值电信业务（需在我国入世承诺框架内）。(15) 道路旅客运输（中方控股）。(16) 城市供气、供热、供排水管网建设、经营（大城市中方控股）。(17) 旅游景区（点）保护、开发和经营及其配套设施建设。

三、重庆市

(1) 柑橘、生猪种养殖及深加工。(2) 退耕还林还草、天然林保护等国家重点生态工程后续产业开发。(3) 节水灌溉技术开发及应用。(4) 高档棉、毛、苎麻、丝、竹纤维、化纤的纺织、针织及服装加工。(5) 天然气下游化工产品生产和开发（列入《天然气利用政策》限制类和禁止类的除外）。(6) 聚氨酯及原料、新型工程塑料生产。(7) 生物基材料制造，生物基合成高分子材料，天然生物高分子材料、生物基平台化合物生产。(8) 中药材、中药提取物、中成药加工及生产（列入《外商投资产业指导目录》限制类、禁止类的除外）。(9) 特殊品种（超白、超薄、在线 Low－E）优质浮法玻璃技术开发及深加工。(10) 日产 4000 吨及以上水泥熟料新型干法水泥生产。(11) 铝精深加工（限于合资、合作）。(12) 摩托车整车（外资比例不高于 50%）及零部件制造。(13) 汽车零部件制造（汽车变速箱，汽车发动机曲轴、连杆、缸体、缸盖，发动机电子喷射系统，汽车减振器，离合器，发动机正时链，汽车车灯，汽车仪表）。(14) 新型医疗器械产品开发及生产。(15) 太阳能、风电等新型发电设备及零部件制造（限于合资、合作）。(16) 线宽 0.25 微米以下大规模数字集成电路制造。(17) 增值电信业务（需在我国入世承诺框架内）。(18) 道路旅客运输（中方控股）。(19) 城市供气、供热、供排水管网建设、经营（大城市中方控股)。(20) 旅游景区（点）保护、开发和经营及其配套设施建设。

四、四川省

(1) 蔬菜、水果等种子（种苗）（转基因植物种子除外）开发、生产（中方控股)。(2) 生猪、肉牛、肉羊、小家禽饲养和深加工。(3) 退耕还林还草、天然林保护等国家重点生态工程后续产业开发。(4) 节水灌溉和旱作节水技术、保护性耕作技术开发与应用。(5) 稀土深加工及应用产品生产。(6) 钒钛磁铁矿新技术、新产品开发（中方控股)。(7) 天然气下游化工产品生产和开发（列入《天然气利用政策》限制类和禁止类的除外)。(8) 丝绸产品深加工。(9) 高性能无机氟化工产品生产（列入《外商投资产业指导目录》限制类、禁止类的除外)。(10) 动植物药材资源开发生产（列入《外商投资产业指导目录》限制类、禁止类的除外)。(11) 特殊品种（超白、超薄、在线 Low－E）优质浮法玻璃技术开发及深加工。(12) 日产4000吨及以上水泥熟料新型干法水泥生产。(13) 高性能子午线轮胎生产。(14) 汽车零部件制造（汽车变速箱，汽车发动机曲轴、连杆、缸体、缸盖，发动机电子喷射系统，汽车减振器，离合器，发动机正时链，汽车车灯，汽车仪表)。(15) 起重机、挖掘机、装载机、液压机、混凝土机械、压路机、叉车、推土机、平地机等工程机械制造（中方控股)。(16) 数字医疗设备及关键部件开发及生产。(17) 天然气压缩机（含煤层气压缩机）制造。(18) 增值电信业务（需在我国入世承诺框架内)。(19) 道路旅客运输（中方控股)。(20) 城市供气、供热、供排水管网建设、经营（大城市中方控股)。(21) 旅游景区（点）保护、开发和经营及其配套设施建设。

五、贵州省

(1) 退耕还林还草、天然林保护等国家重点生态工程后续产业开发。(2) 节水灌溉和旱作节水技术开发与应用。(3) 马铃薯、魔芋等产品深加工。(4) 禽肉（肉牛、猪肉、肉羊、畜禽)、辣椒、苦荞、山药、核桃深加工。(5) 苎麻产品深加工。(6) 煤炭加工应用技术开发和产品生产（中方控股)。(7) 钛冶炼（中方控股)。(8) 丝绸产品深加工。(9) 磷、硫化工产品生产。（10）动植物药材资源开发生产（列入《外商投资产业指导目录》限制类、禁止类的除外）。（11）特殊品种（超白、超薄、在线 Low－E）优质浮法玻璃技术开发及深加工。（12）日产 4000 吨及以上水泥熟料新型干法水泥生产。（13）铝等有色金属精深加工（限于合资、合作）。（14）磨料磨具产品生产。（15）汽车零部件生产（汽车变速箱，汽车发动机曲轴、连杆、缸体、缸盖，发动机电子喷射系统，汽车减振器，离合器，发动机正时链，汽车车灯，汽车仪表）。（16）增值电信业务（需在我国入世承诺框架内）。（17）道路旅客运输（中方控股）。（18）城市供气、供热、供排水管网建设、经营（大城市中方控股）。（19）旅游景区（点）保护、开发和经营及其配套设施建设。

六、云南省

（1）优质桑、蚕产品的开发生产。（2）退耕还林还草、天然林保护等国家重点生态工程后续产业开发。（3）节水灌溉和旱作节水技术开发与应用。（4）铜、铅、锌有色金属精深加工（勘查、开采、冶炼除外）（中方控股）。（5）特色食用资源开发及应用。（6）亚麻加工、开发及副产品综合利用。（7）煤炭加工应用技术开发和产品生产（中方控股）。（8）丝绸产品深加工。（9）磷精细化工应用技术开发和产品生产。（10）动植物药材资源开发生产（列入《外商投资产业指导目录》限制类、禁止类的除外）。（11）包装装潢印刷品印刷。（12）特殊品种（超白、超薄、在线 Low－E）优质浮法玻璃技术开发及深加工。（13）日产 4000 吨及以上水泥熟料新型干法水泥生产。（14）轻型车用柴油发动机及零部件制造。（15）增值电信业务（需在我国入世承诺框架内）。（16）道路旅客运输（中方控股）。（17）城市供气、供热、供排水管网建设、经营（大城市中方控股）。（18）旅游景区（点）保护、开发和经营及其配套设施建设。

七、西藏自治区

（1）退耕还林还草、天然林保护等国家重点生态工程后续产业开发。（2）节水灌溉和旱作节水技术开发与应用。（3）盐湖资源的开发利用（中方控股）。（4）饮用天然矿泉水生产（中方控股）。（5）牛绒产品深加工及藏毯生产。(6) 毛纺产品加工制造。(7) 中药材、中药提取物、中成药加工及生产(列入《外商投资产业指导目录》限制类、禁止类的除外)。(8) 藏药新品种、新剂型产品生产(列入《外商投资产业指导目录》禁止类的除外)。(9) 少数民族特需用品、工艺美术品、包装容器材料及日用玻璃制品生产。(10) 增值电信业务(需在我国入世承诺框架内)。(11) 道路旅客运输(中方控股)。(12) 城市供气、供热、供排水管网建设、经营(大城市中方控股)。(13) 旅游景区(点)保护、开发和经营及其配套设施建设。

八、陕西省

(1) 马铃薯、棉花种子种苗开发生产(中方控股)。(2) 退耕还林还草、天然林保护、水源地保护等国家重点生态工程后续产业开发。(3) 节水灌溉和旱作节水技术、保护性耕作技术开发与应用。(4) 高档棉、毛、化纤的纺织、针织及服装加工。(5) 丝绸产品深加工。(6) 动植物药材资源开发生产(列入《外商投资产业指导目录》限制类、禁止类的除外)。(7) 天然气下游化工产品的生产与开发(列入《天然气利用政策》限制类和禁止类的除外)。(8) 煤炭加工应用技术开发和产品生产(中方控股)。(9) 特殊品种(超白、超薄、在线 Low－E) 优质浮法玻璃技术开发及深加工。(10) 日产4000吨及以上水泥熟料新型干法水泥生产。(11) 钛金属精深加工(中方控股)。(12) 高炉煤气能量回收透平装置设计制造。(13) 增值电信业务(需在我国入世承诺框架内)。(14) 道路旅客运输(中方控股)。(15) 医疗机构(限于合资、合作)。(16) 城市供气、供热、供排水管网建设、经营(大城市中方控股)。(17) 旅游景区(点)保护、开发和经营及其配套设施建设。

九、甘肃省

(1) 节水灌溉和旱作节水技术、保护性耕作技术开发与应用。(2) 瓜果、蔬菜、花卉种子的开发生产(中方控股)。(3) 优质酿酒葡萄基地建设。(4) 优质啤酒原料种植、加工。(5) 天然气下游化工产品生产和开发(列入《天然气利用政策》限制类和禁止类的除外)。(6) 稀土深加工及应用产品生产。(7) 中药材 GAP 生产基地建设及深加工（列入《外商投资产业指导目录》限制类、禁止类的除外）。(8) 铝、铜、镍等有色金属精深加工（中方控股）。(9) 石油钻采、炼化设备制造。(10) 输油气管道加工。(11) 奈莫泵（单螺杆泵）、水泵、精细研磨机制造。(12) 精密数控机床及工具制造。(13) 风力、太阳能发电及设备制造业（限于合资、合作）。(14) 增值电信业务（需在我国入世承诺框架内）。(15) 道路旅客运输（中方控股）。(16) 城市供气、供热、供排水管网建设、经营（大城市中方控股）。(17) 旅游景区（点）保护、开发和经营及其配套设施建设。

十、宁夏回族自治区

(1) 节水灌溉和旱作节水技术、保护性耕作技术开发与应用。(2) 枸杞、葡萄等种植及深加工。(3) 少数民族特需用品及清真食品开发加工。(4) 以发酵方式生产化学原料药及中间体、氨基酸产品开发生产。(5) 碳基材料开发及生产。(6) 石膏和陶瓷黏土的深加工。(7) 日产 4000 吨及以上水泥熟料新型干法水泥生产。(8) 钽、铌等金属精深加工（中方控股）。(9) 高性能子午线轮胎生产。(10) 数控机床、大型精密轴承、煤矿采掘设备、自动化仪表、大型精密铸件生产加工。(11) 大型煤矿综采设备和防爆电机生产加工。(12) 风能、太阳能发电设备研发及制造生产（限于合资、合作）。(13) 增值电信业务（需在我国入世承诺框架内）。(14) 道路旅客运输（中方控股）。(15) 城市供气、供热、供排水管网建设、经营（大城市中方控股）。(16) 旅游景区（点）保护、开发和经营及其配套设施建设。

十一、青海省

(1) 高原动植物资源保护、种养与加工利用（列入《外商投资产业指导目录》限制类、禁止类的除外）。(2) 退耕还林还草、天然林保护、水源地保护等国家重点生态工程后续产业开发。(3) 节水灌溉和旱作节水技术、保护性耕作技术开发与应用。(4) 有机天然农畜产品基地建设和产品精深加工。(5) 牛绒产品深加工。(6) 天然气下游化工产品生产和开发（列入《天然气利用政策》限制类和禁止类的除外）。(7) 中、藏药新品种、新剂型产品生产

（列入《外商投资产业指导目录》限制类、禁止类的除外）。（8）特殊品种（超白、超薄、在线 Low－E）优质浮法玻璃技术开发及深加工。（9）日产4000 吨及以上水泥熟料新型干法水泥生产。（10）增值电信业务（需在我国入世承诺框架内）。（11）道路旅客运输（中方控股）。（12）职业教育机构（限于合作）。（13）医疗机构（限于合资、合作）。（14）城市供气、供热、供排水管网建设、经营（大城市中方控股）。（15）旅游景区（点）保护、开发和经营及其配套设施建设。

十二、新疆维吾尔族自治区（含新疆生产建设兵团）

（1）退耕还林还草、天然林保护等国家重点生态工程后续产业开发。（2）节水灌溉和旱作节水技术、保护性耕作技术开发与应用。（3）优质番茄、特色香梨、葡萄、甜瓜、红枣和枸杞的种植及深加工。（4）优质酿酒葡萄基地建设。（5）天然香料的种植、加工。（6）甜菜糖加工及副产品综合利用。（7）亚麻种植及其制品生产。（8）高档棉毛产品升级改造。（9）丝绸产品深加工。（10）蛭石、云母、石棉、菱镁矿、石墨、石灰石、红柱石、石材等非金属矿产的综合利用（勘查、开发除外）。（11）煤炭加工应用技术开发和产品生产（中方控股）。（12）盐化工下游产品生产及开发（列入《外商投资产业指导目录》限制类、禁止类的除外）。（13）油气伴生资源综合利用。（14）放空天然气回收利用。（15）维吾尔族特色药用植物种植、加工和制药新工艺开发（列入《外商投资产业指导目录》限制类、禁止类的除外）。（16）风能、太阳能发电设备研发及制造生产（限于合资、合作）。（17）以牛羊内脏为原料的生物制药产品的开发利用。（18）少数民族特需用品、工艺美术品、包装容器材料及日用玻璃制品生产。（19）特殊品种（超白、超薄、在线 Low－E）优质浮法玻璃技术开发及深加工。（20）日产4000 吨及以上水泥熟料新型干法水泥生产。（21）铜、铅、锌、铝等有色金属精深加工（限于合资、合作）。（22）增值电信业务（需在我国入世承诺框架内）。（23）道路旅客运输（中方控股）。（24）城市供气、供热、供排水设施建设、经营（大城市中方控股）。（25）旅游景区（点）保护、开发和经营及其配套设施建设。

国家发展和改革委员会　商务部

附录4 西部优势产业发展与承接产业转移的重要环节

一、内蒙古

1. 钢铁

（1）黑色金属矿山接替资源勘探及开发利用。（2）稀土钢高端板材。（3）冷轧宽幅薄板、涂镀层钢板、宽厚板、高强度汽车板。（4）无缝钢管。（5）高速铁路用重轨、高强耐候大型材。（6）高档电力用钢。（7）废钢加工处理。（8）超高功率电极、高炉用微孔碳砖、特种石墨。

2. 有色金属

（1）有色金属矿开发利用。（2）多元素共（伴）生矿资源综合利用。（3）有色金属现有矿山接替资源勘探开发、紧缺资源的深部及难采矿开发。（4）从尾矿及废石中回收金、银及其他有价元素。（5）金、银矿深部探矿与开采。（6）高铝粉煤灰提取氧化铝。（7）铝合金、镁合金、铅合金、锌合金材料和铸件。（8）稀土发光材料、稀土磁性材料、稀土催化剂材料。

3. 食品

（1）专用面粉、营养强化面粉、营养强化米、小麦胚芽粉、小麦蛋白粉。（2）玉米/马铃薯淀粉加工、豆类蛋白加工。（3）食糖加工、糖料深加工。（4）冷鲜肉、肉制品、禽类产品。（5）畜禽血液、骨组织、脏器等副产品的综合利用。（6）营养食品、保健食品、豆类特色食品、方便食品、功能食品。（7）浓缩果蔬汁（浆）、植物蛋白饮料、功能性饮料、含乳饮料、固体饮料、冷冻饮品。（8）乳粉、干酪、奶油、乳清制品。

4. 专用设备制造业

（1）大型、精密、专用铸锻件。（2）专用机床、功能部件。（3）工业机器人成套系统。（4）大型矿山用工程机械。（5）粉煤灰储运、利用成套设备。（6）煤炭采掘、洗选成套设备。（7）大型风力发电整机、关键零部件及配套模具。(8) 天然气输气和液化配套用压缩机、泵、阀等关键设备。(9) 大型压力容器。(10) 食品无菌包装设备、牧业机械设备、禽畜类自动化养殖成套设备、林果畜牧业机械。(11) 先进纺织机械及主要零部件。(12) 特种焊接、切割设备及电源。(13) 稀土永磁电机、核磁共振成像设备。

二、广西

1. 食品

(1) 制糖。(2) 粮油、肉禽、水产品、乳品、果蔬、食用菌加工。(3) 果蔬汁饮料、植物蛋白饮料、特殊用途饮料、包装饮用水。(4) 茶饮料及精制茶。(5) 啤酒、葡萄酒、果露酒。

2. 木材加工业

(1) 竹木浆及浆粕、以蔗渣为原料制浆造纸。(2) 环保型制革、皮鞋、箱包。(3) 胶合板、中高密度纤维板、旋切单板、刨花板。(4) 家具、实木玩具。(5) 珍贵树种木皮加工、凭祥红木加工制品。(6) 水洗羽绒羽毛及其制品。

3. 非金属矿物制品业

(1) 混凝土压力管、排水管、管桩、混凝土预制件。(2) 玻璃深加工产品。(3) 高档节能建筑陶瓷、节水型卫生陶瓷。(4) 石材深加工。(5) 高纯超细改性粉体、涂料、颜料、功能性填料。(6) 新型绝热隔音材料。

4. 有色金属

(1) 铜、铝、铅、锌、锡等常用有色金属加工。(2) 铟、锗等稀有金属深加工。

5. 专用设备制造业

(1) 柴油机、工程机械。(2) 轴承、模具、铸造锻件。(3) 数控机床。(4) 输配电设备及发电机组。(5) 石化、港口、冶金机械。(6) 空气压缩机等通用机械。(7) 水稻/甘蔗种植及收获机械、小型拖拉机、农用内燃机、喷灌设备。(8) 食品/包装机械、柔性印刷机械。(9) 大型客滚船、大型汽车运输船、大型重型运输船、集装箱船、游艇、油轮、远洋渔船、船舶维修。(10) 油气存储设施、海洋地质勘探船、供应船、拖船、起重船、打捞救助船、海底电缆铺设船、铺管船。（11）甲板机械、船用柴油机、波浪补偿起重机、船用换热器。（12）船用通信、导航、自动化系统产品。

6. 交通运输设备制造业

（1）乘用车、商用车、专用汽车。（2）节能与新能源汽车及关键零部件。（3）柴油、汽油发动机。

三、重庆

1. 钢铁

（1）高强钢筋。（2）特殊钢。（3）大口径无缝钢管。（4）家电、汽车、造船用钢板。（5）锰基材料深加工。

2. 专用设备制造业

（1）电子专用设备。（2）工业机器人。（3）高端数控机床及功能部件。（4）水轮发电机组、内燃机发电机组、大型火电设备。（5）通用汽油发动机、大型船舶/工程用柴油机及配件。（6）大型、特种铸锻件。（7）大型高精度轴承、齿轮、液压气动密封件、高强度紧固件、大型精密模具。（8）农业机械及粮食加工机械。（9）核电辅助设备、核电齿轮箱。（10）生物质能发电设备。（11）垃圾处理、烟气脱硫脱硝、污水处理等环保成套设备。

3. 交通运输设备制造业

（1）乘用车、商用车、专用汽车。（2）节能与新能源汽车及关键零部件。（3）汽油/柴油发动机、自动机械变速器总成及关键零部件。（4）摩托车、摩托车汽油发动机总成及关键零部件。（5）汽车电子控制系统。（6）城轨车辆。（7）轨道交通装备关键系统及核心零部件。（8）通用直升机。

四、四川

1. 机械

（1）清洁高效发电设备。（2）大型工程施工机械及关键零部件。（3）大型冶金、石化、天然气钻采及输配送、煤炭综采、现代化农业等机械设备。（4）安全应急救援设备。（5）高端数控机床及功能部件。（6）轻工、纺织、食品加工成套设备。（7）工业机器人。（8）海洋平台、海洋钻机、船用柴油发动机、海洋复合电缆、海水淡化设备。（9）大型彩印机、切纸机。（10）民用飞机零部件。（11）通用飞机整机及机载设备。（12）飞机起落架、承力框、梁、发动机涡轮盘等关键部件。（13）大型涡扇航空发动机及关键零部件。（14）空中交通管制设备。（15）大型航天火箭、空间飞行器、航天火工品、电液伺服产品、航天电子产品、光机电一体化产品。（16）卫星民用导航终端、卫星导航定位应用系统及关键元器件。

2. 医药

（1）创新药物。（2）单一成分植物药。（3）通用名药原料药。（4）新型中药饮片及原料药。（5）预防流行性呼吸系统疾病、艾滋病、肝炎、肿瘤的新型疫苗、联合疫苗。（6）治疗创伤性及出血性休克、严重烧伤、病毒性感染等新型血液制品。（7）乙肝、甲状腺、血吸虫、艾滋病、结核病等检测试剂。

3. 交通运输设备制造业

（1）乘用车、商用车、专用汽车。（2）高效柴油/汽油发动机、压缩天然气（CNG）发动机。（3）新能源汽车关键零部件、车载充电机、非车载充电设备。（4）汽车电子控制系统。（5）汽车零部件再制造。（6）大功率交流传动内燃机车、电力机车、混合动力机车。（7）高速和中低速磁悬浮车辆、城轨和城际列车、城际双动力动车组。（8）快速铁路专用货车、专用线重载车辆、机车车辆特种救援设备。（9）轨道交通装备关键系统及核心零部件。（10）高速铁路钢轨/道岔、无砟轨道板模具/扣件系统、铁路桥梁构件。（11）铁路隧道掘进机、地铁盾构机、隧道钻注一体化设备。（12）铁路电气控制系统、高速动车组移动通信保障系统、高速铁路绝缘子。

4. 建材

（1）纸面石膏板、利用工业副产石膏生产墙体材料/装饰材料。（2）预应力高强混凝土离心桩、预应力钢筒混凝土管。（3）节能型新型墙体和屋面材料、绝热隔音材料、建筑防水/密封材料。（4）在线镀膜玻璃、低辐射玻璃、玻璃深加工制品。（5）玻璃熔窑用高档耐火材料。（6）功能陶瓷、新型结构陶瓷、多孔陶瓷、生物陶瓷、新能源用关键陶瓷材料及器件、陶瓷基复合材料及制品。（7）使用合成矿物纤维、芳纶纤维等作为增强材料的无石棉摩擦和密封材料。（8）废矿石、尾矿、建筑废弃物综合利用。（9）高纯、超细、改性等精细加工的高岭土/石墨/硅藻土等非金属矿深加工。(10) 超薄复合石材、矿石碎料和板材边角料综合利用。

5. 食品

(1) 米制食品深加工。(2) 专用粉、强化粉、预配粉。(3) 稻谷副产物综合利用。(4) 玉米粉、玉米浆、玉米蛋白粉等玉米加工食品。(5) 马铃薯淀粉、变性淀粉、全粉加工、红薯淀粉粉条。(6) 菜籽食用油、调和油、玉米胚芽油、芝麻油和橄榄油等系列油脂产品。(7) 热带/亚热带水果制浓缩果汁(浆)/罐头、利用水果皮渣/籽等副产物提取果胶/精油/食用色素等。(8) 泡菜、食用菌、魔芋等特色农产品深加工。(9) 乳制品加工。(10) 精制茶。(11) 果蔬汁饮料、植物蛋白饮料。(12) 名优白酒、葡萄酒、果酒。

6. 化工

(1) 低品位磷矿采选、共伴生碘/氟等资源综合回收利用。(2) 电子级磷酸、高端精细磷化工产品。(3) 农药新品种。(4) 魔芋葡甘聚糖、木质素/脂肪胺衍生物等生物化工。(5) 芳纶、聚苯硫醚、高分子量聚乙烯等高性能纤维。(6) 高性能功能材料。

7. 纺织

(1) 苎麻纺织产品。(2) 真丝与其他纤维混纺、交织、复合等新型面料。(3) 绒类面料、弹性面料等中高档纺织面料。(4) 保健型针织品、针织服装。(5) 高档服装。(6) 弱捻纱巾被等家用纺织品。(7) 产业用纺织品。(8) 功能性、差别化纤维。(9) 再生聚酯纤维。

8. 轻工

(1) 嵌入式家电。(2) 高效节能型电光源产品、高效/节能/小型多功能照明器具。(3) 林浆纸(竹浆造纸)一体化(新闻纸、铜版纸除外)。(4) 夹江书画纸、低定量高档文化用纸、特种工业纸、高档包装用纸、生活用纸。(5) 高强度竖瓦楞纸板、组合化复合材料、大型重载机电产品包装箱、包装箱回收和循环利用。(6) 医用塑料、农用塑料、工程塑料。(7) 高档皮革、合成皮革、新型皮革化工材料、中高档品牌鞋。(8) 板式家具、实木家具、竹藤家具。(9) 中密度纤维板、人造板新板种、装修装饰用材、小包装用材。(10) 电动自行车、专用竞赛车、残疾人助力车。(11) 天然香料。(12) 运动用品、旅游用品。

9. 钢铁

(1) 难选贫矿、共(伴)生矿综合利用。(2) 核电用大型铸锻件、核电用管、特厚钢板、堆内构件用钢及其配套焊接材料。（3）优质、高标准轴承钢、齿轮钢、工模具钢、硅钢、电工钢。（4）高温合金及耐蚀耐候合金钢材。（5）钒钛低微合金钢、钒钛高强抗震钢筋、高档复合合金。

五、贵州

1. 机械

（1）工程机械及关键零部件。（2）数控磨床、数控铣床及关键基础件。（3）风力发电装备。（4）矿山、冶金、化工、农业、建材成型设备。（5）医疗器械及医用检测设备。（6）钎具、磨料、磨具。（7）高低压电力装备。（8）包装机械、环保装备。（9）通用飞机、民用无人机。（10）民用飞机发动机零部件。

2. 食品

（1）特色农产品深加工。（2）畜禽及其他特色肉制品加工。（3）风味米、营养米、精制米、特色米、大米淀粉/薯类淀粉深加工。（4）菜籽油/茶籽油/米胚油/核桃油等食用油、蓖麻油/桐油深加工。（5）牛、羊液态乳及乳制品。（6）新型、特色、方便调味品。（7）速冻食品、微波食品、保鲜食品、方便食品。（8）名优白酒、优质葡萄酒、啤酒、果酒。（9）无公害绿茶、名优茶、有机茶、特种茶加工。（10）制糖。（11）纯净水、矿泉水。（12）果蔬汁饮料、茶饮料、含乳饮料。

3. 化工

（1）高硫煤清洁转化、利用劣质煤发展精细煤化工产品。（2）磷矿高效开采、中低品位磷矿/尾矿采选利用、磷矿伴生氟/碘资源综合回收。（3）优质专用肥、缓控释肥。（4）精细磷化工产品、脱氟磷酸钙生产大型装置。（5）磷石膏、黄磷尾气及磷渣综合利用。（6）安全、高效、经济的农药新品种和新剂型。（7）农药专用中间体及助剂、生物农药。（8）有机硅副产物综合利用。（9）水性木器漆、工业/船舶涂料。（10）90%以上富钛料（人造金红石、天然金红石、高钛渣）生产氯化法钛白粉。（11）食品级二氧化碳。

4. 医药

（1）天麻、杜仲等中药特色药材饮片、冰片、微粉加工。（2）苗药等民族药物。（3）天然药物。（4）创新药物。（5）心血管病药、抗癌药、抗衰老药。（6）保健品。（7）现代生物制药。（8）新型疫苗和诊断试剂。（9）茶多酚、葛根黄酮、雪莲果低聚果糖、头花蓼有效成分等特色中药提取。（10）弹性蛋白酶原粉。（11）生物多糖冲洗胶液、可吸收止血氧化再生纤维素、可吸收防粘连液等高性能医用材料。

5. 建材

（1）铝酸盐水泥、硫铝酸盐水泥等特种水泥。（2）利用新型干法水泥窑炉处置废弃物。（3）预应力钢筒混凝土管（PCCP 管）。（4）纸面石膏板。（5）预拌混凝土、抹面砂浆。（6）超薄复合石材板、矿石碎料和板材边角料综合利用。（7）保温墙材、加气混凝土、粉煤灰蒸压砖等新型墙体和屋面材料、绝热隔音材料、建筑防水和密封材料。（8）玻璃熔窑用高档耐火材料。（9）以工业废渣为原料生产微晶玻璃、玻璃深加工。（10）陶瓷板、具有特殊性能的功能陶瓷材料。（11）耐高温、耐腐蚀、高硬度的氧化铝/氮化硅/氮化硼/人工晶体等结构陶瓷。（12）高纯、超细、改性等精细加工的高岭土/石墨/硅藻土等非金属矿深加工。

6. 有色金属

（1）铝土矿资源及赤泥综合利用。（2）金、银矿深部探矿与开采。（3）伴生金、银等贵金属回收。（4）铝、钛等常用有色金属加工。

7. 钢铁

（1）高强度建筑和机械用钢、钎钢。（2）合金弹簧钢、轴承钢。（3）预应力钢丝、钢绞线、焊网（丝）等钢材深加工。（4）低碳、低磷、低硫精炼铁合金。

六、云南

1. 建材

（1）磷石膏类建材。（2）竖式机械化窑石灰生产线。（3）建筑装饰用石材。（4）新型节能墙体材料。（5）着色玻璃、热反射玻璃、低辐射玻璃、超薄/超厚/大规格玻璃。（6）高档节能建筑陶瓷、优质节水型卫生陶瓷、骨质瓷/镁质瓷等高档陶瓷。（7）新型不定型耐火材料、耐用节能环保耐火材料。（8）太阳能热利用及光伏发电应用一体化建筑材料。

2. 钢铁

（1）难选贫矿、共（伴）生矿综合利用。（2）矿用支护钢、轻轨、大型型钢。(3) 高强度结构钢/建筑用钢、高档不锈钢/工模具钢、高温高压锅炉钢、特种耐蚀钢、电工用硅钢。(4) 钒氮合金、高钒铁。

3. 有色金属

(1) 有色金属矿开发利用。(2) 多元素共(伴)生矿资源综合利用。(3) 有色金属现有矿山接替资源勘探开发、紧缺资源的深部及难采矿开发。(4) 从尾矿及废石中回收金、银及其他有价元素。(5) 金、银矿深部探矿与开采。(6) 综合回收金、银、铂、铟、锗。(7) 常用有色金属及稀有金属深加工。(8) 稀土深加工。

4. 汽车

(1) 汽车零部件。(2) 汽车发动机及发动机零部件。(3) 城轨车辆组装和维修保养。(4) 轨道交通装备关键系统及核心零部件。(5) 轨道交通施工、检修自动化设备。

七、西藏

1. 食品

(1) 天然矿泉水。(2) 果汁、山野菜汁、谷物饮料、茶饮料、植物蛋白饮料及其他功能饮料。(3) 荞麦、马铃薯、葡萄、糌粑、青稞、食用菌、蔬菜、山野菜等精深加工。(4) 乳制品、酥油、奶渣等具有西藏民族特色的传统食品。(5) 粮油加工副产物(糖、麸皮等)综合利用。(6) 畜禽骨、血、内脏等副产物综合利用与无害化处理。(7) 风干肉、酱卤肉、手撕肉等肉制品及其副产品精深加工。(8) 果蔬罐头等系列产品。(9) 菜籽油、油茶籽油、核桃油等木本油料加工。

2. 建材

(1) 中热硅酸盐水泥、低碱硅酸盐水泥、道路硅酸盐水泥、大坝水泥等特种水泥。(2) 混凝土实心/空心砌块、加气混凝土砌块、烧结自保温砌块等新型节能墙体材料/屋面材料/防水材料。(3) 花岗石、大理石、建筑砂石料。(4) 硼化物。(5) 钾肥。(6) 盐湖资源开发利用和精深加工。

3. 有色金属

(1) 有色金属矿开发利用。(2) 多元素共(伴)生矿资源综合利用。(3) 高效、低耗、低污染有色金属冶炼。(4) 碳酸锂。

八、陕西

1. 化工

（1）现代煤化工。（2）炼油深加工产品及综合利用。（3）焦化副产品高效转化和清洁利用。（4）新型环保型涂料、日用化学品、饲料添加剂、催化剂、助剂、油田化学品。（5）页岩气、煤层气开发及高效利用。（6）精细氟化工产品、含氟新材料。（7）光伏产业配套化工材料。

2. 医药

（1）天然植物药。（2）中药饮片、中药制剂。（3）保健药。（4）生物生化制品。（5）动物疫病的新型诊断试剂、动物疫苗、低毒低残留兽药。（6）新型药用包装材料。（7）新型药物制剂、新辅料。（8）钛合金医用材料。

3. 钢铁

（1）黑色金属矿山接替资源勘探。（2）难选贫矿、共（伴）生矿综合利用。（3）高性能、高质量及升级换代钢材。（4）焦炉、精炼钢用耐用/节能/低碳/无碳耐火材料。（5）先进压水堆核电管、百万千瓦火电锅炉管、耐蚀耐压耐温油井管、耐腐蚀航空管。（6）冶金固体废弃物综合利用。

4. 机械

（1）高端数控机床及关键功能部件。（2）轴承、齿轮、传动部件、驱动部件。（3）大型工业风机整机及风电零部件。（4）空调压缩机等制冷、空调设备。（5）大中型、高低压、交直流节能电机。（6）筑路、矿山、冶金、化工、煤炭、石油钻采输送等专用设备。（7）食品检测设备。（8）数字医学成像设备。（9）高效节能缝制机械。（10）新型纺织机械及零部件。（11）超高压、特高压交直流输变电设备及关键部件。

5. 汽车

（1）乘用车、重型货车、专用汽车。（2）新能源汽车关键零部件。（3）重型汽车变速器和桥总成。（4）高效汽油、柴油发动机及部件。（5）汽车轻量化材料、环保材料。（6）充电站等配套设施。（7）铁路货车、铁路工程机械。（8）铁路通信信号系统、铁道电器成套设备。（9）城市轨道交通火灾报警和自动灭火系统。（10）轨道车辆交流牵引传动系统、制动系统及核心元器件。

九、甘肃

1. 化工

(1) 安全、高效、经济的农药及制剂。(2) 环境友好型涂料。(3) 炼化一体化及深加工产品。

2. 有色金属

(1) 有色金属矿开发利用。(2) 多元素共(伴)生矿资源综合利用。(3) 有色金属现有矿山接替资源勘探开发、紧缺资源的深部及难采矿开发。(4) 新型有色金属冶炼。(5) 金、银等贵金属提取及回收。(6) 高纯稀土冶炼。(7) 铜、铝、铅、锌、镍等常用有色金属加工。

3. 钢铁

(1) 高性能线、棒、型、板、带材。(2) 高碳铬铁、钒铁、钒氮合金。(3) 高等级不锈钢。

十、青海

1. 化工

(1) 油气伴生资源综合利用。(2) 石油、天然气下游化工产品(不包括化肥、甲醇)。(3) 合成树脂、化纤原料、高端精细化工新材料。(4) 盐湖钾、钠、镁、锂、硼、锶、溴、碘等特色优势资源开发与综合利用。(5) 焦煤综合利用及现代煤化工。

2. 钢铁

(1) 难选贫矿、共(伴)生矿综合利用。(2) 工模具钢、特殊大锻材。(3) 青藏地区急需的建筑用钢材及特种钢材。(4) 精炼、复合、特种铁合金。

3. 有色金属

(1) 有色金属现有矿山接替资源、紧缺资源矿深部探采及开发利用。(2) 多元素共(伴)生矿、尾矿资源综合利用。(3) 高效、低耗、低污染新型冶炼。(4) 柴达木盐湖资源生产金属镁及深加工。(5) 柴达木盐湖资源提锂及深加工。(6) 有色金属新型合金产品。

十一、宁夏

1. 化工

（1）煤间接液化及碳一化工。（2）安全、高效、经济的农药及生物农药。（3）环境友好型涂料/油墨/颜料及其他精细化工产品。

2. 有色金属

（1）钽、铌、铍冶炼及精深加工。（2）铝、镁等常用有色金属及合金加工。

3. 机械

（1）高端数控机床及功能部件。（2）机床、风电用高端金属铸锻产品。（3）特殊轴承、变速箱、减速器。（4）化工、火电用特殊阀门。（5）自动化仪表、电工电气仪表。（6）电力变压器、开关、电动机、电线电缆、配电控制设备。（7）专用起重机。（8）刮板输送机、液压支架等煤矿机械。（9）农业机械。

4. 建材

（1）脱硫石膏、高铝粉煤灰综合利用制品。（2）混凝土结构构件。（3）石棉水泥制品。（4）新型墙体材料。（5）石材加工。（6）光学玻璃、玻璃制品。（7）特种陶瓷。（8）石棉制品、云母制品。（9）耐火材料及耐火陶瓷制品。

十二、新疆

1. 化工

（1）焦化副产品精深加工。（2）芳烃、己内酰胺、醋酸乙烯、1－4 丁二醇。（3）有机硅、聚乙烯醇、三聚氰胺、聚甲醛。（4）合成橡胶、合成树脂等新材料及其深加工。（5）现代煤化工。（6）新型环保型涂料、染料、中间体、催化剂。（7）专用精细化学品。（8）膜材料、无机纳米及功能性材料。（9）生物农药及生物防治产品。（10）密闭式电石炉炉气综合利用。（11）高性能纤维。

2. 纺织

（1）优质棉纱、棉布及棉纺织品。（2）毛精纺面料。（3）羊绒、亚麻、罗布麻等特色纺织品。（4）服装及家用纺织品。（5）民族服饰、手工编织毯。（6）差别化、功能性纤维。（7）产业用纺织品。（8）手工地毯、抽纱、玉雕、民族刺绣等民族特色手工艺品和旅游纪念品。

3. 机械

（1）超高压/特高压交直流输电设备、智能型低压电器、变压器。（2）矿山开采及石油天然气开采用特种线缆和电气成套控制系统、防爆电气设备。（3）大型煤矿采掘/输送/洗选成套装备、洁净煤技术产品的开发利用及设备。（4）风电设备整机及控制系统、变流器等关键零部件。（5）大型农业生产机械、采棉机/精量播种机等农业机械及种子加工成套设备、自动化养殖成套设备、节水器材。（6）大型石油天然气钻采设备、石油化工成套设备。（7）大型精密模具。（8）先进纺织、建材机械及关键零部件。（9）早期诊断医疗仪器设备。（10）轴承等通用基础件。（11）大型、精密、专用铸锻件设备。（12）可控气氛及大型真空热处理设备。（13）内燃机及关键零部件。（14）自动化焊接设备。（15）清洁高效发电设备及大型发电机组。（16）安全生产及环保检测仪器。（17）食品、药品质量安全检验检测设备。（18）自动气象站系统设备。（19）新疆地区特色产品加工机械。

4. 钢铁

（1）黑色金属矿山接替资源勘探。（2）废钢加工（不含炼钢）。（3）石油开采用油井管、电站用高压锅炉管、油气长距离输送用钢管。（4）铁合金新工艺、新技术开发应用。

5. 有色金属

（1）有色金属矿、现有矿山接替资源、紧缺资源的开发利用。（2）多元素共（伴）生矿及伴生金、银等贵金属资源综合利用。（3）锂、铍、钽、铌冶炼及压延加工。（4）高效、节能、环保型有色金属冶炼和铝加工材。

参考文献

陈秀山、许瑛：《中国制造业空间结构变动及其对区域分工的影响》，《经济研究》2008 年第 10 期。

陈建军：《中国现阶段产业区域转移的实证研究》，《管理世界》2002 年第 6 期。

陈计旺：《影响东部地区产业转移的主要因素分析》，《生产力研究》2007 年第 5 期。

蔡昉、王德文、曲玥：《中国产业升级的大国雁阵模型分析》，《经济研究》，2009 年第 9 期。

范剑勇：《市场一体化、地区专业化与产业集聚趋势》，《中国社会科学》2004 年第 6 期。

范剑勇：《产业集聚与地区间劳动生产率差异》，《经济研究》2006 年第 11 期。

范剑勇：《长三角一体化、地区专业化与制造业空间转移》，《管理世界》2004 年第 11 期。

郭少新：《区域产业转移与西部优势产业培育》，《西北工业大学学报》2006 年第 1 期。

冯涛、赵会玉、杜苗苗：《外商在华直接投资区域聚集非均衡性的实证研究》，《经济学（季刊）》2008 年第 2 期。

侯士国：《扩大利用外资，发展优势产业，促进西部开发》，《中国外资》2000 年第 9 期。

何红岩：《西部地区优势产业发展的金融支持对策思考》，《甘肃金融》2007 年第 8 期。

何兴强、王利霞：《中国 FDI 区位分布的空间效应研究》，《经济研究》2008 年第 11 期。

何奕、童牧：《长江三角洲空间经济结构研究》，《生产力研究》2006 年第

1 期。
孔祥智：《西部地区优势产业发展的思路和对策研究》，《产业经济研究》2003 年第 5 期。
李国平、杨开忠：《外商对华直接投资的产业与空间转移特征及其机制研究》，《地理科学》2000 年第 2 期。
李娅、伏润民：《为什么东部产业不向西部转移：基于空间经济理论的解释》，《世界经济》2010 年第 8 期。
刘嗣明：《中国区际产业转移的困境寻源与对策探究》，《经济评论》2007 年第 6 期。
姜楠、李士忠：《小岛清“边际产业扩张论”与我国东部产业战略西移》，《日本问题研究》2001 年第 3 期。
李国平、陈晓玲：《我国外商直接投资地区分布影响因素研究——基于空间面板数据模型》，《当代经济科学》2007 年第 3 期。
罗雨泽、朱善利、陈玉宇、罗来军：《外商直接投资的空间外溢效应：对中国区域企业生产率影响的经验检验》，《经济学（季刊）》2008 年第 2 期。
罗宏翔、赵果庆：《FDI 产业空间自相关与空间集聚》，《经济管理》2012 年第 9 期。
毛蕴诗、汪建成：《大企业集团扩展路径的实证研究——对广东 40 家大型重点企业的问卷调查》，《学术研究》2002 年第 8 期。
马建会：《“十一五”加快西部特色优势产业发展的对策》，《甘肃社会科学》2006 年第 5 期。
马海霞：《区域传递的两种空间模式比较分析——兼谈中国当前区域传递空间模式的选择方向》，《甘肃社会科学》2001 年第 2 期。
商务部和中国社会科学院联合课题组：《我国外商投资梯度转移问题研究》，《中国工业经济》2004 第 4 期。
乔彬、李国平、杨妮妮：《产业聚集测度方法的演变和新发展》，《数量经济技术经济》2007 年第 4 期。
宋乐伟：《基于动态比较优势的西部高新技术产业发展路径分析及政策建议》，《东南大学学报》2007 年第 3 期。
阮建青、张晓波、卫龙宝：《基于产业集群的包买商制与企业家才能》，《管理世界》2008 年第 11 期。

苏梽芳、胡日东：《中国FDI区域分布决定因素的动态演变与地理溢出程度：基于空间面板数据的实证分析》，《经济地理》2008年第1期。
魏后凯：《外商直接投资对中国区域经济增长的影响》，《经济研究》2002年第4期。
魏后凯：《工业化：中西部发展不可逾越的阶段》，《经贸导刊》2001年第8期。
魏后凯：《中国制造业集中与市场结构分析》，《管理世界》2002年第4期。
王剑：《外国直接投资区域分布的决定因素：基于空间计量学的实证研究》，《经济科学》2004年第5期。
王娟熔：《科学发展观指导下的西部地区特色优势产业发展》，《社科纵横》2006年第5期 。
王先庆：《产业发展能力与市场营销能力的相关分析》，《广东商学院学报》2005年第6期。
王立平、彭继年、任志安：《我国FDI区域分布的区位条件及其地理溢出程度的经验研究》，《经济地理》2006年第2期。
向君：《甘肃省培育和壮大特色优势产业的政策建议》，《社科纵横》2007年第12期。
肖灿夫：《我国产业转移的影响因素分析》，《北方经济》2005年第4期。
郁鹏、树伟：《主体功能区建设与西部特色优势产业发展研究》，《生态经济》2008年第1期。
尹涵龄、张先林：《我国中小企业对外直接投资的理论支持》，《南通航运职业技术学院学报》2004年2期。
杨先明、袁帆：《为什么FDI没有西进——从产业层面分析》，《经济学家》2009年第3期。
杨先明、赵果庆：《基于技术创新能力的国际直接投资阶段论及对中国的验证》，《世界经济研究》2007年第3期。
邹乐意、张先林：《我国中小企业对外直接投资可能性的理论分析》，《山西高等学校社会科学报》2004第10期。
张平军、张益友：《加快构建中国西部有竞争力的农业优势产业带》，《农业经济问题》2002年第9期。
张前进、刘小鹏：《中国西部地区特色优势产业发展与优化研究——以宁夏为例》，《宁夏大学学报（自然科学版）》2006年第1期。

张晓平、陆大道：《近 20 年美国对外直接投资结构的变化及影响因素分析》，《经济地理》2002 年第 5 期。
张文忠、庞效民、杨荫凯：《跨国企业投资的区位行为与企业空间组织联系特征》，《地理科学》2000 年第 1 期。
赵果庆：《云南与周边国家的直接投资关系与产业转移》，《云南社会科学》2004 年第 3 期。
赵果庆：《我国产业部门群结构与战略性调整研究》，《财经问题研究》2006 年第 1 期。
赵果庆：《为什么国际直接投资不聚集中国西部》，《管理世界》2004 年第 11 期。
赵果庆、罗宏翔：《中国制造业集聚：度量与显著性检验——基于集聚测量新方法》，《统计研究》2009 年第 3 期。
赵果庆、罗宏翔：《中国 FDI 空间集聚与趋势面》，《世界经济研究》2012 年第 1 期。
赵果庆、杨怡爽：《中国 FDI 工业双重集聚及其效应——基于产业与空间视角》，《经济管理》2011 年第 4 期。
赵果庆：《FDI 溢出效应、技术缺口与工业发展》，《中国软科学》2010 年第 3 期。
邵帅、齐中英：《西部地区的能源开发与经济增长——基于"资源诅咒"假说的实证分析》，《经济研究》2008 年第 4 期。
朱宜林：《我国地区产业转移问题研究综述》，《生产力研究》2005 第 9 期。
邹蓝、王永庆：《产业迁移：东西部合作方式和政策研究》，《特区理论与实践》2000 年第 3 期。
波特：《国家竞争优势》，华夏出版社 2002 年版。
陈建军：《产业区域转移与东扩西进战略》，中华书局 2002 年版。
方甲：《产业结构问题》，中国人民大学出版社 1997 年版。
范剑勇：《产业集聚与中国地区差异研究》，格致出版社 2008 年版。
黄登仕：《经济系统的密度周期性与复杂性》，北京大学出版社 2008 年版。
江世银：《区域产业结构调整与主导产业选择研究》，上海三联书店 2004 年版。
罗斯托：《从起飞进入持续增长的经济学》，四川人民出版社 1988 年版。
罗斯托：《经济增长的阶段》，中国社会科学出版社 2001 年版。

林凌等：《共建繁荣：成渝经济区发展思路研究报告》，经济科学出版社 2005 年版。

陆国庆：《衰退产业论》，南京大学出版社 2002 年版。

沈体雁、冯等田、孙铁山：《空间计量经济学》，北京大学出版社 2010 年版。

苏东水：《产业经济学》，高等教育出版社 2000 年版。

田银华：《产业规制与产业政策理论》，经济管理出版社 2008 年版。

王先庆：《产业扩张》，广东经济出版社 1998 年版。

王远飞、何洪林：《空间数据分析方法》，科学出版社 2008 年版。

王洛林、魏后凯：《中国西部大开发政策》，经济管理出版社 2003 年版。

王岳平：《中国工业结构调整与升级：理论、实证和政策》，中国计划出版社 2001 年版。

王先庆：《产业扩张》，中国人民大学出版社 1998 年版。

王兴平：《中国城市新产业空间—发展机制与空间组织》，科学出版社 2005 年版。

小岛清：《对外贸易论》，南开大学出版社 1987 年版。

杨公朴：《现代产业经济学》，上海财经大学出版社 1999 年版。

周振华：《创新驱动转型发展：2010/2011 上海发展报告》，格致出版社 2010 年版。

周新生：《产业兴衰论》，西北大学出版社 2000 年版。

张济忠：《分形》，清华大学出版社 1995 年版。

赵果庆：《基于 FDI 集聚的中国产业竞争力研究》，中国经济出版社 2009 年版。

联合国贸易和发展组织：《2011 世界投资报告：非股权投资》，经济管理出版社 2011 年版。

商务部外国投资管理司：《2011 中国外商投资报告》，经济管理出版社 2011 年版。

Abramovitz, "Catching Up, Forging Ahead and Falling Behind", *Journal of Economic History*, 1986, 46 (2), pp. 385 – 406.

Abramovitz, The Elements of Social Capability, in Koo, HH and Perkins, DH (eds) Social Capability and Long Term Economic Growth, London: Mac Millan Press, 1995, pp. 19 – 47.

Akamatsu, K., "Historical Pattern of Economic Growth in Developing Countries", *Developing Economies*, 1962, 1, pp. 13 – 25.

Boschma, R. A., 1999, "The Rise of Clusters of Innovative Industries in Belgium During the Industrial Epoch", *Research Policy*, 28, pp. 853 – 871.

Cumings, "The Origins and Development of the Northeast Asian Political Economy", *International Organization*, 1984, 38 (1), pp. 1 – 40.

Coughlin C., Segev E., "Foreign Direct Investment in China: A Spatial Econometric Study", *The World Economy*, 2000 (1), pp. 1 – 23.

E. W. Hill, "A Methodology for Dentifying the Drivers Industrial Clusters: The Foundation of Regional Competitive Advantage", *Economic Development Quarterly*, 2000, 14 (1), pp. 65 – 96.

Findlay R., "Some Aspects of Technology Transfer and Direct Foreign Investment", *American Economic Review*, 1978, 68 (2), pp. 275 – 279.

Kasahara, Shigehisa, "The Flying Geese Paradigm: A Critical Study of Its Application to East Asian Regional Development", *United Nations Conference on Trade and Development*, 2004, p. 169.

Kojima, Kiyoshi, "The 'Flying Geese' Model of Asian Economic Development: Origin, Theoretical Extensions and Regional Policy Implications", *Journal of Asian Economics*, 2000, 11, pp. 375 – 401.

Kumagai, Satoru, "A Journey Through the Secret History of the Flying Geese", IDE Discussion Paper, No. 158, 2008.

Lucas, "On the Mechanics of Economic Development", *Journal of Monetary Economics*, 1988 (22), pp. 3 – 42.

Martin, P. and G. Ottaviano, "Growing Locations: Industry Location in a Model of Endogenous Growth", *European Economic Review*, 1999, 43 (2), pp. 281 – 302.

Ng and C. Tuan, "Location Decisions of Manufacturing FDI in China: Implications of China's WTO Accession", *Journal of Asian Economics*, 2003, 14 (1), pp. 51 – 72.

Ozawa T., "Foreign Direct Investment and Structural Transformation: Japan as a Recycler of Market and Industry", *Business and Contemporary World*, 1993, 2, pp. 129 – 150.

Perroux F. , "A Note on the Notion of Growth Pole", *Applied Economy*, 1955 (8), pp. 12 -27.

Steinle C. , Schiele H. , "When Do Industries Cluster? A Proposal on How to Awes an Industry's Propensity to Concentrate at a Single Region or Nation", *Research Policy*, 2002 (31), pp. 849 -858.

Sachs J. D. and Warner A. M. , "The Big Push, Natural Resource Booms and Growth", *Journal of Development Economics*, 1999, 59 (1), pp. 43 -76.

Thompson E. , "Clustering of Foreign Direct Investment and Enhanced Technology Transfer: Evidence from Hong Kong Garment Firms in China", *World Development*, 2002 (5), pp. 873 -889.

R. Vernon, "International Investment and International Trade in Product Cycle", *Quarterly Journal of Economics*, 1966 (8), pp. 197 -207.

Anselin L. , *Spatial Econometrics: Methods and Models*, London: Kluwer, 1988.

Arrow K. , *Essays in the Theory of Risk -Bearing*, Amsterdam: North -*Holland*, 1971.

Beeson P. E. , *Agglomeration Economies and Productivity Growth*, Sources of Metropolitan Growth, 1992.

Hansen, Niles M. , *The Challenge of Urban Growth: The Basic Economics of City Size and Structure*, Lexington, Mass. : Heath, 1975.

Hirschman A. , *The Strategy of Economic Development*, New Haven, CT: Yale University Press, 1958.

索引

D

F

G

H

J

K

L

M

N

P

Q

S

T

X

Y

Z

后　记

在改革开放和全球化进程中，中国经济发展取得了非凡的成就。我国GDP已位居世界第二，成为继美国之后的第二大经济体。然而，在经济高速增长的同时，我国西部与东部的发展差距日益扩大。我国已经成为世界上地区差距矛盾最为尖锐的少数国家之一。其主要原因是我国地区比较优势产业发生较大重组，东部地区优势产业向高端的制造业集聚，而西部地区高端制造业大幅度衰退，资源导向型产业的比较优势日益凸显，呈现出“西部开发输出资源、东部加工制造”的垂直分工格局，东西部产业极差日益扩大。西部地区靠什么来缩小与东部地区的差距并支撑自身持续强劲的增长？除了依靠国家转移支付和经济刺激政策外，必须加强西部地区优势产业发展，提升西部竞争力，这可以说是加快西部地区发展的必要途径。

其实，在西部发展中，国家意识到发展西部的关键在于产业，缩小西部与东部发展差距的出路在于发展西部地区优势产业。21世纪初期，孙中山先生在《实业计划》中曾提出了发展西部工矿业的设想。新中国成立后，几代中央领导都十分关心西部发展，掀起“一五”、“二五”、“三线”建设高潮。在邓小平“两个大局”的思想指导下，党中央组织实施西部大开发战略，有效地促进了西部的产业基础建设，西部产业特别是石油、天然气、水电、有色金属产业得到了长足的发展，已形成了包括装备制造产业在内的一批优势产业。但由于西部区位优势比较差，前期的西部大开发政策未能有效地促进西部优势产业发展，东西部发展差距尚未收敛。国内由西部产业发展不足引发的种种争议，归根结底与西部地区追求大项目、忽视优势产业发展有关。尽管中央即时调整了政策方向，把政策重心转向促进西部优势产业发展方面，已把能源、矿产、装备制造等六类特色优势产业列入西部大开发总体规划，同时印发了《关于促进西部地区特色优势产业发展的意见》。但是，西部优势产业概念仍然模糊，优势产业片面，没有面向西部各地区具体实际，且缺乏行之有效的产业政策。显然，如何将优势产业政策与西部大开发战略有机结合起来，切实制定西部优势产业政策，提高政策效力，有效促进西部优势产业可持续发展，已成为迫切的研究课题。

我国面临一个困局，一方面是东西部发展差距进一步扩大，另一方面是中央治理东西部发展不平衡的产业政策缺乏相应的效果，西部优势产业发展较慢。关于为何西部优势产业发展不足，尚未有一致的看法，总的有两种观点：一种观点认为这是政策本身的问题；另一种观点则认为这是政策执行中的问题。由于对什么是优势产业，如何有效识别优势产业等基础问题还没有认真研究，优势产业政策本身的问题较为突出，主要是目前西部优势产业政策目标不明确、措施不到位，导致现有政策没能有效地促进西部优势产业的发展。在新的形势下，如何细化、梳理中央政策，如何根据西部各地区实际有效识别优势产业，同时提出配套政策，以加速西部优势产业发展，这正是本书回答的问题。

本书以空间集聚与集群为钥匙，对我国上述困局进行破解。改革开放以来，我国整体上发生了产业在空间上的转移与集聚，而地区差距扩大与产业集聚有密切关系。我国东部地区具有地理位置上的优势以及改革开放的先发优势。在全球化和改革开放的进程中，各种资源尤其是大规模国际直接投资（FDI）向东部地区集聚，从而促进东部地区专业化水平和高端制造业的空间集中度不断提高，产业重心向东部偏移，而西部地区高端制造业发生衰退，低端产业优势更加凸显，西部与东部的产业极差也持续扩大。由于内资产业与FDI产业集聚在东部，形成中心—外围结构，受中部地区近中心外围地带的拦截，东部内资产业与FDI产业难以向西部地区优势产业大规模转移与集聚，以外置式产业集聚方式促进西部地区优势产业发展的可能性较小。同时，这种空间集聚力还会导致国家促进西部产业发展的政策方向发生较大偏差。也就是说，空间力量会抵消部分政策效应，而使国家政策作用难以显现，西部优势产业发展不明显。

因此，面对空间力量与产业集聚的影响，一方面是要打破现有的政策格局，以更强大的产业政策促进产业及要素向西部地区优势产业流动。另一方面，也是重要的方面，就是以产业政策促进西部地区优势产业要素集聚能力形成与核心能力培育，在优势区位促进优势产业集群集聚发展，以反集聚对抗集聚，以优势产业集聚推动西部产业结构高度化和合理化。为此，当前国家必须加大政策支持力度，采取切实有效的具体措施，继续加强西部地区基础设施建设；积极扩大西部地区的对内对外开放；以发展优势产业为内核，建立健全西部大开发新的发展机制与保障机制。

当然，西部面积大、优势产业呈多样性、地区优势产业分布与发展的差距比较大，这决定了影响西部地区优势产业发展的因素较为复杂。中央政府的产业政策也只是促进西部优势产业发展的一个重要因素，而不是全部因素。各地优势产业发展更主要的是取决于地理区位、当地动态比较优势实现机制、要素尤其是高等要素禀赋和集聚强度、优势产业核心能力和当地政府决策等多因素协同作用。

尽管笔者想尽力揭示西部地区优势产业发展机制及政策促进的机理，但实际上还远没有达到。如果本书能对纵深推进西部大开发中加速西部地区优势产业发展，促进形成西部地区优势产业集群发展的政策体系，推动西部产业结构高度化和合理化起到一定作用，同时对缩小我国东西部发展差距，统筹区域协调发展，促进产业生态文明建设尽微薄之力，将对笔者是极大的鼓励。

本书为笔者主持国家社科基金项目《促进西部地区优势产业发展政策研究》（批准号：09XJL015，结项证书号：20131337）的一项主要成果。项目一次性鉴定验收后，全国哲学社会科学规划办公室反馈了五位匿名评审专家的《鉴定意见》。在成果修改的过程中，笔者认真吸收了五位专家的鉴定意见，以《中国西部地区优势产业发展与促进政策》作为书名，并在评审成果基础上进行了调整和补充研究，形成本书稿。对此，感谢五位匿名评审专家对成果的肯定以及对成果不足之处提出的修改建议。尽管本书是笔者独立完成的专著，但实际上也包含着专家们的智慧结晶。本书出版时因出版社的原因删去了全部基于中国地图的产业布局与空间结构图，影响了可视化效果，略有遗憾。

在南开大学做博士后研究，是笔者学术生涯中的一段重要经历。有一句话说得好，“生命中与我们同行的人，比我们要到达的地方更重要”。感谢南开大学冼国明教授、云南大学杨先明教授，他们是我的引路人。感谢南开大学，它让我的人生有了更高的平台。最后，感谢中国社会科学院博士后管理委员会、评审专家对本书的支持，同时对辛勤编辑、校对的老师一并表示衷心的感谢！

赵果庆

2014 年 5 月 23 日

于云南财经大学康园